The Special Service Worship Architect:
Blueprints for Weddings, Funerals, Baptisms,
Holy Communion, and Other Occasions

교회예식 건축가

콘스탄스 M. 제리 지음 | **안명숙** 옮김

결혼식 · 장례식 · 세례식 · 성찬식
치유 예배 · 세족식 · 애찬식 · 헌아례

기독교문서선교회

기독교문서선교회(Christian Literature Center: 약칭 CLC)는 1941년 영국 콜체스터에서 켄 아담스에 의해 시작되었으며 국제 본부는 미국의 필라델피아에 있습니다.

국제 CLC는 59개 나라에서 180개의 본부를 두고, 약 650여 명의 선교사들이 이동도서차량 40대를 이용하여 문서 보급에 힘쓰고 있으며 이메일 주문을 통해 130여 국으로 책을 공급하고 있습니다.

한국 CLC는 청교도적 복음주의 신학과 신앙서적을 출판하는 문서선교 기관으로서, 한 영혼이라도 구원되길 소망하면서 주님이 오시는 그날까지 최선을 다할 것입니다.

the Special Service
Worship Architect

Written by
Constance M. Cherry

Translated by
Ann Myung Suk

Copyright ⓒ 2013 by Constance M. Cherry

Originally published in English under the title as

the Special Service Worship Architect

Blueprints for Weddings, Funerals, Baptisms, Holy Communion,

and Other Occasions by Baker Academic.

Translated by permission of Baker Academic, P.O. Box 6287,

Grand Rapids, MI 49516-6287, USA.

All rights reserved.

Korean Edition
Copyright ⓒ 2017 by Christian Literature Center
Seoul, Korea

the Special Service
Worship Architect

추천사

김 세 광 박사
서울장신대학교 일반대학원 원장/예배설교학 교수

현재 쏟아지는 예배 관련 서적들 가운데『교회예식 건축가』(Special Service Worship Architect: Blueprints for Weddings, Funerals, Baptisms, Holy Communion, and Other Occasions)만이 가지고 있는 특징과 장점은 다음과 같다.

첫째, 다루고 있는 주제들에 대한 전문적 판단성과 실천적 안목이 담겨있다. 예배의 중심을 이루는 세례와 성찬, 목회의 핵심사역에 속하는 결혼식과 장례식, 현대 교회 운동의 흐름을 반영한 헌아례와 세족식과 치유 예배, 애찬식을 포함하고 있다.

둘째, 특별예식에 대한 성경적이고 신학적 설명뿐 아니라 나아가 목회적 배려와 지침들이 친절하게 제시되고 있다.

셋째, 각 예식마다 복음주의적 교회들이 공유할 수 있는 중요 신학적 용어와 정의, 적절한 의례, 특별히 찬송의 목록들을 포함한 풍부한 자료들을 제공하고 있다.

저자의 음악적 경험, 신학교에서 교수사역, 지역 교회의 목양 경험들로부터 얻어진 통찰들이 담겨있는 본서는 신학교 교재는 물론이고 세미나 자료나 특별히 일선에서 예배사역을 담당하는 교역자들에게 매우 유익한 교재로 사용될 수 있을 것이다.

특히 본서는 안명숙 교수의 탁월한 번역으로 한국교회의 거룩한 예배 행위의 실천과 효과적으로 인도하는 지침에 큰 도움이 될 것을 확신한다. 그리고 저자 콘스탄스 M. 체리(Constance M. Cherry)의 『예배 건축가』도 매우 귀한 저서임을 아울러 추천한다.

감사의 글

콘스탄스 M. 체리(Constance M. Cherry)
인디애나웨슬리안대학교 예배학 교수

본서는 나의 과거, 현재, 그리고 미래의 모든 학생들의 사랑의 수고로 만들어졌다. 그들은 지역 교회에서 예배 인도를 준비하는 이들이다. 나는 종종 그들에게 말한다.

"여러분을 사랑합니다. 그러나 그리스도의 교회를 더욱 사랑합니다."

나는 이렇게 말하면서 지역 교회의 예배 사역에 대한 나의 열정을 보여주려고 한다. 그래서 나는 인기가 있거나 실용적인 주제들에 집중하려고 하지 않는다. 비록 이런 주제들이 의미가 있어서 수업에서 토론할 수는 있지만 말이다. 그 대신 나는 학생들의 얼굴 너머에서, 그들이 잘 훈련받고 섬김으로써 유익을 얻게 될 현재나 미래의 예배하는 수많은 회중들을 본다.

인디애나웨슬리언대학교(Indiana Wesleyan University)뿐 아니라 세계 도처의 다양한 기관들에서 함께 공부한 수많은 학생들에게 감사한다. 그들은 내가 더 좋은 선생이자 목회자가 되도록 도전을 주었다. 그들은 나의 사고를 신장시켰고, 나의 성찰을 깊이 있게 하였으며, 나의 기도를 확장시켰다. 나는 내 학생들이 나에게 받은 유익보다 내가 그들에게 받은 유익이 더 크다고 확신한다. 이로 인해 나는 감사한다.

또한 인디애나웨슬리언대학교에서 가르칠 수 있었던 기회와 본서를 쓰기 위한 연구를 할 수 있었던 안식년으로 인해 감사한다. 특히, 나의 수고에 대해서 빈번하게 학문적 용기를 제공해 준 신학교(School of Theology and Ministry)의 형제들과 자매들에게 감사한다.

그리고 나는 수년간 옆에서 섬겼던 나의 현실적인 회중들, 현실적인 사람들에 의해서 내 사고가 극적으로 형성되어 왔음을 알고 있다. 무엇보다도 나에게 가장 영향을 미친 것이 바로 거룩한 예배 행위의 **실천**(doing)이었다. 이것이 예배 공동체의 중요한 순간들 속에서 어떻게 하나님이 역사하시는지를 탐구하고자 하는 소명을 불러일으켰다. 내가 종종 시행착오를 반복하면서 수년간 예배 인도를 배워오는 동안 인내로서 기다려온 분들에게 감사한다.

예배와 관련하여 나의 사고를 형성하는 데 있어 로버트 웨버(Robert E. Webber)의 사상에 도움을 받았다. 그의 사상은 나의 예배관에 영향을 주었고 값을 매길 수 없을 정도로 소중한 나의 보물이 되었다.

나의 기도 동역자(가족과 친구)들은 내가 본서를 집필하는 18개월 동안 나를 위해 기도해 주었다. 이 특별한 사람들 중에 은퇴하신 목회자이자 기도하는 사람으로서 매일 신실하게 기도의 땀방울을 하나님께 올린 나의 아버지가 있다. 나의 어머니 또한 하나님의 제단에서 간구하는 모든 성도들과 더불어 나를 위한 기도를 천국에서 올리고 있음을 확신한다. 나는 이 사역에서 부족함을 느끼는 많은 날들 속에서 이들의 기도를 느껴왔고 이로 인해 깊이 감사했다.

내가 이 일을 계속할 수 있도록 믿어 주고 본서를 출판함으로써 물리적인 교실을 뛰어넘어 가르칠 수 있는 기회를 준 밥 호삭(Bob Hosack)과 베이커아카데미 출판사(Baker Academic)에 깊은 감사를 표한다.

마지막으로(결코 작은 의미라는 것은 아니다), 이 작업을 위해 중요한 역할을 해 준 몇몇 사람들을 언급하고 싶다. 편집과 체계화를 위해 조력해 준 켈리 빅슬러(Kelly Bixler), 신학적이고 역사적인 전문가의 의견을 필요로 할 때 자신들의 생각과 통찰을 나와 함께 자유롭게 나누어 준 크리스 바운즈(Chris Bounds)와 레스터 루스(Lester Ruth), 지쳐있을 때마다 기운을 북돋아 준 메리 브라운(Mary Brown)과 조이스 숀톤(Joyce Thornton)에게 특별히 감사한다. 여러분 모두에게 감사한다.

저자 서문

콘스탄스 M. 체리
인디애나웨슬리안대학교 예배학 교수

수업 시연이 끝났지만 아무도 움직이거나 입을 열지 않았다. 교실은 세례조(baptismal pool)의 거대한 돌벽 위로 떨어져 내리는 물소리를 제외하고 완전히 정적이 감돌았다. 정오의 빛이 교회의 중앙 홀을 골고루 밝게 비추어 주었다. 이곳에서 상급 목회 수업인 '교회예식들'(Chruch Rituals)에 참여하는 학생들은 스스로 팀을 구성하여 예식을 이끌었다. 이들은 지금 막 신자의 세례 실습을 마쳤다. 세례식 마지막 부분에서 리더들은 확실하게 세례식의 갱신에 경험했다. 수업에 참여하는 대부분의 학생들에게 이런 경험은 처음이었다. 기타 소리와 함께 노래의 마지막 소절이 잦아들었다. 모든 학생이 물 가까이 모였다가 자신의 자리로 돌아갔다. 일반적으로 우리는 실습한 예배에 대해서 평가한다. 그러나 이번은 달랐다. 최소한 지금은 아니었다. 거룩한 정적이 교실로 사용된 교회를 압도하고 있었다.

마침내 사라가 알아들을 수 있는 한마디를 하면서 정적을 깼다. "우와."

그녀의 감탄이 나를 예배자에서 교수로 되돌아오게 했다. 나는 그녀에게 그 감탄이 무엇을 의미하는지 질문했다.

"저는 이제까지 수업에서 이처럼 진실한 예배를 느껴본 적이 없어요. 저는 이 수업을 단지 성적을 위한 실습이라고 생각했어요. 그러나 저는 지금 성령에 의해 매우 감동되었어요! 저는 지금 막 세례의 본질이 갖는 힘을 경험하였어요."

몇몇 다른 학생들이 동일한 감상평을 되풀이 했다. 어쨌든 그런 순간에 평가는 적합해 보이지 않았다. 대신 우리는 침묵 속에서 어느 정도 시간을 보내고 기도한 후 조용히 교회를 떠났다. 나의 학생들은 다른 수업을 들으러 갔고 나는 수업도 예배의 시간이 될 수 있음에 하나님을 찬양했다.

1. 왜 공동 예배의 거룩한 행위들에 대한 책이 필요한가?

흔히 필요가 발명의 어머니라고 말한다. 이 격언은 본서를 쓰는 데 있어 확실한 진실이었다. 모든 공동 예배(coperate worship)는 중요하다. 그 시간에 하나님의 사람들이 정해진 장소에 모여서 부활하신 그리스도의 임재를 경험한다. 일주일 주기를 갖고 있는 주일 예배는 하나님과 사람들 사이의 관계성의 기초가 된다.

그러나 주일 예배 중에 그리고 주일 예배 이외에도 매주 이루어지지는 않지만 특별히 감동적인 방식으로 하나님을 경험하게 해 주는 위대한 잠재적 상황들이 있다. 하나님이 우리에게 더욱 임재하시는 상황이라는 말이 아니다. 우리로 하나님의 임재와 능력에 예민할 수 있게 하여 우리로 하여금 하나님께 더 가까이 나아가게 하는 그런 상황을 말한다. 본서는 이러한 기독교 공동체의 삶 속에 있는 특별한 예배 상황들에 대한 책이다.

교수로 부름 받은 나는 지역 교회 목회를 위해 여성과 남성들을 준비시킨다. 이러한 임무로서 나는 신학교와 대학 학부 수준에서 '교회예식들'에 대한 정규 과정을 가르쳐왔다. 이 과정은 학생들에게 기독교 공동체 삶의 특별한 순간들과 관련된 특별한 예배들을 소개함으로서 목회사역의 첫 해를 준비시킨다.

특별한 순간들이란 세례식, 성찬식, 결혼식, 장례식, 치유 예배, 세족식 등이다. 이런 종류의 예배들은 그 예식의 경험을 특수하게 하고 심지어 효력을 주는 거룩한 행위들을 포함하고 있다. 우리는 이런 경우에 할 수 있는 '예배 안의 예배'(service within a service)를 계획하고 주재하는 방법에 대해 탐구한다.

내가 가르치는 동안 이런 예배들의 모든 것을 완전하게 다루어 주는 자료를 본 적이 없다. 즉 **무엇**을 해야 하는지를 설명해 줄 뿐만 아니라 이런 종류의 예배들을 효과적으로 이끌기 위해 우리가 해야 할 것들을 **왜** 하는지에 대해서 말해 주는 책은 없었다. 예배를 이끄는 방법에 대한 정보와 함께 다양한 예배 순서들을 제공하는 책들(예를 들어 목회 지침서, 교단 자료집, 기도와 예배 모음집 등)은 있지만 이것들은 행동을 위한 성경적, 신학적 또는 역사적 근거를 충실히 제공하고 있지 않다. 역사적이고 신학적인 정보들을 좀 더 제공하는 다른 책들의 경우에는 실제적인 적용에서 미흡한 경향이 있다.

예배를 소개한다 할지라도 한두 가지 유형의 예배만을 소개한다. 즉 책 한 권에서 성찬식에 대해서만 소개하거나 또는 장례식, 결혼식, 치유 예배 등 한두 가지 예배만을 소개하는 식이다. 이런 두 가지 유형의 자료집들은 물론 매우 유용하다. 그러나 사역에 막 입문한 목회자들이 사용할 만한 기본적인 자료들을 담은 책들도 매우 필요하다. 간단히 말해서 나는 필요성에 의해서 본서를 썼다. 나는 목회자라면 당연히 주재해야만 하는 기본적인 예배들을 충분히 광범위하게 다루어 주는 교재를 필요로 했다. 그리고 각 유형의 예배 기획과 인도를 위한 성경적, 신학적, 역사적, 그리고 목회의 기초에 대한 개론적 이해를 충분히 깊게 제공해 주는 교재가 필요했다.

본서에서 다루어진 주제들을 향한 열정은 나의 교수 활동에서 뿐만 아니라 수십 년간의 지역 교회 목회 경험에서부터 나왔다. 나는 가르치는 자로서 뿐만 아니라 목회자로서의 소명도 갖고 있다. 예배는 학문적인 실습이 아니다. 예배는 하나님과 인간 사이의 역동적인 대화를 형성하는 것이다. 본서에서 당신은 단지 이론적인 '방법'뿐 아니라 '왜' 우리가 이 일을 해야 하는지를 발견하게 될 것이다. 이 두 가지 흐름은 목회 인생에서 뗄 수 없다. 이론과 실천, 성찰과 행동은 성숙한 기독교 지도자와 언제나 함께한다.

이런 목적을 염두에 두고, 본서는 성례전/정례예식, 인생 주기(life passages), 그리고 다양한 상황적인 예배 등 교회 본연의 거룩한 예식들을 준비하고 이끄는 사람들을 위해서 씌어졌다. 본서는 목회의 소명을 받고 준비하고 있는 학생들을 위해서 유용하다. 또는 이런 특별한 영역에 대해서 공식적인 훈련을 받지 않은 사람들을 위해서도 유용하다. 노련한 목회자도 기본부터 새롭게 재검토하여 숙고할 때 새로운 통찰을 얻게 될 것이다. 『교회예식 건축가』(*The Special Service Worship Architect*)는 이런 예배들을 일반적으로 주재하는 안수받은 목회자들만을 위한 책은 아니다. 음악가들, 또 다른 예술가들, 예배 조합(altar guild)이나 예배 위원회, 절기 계획자(seasonal planners) 등 지역 공동체에서 예배를 개발할 책임을 가지고 있는 사람들을 위한 책이기도 하다.

2. 인생 주기, 성례전(정례예식), 그리고 다른 상황적 예배들

본서는 3개의 넓은 범주 가운데 있는 7가지의 특별한 예배에 대해서 살펴본다. 인생 주기 예식(결혼식과 장례식), 성례전/정례예식(세례식과 성찬식), 그리고 다른 상황적 예배들(치유 예배, 애찬식과 함께하는 세족식, 그리고 헌아례[child dedication])이다. 본서의 초점은 두 가지이다.

① 많은 개신교인들에 의해 널리 행해지는 예식들.
② 목회적 지도력을 요구하는 예식들.

내가 선택한 범주들은 일반적인 제목을 가지고 있는데 이는 보다 대중적으로 말하기 위해서이다. 다른 사람들이 사용한 용어들도 장점을 가지고 있다. 예를 들어, 제임스 화이트(James White)는 후기 연구에서 이런 특정 예배들을 모두 성례전의 유형으로 언급하였다(물론 성례전의 무게감에 있어서 동일하다는 의미는 아니었다). 그는 결혼이나 죽음과 같이 인류에게 공통적인 행위들을 **자연적인 성례전**이라고 불렀다. 사도행전이나 다른 서신들에 나와 있는 치유나 죄 고백(penance) 같은 행위들은 **사도적 성례전**이라고 이름 붙였다. 그리고 세례식과 성찬식 같이 복음서에서 예수에 의해

직접 제정된 주요한 성례전들은 **복음적 성례전**이라고 칭했다.[1]

이 범주들의 명칭을 어떻게 붙이게 되었는지는 중요하지 않다. 단지 이 범주들이 예배의 보다 넓은 범위를 표현한다는 것을 언급하면 된다. 엄밀히 말해서 이 예식들이 배타적인 목록으로 제정된 것은 아니다. 그래서 본서의 마지막 장에서는 인도자들이 어떤 거룩한 예식들이든지 특별하고도 적절하게 나름대로 설계할 수 있음을 언급했다.

3. 공동 예배의 맥락에서 행하는 거룩한 행위들

본서에서 다루는 거룩한 행위들은 몇몇 사람들의 개인적인 필요성에 의해 실행되는 독립적인 예식도 아니고, (더 안 좋게는) 사적인 예식도 아닙니다. 오히려 다양한 예배에 속해 있는 거룩한 행위들은 항상 지역 회중이 참여하는 공적인 예배에서 거행된다. 본서에서 소개되는 모든 예시들은 진정한 의미에서 예배가 필요한 경우들이다. 결혼식, 장례식, 세례식, 세족식, 또 다른 모든 예식들은 예수 그리스도 안에서 하나님을 영화롭게 하는 데 초점을 두고 모인 공동체 모임으로서의 특색이 있다. 이를테면, 일반적인 예배 원리가 적용된다. 특별한 주제와 고려점들이 있을 수 있지만, 그럼에도 불구하고 이 예식들도 최고의 기독교 예배 실천이다.

이러한 관점을 갖고, 나는 본서를 나의 첫 번째 책 『예배 건축가: 문화에 적절하고 성경에 충실한 예배 디자인 청사진』(*The Worship Architect: A Blueprint for Designing Culturally Relevant and Biblically Faithful Service*, CLC 刊)

---

1 James F. White, *The Sacraments in Protestant Practice and Faith*(Nashville: Abingdon, 1999),120.

의 속편으로 생각한다. 『예배 건축가』에서 나는 예배 인도자들의 매 주일의 책무가 어떻게 건축가의 책무와 닮았는지를 설명한다. 예배 건축가는 기독교 공동체의 일반적인 예배와 매주 드리는 예배에 관심을 갖는다. 그들은 건물을 짓는 건축가처럼 기능한다. 건물 건축가는 **건물**을 설계한다. 반면, 예배 건축가는 하나님과 사람 사이의 **관계적인 경험**을 설계한다. 그러나 나는 이 은유가 매 주일 드리는 예배가 아닌 어떤 거룩한 **특별** 예식들을 창조하고 인도한다는 생각을 지원한다는 점에서 충격을 받았다. 본서에서 나는 '예식 건축가'(ritual architect)라는 용어를 공동 예배의 어떤 거룩한 특별 예식들을 창조하고 인도하는 것을 언급하기 위해 사용한다.

이 은유가 어떻게 발달해 나갈 수 있을까?

먼저 건물 건축가는 용지(site)를 방문함으로써 일을 시작한다. 그는 과업의 제한점들을 발견하기 위해서 이렇게 하는 것이다. 지역 당국은 어떤 건물을 지을 때 그 소유지에서의 건물 자리뿐만 아니라 정확한 경계선도 정한다. 건축가는 건물에 필요한 토대 유형을 선택하기 위한 토질 조사, 지형의 굴곡과 높이, 건물이 들어설 지형에 의해 부과되는 구조적 적응 사항들을 조사하고, 그 소유지를 둘러싼 환경이 상업 지구인지 아니면 주거 지역인지, 고속도로인지 또는 숲인지 등을 확인한다.

마찬가지로, 예식 건축가들은 각각의 거룩한 예식의 배경을 주목함으로써 '용지를 방문'해야 한다. 그들은 어떤 중요한 예식일지라도 **전체** 예배의 한 부분이기 때문에, 예배 전체의 과정을 고려해야 한다. 거룩한 예식들은 너무나 자주 정규 예배의 하나의 장식품으로 여겨져 왔다. 이런 경우 각각의 예식들은 서로 어우러지지 못한다. 성찬식은 단지 교회력에 있기 때문에 시행된다. 성찬식은 전체 예배와 얼마나 역동적으로 연결되어 있는지에 대한 아무런 고려도 없이 예배에 끼워 넣어진다. 예식 건축가는 건물 건축가처럼 모든 중요한 예식들에는 미리 둘러보아야 할 많은 부분들이 있다는 것을 이해한다.

예식의 전후로 무엇이 오는가?

어떻게 이 예식이 다른 예배 행위들과 이어지는가?

또한 건축 용지를 다루는 것과 같이 토대가 고려되어야 한다.

각각의 예식을 지탱하고 있는 기본적인 원리들은 무엇인가?

인도자가 예배자들을 예식으로 초대할 때 사용하는 예배 언어와 행동에 안정감을 주는 신념들은 무엇인가?

각 장의 처음 부분에서 우리는 각 예식에 대한 약간의 성경적, 신학적 그리고 역사적 토대를 제공할 것이다. 이것은 아마도 포괄적일 수는 없을 것이다(왜냐하면 본서는 나름대로의 한정 요소들을 가지고 있기 때문이다). 그러나 예배의 예식들을 세우기 위해서 좋은 토대를 놓는 것은 반드시 해야 할 일이다.

1) 모퉁잇돌을 놓기

모퉁잇돌은 더 이상 옛날처럼 구조적으로 기능하지는 않는다. 오늘날 그것들은 광범위한 상징 또는 장식물이다. 근대의 건축 기술이 발달하기 이전에, 모퉁잇돌은 건물의 구조에 있어서 매우 중요했다. 이전에는 토대를 쌓기 전에 모퉁잇돌을 가장 먼저 놓았다. 그것은 건물의 모퉁이를 고정하는 것으로서 완벽하고 적절했다. 이를테면, 모든 다른 측정이 이 모퉁잇돌로부터 나오고 모든 벽들이 이로부터 세워지는 참조 지점의 역할을 했다. 모퉁잇돌이 확실하다면, 전체 건축물은 안정감이 있을 것이고, 거주자에게 안전과 평화를 제공해 줄 것이다. 만약 모퉁잇돌이 제대로 놓이지 않으면, 건축물의 전체 구조는 손상된다.

기독교 예배는 그리스도 때문에 **기독교적**(Christian)이다. 그러므로 모든 거룩한 예식의 중심은 예수 그리스도이다. 본서 전반에서 나는 예수 그리스도의 역할이 각 예식에서 얼마나 중요한가에 주의를 기울일 것이다. 그리하여 예식의 그리스도 중심적 본질을 확언할 것이다. 성자에 대한 믿음을 되새기게 하는 성령의 능력으로 예수 그리스도를 영화롭게 하는 것은 하나님을 매우 기쁘게 한다. 모든 거룩한 행위들을 위해서 성자이신 그리스도를 모퉁잇돌로 놓는 것이 중요하다. 그는 진리이다. 그러므로 우린 중심을 그에게 놓고 우리의 예배 예식들을 세우는 것이 마땅하다.

> 그의 안에서 건물마다 서로 연결하여 주 안에서 성전이 되어 가고 너희도 성령 안에서 하나님이 거하실 처소가 되기 위하여 그리스도 예수 안에서 함께 지어져 가느니라(엡2:21-22).

나는 최근에 영국 코번트리(Coventry)의 웅장하고, 근대적인 코번트리대성당(Coventry Cathedral)을 방문했다. 이 성당은 제2차 세계 대전 동안에 소이탄(incendiarry bombs)에 의해서 파괴되었던 것을 재건축한 것이다. 조각이 있는 거대한 모퉁잇돌이 예배자들의 시선을 사로잡을 수 있는 곳에 위치하고 있다. 그 모퉁잇돌은 하나님의 영광을 위해 엘리자베스 2세 여왕이 1956년 3월 23일에 놓았다.

그 위에는 다음의 말이 새겨져있다.

"**예수 그리스도** 외에 다른 토대를 놓을 수 없다."

그 모퉁잇돌은 구조적인 이유로 필요한 것은 아니었다. 그러나 영적인 이유를 위한 가치가 있음은 확실하다. 그것은 세계 곳곳에서 온 예배자들에게 기독교 예배가 성자 예수 위에 그리고 우리의 주이자 구원자이신 예수 그리스도의 사역 위에 기초한다는 것을 기억하게 해 준다.

2) 구조 세우기

건물 건축가가 토대 위에 벽을 세우기 시작할 때, 그는 말 그대로 '건물의 질서를 잡는다.' 그는 어느 방이 처음에 오고 어느 방이 자연스럽게 다른 방을 만들어 내는가를 결정한다. 벽에 출입문을 세우면서, 거주자에게 적합한 동선의 형태를 만든다. 방의 순서와 흐름은 건물의 목적을 돕기도 하고 방해하기도 하기 때문에 극도로 중요하다. 내부에서 일어나는 이 매력적인 활동들에 따라 건물 사용이 자연스럽게 혹은 이상하게 느껴질 것이다. 아마도 우리는 모두 어떤 집을 보면서 방의 배치에 대한 논리적인 설명이 없을 때 "건축가가 무엇을 생각한 것일까?"라고 의아해 한 적이 있을 것이다.

어린 시절에 내가 살던 목사관 2층에는 출입문이 하나로 연결된 두 개의 침실이 있었다. 내 침실로 가는 유일한 길은 동생들을 매우 당황하게 하면서 그들의 침실을 지나는 방법뿐이었다. 그럴 때는 그들의 영토를 지나서 내 방으로 요란하게 지나갔다. 동생들은 옷을 갈아입을 때 내가 들어올까 봐 조마조마했고, 나는 고무밴드 사격을 받을까 봐 조마조마했다. 침실로 이어지는 동선의 흐름이 좀 더 효율적이었다면 좋았을 것이다. 좋은 구조는 좋은 흐름을 촉진한다.

각각의 중요한 거룩한 예식들은 요소에 맞는 논리적 순서를 가질 것이다. 예식 건축가는 말과 행위의 어떤 순서가 그 예식의 목적을 가장 잘 활성화시킬 것인지(방해하는 것이 아니라)를 기도하는 마음으로 숙고한다. 그리고 이때는 항상 예식의 기본 토대를 기억해야 한다. 때로 이 순서는 옳고 그른 것의 문제가 아니라 단지 좋은 것과 더 좋은 것의 문제이다. 우리가 주일 예배를 위해서 예배 행위 순서들을 잘 계획하는 것처럼, 특정한 거룩한 예식에서 필요한 요소들의 흐름도 심사숙고를 거쳐야 한다. 그 순서는 정형화된 것은 아니다. 가능한 융통성이 있어야 한다.

그러나 순서를 **어떻게 해도** 좋다는 것은 아니다. 우리의 목적을 위해서 더 효과적인 경우에는 가능하다. 그러나 교회 본래의 거룩한 예식들은 실무적인 문제가 아니다. 그것은 심오함에 대한 문제이며, 공동체 안에서 성령을 통해 하나님이 일하시는 거룩한 순간을 경험하는 문제인 것이다. 행사의 순서는 예식을 성취하느냐 아니면 방해하느냐에 있어서 결정적인 역할을 한다.

3) 문들과 창문들을 세우기

구조를 세우고 난 뒤에, 건축가는 거주자가 빛을 볼 수 있도록 창문들을 만든다. 또한 문들은 거주자들이 시설들을 통과하여 이동하고, 다른 사람들을 만나고, 일을 할 수 있도록 도울 수 있는 위치에 만들어진다. 문들과 창문들은 시야와 관계를 증진한다.

예식 건축가는 예배자들이 주요한 거룩한 행위들을 **경험**하면서 하나님과 다른 사람을 만날 수 있도록 하는 수단들을 발견하는데 관심이 있다. 건축가는 어떤 특정한 요소들이 예식과 그 의미에 빛을 비추어 주고, 어떤 요소들이 예배자들로 하여금 하나님을 '볼 수' 있게 해 주며 하나님의 현존을 경험하게 해 줄 것인지에 대해 고려한다.

우리는 하나님 그리고 다른 사람들에 대한 시각과 관계성을 더욱 확장하기를 원한다. 본서에 소개되는 각 예식들에 대한 탐구에서, 우리는 예배자들이 예배가 진행되는 동안 하나님을 대면할 수 있도록 돕는 다양한 기도와 노래들을 검토한다. 또한 우리는 다양한 상징들과 교회력이 어떻게 그 예식에 빛을 비추어 줄 수 있을 것인지를 탐구한다. 이런 것들이 예식에서 우리가 하나님을 대면할 수 있도록 돕는 문들과 창문들이라고 생각된다.

그것들은 영적 조명의 수단이다. 교회예식을 설계하는 이런 측면은 매우 중요한 것이다. 왜냐하면 당신이 마음속에 구체적인 예배의 순서를 갖고 있을 수 있지만 적절하고 효과적으로 기도, 노래들, 상징들, 절기들을 사용하지 않는다면, 하나님과의 대면은 제한적이 되고, 참여자들은 어느 정도 불분명한 느낌을 갖게 된다.

4) 환대하는 주인으로서 섬기기

마지막으로, 건축가의 직무는 건물이 그 목적에 합치할 때까지 끝난 것이 아니다. 만약 당신이 새 건물의 헌당식에 참여해 보았다면, 그 건물의 건축가가 행사의 중요한 역할로 참여하는 것을 보았을 것이다. 건축가의 일은 사람들이 그 건물에 용이함을 누리고 그 건물을 그 목적에 맞게 사용할 때까지 끝난 것이 아니다.

예식 건축가가 되는 것의 가장 중요한 측면은 공동체가 거룩한 행위에 임할 때 주인(host)으로서 섬기는 것이다. 사람들은 자신들을 기다리고 있는 깊은 신비를 기대하며 온다. 당신은 주재자로서 이들을 하나님께 연결하고 또 서로서로를 연결하면서 하나님과 사람들 사이의 통로가 될 것이다. 예식 건축가로서의 일은 행사의 주인으로서 공동체를 효과적으로 섬길 때까지 끝난 것이 아니다. 당신이 저녁 식사에 손님들을 초대하고 그들을 즐겁게 해 줄 때, 당신의 주인으로서의 행동들(당신의 태도, 환대의 자세, 대화하는 용어들 그리고 환영의 음조)은 다른 사람들이 행사에 온전히 참여하는 데 중요한 역할을 한다.

이와 같이, 본서는 각각의 거룩한 예식들을 주재하는 사람들의 중요한 역할들을 언급할 것이다. 각각의 예식마다 인도자를 특별히 우아한 주인으로서 기능하게 만드는 특정한 용어들, 자세들, 그리고 태도들에 있어서 미묘한 차이가 있다. 솔직히 말해서 각 예식들을 이끄는 효과적인 방법도 있고 비효과적인 방법도 있다. 효과적으로 이끄는 방법을 실행하는 것은 연습이 필요하다. 그러나 얼마 지나지 않아 주인들은 편안하게 그 역할을 수행할 수 있게 된다.

그래서 특정한 예식을 설명하는 각 장은 건축가의 은유를 사용하면서 다음과 같은 부분들을 포함할 것이다. 토대 놓기(성경적, 역사적 그리고 신학적 고려들), 구조 세우기(예배의 순서를 설계하기. 한두 가지의 예를 포함하게 된다), 문들과 창문들을 세우기(노래, 성경 구절, 상징들 그리고 교회력을 적용하기), 환대하는 주인으로서 섬기기(효과적인 인도자로서의 임무들과 특성들), 핵심 용어들(각각의 예식마다 특색 있는 중요 단어), 그리고 앞으로의 공부를 위한 참고 자료들이다. (물론 각 장들에는 다른 부분들도 포함할 수도 있다.)

또한 집단 학습을 위해서 각 장은 '탐구'(그 장을 읽기 전에 성찰을 고무시키기 위한 질문) 그리고 '적극적인 참여'로 끝난다(내용을 즉각 적용하기 위한 실제적인 제안들).

4. 독자들이 기대할 수 있는 점

본서는 기독교 예배의 거룩한 행위들을 효과적으로 인도하는 것에 대한 지침을 준다. 또한 본서는 독자들이 시대를 지나면서 발달해 온 예식들 그리고 다양한 교단적인 특수성에 적응할 수 있게 남아있는 어떤 표준 예식들에 대해 성찰하도록 초대할 것이다.

나는 그 내용들을 보편적인 개신교 용어로 설명해 왔다. 나는 웨슬리안(Wesleyan) 전통에 좀 더 입각하여 글을 써왔지만, 그리스도 몸의 지체인 다른 전통들을 환영하고 그 전통들과 대화를 진지하게 시도했다. 당신은 본서 전체에 반영되는 그 시도를 보게 될 것이다. 나는 모든 독자들이 여기에서 제안하는 원리와 실천들을 자신의 교단 기준에 따라 섬세하게 적용할 것이라고 믿는다. 나는 모든 것을 모든 사람에게 적용하려고 하지는 않는다. 그럼에도 불구하고 누구나 즐길 수 있고 축하할 수 있는 공통의 보편성은 있다.

제1장에서 나는 본서 전체에서 주로 사용할 거룩한 행위와 관련된 용어들, 즉 '예식'(ritual), '의식'(rite), '예전'(liturgy), '전례법규'(rubric), '성례전'(sacrament), '정례예식'(ordinance)를 소개할 것이다. 독자는 본서에서 내가 '거룩한 행위'(sacred actions)와 '예식'을 상호 교환하여 사용하는 것을 알게 될 것이다. 이것은 돌아가신 나의 스승 로버트 웨버의 영향이다.

그래서 제1장에서는 모든 그리스도인의 거룩한 행위의 5가지 기본적인 원리들을 제정할 것이다(철저하지는 않은 항목이다). 이 기본적인 측면들이 확신하고 있는 것은 거룩한 행위들은 성격에 있어서 연합적이고, 형식이 있으며, 상징적이고, 그리스도 중심적이며, 그리고 외적으로 초점이 맞춰진 행위라는 점이다.

제2장과 제3장은 인생 주기와 관련된 예배들을 소개한다. 기독교 결혼식과 장례식이다.

제4장과 제5장은 본서의 핵심 부분으로서 성례전/정례예식인 세례식과 성찬식에 대해서 다룬다.

제6장, 제7장 그리고 제8장은 그 밖의 경우들의 예배들을 검토한다. 치유 예식, 애찬식이 있는 세족식, 그리고 헌아례(child dedication)이다. 소위 자유교회(Free Church) 전통[2]에서 가장 일반적인 헌아례뿐 아니라, 다른 대안적인 접근들도 폭넓게 고려하도록 추천한다.

제9장은 본서의 독특한 부분이다. 이 장에서는 인도자들이 어떻게 다양한 거룩한 예식들을 설계할 것인지에 대하여 답하고 있다. 이 장은 공동 예배를 위한 거룩한 예식의 5가지 차원과 추가적인 고려점들, 거룩한 행위의 일반적인 순서, 봉헌의 특정한 측면들, 공동 예배를 위한 거룩한 행위들을 설계하는 10단계를 제시한다.

만약 본서가 당신의 미래와 현재의 회중들에게 적용할 수 있는 다양한 거룩한 행위들에 대한 경험과 이해를 풍성하게 해 준다면, 나의 기도가 응답받은 것이다. 오순절에 역사하신 성령께서 하나님의 영광을 위하여 그리고 세상을 위하여 예배의 모든 경배의 행위들에 힘을 주시기를 기도한다.

성령 강림 주일, 2012

---

2   교회 역사가 제임스 화이트는 "자유교회"의 두 가지 독특한 특성을 인용한다. 첫째, 성경의 지역적 해석의 토대 위에 예배를 배타적으로 개혁할 수 있는 자유이다. 둘째, 예배의 순서를 자유롭게 정할 수 있는 자유이다. James F. White, *Protestant Worship: Traditions in Transition* (Lousiville: Westerminster John Knox, 1989), 172, 『개신교 예배』(CLC 刊)

역자 서문

안 명 숙 박사
서울장신대학교 목회상담학 교수

　다양한 예배 모형들에 대해 숙고하게 해주는 매우 흥미로운 본서, 『교회예식 건축가』의 저자인 콘스탄스 M. 체리 목사는 30년 이상 예배와 음악 감독, 담임 목사, 교수 등 다양한 전임 사역을 하면서 교회를 섬겼으며 이러한 실천 경험을 바탕으로 실제적인 동시에 학문적인 본서를 저술하였다. 역자가 생각하는 본서의 가치는 다음의 세 가지이다.

　첫째, 교회가 교인들의 인생 주기에 함께 참여하며 동행하는 예배 예식의 제시이다. 이 책에서는 결혼식, 장례식, 세례식, 성찬식, 치유식, 애찬식, 세족식, 그리고 헌아례를 중점으로 다루고 있다. 이 예배들은 우리 인생에서 발달적으로 일어나는 기쁘거나 슬픈 사건들 혹은 회심의 순간 등과 같은 중요한 고비들과 관계가 있다. 교회는 이러한 예배 형식들을 통해 교인들의 인생 주기에 함께 하면서 하나님의 임재와 섭리를 선포하고 바랄 수 있도록 도울 수 있다. 이 책은 깨어지고 아픔이 많은 현대 사회를 살아가는 그리스도인들의 인생 주기에 섬세하게 동행하는 교회의 이미지를 보여준다.

둘째, 본서는 독자들로 하여금 교회의 다양한 예배에 대해서 매우 균형 있는 관점을 갖도록 도와준다. 저자는 한 가지의 예배를 역사적이고 신학적인 측면에서 철저하게 개관함으로써 실천의 굳건한 토대를 놓으려 한다. 예배를 인도하거나 참여하는 사람이 그 예배의 배경적인 이해를 갖고 있다면 그 실천에는 더욱더 확신이 넘치게 될 것이다.

셋째, 본서는 예배를 계획하거나 인도하는 모든 사람들을 위해 실제적인 자료로서의 가치가 있다. 본서에서 저자는 다양한 예배를 위한 많은 세부 사항들을 꼼꼼히 살피고 있다. 또한 구체적인 예배 모형을 제시하여 예배를 인도하는 교회의 지도자들이 믿고 따를 수 있는 기본적인 윤곽을 제공함으로써 실제적인 도움을 준다. 독자들은 본서에서 제시된 예배의 실제적인 모범을 그대로 따르거나 교회 형편에 따라 적절하게 변형하여 적용할 수 있다.

이처럼 독자들은 본서가 제시하는 예식 건축가로서의 관점들로 인해서 우리의 예배를 더욱 풍요롭고 치유적인 예배로 바라보게 될 것이다. 특히 예배 인도의 책임을 맡은 사람들은 본서로 말미암아 예식 건축가로서 필요한 구체적이고 유익한 지침들을 얻을 수 있을 것이다.

특히 추천사를 써 주신 김세광 박사님과 번역을 허락해 주신 기독교문서선교회(CLC)에 감사를 드린다.

탄탄한 이론적 토대 위에서 아름다운 예배 예식을 촘촘하게 그리고 있는 귀한 본서를 번역하게 되어 매우 기쁘고 감사하게 생각한다.

CONTENTS

추천사 … 5
감사의 글 … 7
저자 서문 … 10
역자 서문 … 25

제1장 ◆ 거룩한 행위들의 토대 … 28
제2장 ◆ 기독교 결혼식 … 75
제3장 ◆ 기독교 장례식 … 124
제4장 ◆ 기독교 세례식 … 188
제5장 ◆ 성찬식 … 278
제6장 ◆ 치유 예배 … 364
제7장 ◆ 세족식과 애찬식 … 418
제8장 ◆ 헌아례와 대안적인 의식들 … 464
제9장 ◆ 예식 건축가로서의 사역 … 531

부록 1 ◆ 기도 형식 … 546
부록 2 ◆ 예배 순서 … 551
색인 … 563

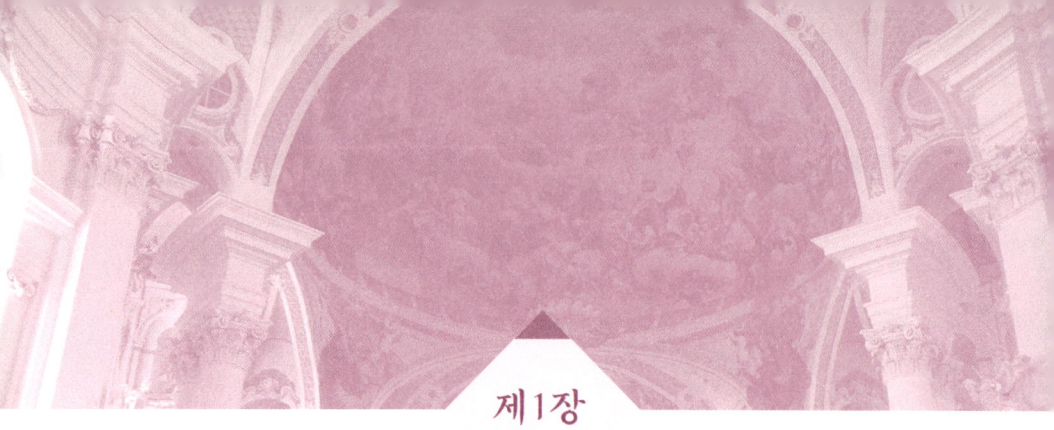

제1장

거룩한 행위들의 토대

　리안과 제이슨은 졸업 후 같은 도시에서 일자리를 잡았다. 그들은 대학 시절 서로 알고는 있었지만 친구로 어울려 다니지는 않았다. 일단 그들이 같은 도시에서 살고 있다는 것과 집세로 많은 돈을 지불하고 있다는 것을 알게 된 후, 지출을 줄이기 위해서 함께 살기로 결정했다. 그들은 자세한 사항을 의논하기 위해 어느 금요일 저녁 근처에 있는 커피 집에서 만났다. 주거 계획에 대해서 의논한 후, 그들은 아침에는 어떻게 할 것인가의 주제로 넘어갔다. 결국 그들은 비슷한 시간에 직장에 출근하려고 했다. 리안은 다음과 같이 말했다.

　"나는 아침에 나만의 일과를 가지고 있어. 매일 아침 알람이 울리면 일어나서, 똑같은 일을 똑같은 방식으로, 똑같은 순서로 해. 아주 능률적이야. 커피를 만들고, 개를 들여보내고, 샤워를 하고, 커피 한 모금을 마시고, 이를 닦고, 면도를 하고(커피를 마시고), 개를 들어오게 하고, 옷을 입고(커피를 좀 더 마시고), 시리얼을 조금 먹고, 남은 커피를 내 여행 컵에 채우고, 운전을 시작하지."

제이슨이 물었다.

"그 일과를 바꾼 적이 있니?"

리안이 대답했다.

"거의 없어. 바꿀 이유가 정말 없거든. 그게 편해. 게다가, 그것에 대해서 생각할 시간이 없어. 나는 그냥 **하는 거야!**"

리안이 제이슨에게 물었다.

"그래서, 너는 아침에 어떻게 하니?"

제이슨이 대답했다.

"글쎄, 나는 일단 자명종 버튼이 울리면 꺼버리지. 그러다 결국엔 일어나서 샤워를 하러 달려가고, 옷을 입고, 그리고 문으로 돌진하지. 달려가면서 아침 식사를 사 먹어."

둘은 서로가 방시에 맞춰서 살 수 없다는 것과 그럼에도 일이 갈 해결되어야 한다는 것에 동의했다. 누군가 개를 밖으로 내보내 주기만 한다면 말이다.

일정한 아침의 일과는 일종의 **예식**(ritual)이다. 그것은 하루를 준비하기 위해 어떤 순서를 가지고 필요한 과업들을 수행하는 것으로 이루어진다. 우리는 종종 그것이 단지 능률적이라는 이유로 똑같은 기계적인 순서를 유지한다. 우리 모두는 아마 자신의 아침 일과를 가지고 있을 것이다.

당신은 어떤 일과를 가지고 있는가?

우리가 기독교 예배의 거룩한 행위에 대해서 생각할 때, 우리는 교회에서 수행되는 거룩한 예식들을 떠올린다. 그것들은 질서를 가지고 있지만, 일과처럼 반복적인 것은 아니다. 공적 예배에서 수행되는 기독교의 예식들은 생각 없이 반복하는 행위들 이상의 것이다. 기독교 예배의 거룩한 예식들은 관계에 대한 것이다. 선택받은 사람들이 삼위일체 하나님과 동행하는 여행에 대한 것이다. 거룩한 행위들은 이 여행의 표시이며, 우리가 하나님 및 다른 사람들과 갖는 **관계성의 유형을 의미한다**. 또한 그 예식들은 **이 거룩한 관계가 계속 더 깊어지게 해 준다**. 예식들은 우리에게 하나님과 그의 백성의 관계를 표현하는 방법과 수단을 제공한다. 본서를 읽어가면서 계속해서 두 가지 사실을 기억하라.

- 예식들은 신자들의 하나님에 대한 관계를 표현한다.
- 예식들은 이 관계성을 깊어지도록 돕는다.

모든 관계성은 각 단계마다 일어난다. 마치 여행과 같다. 천 년 동안 교회가 실천해 온 기독교의 거룩한 예식들은 하나님과의 우리 여행의 각 단계마다 표시를 준다. 어떤 예식들은 그리스도의 시대부터 신자들에 의해 시행되었다. 그리고 '교회의 본질(esse, 에쎄)에 속한' 것으로 여겨져 왔다. 즉 그 예식들은 '교회를 교회답게 구성하는 본질적인 실천들이다.'[1]

본질적인 두 가지 실천은 말씀의 선포와 성례전/정례예식이다. 교회에 유익을 주는 다른 예식들은 시간이 지나면서 제정되었다. 이 예식들은 교회에 **'고유한 본질'**(bene esse)[2], 유익한 실천으로 믿어졌다. 치유 예식, 장례식, 안수식, 그리고 결혼식 같은 교회의 전통 있는 많은 예식들이 이 범주에 들어간다. 그래서 기독교 공동 예배의 예식들에 대해 생각하는 한

---

1 Simon Chan, *Liturgical Theology: The Church as Worshiping Community*(Downers Grove, IL: IVP Academic, 2006), 88.
2 Ibid.

가지 방법은 그것들을 본질적이고 매우 유익한 것으로 여기는 것이다. 이 교회의 예식들은 말씀과 성례전(둘 다 하나님과의 관계를 위한 일차적인 수단이다)에 대한 헌신으로부터 보다 상황적인 실천의 맥락으로 확장된다.

거룩한 예식들은 하나님과 함께하는 우리 여행의 표시이다. 이런 예식들은 일상적인 인생 주기와도 연관이 있다. 예를 들어, 결혼식과 장례식은 인생의 어느 한 단계에서 다른 단계로의 이동을 뜻한다. '이전의 인생'은 '이후의 인생'과 매우 다른 것이다. 어떤 예식들은 개인적인 영적 인생 주기와 관련이 있다. 회심, 세례식 그리고 견신(confirmation) 같은 예식이다. 이러한 상황적인 예식들은 개인이 그리스도를 받아들이고 하나님 나라의 시민으로서의 삶을 추구할 때, 이전과 이후가 매우 다른 인생이라는 표시가 된다.³ 성찬식처럼 자주 거행하는 예식도 있다. 치유 예식 등은 보다 상황적이고 특별한 예식이다. 이처럼 기독교 실천에는 많은 유형의 예식들이 있고, 각 예배는 하나님의 백성들의 믿음의 여정 속에서 순례의 어떤 단계를 표시한다.

본서에서 우리는 공동 예배 맥락에서 사용되는 다양한 거룩한 행위들을 탐구할 것이다. 그 예식들은 비록 목적과 접근에서 다양할지라도 또한 많은 부분에서 비슷하다. 본 장에서는 모든 예식들이 공유하고 있는 어떤 중요한 측면을 검토할 것이다. 즉 각 예식의 성경적, 신학적, 역사적, 문화적, 목회적, 그리고 선교적인 기능이다.

그러나 우선, 모든 분야는 자신의 전문 용어를 가지고 있고, 예식에 대한 공부도 다르지 않다. 본 장에서는 몇 가지의 기본적이고 중요한 용

---

3 '인생 주기'와 '영적 인생 주기'의 범주들은 물론 상호 배타적인 것이 아니다. 나는 세속적인 것과 영적인 것을 대립하는 형식을 제안하는 것이 아니다. 나는 단지 어떤 특정 시기에 특별한 초점을 맞추는 다양한 유형의 거룩한 예식들이 있음을 알리기 원하는 것이다.

어들을 설명하면서 시작하기로 한다. 그래서 우리가 기독교 신앙에서 중요한 거룩한 행위들에 대해 공부할 때, 예식 건축가로서 연관된 어휘에 대하여 숙달하도록 한다. 특정한 예식에 속한 보다 많은 어휘들을 이어지는 장들에서 설명하도록 하겠다.

1. 거룩한 예식의 어휘들

당신은 아래 기술된 용어들 중 어떤 것들은 들어본 적이 없을 것이다. 또는 들어 보았다면, 아마도 그 의미에 대해서 매우 다른 의견을 가질 수도 있다. 당신은 이 단어들 중 몇 가지에는 부정적인 편견을 가지고 있을 수도 있다. 만약 그렇다면, 단지 우리는 몇 세기에 걸쳐 많은 장소와 많은 기독교 전통에서 교회 지도자들이 받아들였던 용어를 과감하게 다루고 있다는 것을 기억하라. 만약 당신이 이런 용어에 거의 또는 전혀 순응적이지 않은 사람이라면, 단지 액면 그대로 각 의미를 받아들이려고 노력하라.

예식에 대한 많은 훌륭한 사전과 용어 사전들도 도움이 되는 정의들을 내려주고 있다. 나는 당신이 이런 자원 중 몇 가지를 검토해서 각각의 개념에 대한 당신의 이해의 폭을 넓히기를 바란다. 그렇게 함으로써 당신은 그 자료들에 따라서 각 단어들이 조금씩 의미 차이가 있음을 알게 될 것이다. 괜찮다. 이 용어들의 의미의 중심에 이르기 위해서는 몇몇 좋은 정의들을 거쳐야 한다.

여기에 몇 가지의 주요 용어들이 있다. 이 용어들은 우리가 예식 건축가가 되고자 하는 본서의 전반에서 반복적으로 사용될 것이다. 각각의 용어에 대하여 당신은 매우 간단한 정의를 발견할 것이다. 나는 그 용어들을 가능한 간결하고 단순하게 묘사하려고 노력할 것이다. 각각의 정의에는 그 용어에 관해 주목할 만한 중요한 것들이 뒤따를 것이다.

1) 예식

교회에 의해서 성화된 권위적인 **행사**(event)로서, 하나님의 공동 예배의 특정한 측면에 힘을 주기 위해서 반복적으로 공식화된 행위들, 말씀들, 몸짓들, 그리고 상징들을 사용한다.[4]

참고사항

(1) 모든 예배하는 공동체는 예식들을 행한다

모든 예배하는 공동체는 어떤 역사나 전통을 가졌던지, 자신들의 예배에 권위를 부여하기 위해서 예식을 행한다. 심지어 매우 자유롭고 자발적인 전통에 뿌리를 둔 예배자들에게도 예배의 경험을 촉진하기 위해 반복되는 행위들, 말씀들, 그리고 몸짓들이 있다. 예배 공동체가 예배의 어떤 측면을 강조하기 위해 반복적으로 어떤 행위들, 말씀들 그리고 몸짓들을 취한다면 이를 예식(ritual)들로 보아야 한다.

우리가 예식들을 가졌거나 이를 사용하느냐가 중요한 것이 아니다. 우리가 그 예식들을 **얼마나** 예배에서 사용하고 있으며, 그 예식들을 통해 하나님께 영광을 돌리고, 신자들을 교화하기 위해 예배에 **얼마나** 반

---

4 이것은 교회의 거룩한 행위들을 연구하려는 목적을 위한 기능적인 정의이다. 사회학자는 이 용어를 약간 다른 방식으로 사용한다. 사실상, '예식'의 의미는 사회과학 영역에서도 논쟁이 있는 용어이다. 여기에서 나는 단순히 본서 전체에서 사용될 실제적인 정의를 제공한다.

영하는가 하는 것이 문제이다.

(2) 그 예식들은 당신이 생각하는 것보다 오래되었다

예배 예식들은 서구 교회의 고작 몇 백 년 역사에 기원을 둔 실천들이 아니다. 인류에게 알려진 모든 종교들이 예식을 가지고 있긴 하지만, 우리가 교회에서 사용하는 예식들은 구약성경과 신약성경에서 주장하는 유대-기독교 실천에 기원을 두고 있다. 구약성경을 대충만 읽어 보아도 이스라엘과 야훼 사이의 관계를 유지하기 위해 하나님이 제정한 예식의 사례가 매우 많다. 할례, 정결예식, 성전 입구에서 드리는 제사, 희생제사, 제물들, 절기예식들 같은 것이다. 하나님에 의해 주어지고, 신중하게 구성된 예식들은 유대교 예배의 중심 특징이다. 이 중 많은 예식들이 신약성경으로 이어지지 않았다.[5]

사도들의 편지를 보면 많은 예식들이 변경되거나 더 이상 필요하지 않았지만, 그럼에도 불구하고 초기 교회는 '예식이 없는'(ritual-free) 상황은 아니었다. 우리는 하나님의 관점으로 볼 때 기독교 예배를 위해 필요한, 반복되는 행위들과 말씀들을 신약성경에서도 발견한다. 예를 들어서 주의 만찬을 둘러싼 명령들(고전 11:17-34),[6] 공동 기도의 행위(딤전 2:1-4), 궁핍한 사람들을 위한 헌금(고전 16:1-4) 등에서 이런 장면들을 본다. 새로운 공동체는 장소마다 방식은 달랐지만 예배에 권위를 부여하기 위해서 이런 예식들을 반복했다. 다양한 예식들이 개발되고 형식

---

5 예수와 바울이 유대인의 유월절과 새로운 애찬식을 연결한 것과 같이 어떤 부분은 신약성경으로 이어졌다(눅 22:15-16; 고전 5:7-8을 보라).
6 본 장에서 나는 '주의 만찬'(Lord's supper)이라는 용어를 가장 자주 사용할 것이다. 이 용어가 가장 많이 알려져 있기 때문이다. 그러나 제5장에서는 이 예식과 연관된 또 다른 적절한 용어들도 탐구하게 될 것이다.

화되면서 어떤 특징들이 규범화되고 널리 전파되며 사용되었다.

(3) 예식들은 특별한 특징을 갖는다

일반적으로 예식들은 어떤 중요한 특징을 공유한다. 나는 세 가지를 강조하려고 한다.

첫째, 거룩한 예식들은 의미를 갖는다.

그것들은 '단순한 행위나 말들'이 아니다. 예배 예식은 겉으로 보이는 것보다 더 깊은 의미를 표현한다. 그리고 그 의미를 표현하기 위해 행위, 말씀, 몸짓, 그리고 상징들을 사용한다. 비록 거룩한 행위들을 비성례전의 관점으로 본다 해도, 어떤 심오한 것이 이들 소통의 매개자들(agents)을 통해서 경험된다.

나는 세례식과 성찬식을 정례예식으로서 보는 전통에서 자랐다(성례와 정례예식에 대해서는 곧 설명하겠다. 기다려 달라!). 우리는 이런 행위들이 어떤 신적인 것을 담지하고 있는 행위로서 상상하지 않는다. 그럼에도 불구하고 나는 어린 시절에 다른 사람들과 함께 빵과 주스를 받기 위해 성찬식 줄에 무릎을 꿇으며, 그리스도의 임재의 심오함을 경험했던 것을 기억한다. 나의 어린 가슴에서 그 예식들은 하나님의 활동이 없는 무의미한 것이 아니었다. 그 예식들은 나의 영적인 여행을 진행하는 데 극도로 중요했다.

교회에 의해 수행되는 예식들 안에서 하나님의 역할이 무엇인가에 대한 당신의 관점에 관계없이, 말씀과 행위 그 자체를 뛰어넘어 영적 진리와 은혜를 소통하기 위해 하나님이 정하신 예식들의 힘을 과소평가하는 실수를 저지르지 마라.

둘째, 예식들은 반복하는 특징이 있다.

행위들, 말씀들, 몸짓들 그리고 상징들은 때때로 그리고 여러 곳에서 반복된다. 그것이 그 실천을 예식으로 만드는 요인 중 하나이다. 만약 야구 메이저 리그에 참여해 보았다면 아마 당신은 그 행사를 둘러싼 1세기가 넘은 경기예식의 역사가 있음을 알 것이다. 똑같은 반복이 여러 곳에서 나타난다. 선수는 준비운동을 한다. 심판이 "게임 시작"(play ball)을 소리친다. 오르간이 대중을 흥분시키기 위한 연주를 한다. 아나운서는 익숙한 문장을 사용한다. 7회 초 공격이 끝난 후 잠깐 쉬는 시간에는 "야구 경기장으로 나를 불러 주오"(Take Me Out to the Ball Game)라는 노래를 부른다. 핫도그를 먹고 또 먹는다. 이런 행위들과 말들은 함께 야구를 **경험**하는 것의 의미, 즉 옛 미국인의 방식을 구성한다. 미국에서 야구는 단순히 반복되는 일이 아니라 하나의 경험이다!

그것은 예식을 가졌다. 그리고 그 예식들은 반복된다. 사람들은 매번 경기에 참여한다. 그들은 동일한 일과에 참여하기를 원한다. 그 일과는 그들이 그 풍성한 행사에 참여하도록 돕는다.

이와 똑같이 기독교 예배의 맥락에서 행위, 말씀들, 몸짓들, 그리고 상징들은 매번 반복되면서 거룩한 행사에 풍성히 참여하는 수단을 제공한다. 그 경험은 여기저기에서 예식들이 반복되는 것을 통해서 인식할 수 있게 된다. 예식이 경험에 모양과 특징을 주는 (그리고 그 경험은 다시 의미를 부여해 주는) 행사로서 정확하게 인식되는 요인은 바로 반복에 있다.

셋째, 시간을 지나면서 형식을 갖추게 된다는 점이다.

어떤 사람들은 '형식화'라는 말에 혐오감을 갖는다. 여기에서 의미하는 것은, 거룩한 행위들을 수행하는 것이 좋은 이유에서 규범적인 방식을 형성해 왔다는 것이다. 행사의 특정한 방식들은 교회로부터 승인을 받았다. 이는 예식을 감시했기 때문이 아니라, 그 행위에서 성경적이고 신학적인 건전함을 엿볼 수 있고 그 방식이 선하고 풍성하며 완전한 참여로 보이기 때문이었다. 어떤 경우에는 성경의 직접적인 명령에 의해서 예식의 특정한 측면이 형식화되기도 한다. 그 좋은 예는 특별하게 선택된 말씀을 사용하는 것인데, 그러한 말씀을 바울이 주의 만찬에서 사용했고 암시적으로 후세대들도 사용하라고 권했다.

> 내가 너희에게 전한 것은 주께 받은 것이니 곧 주 예수께서 잡히시던 밤에 떡을 가지사 축사하시고 떼어 이르시되 이것은 너희를 위하는 내 몸이니 이것을 행하여 나를 기념하라 하시고 (고전11:23-24).

성찬식에서 거의 일반적으로 사용되는 이 제정의 말씀은 형식화된 예식의 사례이다. 우리가 세례식에서 아버지, 아들, 그리고 성령의 삼위일체 공식을 사용하는 것도 같은 원리이다(마 28:19). 세족식 동안 찬송을 부르는 것, 치유 예식 때 기름을 사용하는 것, 결혼식에서 반지를 교환하는 것, 장례식 때 찬송하는 것들이 형식화된 예식의 사례들이다. 물론 정확한 행위, 말씀, 몸짓, 상징 그리고 예배의 순서들은 항상 맥락에 따라서 다양했다. 그러나 거룩한 예식의 일반적인 실천에서는 놀라울 정도로 광범위한 일관성이 있다. 왜냐하면 교회는 시간이 지남에 따라 효과성의 측면이나 성경적인 기대에 따른 확실성의 측면에서 예식에 필요하거나 도움이 되는 특정한 사항들을 보아왔기 때문이다.

2) 의식

설계된 예식의 순서와 내용을 구성하는 행위들, 말씀들, 몸짓들 그리고 상징들의 특정한 조합이다.[7]

참고사항

'의식'(典禮, rite)이라는 말은 다양한 방식으로 사용되어서 혼란을 가져올 수 있다. 그것은 **예배의 특별한 측면**과 관계있는 행위들, 말씀들, 몸짓들 그리고 상징들의 조합을 의미할 수 있다. 예를 들어, 때때로 우리는 모임 의식(Gathering rite)이라는 말을 사용한다. 이 말은 예배자들이 공동체로서 하나님의 현존 앞으로 정확하게 들어오도록 돕기 위해 예배 초반에 사용되는 예배 행위이다. (모든 교회는 이것을 모임 의식이라고 부르던지 아니던지 이런 의식을 가지고 있다는 점을 기억하라.)

다른 때 '의식'이라는 말은 예배 요소들을 **특정 거룩한 예식**과 연결하는 것을 의미한다. 예를 들어, 세례 의식은 모든 나라의 제자들에게 세례를 주라는 그리스도의 명령을 수행하기 위해서 공동체에 의해 실천되는 행위들, 말씀들, 몸짓들, 그리고 상징들로 이루어져 있다.

어느 쪽이든 의식은 주로 내용의 선택이고 그 예식의 행사를 직접 경험하는 데 중요하다고 간주되는 말씀들과 행위들의 순서이다. 의식은 '예식의 여행'(rituals journey)을 창조한다. 즉 공동체가 A지점에서 B지점까지 현명한 방식으로 갈 수 있는 길을 만든다. 그리하여 예식과 연관

---

7 '의식'이라는 용어는 켈트족의 의식(Celtic rite, 4세기 이후 전인적 영성을 강조하며 융성했던 기독교 전통—역주) 같은 특정 지역이나 신학적 관점에서 행하는 예배 실천을 광범위하게 언급할 때도 사용된다.

된 다양한 예배 행위들을 통과해 나갈 때 하나님과 사람들 사이의 관계성이 더 깊어질 수 있게 한다. 의식들은 형식면에서 시대를 반영할 수도 있고 전통을 따를 수도 있다(또는 다른 표현을 만들 수도 있다). 즉 의식들은 형식적일 수도 있고 또는 비형식적일 수도 있다. 간단히 생각하면, 의식이란 당신이 예식적 행사를 전달하기 위해서 따르는 계획들이다.

3) 예전

공동 예배의 맥락에서 기도로 가득한 예배와 모든 예배자들의 완전한 참여를 촉진하는 행위들, 말씀들, 몸짓들 그리고 상징들의 완전한 집합체이다.

참고사항

영어로 '예전'(Liturgy)은 '사람의 일'의 의미를 가지고 있는 그리스어 '레이투르기아'(leitourgia)에서 왔다. 광범위한 의미에서 '예전'은 예배의 과정 안에서 행하는 예배 행위의 총합을 말한다. 고대 그리스에서 레이투르지아는 공무원들이 공동체에 봉사하기 위해 공적인 일을 하던 지방자치 단체의 봉사와 관련 있는 용어였다. 고대 그리스에서 사용하던 이 용어의 원래의 뜻을 이해하기 위한 핵심은 봉사이다. 사실상, 이 용어는 '봉사'로 번역될 수도 있는데, 이것이 우리가 예배를 'service'라고 말하는 이유이기도 하다. 레이투르지아는 신약성경에서 사람들이 공적 예배에서 하나님을 예배할 때 사람들에 의해서 수행되는 다양한 예배 행위들을 언급할 때 수없이 즐겨 사용되는 용어이다.

예전은 종종 예배의 내용과 동일시된다. 그러나 그 이상이다. 예전은 활동적인 참여이다. 그것은 사람들이 그 자신을 거룩한 글과 행위를 통해서 하나님께 드릴 때 수반되는 모든 것을 의미한다. 그것은 말로 표현되는 것들뿐만 아니라 말해지지 않는 몸짓, 움직임, 표지(sign), 상징 등까지도 포함한다. 예전은 '명제적 지식'(propositional knowledge)보다는 '참여적 지식'(participatory knowledge)에 집중한다.[8] 레이투르기아는 모든 예배자가 예식의 공동 행위를 통해서 하나님을 예배하는 데 온 힘을 다해야 함을 제안한다.

'의식'이라는 말처럼 '예전'은 예배의 한 부분(예를 들어, 말씀의 예전, 세례식의 예전)을 가리킬 수도 있고 예배 전체(신적인 예전)를 언급할 수도 있다.[9] 전체적인 예전이 그 자체로 기도임을 인식하는 것은 중요하다. 예배 **안에** 기도가 있지만, 공동 예배의 거룩한 직무에서 우리가 하는 **모든 것**은 기도로 보아야 한다. 하나님은 예배자들에게 말씀하신다. 그리고 예배자들은 하나님께 말한다.

거룩한 예식들이 몸(body)의 사용에 매우 복잡하게 의지하고 있기 때문에, 초기 기독교 교부인 터툴리안(Tertullian)은 성례전의 예식은 불가피한 몸의 기도임을 강조했다.[10] 예배자들은 예식을 '행하기' 위해 몸짓와 행위들을 통해서 몸으로 참여한다. 몸은 예식에 나타나 있는 복음의 중심 진리를 보여주기도 하고(묘사하기도 하고) 말하기도 한다(선포하기도 한다). 때로 거룩한 예식의 가장 심오한 아름다운 면은 예식 가운데 기도로서 표현되는 진리의 육화(embodiment)이다.

---

8 나단 미첼(Nathan D. Mitchell)이 Avery Dulles, *Models of Revelation*(Garden City, NY: Doubleday, 1983) 141에서 재인용함.
9 이 용어는 특별히 동방기독교의 전체(성만찬) 예배를 위해 사용된다.
10 Nathan D. Mitchell, *Meeting Mystery: Liturgy, Worship, Sacraments* (Maryknoll, NY: Orbis Books, 2006), 153.

이제 당신은 지금까지 제시된 세 가지 용어의 정의가 중복된다고 생각할 수도 있다. 예식, 의식, 그리고 예전. 당신이 맞다. 다른 용어의 사용을 의지하지 않고 어떤 용어를 정의하는 것은 어려운 일이다. 사실, 당신은 권위적인 자료를 사용하여 용어를 공부할 때 이것이 매우 문제라는 것을 알게 될 것이다. 때때로 그것들 중 어떤 것은 호환되고 있다.[11] 괜찮다. 말이라는 것은 교차된다. 그 말들 사이에 존재하지 않는 차이점을 강요할 이유는 없다. 그럼에도 불구하고 나는 이 용어들 각각의 중심적 특징을 강조하고자 한다. 그리하여 우리가 이어지는 장들에서 설명할 7가지의 거룩한 행위들을 통해 우리 길을 갈 때 도움이 되기를 원한다.

예식은 하나의 **행사**이다. 우리는 주로 우리가 참여하는 행사로서 예식을 생각할 것이다.

> 예시: 세례식은 예식이다(세례식은 하나의 행사이다).

의식은 행사의 의도적인 **내용**과 **순서**이다.

> 예시: 세례 예식은 예배 요소들의 특정한 집합을, 세례식을 구성하는 현명한 순서 가운데 사용한다(즉, 세례 의식).

예전은 예배자들의 **기도하는 참여**(prayerful participation)를 위해 제공하는 공동의 말들과 행위들이다.

---

[11] '예전'과 '의식'의 호환적인 의미의 명백한 사례가 있다. 가톨릭(Catholic) 백과사전: "예전은 의식을 의미한다. 우리는 비잔틴 의식(Byzantine Rite)와 비잔틴 예전(Byzantine Liturgy)이라는 말을 무심히 사용한다"(http://www.newadvent.org/cathen/09306a.htm).

> 예시: 세례의 예전은 세례 예배(세례 예전)에 기도로서 참여하는 모든 예배자들을 위하여 적절한 행위, 말씀, 몸짓, 그리고 상징들 모두를 담고 있다.

나는 본서의 다음 장들을 진행할 때 당신이 용어들의 이러한 의미를 기억하고 있기를 바란다. 용어의 정의는 항상 어느 정도 중복될 것이다. 그러나 그것으로 절망할 필요는 없다. 예식 건축가로서, 우리는 이런 용어들이 특정 맥락에서 어떻게 사용되는지, 또한 우리가 하나님의 백성을 가장 거룩한 순간으로 인도하려고 할 때 우리의 거룩한 책임에 어떻게 빛을 비출 수 있는지에 대해 이해해야 한다.

4) 전례법규

예식을 이끌고 참여하기 위한 지침들이다.

참고사항

거룩한 예식을 이끄는 이들을 위한 안내는 두 가지 이유에서 매우 중요하다.

첫째, 예식이 의도된 예식으로서 참되게 기능하는 데 필요하다고 여겨지는 것을 말하고 행하기 위해 때때로 매우 특정한 것들이 있다. 예를 들면, 세례 예배를 위한 전례법규(典禮法規, Rubric)는 목회자에게 세례 의식에서 물이라는 상징을 어떻게 그리고 언제 사용할지를 말해 준다(당신의 교회 전통에 적절하게 적용하라). 또한 무슨 말을 해야 하고 언제 해야 하는지도 알려준다(예를 들어, "성부와 성자와 성령의 이름으로" 같은 말들이다).

그리스도와 그의 교회에 의해 제정된 예식들은 **거룩한** 예식들이다. 그래서 각 예식의 고결함이 유지되는 것은 매우 중요하다. 이것은 모든 그리스도인들이 예식들을 정확히 동일한 방식으로 수행해야 한다는 것을 의미하지는 않는다. 그러나 전례법규는 그 예식이 과연 적절하고, 성경적이고, 신학적이고, 그리고 목회적으로 수행되는지를 확인해 준다.

둘째, 기독교 예식들에는 회중들로 하여금 깊고 심오한 영적 순간을 경험하게 해 줄 수 있는 가능성이 있다. 그렇기 때문에 인도자들이 각 예식에 접근하는 방식은 정말 중요하다. 전례법규는 예식의 잠재적 가능성을 풍성하게 하는 데 도움이 될 참조들을 제공한다. 좋은 인도자는 회중의 주의가 인도자에게 집중되는 것을 최소화하기 위한 방법으로서 전례법규를 이용한다. 그래서 예식의 신적인 순간(God-moment)에 최대한 주의를 집중시킨다.

물론 전례법규는 많은 행사에서 긍정적으로 사용된다. 보이스카웃 지도자들은 충성의 서약을 인도하기 위해 전례법규를 사용한다. 그 지침서는 지도자에게 가르치기를, 처음에 청중들을 일어서게 하고, 그 다음에 돌아서서 깃발을 마주하고, 오른손을 가슴에 얹고, 강한 목소리로 시작하고, 적절한 보폭으로 인도하라고 한다.

이 지침들은 예식의 요구를 충족하기 위하여 충성의 서약을 이끄는 모든 사람들이 따라야 하는 사항들이다.

전례법규는 교단의 예배 지침서나 목회 지침서에 기록된 지침들이다.[12] 어떤 전례법규는 매우 자세하고, 어떤 것들은 덜하다. 당신은 빨

---

12 목회 지침서들의 종류는 많고, 큰 도움이 된다. 대부분의 거대 교단들이 자기 교단의 목회자들을 위한 지침서를 제공한다. 이런 교단들의 지침서들은 신학적으로 유리한 지점(vantage points)의 전 영역을 포함하고 있다는 것을 알아야 한다. 그럼에도 불구하고, 분별 있고 현명한 독자들을 위해서는 이런 자료들의 예문들로부터 다양한 예식들을 조사하면서 많은 도움을 받는 것이 좋을 것이다.

간색으로 인쇄된 전례법규를 가장 자주 볼 것이다. ('rubric'[전례법규]은 빨강을 의미하는 라틴어 'ruber'[루베르]에서 왔다.) 어떤 전례법규들은 **규정적**이지만(교회의 관점에서 그 예식의 요구를 채우기 위해 인도자들에게 요구하는), 다른 전례법규들은 단순히 **서술적**이다(능률적인 지도력을 위해서 제안하는). '해야 한다'(규정적) 또는 '해도 된다'(서술적)의 용어를 사용하여, 규정하는 것과 서술하는 것을 기술적으로 구별할 수 있다.

전례법규는 따라야 하는 '딱딱하고 고정된' 규칙들로 보아서는 안 된다. 이것은 종종 옳음과 틀림의 문제가 아니다. 오히려 전례법규는 그것을 따를 경우 복음의 관점에서 적절하고 목회적으로 거룩한 행위들을 완수하게끔 지도하는 유용한 안내들이다(어떤 경우에는 교단에 의해서 권위가 부여되기도 한다). 그러므로 전례법규는 인도자들이 예식의 온전성을 보존하고 공동체 안에서 그것을 효율적으로 이끌 수 있도록 도와주는 특별한 안내들이다.

5) 성례전

모든 신자들이 모든 시대와 장소에서 실천하도록 그리스도에 의해 제정되고 명령받은 거룩한 예식이며, 은혜의 수단으로서 봉사한다.

참고사항

(1) 두 가지의 성례전/정례예식

개신교는 거의 보편적으로 '성례전'(聖禮典, Sacrament) 또는 '정례예식'

(定例禮式, Ordinance)으로 불리는 두 가지의 예식을 받아들인다.[13] 즉 세례식과 성찬식이다.[14] 어떤 기독교 집단은 다른 예식들도 성례전의 자격이 있는 것으로 결정했다. 많은 재세례파 전통에서는 세족식까지 포함해서 세 가지의 정례예식을 지명한다. 로마가톨릭은 일곱 가지의 성례전을 지명한다. 성세성사, 견진성사, 성체성사, 고해성사, 병자성사, 신품성사, 혼인성사이다. 이와 마찬가지로 동방정교회에서는 똑같은 일곱 개의 성례전을 수용한다(단지 견진성사[confirmation]는 '성유성사'[chrismation]로 불리고 있다. 이는 예식에서 기름을 바르는 것, 즉 '성유'[chrism]에 기인한다).[15]

그러나 16세기 초의 종교개혁에 따라, 개신교에서는 세례식과 성찬식의 두 가지 성례전만을 널리 지지했다. 왜냐하면,

① 이 두 가지 성례전만이 그리스도가 제자들을 위해 제정한 것이고,
② 모든 시대에 모든 신자들에 의해서 실천되어 온 것이며,
③ 눈에 보이지 않는 약속과 눈에 보이는 표지(sign)가 연합한 예시이기 때문이었다. 즉 세례식과 성찬식은 눈에 보이는 표지와 연합한 하나님의 약속에 기반하고 있다.

제임스 화이트(James White)가 설명한 것처럼, "성례전은 눈에 보이는 표지와 연결된 약속이다. 그리고 그 약속들은 성경에 담겨져 있다."[16] 세

---

13 이 두 가지 성례전/정례예식보다 많이 또는 적게 사용하는 교회들에 대해서는 해당하는 장에서 논의하도록 하겠다.
14 처음엔 '성례전'이라는 용어가 사용되었다. '정례예식' 용어는 상대적으로 짧게 정의된다.
15 동방정교회는 일곱 가지 성례전을 공식적으로 인정하지만, 일곱 가지에 국한되지는 않고 상황에 따라 다른 예식들도 역시 성례전으로 인정될 수 있다.
16 James F. White, *The Sacraments in Protestant Practice and Faith*(Nashville: Abingdon, 1999), 18.

례의 약속들은 성경에 담겨져 있다. 예를 들어 보자.

> 믿고 세례를 받는 사람은 구원을 얻을 것이다(막 16:16).

> 이것은 내 몸이니라 … 이것은 죄 사함을 얻게 하려고 많은 사람을 위하여 흘리는 바 나의 피 곧 언약의 피니라(마 26:26, 28).

꼭 알아야 할 것이 있다. 즉 약속을 받는다는 것은 단지 지적인 것이 아니라 "성례전이 실제로 그 약속을 전달하고 있다는 것에 대한 깊은 확신의 감각"을 포함한다는 사실이다.[17] 이 마지막 부분은 마틴 루터의 신학에서 지배적인 개념이다. 사실, 공식적인 루터교의 가르침에서 중심 이론이다.[18] 존 칼빈은 같은 진리에 대해서 미묘한 차이를 갖고 있다. 그는 성례전을 하나님의 약속의 보증으로 본다.[19] 칼빈에게 표지는 극도로 중요했다. 왜냐하면 표지들은 그 표지(sign)들이 의미하는 결과를 가져오기 때문이다. 잉글랜드 국교회는 성례전에 대한 관점을 종교에 대한 설명서(Articles of Religion)에 진술했다.

> 그리스도에 의해서 제정된 성례전들은 단지 그리스도인들의 신앙고백에 대한 배지(badges)나 증표(token)가 아니다. 오히려 그 예식들은 은혜와 우리를 향한 하나님의 선하심의 확실한 증거이고 효과적인 표지이며 하나님은 그 예식들을 통하여 눈에 보이지

---

17 Ibid., 19.
18 Ibid.
19 Ibid., 21.

않게 우리 안에서 일하시며, 주님을 향한 우리의 믿음을 촉진할 뿐 아니라 강하게 하시고 확고하게 하신다.[20]

당신이 본 것처럼 대부분의 종교개혁가들은 어느 정도 성례전이 "내적이고 영적인 은혜에 대한 외적이고 눈에 보이는 표지"라는 관점을 수용했다.[21]

위에 언급한 이유들로, 대부분의 개신교는 세례식과 성찬식만을 교회에 의해서 실천되어 온 진실한 성례전/정례예식으로 지목했다. 이 두 성례전은 때때로 '주님의 행위들'(dominical actions)로서 언급된다. 왜냐하면 이 행위들은 그리스도가 제자들이 따르도록 하기 위해 제정한 것들이기 때문이다. ('교회의 행위들'[ecclesial actions]은 예수에 의해서 명백하게 제정된 것은 아니지만 역사적으로 흔히 실천되어 왔기에 추천되었거나 가치를 인정받은 거룩한 행위들을 말한다.)

(2) 용어의 뿌리

영어 '성례전'은 '거룩한 맹세'를 의미하는 라틴어 '사크라멘툼'(*sacramentum*)에서 왔다.[22] 고대 로마에서 이 용어는 군인이 그의 부대 지휘관에게 자신의 임무를 다 하겠다고 맹세하는 군인 충성 서약을 가리키는 데 사용되었다. 이 용어의 첫 부분은 '사케르'(*sacer*)에서 왔다. 이 말은 거룩한, 구별된, 성별된 것을 가리키며, 불경스럽고 세속적인 것과 대비

---

20 Articles of Religion XXV, *The Book of Common Prayer*(New York: Oxford University Press, 2006), 872.
21 Peter Lombard in *Lombard's Sentences* IV.1.2.
22 *Webster's New Universal Unabridged Dictionary*, 2nd ed., s.v. "sacrament."

되는 거룩함을 의미한다. 우리가 성례전에 참여할 때, 거룩한 존재물들, 거룩한 사용을 위해 구별되어 손으로 만질 수 있는 물건들(물, 빵, 포도주)에 참여하는 것이다. 하나님의 은혜로서 평범한 것들이 하나님의 목적을 위해 봉사하는 비범한 것들로 변한다. 그리고 만약 당신이 이해하려고 한다면, 이 모든 것은 거룩한 서약인 언약의 맥락에서 이해해야 한다.

세례식에서 우리는 죄로부터 깨끗하게 하여 구원하시는 하나님의 서약을 받아들인다. 우리는 회개를 약속하고 예수 그리스도의 신실한 제자가 되어 그를 주로서 섬기겠노라고 서약한다. 주의 만찬에서 그리스도는 계속적인 죄로부터의 구원, 악에 대한 승리, 그리고 다시 돌아온다는 서약을 상기시켰다. 그리고 우리는 그의 진정한 제자로서 그를 따르겠다는 우리의 서약을 갱신한다. 하나님의 나라에 봉사하기 위해 우리 자신을 새롭게 드린다. 상호적이고 거룩한 서약이 성례전에서 샘솟는다.

어떤 전통은 성찬식의 예식을 하나의 신비로 묘사한다. 신비라는 말은 그리스어 '뮈스테리온'(*mystērion*)에서 왔다. 바울이 신약성경의 서신들에서 이 말을 종종 사용한다.

실제로 예수 그리스도 안에 있는 하나님의 사랑은 진실로 얼마나 신비로운가!

이 신비가 세례식과 성찬식에서 소환된다.

그러나 '성례전'이라는 말을 사용할 때 주의가 필요하다. 우리는 '성례전'이라는 말을 사용하는 모든 전통들을 너무 성급하게 동일한 것으로 취급한다. 많은 개신교인들이 세례식과 성찬식을 언급할 때 '성례전'이라는 말을 좋아하지만, 특정 교단의 공식적인 교리의 관점에 따라 의미가 다양하다. 초자연적인 상태에 대한 중요성의 정도는 광범위하게 변한다.

어떤 이들은 '좀 더 부드러운' 성례전적 관점을 취한다.

정확히 어떻게 그렇게 되는지는 모르지만, 믿음에 의해서 우리는 하나님이 어느 정도 초자연적인 방식으로 그 행사에 역사하신다는 것을 믿는다.

다른 사람들은 보다 단호한 관점을 확신할 것이다.

우리는 하나님이 초월적인 방법으로 예식 안에서 그리고 예식을 통해서 영원한 구원을 완수하신다는 것을 믿는다.

또한 이 두 극단적인 접근 사이의 연속 선상에 위치한 관점들도 많이 있다. 이와 같이 '성례전'이라는 용어에 대한 이해는 꽤 다양하다. 그러나 '성례전'이라는 말을 사용하는 사람들은 이러한 행사에 믿음으로 참여할 때 그 예식 안에서 또한 그 예식을 통하여 어떤 신적인 활동이 역사한다는 것에는 동의할 것이다. 그리고 신자들의 제자 됨과 영성의 형성을 격려하는 성령의 역사에도 동의할 것이다(보이든지 보이지 않든지, 인식되든지 되지 않든지 간에). 이런 입장에서는 성례전을 '은혜의 수단'으로서 간주한다. 성례전은 신자들을 지탱하시는 하나님의 은혜의 선물을 받는 수단이다. 성례전은 이를 통해서 우리를 만나시고 그분의 영광을 위해 우리를 변화시키실 수 있도록 하나님이 제정하신 방법이다. 주의해야 할 점이 있다.

첫째, '은혜의 수단'이라는 문구는 그 의미에서 다양하다는 점이다.

당신은 성례전을 이해하는 전통들 가운데 어디에 위치해 있는가?

다수의 전통들은 이 문구를 개인의 믿음과 상관없이 영원한 구원을 얻는 수단으로 언급하지는 않는다.

둘째, 은혜는 많은 의미를 담고 있는 용어라는 점을 기억하라. 존 웨슬리(John Wesley)는 은혜의 네 가지 차원을 언급했다. 선행적(prevenient) 은혜, 칭의하는 은혜, 성화하는 은혜, 그리고 완전하게 하는 은혜이다. 웨슬리는 은혜의 차원에 대하여 말하기를, 우리의 여정에서 볼 수 있는 하나님의 몇몇 은혜의 역사들을 설명하는 하나의 방법이라고 했다. 하나님의 각각의 역사는 우리 스스로는 제공할 수 없는 것들을 우리에게 주면서 다가온다.

여기에서 우리는 더 좋은 은혜인지 안 좋은 은혜인지에 대해 말하고 있는 것이 아니다. 은혜는 은혜이다. 은혜의 양에 대한 이야기가 아니다. '은혜의 수단'이라는 문구를 사용하는 사람들에게 있어 성례전은 단순히 말해서 하나님이 자신의 나라와 영광을 위해서 우리를 부르시고, 구원하시고, 거룩하게 하시고, 그리고 완전하게 하시는 현장이다.

요약하면, 세례식과 성찬식을 성례전으로 보는 관점은 이것이다.

> 하나님이 말하실 때, 하나님은 나타나신다. 하나님이 나타나실 때, 하나님은 주신다.[23]

6) 정례예식

신자들이 언제 어디서나 실천하도록 그리스도가 제정하고 명령한 순수하게 상징적이고 거룩한 예식이다. 그러나 은혜의 수단으로는 기능하지 않는 예식이다.

---

23 Mitchell, *Meeting Mystery*, 141.

참고사항

'정례예식'(ordinance)이라는 용어를 좋아하는 그리스도인들은 예수에 의해 제정된 두 가지 예식인 세례식과 성찬식을 똑같이 실천하지만 이 예식들을 성례전으로 보는 사람들과는 매우 다른 입장이다. 정례예식적 관점의 사람들은 고도로 상징적인 관점을 취한다. 즉 이 예식들은 단지 상징적인 것일 뿐, 은혜의 수단을 제공하는 것은 아니라고 본다.[24] 성례전이라는 말을 사용하는 사람들은 세례식 그리고 성찬식과 관련된 상징들을 인정하지만 그 행사를 상징 이상의 것으로 여긴다. 정례예식이라고 보는 사람들은 성경에서 하나님이 예수님의 명령을 통해서 제정한 것이기 때문에 그 정례예식들을 실천한다. 정례예식을 말하는 사람들은 다음과 같이 주장한다.

> 우리는 예수님이 하라고 하셨기에 세례를 받는다. 우리는 예수님이 말씀하신 것이기 때문에 성찬식을 한다. 이 행사들에 대해 성경이 말하는 것과 관련 있는 상징들을 사용한다. 그러나 우리는 하나님이 초자연적으로 역사할 것을 기대하지 않는다. 우리는 단지 주님이 우리에게 이 두 가지의 예식을 실천하라고 말씀하셨기 때문에 그 말씀에 순종한다.

과도하게 단순화시키는 위험이 있지만, 아래의 표에서 세례식과 성찬식을 다루는 성례전적 관점과 정례예식적 관점에 대하여 간결하게 비교

---

[24] 정례예식의 관점이라 할지라도 정도에 있어서 차이는 있다. 종교개혁가 울리히 츠빙글리(Ulrich Zwingli)는 정례예식적 관점의 아버지로 유명하지만 그는 자신의 제자들과는 달리 이 예식들을 전적으로 순수한 상징으로 보지는 않았다.

하였다(완전하지는 않다).

성례전적 관점	정례예식적 관점
성례전은 은혜의 수단이다.	정례예식은 은혜의 수단이 아니다.
성례전을 지키는 이유는 예수께서 우리에게 말씀하셨고 우리는 하나님의 계속적이고 새롭게 하시는 은혜가 필요하기 때문이다.	정례예식은 예수께서 그렇게 하라고 명령하셨기 때문에 지켜진다.
강조점은 하나님의 행위에 있다.	강조점은 참여자들의 행위에 있다.
성례전은 상징 이상의 것이다.	정례예식은 본질상 순수하게 상징적이다.
성찬식은 은혜의 수단이기 때문에 좀 더 자주 거행되는 경향이 있다.	성찬식은 은혜의 수단이 아니기 때문에 덜 거행되는 경향이 있다.

양쪽의 입장은 모두 기독교의 유서 깊은 관점이다. 신자들이 '성례전'이라는 용어를 사용하든, '정례예식'이라는 용어를 사용하든지 간에 그리스도인들은 이 예식을 통해서 기독교적 자비를 확장한다. 우리를 분열시키는 많은 것들이 있다. 이 문제에서까지 그럴 필요는 없다. 여러 세대 동안 이 두 가지 용어들을 사용해 온 깊은 영성의 사람들은 성경 해석의 결과에 의해 서로 다른 관점에 도달한 것뿐이었다.

나는 성찬식과 세례식에 관한 장에서 특히 성례전의 관점으로 접근할 것이다. 왜냐하면 그것이 목회자와 선생으로서 나의 관점이며, 또한 나의 교단과 내가 가르치는 기관의 입장이기 때문이다. 그럼에도 불구하고, 나는 '정례예식'의 관점을 가지고 있는 형제들과 자매들을 존중한다. 그리고 앞으로 당신이 보게 되겠지만, 그들의 시각에 대해서도 계속 이야기할 것이다.

7) 직무를 행하다

직무로서(by virtue of office) 종교적 의례를 수행하는 것이다.

참고사항

대부분의 교단들에는 다양한 교회의 예식들의 직무를 정확하게 처리해야 하는 위치에 있는 사람이 있다. 목회자, 장로 또는 평신도일 수도 있는데 그것은 행사와 교단의 정책에 달려있다. 만약 어떤 사람이 예식에서 직무를 행한다(officiate)면, 그들은 교회적 직무로서 일한다. 목회자는 일반적으로 결혼식이나 장례식에서 직무를 행한다. 그리고 대부분 세례식이나 성찬식에서도 직무를 요청받는다. 만약 당신이 예비 목회자라면 장례 지도사가 초대하는 전화에 익숙해져라.
"당신의 성도의 장례식 직무를 행해 주시겠습니까?"

8) 주재하다

어떤 행사에 대한 통제권을 발휘함으로써 진행을 지도하는 것.

참고사항

만약 예식이 집행되는 상황에서 '위원장'(president)이라는 용어를 접하게 된다면, 그것은 정치적인 또는 정부의 직무를 행사하는 사람을 지칭하는 것이 아니다. 그 용어는 단순히 예식 행사를 '주재하는 사람'을 의미한다. 그는 일어나는 일들을 통제하는 사람이다. '주재하다'(preside)와 '직무를 행하다'(officiate)라는 용어 간의 의미에 있어서 진정한 차이점은 없다. 둘 다 목회와 관련된 책들에서는 광범위하게 사용된다. 어떤 이유에서인지, 결혼식과 장례식을 인도하는 것과 관련해서는 '직무를 행하다'라는 말이 더 일반적이고, 성찬식과 세례식의 성례전에서는 '주재하다'라는 말이 더 일반적이다.[25]

우리는 본서를 시작하면서 먼저 거룩한 예식들을 이해하기 위해 기본적인 주요 용어들에 대해서 탐구했다. 오래 지속되어 온 용어들을 처음에 배우는 것은 중요하다. 왜냐하면 그 용어들은 예식의 건축에서 기본이 되는 단어들이기 때문이다. 이제 거룩한 행위의 예배를 떠받치는 기본적인 원리들을 좀 더 살펴보자.

2. 거룩한 예식들의 공동성

개인주의는 근대 서구 예배에서 문제가 되고 있다. 하나님이 개인들과 관계를 맺으시고, 구원의 개인성과 기독교 제자 훈련이 삼위일체 하나님에 대한 개인적인 반응을 기대하며 개인들에게 확장된다는 것은 사실이다. 그러나 우리는 공동체 안에서 믿음으로 살아가기를 요청받았다. 우리는 우리 자신의 힘으로 하나님을 따르려는 고립된 신자들이 아니다. 오히려, 우리는 그리스도의 몸의 지체들이다. 이 지체들은 하나님의 왕국의 거주자로서 살아가기로 헌신한 그리스도의 제자들의 우정 안에서 활동한다.

---

25 'President'라는 용어는 초대 교회의 많은 문서들에서 성례전 집행을 언급하는 것과 관련하여 사용되고 있다.

모든 기본적인 교회의 예식들은 공동 예배의 맥락에서 드러진다.[26] 왜냐하면 우리가 살아계신 주님의 현존을 가장 독특한 방식으로 경험하는 곳이 공동 예배 현장이기 때문이다. 더욱이, 우리는 인생 여정을 함께 한다. 하나님의 초대가 있을 때 각각의 거룩한 행위의 놀라운 역사에 참여하기 위해서, 전체적인 몸으로서 우리는 모여야 한다. 그리스도의 몸은 영혼의 순례와 인생 주기의 중요한 상황들을 축하하기 위한 맥락을 형성해야 한다.

공동 예배는 하나님이 어떤 그리스도인을 공동체에 연관시키기 위해서 기본적으로 명령하신 것이다.[27] 신자가 예배를 위해 매주 모일 때 그들은 성령의 능력으로 인해 그리스도 안에서 하나님과 공동의 대화에 참여하고 있는 것이다. 하나님은 하나님의 말씀을 듣고 그 응답으로서 사랑과 섬김에 헌신하기 위해 함께 나아오는 신자들 가운데 그리스도를 통하여 임재하시는 것으로 여겨진다. 공동 예배는 구약성경과 신약성경 모두에서 가르치는 핵심 가치이다. 성경에서 우리는 하나님이 믿음의 사람들과 만나는 수십 가지의 상황들을 읽게 된다. 이 사람들은 하나님이 자신들의 예배를 받으신 후에 하나님 자신을 알리실 것이라는 믿음을 가지고 있었다. 성경은 매주 모이는 공동 예배에 우선순위를 두고 있음에 틀림없다. 하나님과 인간의 관계가 증진되고 보장되는 것은 공동 예배를 통해서이다.

그러나 그 이상의 것이 있다. 공동 예배는 단지 하나님과 공동체가 관계를 맺는 성경적인 수단이기만 한 것이 아니다. 그 만남 자체가 하나님

---

26 예외인 경우가 매우 드물게 있긴 하다. 이와는 별도로 예식들은 예배의 공동 행위이다.
27 물론, 특별한 경우에 신자가 고립되어 있는 시간과 공간이 있다. 수감자가 떠오른다. 나는 여기에서 신자들이 매주 모여 예배 하도록 하는 성경의 평범한 기대에 대해 말하고 있는 것이다.

의 백성이라는 공동의 정체성을 형성하도록 돕는다. 사실 우리는 하나님의 현존 안에서 서로 정규적으로 만남으로써 형성되어 간다. 생물학적인 가족처럼, 우리는 단순히 가족의 행사에 참여함으로써 우리는 가치들, 신념들, 언어, 그리고 우선순위들을 받아들이게 된다. 당신이 자신의 부모가 아니라는 생각을 하는 바로 그때, 당신은 당신이 정말로 얼마나 부모님과 닮았는지를 알게 된다. 즉 우리는 우리 부모님의 자녀들이다.

우리는 **가르쳐지는 것**이 아니라 **사로잡혀서** 어떤 사람이 되어간다. 이와 같이, 우리가 우리 자신을 정규적으로 교회예식의 영향력 아래 둘 때, 우리는 우리가 듣고, 말하고, 생각하고, 맛보고, 느끼고 그리고 상상한 것들에 의해 변화되고 있는 자신을 발견할 것이다. 고대 격언인 "렉스 오란디, 렉스 크레덴디"(lex orandi, lex credendi, 우리는 기도하는 대로 믿는다)라는 말에는 진리가 담겨있다.[28] 우리가 기도하는 때(온전한 예전에 참여할 때) 우리가 예배에서 말하고 행한 것을 믿고 있다는 것이 발견된다. 확실히 그것은 양 방향 도로(a two-way-street)이다. 즉 우리의 신학적인 이해는 역시 우리의 예배하는 방식에 영향을 미쳐만 한다. 그러한 점에서, "렉스 오란디, 렉스 크레덴디"는 상호적인 것이다.

그럼에도 불구하고 우리가 발견한 참되고 기본적인 전제는, 우리는 먼저 믿음으로 예배하고 그 다음에 우리가 헌신한 것에 의해서 형성된 우리 자신을 발견하게 된다는 것이다. 이것이 아이들이 정규적으로 예식에 참여하는 것이 중요한 이유이다. 그렇게 하면서 우리는 그들을 믿음 안에서 교육시키는 것이다. 우리는 그들에게 기독교 세계관을 형성하고 있다. 그러므로 공동체 안에서의 예배는 교회의 본질적인 거룩한

---

28 이는 5세기 아키텐의 수도사 프로스퍼(monk Prosper of Aquitaine)의 말로서 널리 사용되어졌다.

예식에 참여하는 심오한 영역이다. 왜냐하면 공동 예배 안에서 우리는 부활하신 주님의 현존을 대면하고, 바로 그 대면에 의해 우리 자신이 형성되도록 하기 때문이다.

그래서 교회예식을 위한 예전들은 공동성의 본질을 갖어야 한다. 예배하는 공동체에 참여하려고 최대한 노력해야 한다. 회중은 단지 바라보기만 하고, 목회자와 한두 명의 사람만 참여하는 것은 예전으로서는 적당하지 않다. 우리가 어떤 한 개인의 인생 주기(장례식)나 영적 여정(세례식)의 증인이 될 수 있지만, 그 개인은 이 여정을 믿음의 공동체로부터, 공동체를 통하여, 또는 공동체를 향하여 시작한다. 예식에서 지배적인 목소리는 공동체의 조화된 목소리이어야 한다.

예전을 연구하는 신학자인 나단 미첼(Nathan Mitchell)은 다음과 같이 주장한다.

> 모인 회중은 예진 행위의 주요 '주체'(대리인[agent])이지 목회자의 사역의 '객체'나 수동적인 수혜자이기만 한 것이 아니다.[29]

미첼이 회중을 주요한 주체로 언급할 때 예전에서의 성령의 대리적인 역할을 무시한 것이 아니다. 오히려, 그는 공동 예배에서 공동체의 역할이 결정적이라는 것을 강조하고 있는 것이다.

예배에서 개인주의의 위험성은 목회자와 한두 명의 '수령자'가 수동적인 접근을 취하는 것이다. 이런 형태에서는 회중, 목회자 그리고 특정한 참여자(결혼하는 커플, 세례 받는 젊은이)가 모두 **함께** 전체적으로 두루두

---

29 Mitchell, *Meeting Mystery*, 235.

루 참여하지 못한다. 예를 들면, 그것이 대부분의 예식에서 **공동** 기도가 있는 이유이다. 회중이 새로 세례 받은 신자를 위해 기도하고자 하는 자신들의 의지를 표명하거나 신랑과 신부를 위한 자신들의 지지를 서약할 때, 회중들이 교회의 신조를 고백할 때, 또는 예배자들이 축복의 노래를 부를 때, 그 예식은 공동체 중심이 된다.

거룩한 예식은 관계에 대한 것임을 기억하라. 이 관계는 하나님에 대한 개인 예배자의 관계뿐 아니라 하나님 앞에서 우리 서로 간의 관계이기도 하다. 거룩한 예식의 공동성의 본질을 마음에 둘 때, 우리는 예식들의 수직성과 수평성 **모두**를 발견한다. 예식들은 하나님을 향하여 그리고 서로를 향하여 있다. 기독교 신앙을 표현하는 기본적인 거룩한 예식들 모두의 목적은 그 예식의 활동 장소를 형성하고 열정적으로 그 예식 전반에 참여하며 섬기는 믿음의 형제와 자매들과 함께 공적으로 축하하는 것이다. 교회의 예식에 올 때는 개인 경건을 위한 여지는 거의 없다.

3. 거룩한 예식들이 갖고 있는 형성적 성격

우리는 예배에서 우리 자신을 하나님께 드릴 때 그 거룩한 예식들이 어떻게 우리를 형성해 가는지에 대해서 방금 다루었다. "렉스 오란디, 렉스 크레덴디"는 어느 정도는 비형식적으로 발생한다.[30] 예식의 형성적 측면은 신실한 예배자가 공동 예배에 온전하게 참여할 때 시간을 두고

---

30 그 접근 방식은 비공식적이면서도 확실히 의도적인 것이다. 예배 인도자들은 그들이 어떤 예식을 집례하든지 그 내용과 실천에 대해서 신중하게 생각해야만 한다. 그리고 그 예식이 심오한 수준에서 예배자들의 믿음에 영향을 미칠 임을 알아야 한다.

'발생한다.' 참된 예배자가 예전에 온전히 참여함을 통해서 믿음이 성장한다는 사실은 평가 절하될 수 없다. 동시에, 예식은 우리에게 의도적인 영적 형성(spiritual formation)의 기회를 제공해 준다.

오늘날 '영적 형성'이라는 용어는 여러 방식으로 사용된다.[31] 나는 이 용어를 우리가 변화를 위한 의도를 갖고 하나님과 협력하여 예수 같은 모습으로 성장해 가는 것, 특히 계속적인 영적 훈련 속에서의 성장을 표현할 때 사용한다.

로버트 멀홀랜드(M. Robert Mulholland)는 유용한 정의를 제시한다.

> 영적 형성은 다른 사람들을 위해서 그리스도의 형상으로 닮아 가는 과정이다.[32]

핵심 단어들이 많은 통찰을 준다.

첫째, 영적 형성은 항상 **과정**이다.

속성으로 완성되는 영적 형성은 없다. 그것은 오랜 시간이 걸린다. 사실 전 인생이 걸린다.

둘째, 영적 형성은 **닮아 가는** 과정이다.

여기에는 항복이 포함된다. 우리의 동시대 문화는 "너 자신이 **되라**"라고 외치지만, 하나님의 성령은 "너 자신을 **항복시켜라**"라고 요청한다. 영적 형성의 핵심은 우리가 원하는 것에는 저항하고 하나님이 원하시는 그것이 되는 것이다.

---

31 나는 이 용어를 기독교 교육의 의미로 사용하지 않는다.
32 M. Robert Mulholland, *Invitation to a Journey: A Road Map for Spiritual Formation*(Downers Grove, Il: InterVarsity, 1993), 12.

셋째, 영적 형성은 단 하나의 목적을 갖는다.

예수님을 닮는 것이다. 영적 형성은 더 많이 **아는 것** 또는 더 많이 **행하는 것**이 아니다. 그것은 더욱 **존재함**에 대한 것이다. 즉 더욱더 예수님을 닮은 존재가 되는 것이다.

넷째, 그리스도의 형상으로 **되어감**을 추구하는 것은 **다른 사람들을 위한** 것이다.

이 부분은 믿을 수 없을 정도로 중요하다. 우리는 때로 우리가 예수같이 되는 이유가 더욱더 영적인 백성이 되기 위해서라고 착각을 한다. 그렇지 않다. 우리가 그리스도의 형상으로 진보할 때마다 더욱 중요한 목적을 갖게 되는데, 즉 삼위일체 하나님에 대한 다른 사람들의 지각과 경험에 유익을 끼치기 위함이다. 우리가 점점 그리스도를 닮아 갈수록 다른 사람들은 더욱더 하나님이 누구인지를 알게 되고 하나님의 사랑을 경험하게 될 것이다.

그렇다면 어떻게 영적 형성이 일어날 수 있겠는가?

영적 형성이 일어날 수 있는 중요한 수단 중의 하나는 유서 깊은 영적인 훈련들을 실천하는 것이다. 영적 훈련이란 신자들이 하나님 앞에 자신을 놓아 하나님이 하나님의 뜻을 따라 신자들을 변화시키게 하는 수단들이다. 그 훈련들은 우리가 행하거나(참여 훈련),[33] 또는 행하는 것을 그치는(절제 훈련)[34] 의도적인 것들이다. 그래서 하나님의 성령이 우리의 죄 많은 본성을 하나님의 거룩한 본성으로 변화시키도록 그분의 중재 앞에 우리 자신을 개방하는 것이다. 영적 훈련은 신자들의 성화를 촉진

---

33 Dallas Willard, *The Spirit of the Disciplines: Understanding How God Changes Lives*(New york: HarperCollins, 1988), 158
34 Ibid.

하는 유용한 분야이다.³⁵ 영적 훈련 가운데 그리고 그 훈련을 통해서 우리는 변화를 위해 하나님과 협력한다. 우리가 한 부분을 맡고(훈련에 참여함으로써 하나님께 우리 자신을 드리는 것), 하나님이 한 부분을 맡는다(과정에 따라 우리를 변화시키심). 시몬 찬(Simon Chan)이 그것을 잘 설명한다.

> 다시 말해서, 우리는 일을 한다. 그리고 그것은 결국엔 은혜의 역사이다. 거저 우리에게 주어진 무엇, 오직 선물로 받을 수밖에 없는 무엇 … 우리는 우리의 실천의 결과를 미리 결정할 수 없다. 아무리 정확하게 수행했다 할지라도 말이다. 왜냐하면 궁극적으로 우리를 만드는 것은 은혜이고 실천 그 자체가 아니기 때문이다. 그러나 우리를 만드는 그것은 우리의 실천과 떨어져 있는 것이 아니다.³⁶

예배는 영적인 훈련이다.³⁷ 우리가 신실함과 의도를 가지고 정규적으로 하나님께 예배드리기 위해 만날 때, 우리는 하나님이 우리를 만나시고 하나님의 영광을 위해 우리를 변화시키실 수 있는 기회를 창조하는 것이다. 때로 진정한 예배의 결과로서 우리에게 일어나는 변화는 갑작스럽다. 아마 처음에는 보이지도 않을 것이다. 그러나 그럼에도 불구하고 변화는 일어난다. 영적 훈련의 열매는 대부분 매우 느리게 자란다. 우리는 공동 예배를 통해서 하나님이 우리를 변화시키는 것을 바라볼

35　이러한 성화에 대한 '더 긴' 관점은 성화에 대한 '더 짧은 방법'을 무시하는 것이 아니다. 하나님이 신자들에게 성화를 이루시는 방식에 대한 권리는 그야말로 하나님의 권리이다.
36　Chan, *liturgical Theology*, 94.
37　Richard Foster, *Celebration of Discipline* (New York:HarperCollins, 1978),166.

때 인내해야 한다.

　우리가 예배를 하나님의 영광을 위해 착수하는 영적 훈련으로 여길 때, 우리가 우리 자신을 예배의 일에 헌신할 때, 우리가 예배에 의도성을 가지고 개인적으로 참여할 때, 우리는 형식적인 또는 의도적인 형성 과정에 참여하고 있는 것이다.

　이제 우리는 특별히 거룩한 예식들과 영적 형성이 관계있다는 것을 알게 되었다. 예식들은 영적인 공동 훈련으로서 기능한다. 성례전과 다른 예식들에 참여할 때, 우리는 하나님이 개인 신자들과 공동체의 삶 가운데 변형의 순간으로 이 예식들을 사용하실 것임을 믿는다. 그리고 이 믿음 안에서 우리 자신을 하나님께 드린다. 영적인 훈련으로서 많은 거룩한 예식들에 의도적으로 참여하는 것은 개인과 공동체가 변화할 수 있는 중요한 수단이다.

　예를 들어, 세족식에서 우리는 다른 사람들을 위한(다른 사람들도 섬김의 축복을 받을 수 있도록) 그리스도(우리를 위해서 그 예식을 보여 주실 뿐 아니라 이것을 행하라고 명령하시는 분)의 형상으로 닮아 가는(자기 겸손) 과정에 참여(발을 씻김)하고 있는 것이다. 놀라운 사실은, 우리가 세족식의 영적 훈련에 기꺼이 참여하게 되면 하나님의 영광을 위하여 다른 사람들을 위해 변화해 가는 우리 자신을 발견한다는 것이다. **거룩한 예식들은 영적으로 변화되는 방법과 수단을 제공한다.**

4. 거룩한 예식들의 상징성

　거룩한 예식에 대해서 함께 나누기 원하는 또 다른 내용은 예식에서는 상징(symbol)과 표지(sign)들을 많이 사용한다는 사실이다.[38] 예배에 참여할 때 그 예식들이 우리 믿음에 대해 어떤 심오한 것들을 말하고 묘사하고 있다는 것을 깨닫는 데 그리 많은 시간이 걸리지 않는다. 믿음의 이런 진실들은 처음에는 이해하기가 어렵다. 실제로 완전히 이해하는 사람은 없다. 예를 들어 첫 번째 단계에서 우리는 세례식의 행위 속에서 무언가 **되어진** 것을 이해한다(어떤 사람은 물에 젖는다). 심지어 이것이 무엇을 **의미**하는지도 이해할 수 있다(예수 그리스도의 죽으심과 부활하심에 동일시되는 행위[롬 6:1-4]).

그러나 어느 누가 그것이 무엇을 **의미**하는지, 정확히 어떻게 성령이 세례식 안에서 역사하는지, 이 성례전이 전체적으로 무엇을 의미하는지에 대해서 진실로 이해하겠는가?

상징은 알려진 것에서 알려지지 않은 것으로, 익숙한 무엇인가에서 아직은 낯선 진실로 우리를 데려간다.

> 바로 이것이 예식과 상징들이 갖고 있는 힘이다. 그 힘은 끊임없이 진실과 현실의 '나머지'를 가리키며 바라보게 한다. 그리고 우리의 이성만으로는 이 진실의 '나머지' 부분을 알아차릴 수 없다. 또한 이것이 예식과 상징들이 '믿음'을 요청하는 이유이다.[39]

오늘날 서구 사회의 신자들은 계몽주의를 물려받았다. 이 계몽주의는 여전히 생생하게 작동한다. 계몽주의의 불운한 결과 중 하나는 대부분

---

[38] '상징'과 '표지'는 때로 교호적으로 사용된다. 그러나 차이점은 있다. 표지는 상징보다 좀 더 이성적이고 특정한 의미를 가리킨다. 상징은 좀 더 추상적인 것을 의미하는 경향이 있다.

[39] Mitchell, *Meeting Mystery*, 67.

의 것들이 적절한 정보만 있으면 이해할 수 있다는 신념이었다. 인간 정신의 지적 능력은 엄청났다. 신비로움은 평가 절하되었다.
  그러나 모든 종교는,

> 과거의 의미, 현재의 가치 그리고 미래에 대한 상상력에 대한 막대한 상징 체계이다. 종교는 공동체에게 무언가 궁극적이고 신비스러운 것에 대해 숙고할 것을 제안한다. … 궁극적이고 신비스러운 것의 체계는 인간 지식 이상의 것으로 정의된다. 종교는 이 궁극적 신비에 빛을 비추어 주는 상징들에 의존한다. … 특별히 효과적인 상징의 힘에 의해서 과거는 현재로 온다. 평범한 장소가 예외적인 곳으로 변한다. 개인은 공동체에 연결된다. 슬픔이 즐거움을 만난다.[40]

  그래서 종교가 시작된 때부터 인간은 자신들이 이해하려고 애쓰는 그 무엇과 믿음의 측면들을 대화시키기 위해서 상징을 사용해 왔다. 언어로 설명하는 것은 한계가 있다. 상징의 비언어적인 언어는 예식의 의미를 순수한 이성보다 더 깊고 더 직관적인 수준으로 말한다. 상징들은 순전한 이미지 그 자체가 이미 큰 소리로 말하고 있기 때문에 유용하다.
  이미지의 말없는 힘의 예로서 좋은 것이 바로 나라의 깃발이다. 모든 선진국의 아이들은 학교에서 자기 나라의 역사, 중요한 지도자들, 정치 체계 등을 배운다. 또한 그들은 국기의 상징적인 모양과 색깔에 대해 배운다. 처음에 아이들은 단순히 국기에 대해서 경례하고 맹세를 암송

---

[40] Gail Ramshaw, *Christian Worship: 100,000 Sundays of Symbols and Rituals*(Minneapolis: Fortress, 2009), 16.

한다. 시간이 지나면서 운동 경기나 국경일에 국기가 펼쳐질 때, 젊은이나 성인들은 국기를 흘낏 보는 것만으로도 국기에 대해 배운 것들보다 훨씬 많은 것을 느낄 정도로 상징의 의미가 자라난다. 그것은 깊이 잠겨 있던 애국심, 존경, 그리고 나라에 대한 사랑을 불러일으킨다.

성경에 보면 사건과 상징이 연결되어 있는 예가 많기 때문에, 특정한 상징들은 원래 기독교 예식을 위해서 사용되었다. 세례식을 위한 상징은 물이다. 치유를 위한 상징은 기름이다. 언약의 상징은 무지개이다. 세족식을 위한 상징은 수건과 대야이다. 성찬식을 위한 상징은 빵과 포도주이다. 그 밖에 여러 가지가 있다. 예배자들은 아무것도 없는 데서 모든 상징을 창조하지 않아도 된다. 이미 많은 상징이 하나님에 의해서 우리에게 선물로 주어졌고 특별해졌다.

상징에 대한 모든 생각은 창조와 성육신의 교리에 뿌리를 두고 있다. 하나님이 하늘과 땅을 창조하실 때 창조의 모든 국면이 선하게 창조되었다. 그러므로 모든 것들은 하나님의 목적을 위해 사용될 수 있다. 예수님은 만질 수 있는 피조물들을 그가 가르치는 진리의 상징으로 사용하셨다(소금, 빛, 날씨 유형, 돌들). 우리의 타락한 세계 때문에 물질적인 것들이 영적인 목적에 사용될 자격을 잃지는 않았다. 예수님은 창조가 여전히 선하다는 것을 증명하신 것이다.

성육신을 통하여 하나님은 무엇인가 우리 이상의 것(하나님의 육체적 현존)이 인간의 모습(예수)으로 우리 가운데 올 수 있음을 증명하셨다. 그러므로 성육신은 하나님의 궁극적인 상징이다. 즉 말씀이 육체가 되었고 우리 가운데 거하셨다.

영어 '상징'은 그리스어 명사인 '심볼론'(*symbolon*)에서 유래했다.[41] 그 의미는 무엇인가를 추측할 수 있는 어떤 표지를 뜻한다. 동사 형태인 '심발로'(*symballo*)는 '비교하다'를 의미한다.[42] 본질적으로 상징은 상징 이상의 것으로서 어떤 의미나 진리를 나타내는 물체 또는 행동이다. 손으로 만질 수 있는 것이 표현하고 있는 것은 손으로 만질 수 없는 것들이다. 모든 상징들은 외적, 내적 그리고 영적인 특성을 갖는다. 외적인 특성은 물리적 성질 자체이다(물). 내적인 특성은 집단적인 사용에 의해서 그 상징에 주어진 해석이다(물은 씻기/깨끗이 하기의 상징이다). 영적인 특성은 영적인 변형으로서 믿음으로 받아들임으로써 예배자들이 하나님의 영광을 위해 변화하는 것이다(믿음으로 인해 나는 세례의 물로 정결해졌다. 그리고 그리스도의 형상으로 인정받은 것처럼 매일 세례 받는 것처럼 살아갈 것이다).

여기에 당신이 예식 건축가가 되려는 준비를 할 때 상징의 사용에 대해서 참조할 몇 가지 중요한 사항들이 있다.

- 상징은 양방향성이다(하나님은 우리에게 상징을 통해서 말씀하신다. 우리는 하나님께 상징을 사용하여 응답한다).
- 그 자체가 목적이 아니다.
- 많은 형태가 있다. 사물(십자가), 몸짓(무릎 꿇기), 색깔(흰색), 일 년 중 어느 때(오순절), 단어(유월).
- 드러나기도 하고 감추어져 있기도 하다(신자들에게는 진리를 드러낸다. 불신자들에게는 진리를 감춘다[고전 2:11-16; 막 4:11-12]).
- 인간의 유한성이 하나님의 신비를 만나는 지점이다.

---

41 *Webster's New Universal Unabridged Dictionary*, 2nd ed., s.v. "symbol."
42 *Webster's New Universal Unabridged Dictionary*, 2nd ed., s.v. "symbol."

- 물질적이고 손으로 만져지는 형태에 기초한다.
- 문화적으로 이해된다(상징은 문화에 따라 다양한 의미를 갖는다).
- 모호하다(상징은 한 번에 하나 이상의 추론을 가질 수 있다).
- 범위가 제한적이다(어느 정도만 추론할 수 있다).
- 하나님을 영광스럽게 하고 신자들을 교화하기 위하여 사용된다.[43]

상징에 대하여 주의할 점이 있다. 상징들은 의미를 부여한다. 말하자면, 누군가가 그 상징이 어떤 것을 의미한다고 말했기 때문에, 그 상징은 그 어떤 것을 의미한다. 예수님은 빵과 포도주의 의미를 지정했다. 예수님은 빵은 자신의 몸이고 포도주는 자신의 피라고 말씀하셨다. 우리는 그 상징들을 이어받았다. 그러므로 그 상징들은 소중하고 가치있다. 그것은 다른 상징들에서 적절한 의미를 추론하는 것이 나쁘다고 말하는 것이 아니다. 성 금요일(Good Friday) 예배에서 그리스도의 고통을 상징하는 커다란 못을 사용하는 것이 도움이 될 것이다. 이런 추론은 성경에서 찾을 수 없지만 유용할 수 있다.

그러나 다음에 대해서 주의하라.

① 성경과 교회에 의해 지정된 의미들을 보존하라.
② 상징의 의미를 가르치는 지도자로서의 책임을 받아들이라.

우리는 상징을 묘사하기만 하는 것이 아니라 그 의미를 설명도 해야 한다. 우리는 신자들을 믿음으로 훈련할 신학적인 과업을 가지고 있다.

---

43 상징과 관련한 이 내용들 중 일정 부분에 대한 관점을 제공해 준 마크 토저슨(Mark Torgerson)에게 감사한다.

거룩한 상징과 표지들의 의미를 설명하고 주장하는 것은 제자 됨의 훈련에서 중요하다. 나는 오늘날의 교회가 상징들이나 표지들의 의미를 명확하게 규정하는 것에 대해 소홀해서 염려가 된다. 나는 예식 건축가들이 거룩한 예식을 창조하고 이끄는 것뿐 아니라 상징의 숨겨진 의미들을 나눌 의무도 있다는 것을 유념하기를 바란다.

상징과 표지들의 중요성을 우리가 숙고할 때 특별히 추구해야 하는 두 가지의 미덕이 있다.

첫째, 겸손의 미덕이다.

우리는 예배에서 상징들의 의미와 역할에 대한 모든 지배권을 갖지 않는다. "예식과 성례전에서 교회는 그 자신의 정체성을 '고안하지' 않는다. 하나님 … 으로부터 그것을 받아드린다"는 것을 기억하라.[44] 겸손은 중요하다. 왜냐하면 예배자는 예배 그 자체의 의미를 자신들의 욕구보다 우선시해야 하기 때문이다. 교회는 "마음대로 하는 것이 아니라 온전한 몸짓을 수행함으로써, 또한 그들 자신의 말이 아닌 하나님의 말씀을 말함으로써, 또한 때로는 원치 않거나 선택하지 않은 요소들을 수용함으로써"[45] 예배 중에 하나님을 섬기는 것이 절대적으로 중요하다.

둘째, 인내의 미덕이다.

우리의 믿음이 성숙해짐에 따라 상징들도 그 중요성이 커진다. 그래서 우리는 때가 되어 통찰이 올 때까지 기다리면서 만족하는 훈련을 해야 한다.

당신이 회중을 위해 거룩한 예식을 준비하고 인도할 때 상징의 힘을

---

44 Mitchell, *Meeting Mystery*, 37.
45 Louis-Marie Chauvet, *Symbol and Sacrament: A Sacramental Reinterpretation of Christian Existence*, trans. Patrick Madigan and Madeleine Beaumont(Collegeville, MN: Liturgical PRess/A Pueblo Book,1995), quoted in Mitchell, *Meeting Mystery*, 38.

평가 절하하지 말라. 특별히 후기 근대 문화는 다분히 이미지 기반 문화이다. 상징은 말로써 설명하기 어려운 것들을 경험하는 수단이므로 사려 깊게 기도하면서 사용하라. 왜냐하면 하나님의 신비는 결코 고갈되지 않을 것이기 때문이다.

5. 거룩한 예식들의 그리스도 중심성

상징에 관한 우리의 모든 토의 중에서 가장 중요한 부분이 남아있다. 상징들은 예배에서 그리스도 중심성이 지각되도록 한다. 그리스도인의 공동 예배 속에서 성육신된 하나님의 아들이 계속적으로 현존하고 일하고 계시기 때문에 기독교 예배를 **기독교적**이라고 일컫는다. 물론 예배에서 사용되는 모든 상징들이 그리스도를 직접적으로 표현하는 것은 아니다. 동시에 모든 상징들은 성령의 능력에 의한 예수 그리스도의 승귀를 통하여 고유하게 하나님을 영화롭게 하는 예배를 궁극적으로 가능케 해야 한다. 하나님을 영화롭게 하는 예배는,

① 하나님의 아들을 찬미하는 것이다(빌 2:9-11; 히 1:6; 계 5:12).
② 예수님의 제사장적 사역을 통해서 드려지는 예배이다(히 2:10-13; 7:25; 8:1-2; 딤전 2:5).

상징들이 중요하고 필요하지만 단지 예배에서 흥미만을 불러일으키거나 예배자들의 만족을 추구하려는 목적으로만 사용해서는 안 된다. 상징의 사용에서는 예수 그리스도 자신과 그분의 사역을 중심에 두어야

한다. 상징은 예배를 진정으로 기독교적이게 하는 정도에 따라서만 예배에서의 궁극적인 중요성을 얻는다.

상징들은 그리스도에 초점을 맞추면서 기억을 위한 중요한 역할을 하게 된다. 본질적으로 기독교 예배는 하나님이 누구신가와 그가 무엇을 하셨는가를 기억하는 것이다. 기억에 의해서 신자들은 회상하고(recall), 재현하고(represent), 삼위일체 하나님의 놀라운 역사를 기대한다(anticipate). 그리고 그렇게 함으로써 인간 역사를 통해서 일해 온 분을 영화롭게 한다.[46] 상징들은 우리의 회상(과거를 기억하는 것)과 재현(오늘날 기억하는 것)과 미래의 하나님의 통치를 기대(미래를 기억하는 것)하는 능력을 북돋아준다. 구원 역사의 압도적인 이야기가 광대하지만, 그 이야기는 하나님의 인류를 위한 구원 행위의 위대함에서 정점을 찍는다. 믿는 모든 사람들을 구원하시기 위해 하나님의 아들이 성육신한 이야기, 예수님을 보내신 이야기이다.

세례식 그리고 성찬식과 관련된 상징들보다 더 심오한 기억의 상징은 없다. 세례식의 물은 과거에 하나님이 어떻게 물을 통하여 인간들을 구원했는지를 회상하게 한다(노아와 대홍수, 모세와 홍해). 그리고 오늘날 세례의 물을 통해서 어떻게 하나님이 사람들을 구원하시는지를 회상하게 한다(벧전 3:21). 옷을 깨끗이 빤 사람들이 어떻게 하늘 왕국에서 생명 강 근처의 특별한 장소를 갖게 될 것인가를 기억하게 한다(계 22:1, 4).

성찬식의 빵과 포도주는 유월절을 회상하게 하고(눅 22:15) 예수님이 다시 올 때까지 그리스도의 몸과 피를 계속적으로 기억하게 한다

---

46 기억에 대한 성경적인 이해는 '기억하다'는 뜻의 그리스어인 아남네시스(*anamnesis*)에서 찾을 수 있다. 이 말에 대한 그리스어 의미는 성취된 현재, 성취되어 온 과거, 그리고 성취될 미래가 함께 오는 역동적인 기억을 의미한다.

(눅 22:19-20). 그리고 어린 양의 천국 잔치를 기대하게 한다(계 19:9). 성례전에 담지되어 있는 기억의 상징들은 그리스도 상징들이다. 왜냐하면 우리가 구원받고 세례를 받는 것은 오직 그리스도 안에 있기 때문이다. 그리고 그의 식탁에서 믿음으로 그와 함께 먹는 것도 오직 그리스도 안에 있기 때문이다.

당신이 예식 건축가로서 인도자가 될 때, 각각의 예식 그리고 모든 예식에서 어떻게 그리스도를 모퉁잇돌로 놓을 것인지에 대해서 숙고하기 바란다. 당신의 행위와 말과 몸짓 그리고 상징들 속에 그리스도의 인격과 사역이 명백해지도록 하라. 이것이 하나님을 기쁘시게 하는 것이다.

6. 세상을 위한 거룩한 예식

이제까지 나는 독자들이 공동 예배에서 거룩한 행위들의 목적과 가치에 대해서 더욱 열정을 갖게 되었을 것이라고 믿는다. 그러나 우리가 시작한 부분에서 본 장을 끝내야 한다. 예식들은 그 자체를 위해서 가치 있는 것이 아니라는 점을 명확히 해야겠다. 게다가 많은 면에서 어떤 예식도 참여자들을 위한 배타적 가치만을 갖고 있지는 않다.

그렇다. 그 예식들은 훨씬 큰 역할이 있다. 예수 그리스도의 교회에 의해서 승인받은 유서 깊은 거룩한 예식이 헌신과 신실함으로 드려질 때, 그것은 세상을 위해서 되어진 것이다. 교회의 예식들은 강력한 증거의 힘을 가지고 있다. 그 예식들은 예수 그리스도를 통한 하나님과의 관계성 안에서 교회의 형상을 세상에 나타낸다. 그것은 예식들에게 기대되는 최종적인 역할이다.

멀홀랜드(Mulholland)의 정의로 돌아가 보자.

> 영적 형성은 "다른 사람들을 위하여" 그리스도의 형상으로 인증 받는 과정이다(강조는 필자의 것).[47]

우리가 경험하는 거룩한 순간이 무엇이든지 그것은 우리 자신의 만족을 위한 것이 아니고, 저항적인 세상과의 직면에서 하나님을 영화롭게 하기 위한 것이다. 예식은 본래 관계에 대한 것이라는 점을 기억하라. 예식들은 우리가 삼위일체 하나님과의 영원한 관계성을 반영하도록 돕는다. 제대로 표현되는 아름다운 관계성은 사실상 예언자적인 것이다. 예수님은 이렇게 기도하셨다.

> 아버지여 아버지께서 내 안에 내가 아버지 안에 있는 것 같이 그들도 다 하나가 되어 우리 안에 있게 하사 세상으로 아버지께서 나를 보내신 것을 믿게 하옵소서(요 17:21).

거룩한 예식은 예수님이 기도한 바로 그런 관계성을 표현한다. 하나님과 하나님의 백성 사이에 하나 됨의 표현이다. 그리고 더 위대한 목적은 세상이 그것을 믿게 하는 것이다. 이것은 거룩한 예식의 선교적 가치이다. 교회에 필요하고 유익을 주는 이런 행위에 믿음으로 헌신할 때, 우리는 예식들이 묘사하는 진리를 세상에 선포하는 것이다. 그리고 우리는 예수님의 기도를 되풀이 한다.

---

47 Mulholland, *Invitation to a Journey*, 12.

"세상이 믿게 하소서."

7. 결론

본 장에서 나는 교회에서 실천하고 있는 모든 거룩한 예식들의 바탕이 될 중요한 토대들을 놓으려고 노력했다. 이후의 7개의 장에서는 각각의 예식들을 점검하면서 이 토대들을 숙고할 것이다. 다음 장으로 넘어가기 전에 우리가 고려해야 하는 두 가지 전제를 살펴보자.

1) 예식들은 신자와 하나님 간의 관계성을 의미한다.

> 기독교 예배는 예식 속기록으로 변장한 교리가 아니다. 그것은 우리를 역동적이고 친절한 그러나 위험할 수도 있는 하나님 자신의 생명의 공간으로 끌고 가는 행위이다.[48]

> 예식의 목적은 의미가 아니라 "만남"이다.[49]

2) 예식들은 이 관계성을 깊게 하는 데 도움이 된다.

> 결국 예전들은 "연결"에 대한 것이다. 즉 연결되어 존재하는 것과 연결을 만드는 것이다. 하나님, 사람들 그리고 지구와의 연결,

---

48 Mitchell, *Meeting Mystery*, 59.
49 Ibid.

공간, 시간, 문화 그리고 역사와 연결, 차이와 다름과의 연결, 기억과 기대와의 연결이다.[50]

핵심 용어들

- **예전**(liturgy): 공동 예배의 맥락에서 기도로 가득한 예배와 모든 예배자들의 완전한 참여를 촉진하는 행위들, 말씀들, 몸짓들 그리고 상징들의 완전한 집합체.
- **직무를 행하다**(officiate): 직무로서 종교적 의례를 수행하는 것.
- **정례예식**(ordinance): 순수하게 상징적인 거룩한 예식으로서 모든 신자들이 언제 어디서나 실천하도록 그리스도에 의해 제정되고 명령된 것이나 은혜의 수단으로는 기능하지 않는다.
- **주재하다**(preside): 어떤 행사에 대한 통제권을 발휘함으로써 진행을 지도하는 것.
- **의식**(Rite): 설계된 예식의 순서와 내용을 구성하는 행위들, 말씀들, 몸짓들 그리고 상징들의 특정한 조합.
- **예식**(Ritual): 교회에 의해서 재가된 권위적인 **행사**로, 공동 예배의 특정한 측면에 힘을 주기 위해서 반복적으로 공식화된 행위들, 말씀, 몸짓, 그리고 상징들을 사용한다.
- **전례법규**(Rubric): 예식을 이끌고 참여하기 위한 지침들.
- **성례전**(Sacrament): 모든 신자들이 언제 어디서나 실천하도록 그리스도에 의해 제정되고 명령된 거룩한 예식으로서 은혜의 수단으로서 봉사한다.

---

50 Ibid., xv.

제2장

기독교 결혼식

> **탐구**
>
> 제2장을 읽기 전에, 결혼식에 참석했던 당신의 경험을 회상해 보라.
>
> - 당신이 기억하는 결혼식 중에서 처음 참석했던 결혼식을 자세히 묘사해 보라.
> - 교회에서 기독교 결혼 예배과 일반 결혼식 사이의 차이점은 무엇이라고 생각하는가?
> - 당신이 참석했던 결혼식에서, 결혼식 하객의 역할은 무엇이었나?
> - 교회에서 거행된 불신자를 위한 결혼식에 참여한 적이 있는가? 신자를 위한 예식과 어떤 차이가 있는가?
>
> 이제 당신이 결혼식에 대한 성찰을 시작했기에, 제2장을 읽으면서 당신의 사고를 확장하라.

1. 확장

앤드류 목사는 제인과 한나를 정말로 아껴 왔다. 앤드류 목사는 제인이 교회에서 자라나는 것을 지켜보았다. 제인은 예배 후에 앤드류 목사를 따라다니는 것을 좋아했던 활기찬 아이였고, 대부분의 사람들이 가고 난 후에 예배당을 깨끗이 청소하는 것을 도와주곤 했다. 제인이 고등학교에 들어갔을 때, 자신의 친구인 한나를 청소년 모임으로 데려왔다. 그들의 우정은 대학에서 로맨틱하게 바뀌었고, 졸업 후에 그들은 약혼했다. 그들은 자신들이 자라난 교회에서 자신들을 양육해 준 앤드류 목사의 집례로 결혼하는 것을 당연하게 여겼다.

마침내, 그 세 사람이 결혼 예배에 대해 상의하기 위해 만났을 때, 제인과 한나는 결혼에 대한 몇 가지 아이디어를 흥분하며 말했다. 앤드류 목사는 적극적으로 그들의 아이디어를 경청하며 조율해 갔다. 예를 들어, 그들 세 사람은 신랑 들러리와 신부 들러리가 결혼 예배 때 각각 성경을 읽는 것에 동의했다. 나중에, 들러리들이 각각 환영 만찬에서 인사말을 하게 될 것이다. 앤드류 목사는 이 젊은 커플의 열정을 반겼다.

앤드류 목사는 그들이 작별 인사를 고하는 것을 미소 지으며 바라보았다. 그때 그는 다시 한번 깨달았다. 즉 약혼한 커플과 함께 결혼 예배를 계획하는 것은 저들로 하여금 자신들의 결혼을 하나님이 진정으로 중심이 된 공동 예배로 보게 하는 놀라운 기회를 제공한다는 사실이다.

최근의 경향과는 달리 수 세기 동안 지역 교회가 결혼식장으로 사용되는 것은 흔한 일이었다. 초대 교회에서는 결혼식에 관하여 적극적인 언급을 했다. 그러나 일반적으로 결혼식에 대하여 교회는 단순히 시민 행사로서 인정할 뿐이었다. 사실,

11세기까지는 결혼식에 있어서 교회 참여가 요구되지 않았다.[1]

교회에 의해 시행된 결혼식은 약간의 별난 역사를 갖고 있다. 초대 교회에서는 결혼을 성례로서 적극 지지했다. 그러나 결혼을 성례로 보는 견해를 초기 종교개혁가들이 거부하면서 교회 결혼식을 위한 열정이 다시 한번 적어지는 결과를 낳았다.

오늘날 교회들은 결혼식을 하나의 영적인 행사와 거룩한 예식으로서 간주하고, 교회에서 예식을 여는 것 그 자체에 의미를 부여하는 경향이 있다. 그 결과 종교적인 배경이 없는 커플들도 결혼식을 올리기 위해 교회 장소를 종종 찾고 있다. 교회는 항상 **결혼**(marriage)을 하나님에 의해 제정된 거룩한 자산(estate)으로 간주해 왔다. 결혼의 영적인 뿌리를 강조하는 것이다. 그러나 **결혼식**(weddings)은 다른 문제였다. 즉 교회와 결혼식의 관계는 불안정하다.

본 장에서는 그리스도인을 위한 결혼과 결혼식을 언급한다. 본 장의 후반부에서 나는 불신자를 위한 결혼식을 다룰 것이다.

---

[1] Michael Fowler, "Historical Origins and Development of Christian Marriage," in *The Complete Library of Christian Worship*, ed. Robert E. Webber (Nashville: Star Song, 1993), 6:275.

2. 토대 놓기

1) 기독교 결혼은 하나님의 창조의 선물에 기초한다

하나님의 훌륭한 창조의 최고 영광은 하나님의 형상으로 창조된 인간이었다.

> 하나님이 자기 형상 곧 하나님의 형상대로 사람을 창조하시되 남자와 여자를 창조하시고(창 1:27).

하나님이 만들었던 남자와 여자는 동등하게 창조되었고, 모두 "하나님의 형상"(*imago dei*, 이마고 데이)의 상속자이다. 바울은 이러한 확언에 공감하며 다음과 같이 가르쳤다.

> 누구든지 그리스도와 합하기 위하여 세례를 받은 자는 그리스도로 옷 입었느니라 너희는 유대인이나 헬라인이나 종이나 자유인이나 남자나 여자나 다 그리스도 예수 안에서 하나이니라 (갈 3:27-28).

하나님이 결혼을 위해 염두에 두던 목적은 창조 기사에 분명하게 진술된다. 하나님은 남녀 각각에게 사귐(창 2:18)을 위하여, 땅에 대한 공동의 다스림(창 1:26)을 위하여, 그리고 생육(창 1:28)을 위하여 서로를 선물로 주셨다. 아담과 하와를 위한 하나님의 의도는 육체적이고 영적인 연합이었다. 하나님은 그들이 서로에게 뼈 중에 뼈, 살 중에 살(창 2:23)이기를 원하셨다. 이런 놀라운 연합에 대해 예수님은 이혼에 대한 자신의 가르침(막 10:6)에서 창세기 기사를 예로 들었다. 창세기에서 연합은 두 육체가 하나의 육체가 되어가는 것으로 묘사 된다.

> 그 둘이 한 몸이 될지니라 이러한즉 이제 둘이 아니요 한 몸이니 그러므로 하나님이 짝지어 주신 것을 사람이 나누지 못할지니라 하시더라(막 10:8-9).

두 사람이 하나님의 목적을 섬기기 위해 함께 결합했기 때문에 결혼은 하나님에 의해 세워진 관계이다.

> 하나님이 그 지으신 모든 것을 보시니 보시기에 심히 좋았더라 (창 1:31).

이 말씀에 의하면 하나님은 두 성(性)을 창조하셨고, 즐거움과 출산을 위한 자연스러운 방식으로 성적인 관계를 창조하셨다. 그리고 그것 모두는 좋았다. 그러나 오래지 않아 부부 사이의 불신과 부정으로 인해 모든 것들이 틀어졌다. 그럼에도 불구하고, 그 선물은 처음부터 완벽하고 순수했으며, 하나님의 목적을 성취하기 위한 하나님의 제도로 영구히 남아 있다. 결혼은 하나님에 의해 태초에 시행된 것이다. 따라서 결혼은 좋은 것이라는 확신에서 시작하는 것이 가장 바람직하다.

2) 기독교 결혼은 언약의 선물에 뿌리를 둔다

깊은 사랑을 공유하고 자신들의 영원한 연합이 하나님의 뜻이라고 확신하는 한 남자와 한 여자는 결혼의 언약을 맺기로 결정한다. 언약은 계약(contract)과 비슷하지만 그 이상이다. 하나의 계약은 각각의 당사자가 행하게 될 법적인 역할을 명기하고 그 계약을 깨뜨리는 것에 대한 결과를 포함한다. 일반적으로 말하면, 계약은 각각의 당사자가 자기 자신들을 보호할 수 있도록 해 준다. 계약은 일반인의 권한을 만족시키기 위해 필요한 법적인 언어를 사용한다. 결혼 언약도 그 관계를 유효하게 하는 사회적이고 법적인 단계를 포함한다.

그러나 결혼 언약은 법적인 요구 범위를 넘는다. 결혼 언약은 자기 자신보다 **다른 사람**을 보호하기 위해 파트너에 대한 충실한 사랑을 맹세한다. 두 명의 그리스도인 사이에 지워진 엄숙한 언약은 각 사람이 다른 사람에게 무조건적으로 자신을 주는 것을 포함한다. 그것은 자신을 희생하는 것이다. 왜냐하면 사람은 미래를 예상할 수 없고, 어느 쪽 당사자에게 무엇이 필요할지 알 방법이 없기 때문이다. 그럼에도 불구하고, 그것은 하나님이 그 커플을 부르는 언약적인 관계이다. 그리고 그 두 사람은 거룩한 서약했다. 그 서약은 그들을 창조하신 창조주가 지금도 그들의 완성을 이루고 계시다는 증표이다.

삼겹 줄은 쉽게 끊어지지 아니하느니라(전 4:12).

3) 기독교 결혼은 예수 그리스도를 중심으로 한다

신약성경은 남편과 아내의 연합에 대한 우리 주님의 말씀을 전한다. 바울은 그리스도를 향한 존경심을 갖고 서로에게 복종하도록 남편들과 아내들에게 훈계한다(엡 5:21-32). 그 관계에서 남편의 역할은 교회의 머리인 그리스도의 역할과 비교된다(엡 5:23). 그리스도에 대한 교회의 복종은 남편에게 복종하는 아내들과 비교된다(엡 5:24). 남편의 아내를 향한 사랑은 그리스도가 교회를 위해 가지는 사랑에 비유된다(엡 5:25). 아내를 향한 남편의 양육과 부드러운 보살핌은 그리스도가 교회에게 제공하는 똑같이 부드러운 보살핌으로 비유된다(엡 5:28-29). 바울은 남편과 아내의 관계는 그리스도와 교회의 대단한 신비에 필적하는 대단한 신비라는 것을 인정한다(엡 5:32). 기독교 결혼(Christian Marriage)은 예수님께로 집중된다는 사실은 명백하다. 예수님이 관계의 중심이다.

4) 기독교 결혼은 하나님 나라 공동체를 만들어간다

가족은 하나님의 통치를 받으며 하늘의 시민권을 가지고 함께 살아간다. 이것이 가족의 목적이고 사명이다. 부부는 이 영원한 왕국의 시민으로서 자녀들을 낳거나 입양하여 양육한다. 부모는 하나님과 다른 사람들을 사랑하며 그들을 섬기도록 아이들을 가르친다. 결혼은 관련된 사람들을 언약으로 결속시킨다. 가족은 서로 간의 사랑, 정절, 그리고 존경을 표하면서 하나님 왕국의 표본을 세상에 그려준다. 가정은 예수님을 주로 모시는 사람들이 서로에게 봉사와 무조건적인 사랑을 사심 없이 펼치는 곳이다. 그러한 관계는 남편과 아내로부터 시작한다.

> 정절은 우리가 가지는 가장 강력한 표지이며, 그 표지는 그리스도인의 이러한 삶이 우리의 세상에서도 가능하다는 것을 의미한다.[2]

세례 받은 남편과 아내는 "하나님의 집의 작은 가족, 즉 그리스도의 몸에 있는 하나의 '작은 교회'이다."[3] 그리스도인 부부(가족)는 전 세계적으로 하나님 나라가 실재한다는 것에 대한 지엽적인 표현이다.

> 그러므로, 기독교 결혼의 목적은 가정의 친밀함에 대한 필요성을 충족시키는 것도 있지만, 일반적으로 기독교 공동체로서 사회를 위한 의무와 책임도 있다. 교회는 개인적이고 공적인 삶 모두에서 하나님의 정의와 사랑을 증거하는 것이다. 그리스도인 가족들은 교회의 구성원이자 국가의 국민이다.[4]

연인들이 결혼에 있어서 이러한 광대한 목적을 갖는 것은 교회의 복이다. 무엇이 결혼인가라는 몇 가지 주장 가운데, 무엇이 기독교 결혼이 **아닌가**라는 것을 살펴 볼 필요가 있다. 개신교인들은 결혼식을 교회의 성례(혹은 정례예식)로 간주하지 않는다.[5] 그렇게 보는 이유는, 결혼은 모든 시간, 모든 장소, 모든 신자들이 실행하도록 그리스도가 제정하거나 명령하신 예식이 아니기 때문이다. 바울은 오히려 독신을 장려했다 (고전 7:8).

---

2 *A Service of Christian Marriage*, Supplemental Worship Resources 5 (Nashville: Abingdon, 1979), 14-15.
3 Ibid., 14.
4 Ibid., 16.
5 가톨릭교회와 그리스 정교회는 결혼을 성례로 여긴다.

중세 시대 동안에는 (주로 알베르투스 마그누스[Albertus Magnus]와 토마스 아퀴나스[Thomas Aquinas]와 같은 스콜라 신학자 덕분에) 결혼도 교회의 성례 중 하나로서 간주되었다. 그러나 초기 종교개혁가들은 결혼을 그런 식으로 보지 않았다. 그들은 대부분 기독교 초기 세대의 견해로 되돌아가서 결혼은 교회가 아니라 정부에 의해 관리되는 사회적 제도라고 주장했다. 결혼의 성례적인 지위는 빼앗겼고, 개신교인들은 결혼을 하나의 행사로 여겼다. 그러나 결혼은 비록 성례로서의 위치를 얻지는 못하지만, 하나님의 은혜의 수단이라는 점은 확실하다. 하나님은 결혼을 통해서 결혼하는 이들을 예수 그리스도의 형상으로 만드신다. 결혼의 기쁨과 도전은 철이 철을 날카롭게 하는 것과 같고, 그들의 주님을 더욱 닮아가는 결과를 낳는다.

하나님은 자신의 목적을 성취하기 위해 필요한 모든 영적인 은혜와 미덕으로 커플들을 채운다. 그들의 거룩한 연합은 이런 은혜를 받기 위한 수단이다.

3. 함의/고려점

기독교 결혼을 위한 이런 토대에 비추어 볼 때, 결혼 예배를 위한 함의가 생겨난다. 결혼과 관련하여 교회의 성경적인, 신학적인, 그리고 역사적인 예식에서 고려할 것들이 있다.

먼저, 기독교 결혼식은 민간 예식으로 보기보다는 예배로 보아야 한다. 민간 예식과 예배 둘 다는 여자와 남자의 법적인 연합을 성취하기 위한 매체이지만, 민간 예식은 단지 '법적인 연합'만을 성취하는 반면,

기독교 결혼식은 훨씬 더 많은 것을 의미한다. 여느 예배와 같이, 결혼예배에도 여러 중요한 특색들이 있다. 여기에 부분적인 목록이 있다.

- 예배는 하나님께 집중된다.
  하나님은 예배를 창설했고, 하나님이 중심이다(신부, 신랑, 결혼식 하객, 옷차림새, 혹은 신부의 어머니가 중요한 것이 아니다!).
- 예배의 본질은 대화이기 때문에 말씀과 그 응답에 관한 목회자의 직무가 중요하다.
  기독교 결혼식은 짧은 설교를 반드시 포함해야 한다. 말씀에 대한 응답은 커플의 결혼 서약이다. 그리고 하나님의 선포된 말씀에 예배자들이 긍정적으로 반응할 수 있도록 다른 예배적인 행위들이 수반된다.
- 예배는 그리스도 중심적이다.
  예수 그리스도에 대한 인식은 기도, 음악, 이야기된 말들, 그리고 (아마도) 성찬식을 통해 증진시킬 수 있다.[6]
- 말씀에 대한 응답인 서약을 확증하기 위해 성령의 능력과 임재를 구한다. (삼위일체적 정신[ethos]은 심오하고 중요하다.)
- 예배는 본질적으로 공동성을 갖고 있다.
  모이는 신자들의 공동체는 예배를 위한 일반적인 배경이 된다. 참석자들은 공동체를 이루어 신부와 신랑과 함께, 이 결혼을 위해 하나님께 찬양과 감사를 드리고 청원을 올리며 기도한다.
- 예배는 사랑과 구원에 대한 하나님의 행동에 중심을 둔다.

---

6 잠시 후에는 결혼과 관련해서, 예배의 참된 연합의 요소로서의 성찬식에 대해 논의한다.

기독교 결혼식에서 커플은 자신들의 연합에서 나타나는 하나님의 사랑을 증명한다.

기독교 결혼식을 예배라고 가정할 때(그리고 그래야만 한다) 기독교 이전의 고대 관습들에 뿌리를 둔 일반적인 결혼식 전통의 일부를 재고할 필요가 있다. 서구에서는 고대 관습들 중 많은 부분이 전통적인 결혼 의식(ceremony)으로 발전했다. 약혼의 맹세를 암송하는 것, 결혼식에서 신부를 신랑에게 인도하는 것, 오른손을 맞잡는 것, 면사포를 쓰는 것, 쌀을 던지는 것, 그리고 반지를 교환하는 것 등이다.

이것들 중 어느 것도 그 자체로 잘못되지 않았지만, 아버지가 신부를 신랑에게 인도하는 것 같은 일부 행위는 기독교적 관습으로 보기에는 의심스럽다. 이런 행동은 고대 관습으로서 아버지의 소유였던 젊은 여성이 신랑에게 인도됨으로써 소유권이 바뀌는 것을 의미한다. 결혼에서 여성의 손을 주는 것은 지침금과 함께 이내를 재산으로서 신랑이 합법적으로 받기를 수락한다는 의미의 행위였다. 고대의 풍습을 재고해 보는 것은 무엇이 기독교 이전의 부적절한 관습인지(그것들은 결혼식에서 제거해야 한다), 무엇이 기독교 이전의 무지한 관습인지(만약 적당하면 일부를 허용할 수 있다), 그리고 무엇이 진실한 **기독교** 관습인지(이것들에 우선권을 주어야 한다)를 분류하는 것에 도움이 된다.

예배로서 간주되는 결혼식은 우선 교회를 결혼식장으로 삼는 경향이 있다. 다른 적절한 장소(야외 공원 배경, 가정 등)에서 예식을 거행하는 것도 잘못된 것은 아니지만, 결혼 서약의 장엄화(solemnization)을 위해서 교회만큼 강력한 환경도 없다.

① 교회는 거룩한 장소로 여겨진다. 이곳은 하나님과 사람을 위한 특별한 만남의 장소이며, 하나님과 하나님의 복을 받은 자에게 주어진 장소이다.
② 교회는 공동체의 만남을 위한 규범적인 장소로 여겨진다.

교회는 그리스도인의 믿음을 묘사하는 환경을 자연스럽게 제공한다. 교회에는 예배 행위를 돕는 건축, 상징물들, 가구가 가득하다. 거룩한 장소는 중립적인 장소가 아니다. 교회는 결혼식과 같은 교회예식을 위한 자연스러운 무대이다. 하나님은 활기찬 공동체 가운데서 커플을 만나신다.

대조적으로 민간 예식은, 카운티 법원을 포함하여, 많은 장소에서 행할 수 있다. 이러한 환경은 정부의 관점에서 볼 때 구속력 있는 합법적인 계약을 성사시키는 예식이 이루어지는 곳이다. 성경적인 혹은 종교적인 언어가 없는 민간 예식을 위한 원고(script)는 간단한 **계약적인**(contract) 언어로만 구성된다. 여기에서 **언약적**(covenant) 언어는 거의 없다. 세속적인 예식에는 종교적인 여백이 거의 없다. 다시 말하지만, 그리스도인 커플은 민간 예식을 선택할 수 있다. 그러나 남편과 아내 사이에 그리스도를 중심에 둔 거룩한 연합의 기회는 놓치게 된다.

만약 기독교 결혼식이 예배라면, 이 예배에 있어서 성찬식은 선택 사항이다. 여느 예배와 같이 말씀이 전해진다. 그리고 성찬식을 포함한다면, 그것은 공동체 전체가 주님의 말씀에 응답하는 기회가 된다. 만약 결혼 예배에서 성찬을 고려하고 있다면 매개 변수를 생각해 보아야 한다.

- 성찬식은 신부와 신랑 사이의 사적인 행위가 아니라 언제나 교회의 공동 행위이다.

성찬식은 하나님과 신자 사이의 친교 수단으로서 교회에 주어진 것이다. 그리스도는 식탁의 주인으로서 초대장을 발행하고 **모든** 신자들을 만찬에 초대하신다.

- 만약 성찬식이 회중들에게 제공된다면, 편의적이고 목회적인 고려점들이 있다.

첫째, 사람들이 성찬을 받기 위해 앞으로 나오는 것보다는 신도석에 앉은 채 받도록 하는 것이 가장 좋다. 그렇게 하는 것이 예식의 흐름상 좋다. 특히 교회 전면에 특별한 사람들, 장비, 그리고 장식이 있을 때는 더 그렇다.

둘째, 신도석에서 빵과 잔을 넘길 때 불신자는 신중하게 '넘어 가도록' 한다.

- 목회자는 이것이 주를 그리스도라 고백한 사람을 위한 식사임을 알리도록 하라.
- 친교적인 간략한 성찬식을 거행하라.

예배로서 결혼식을 확립하기 위하여 다른 유용한 예배 요소들을 사용할 수 있다. 결혼식은 즐거운 회중의 노래를 포함해야 한다! 또한 다양한 기도, 믿음의 진술서, 확언, 성경 읽기, 그 외 여러 가지를 포함해야 한다. 결혼식을 예배로서 간주하는 것은 그 행사의 전체 관점을 바꾼다. 하나님은 찬양과 간구가 가득한 그날의 청중으로부터 영광을 받으신다. 그리스도인 커플이 여정을 시작하게 될 때, 자신들의 결혼식이 진정으로 하나님을 영예롭게 하고 참석한 모든 사람이 함께 예배드리는 기회가 되는 것을 경험하는 것보다 더 나은 시작이 어디 있겠는가!

4. 구조 세우기

마음에 이런 토대와 함의를 품고, 이제 우리의 관심을 기독교 결혼 예식을 위한 구조로 향해 보자. 예배의 순서 하나하나는 하나님 이야기(하나님이 우리를 찾으시고, 하나님이 말씀하시고, 우리는 대답하고, 하나님은 사명을 위해 권세를 주신다)를 말하는 것임을 기억하라. 결혼식의 경우, 이야기의 중심은 다음과 같다.

① 커플을 거룩한 연합으로 부르시는 하나님의 사랑.
② 거룩한 믿음에 대하여 하나님이 주시는 약속.
③ 하나님 사랑의 표현에 대한 응답으로서의 커플의 서약.
④ 타인을 사랑과 정의로 봉사하기 위해 세상으로 보내심 받은 커플.

이런 이유 때문에, 결혼 예배의 순서는 중요하다. 결혼 예배는 위와 같은 일반적인 4중의 목적을 따라야만 한다.

예배의 어떤 부분은 완전히 고정되어 있다(예를 들어, 결혼 서약과 성혼 선언). 그러나 결혼식은 매우 개인적인 경사이고, 하나님 중심을 유지하면서도 예식을 개인화할 수 있는 많은 여지가 있다. 특별히 서구 문화에서, 커플은 '그들의' 결혼식을 만드는 데 많은 시간을 보낸다. 커플은 개인적으로도 의미 있고 하나님을 영예롭게도 하는 예배를 만들기 위해 목회자와 협력하며 노래, 성경 구절, 기도 유형, 다양한 상징 등의 선택들을 할 수 있다. 큰 틀의 4중 순서[7]에 따라 아래의 목록에 있는 것과 같은 예배

---

[7] 예배의 4중 순서에 대해서는 본서의 제9장 4. '거룩한 행위들의 일반적인 순서'를 보라. 더 자세한 설명을 위해서는 저자의 책인, 『예배 건축가』(CLC 刊), 106-114를 보라―역주.

행위를 멋지게 진행 할 수 있다. 당신이 일반적인 4중 순서를 유지할 때, 각 순서가 고정된 것은 아니고 당신의 창의성과 필요에 따라 융통성 있게 해도 좋다.

아래 예배의 제안된 순서는 설명이 달려 있어 실제보다 더 길게 보인다. 설명 없는 기본적인 윤곽은 부록 2에서 나와 있다. 부록에서는 관련 내용에 대한 훨씬 명확한 그림을 제공한다. 페이지 왼쪽에 제목으로 된 예배 요소는 예배에 필수적인 것이다. 페이지 중앙에 있는 괄호 ( ) 안의 요소는 선택 사항이다.

5. 기독교 결혼식의 순서

1) 모임(하나님은 예배를 위해 우리를 부르신다)

(1) 예배 전 음악(서곡)

예배로 모인 회중을 위해 적절한 악기 음악 그리고/혹은 가창의 음악을 준비한다.[8]

(2) 행진

목회자와 결혼식 하객들은 예배 장소로 입장한다.
주의 이것은 여러 가지 수단을 통하여 수행될 수 있다. 신부가 신부

---

[8] 기독교 예배를 위해 조심스럽게 노래를 선택하라. 결혼 예배는 대중적인 사랑 노래를 위한 시간이 아니다. 만약 커플이 원한다면 피로연에서 이것들을 사용하는 것을 고려해라.

아버지 곁에서 통로를 따라 입장하는 것은 전통적인 것으로서 선택 사항이다.[9] 전형적으로 이 경우 수행원들과 목회자가 신부보다 먼저 나가는데, 목회자는 남성 수행원들을 끝에서부터 강단(chancel)으로 인도하고 앞에서 신부의 도착을 기다린다. 가끔 신부와 신랑은 함께 입장한다.[10] 때때로 남성 수행원들은 여성 수행원들과 동행한다. 여러 가지 가능성들이 있다. 당신의 상황과 선호를 고려하여 어떤 선택이 이치에 맞는지 생각하라.

(3) 인사

성부와 성자와 성령의 이름으로 따뜻하게 회중에게 인사하고, 이어서 성경 구절을 읽는다. 그 후에 자유롭게 개인적인 환영의 인사를 한다.

성경적인 인사 예문

- "하나님 우리 아버지와 주 예수 그리스도로부터 은혜와 평강이 있기를 원하노라"(바울이 가장 좋아하는 인사말 중 하나이다. 롬 1:7; 고전 1:3; 고후 1:2 등을 보라).
- "이 날은 여호와께서 정하신 것이라 이 날에 우리가 즐거워하고 기뻐하리로다"(시 118:24).

  "신랑 [○○○] 군과 신부 [○○○] 양의 연합을 주 안에서 기뻐하고 축하하는 이 특별한 날에, 이 거룩한 행사에 참석하기 위해 오신 여러분께 감사드립니다."

---

[9] 몇몇 커플들은 다른 선택을 한다. 여자가 남자 쪽으로 움직인다는 생각은 여성의 종속을 암시한다고 믿는다.
[10] 결혼의 평등성을 제안하는 관점에서 취하는 입장 형태이다.

주의 인사할 때, 너무 즉흥적으로 말하지 말라. 긴장한 신부와 신랑은 감정적인 행사의 한 가운데서 당신에게 안정되고 냉정한 침착성을 기대할 것이다. 준비된 말은 존경심과 침착성을 부여할 것이고 예배를 더 좋게 시작할 수 있게 한다.

(4) 예배로의 부름

우리가 하나님의 초대로 모였음을 회중들이 기억하게 하라. 예배의 온전한 참석자가 되도록 그들을 초대하라.

예배로의 부름 예문

- 목회자: 온 땅이여 여호와께 즐거운 찬송을 부를지어다 기쁨으로 여호와를 섬기며 노래하면서 그의 앞에 나아갈지어다.
- **사람들: 여호와가 우리 하나님이신 줄 너희는 알지어다 그는 우리를 지으신 이요 우리는 그의 것이니 그의 백성이요 그의 기르시는 양이로다.**
- 목회자: 감사함으로 그의 문에 들어가며 찬송함으로 그의 궁정에 들어가서 그에게 감사하며 그의 이름을 송축할지어다 여호와는 선하시니 그의 인자하심이 영원하고 그의 성실하심이 대대에 이르리로다(시 100:4-5).

주의 예배로의 부름은 목회자가 읽어도 되고 다른 예배 인도자가 읽어도 된다. 또한 회중들이 응답하도록 구성될 수 있다. (성경 말씀은 예배 순서지에 인쇄하거나 프로젝터를 사용한다.)

(5) 기원

예배 가운데 하나님의 임재를 구하고 환영하라(부록 1를 보라).

(6) 결혼의 의의에 대한 진술

간단명료하게 격식을 차려 결혼의 의의를 진술하라.

결혼의 의의에 대한 진술 예문

① "하나님이 우리에게 결혼을 거룩한 신비로서 주셨습니다. 그 안에서 남자와 여자는 함께 결합하여 그리스도께서 교회와 하나가 되신 것 같이 하나가 되었습니다. 결혼을 통해서 남편과 아내는 하나님에 의해 창조되고 다스려지고 복된 새로운 삶의 방식으로 부름 받았습니다. 이러한 삶의 방식은 부주의하거나 이기적인 동기가 아니라, 반드시 책임감과 기도하는 마음으로 시작해야 합니다. 결혼은 하나님이 주셨고, 우리 주 예수 그리스도께서 복되게 하셨으며, 성령께서 지속하신다는 사실에 기뻐합시다. 그러므로 이 모든 것으로 결혼을 영화롭게 합시다!"[11]

② "친애하는 여러분! 우리는 이 남자와 이 여자가 결혼으로 결합하는 일에 증인이 되기 위해 하나님 앞에 함께 모였습니다. 결혼의 결속은 창조 때에 하나님이 확립하셨습니다. 우리 주 예수 그리스도께서 갈릴리 가나의 결혼식에 참석하셔서 첫 번째 기적을 베푸심으로써 이러한 삶의 방식을 축복하셨습니다. 이 결속은 우리에게 그리스도와 교회 사이의 연합을 의미합니다. 그리고 성경은 그 연합

---

[11] The Presbyterian Church (USA), *Book of Common Worship* (Louisville: Westiminster John Knox, 1993), 842.

이 모든 사람 가운데 명예롭게 되어야 한다고 명령하고 있습니다. 하나님은 서로의 기쁨을 위해 결혼을 만드셨습니다. 즉 번창할 때나 역경 속에 있을 때나 서로 돕고 위로하기 위한 것입니다. 또한 하나님의 뜻이라면, 하나님의 지식과 사랑 가운데 아이들은 출산하고 양육하기 위해 결혼을 만드셨습니다. 그러므로 결혼은 분별 없게 혹은 경솔하게 시작하는 것이 아니라 경건하면서 신중하게, 하나님에 의해 만들어진 목적에 따라 시작하는 것입니다."[12]

(7) 의지의 선언

이것은 커플들이 의지를 갖고 결혼 서약으로 들어가는 짧지만 중요한 공적인 확인이다. 그들은 거룩한 결혼에 함께하고자 하는 자신들의 소원을 선언할 것이다.[13]

의지의 선언 예문

목회자: [신랑 ○ ○ ○ 군/신부 ○ ○ ○ 양], 하나님이 결혼 서약을 창조하시고, 명령하시고, 복 주셨다는 것을 이해합니까? 당신의 소원과 의지로서 이 서약을 하고 있다고 확신합니까?[14]

대 답: 네, 그렇습니다.

주의 의지의 선언은 신랑과 신부에게 각각 개별적으로 요구한다.

---

12 Constance M. Cherry, 2012.
13 예배의 이 부분은 계약의 법적인 면을 생각나게 한다.
14 *Book of Common Worship*, 843.

(8) 가족들의 찬성

신부와 신랑의 가족 구성원들은 이 연합이 복되다고 선포한다.

가족들의 확인 예문

목회자: 누가 이 남자와 여자의 연합을 찬성하고 축복합니까?

대　답(즉시 양가에서): 우리는 하나님이 거룩한 연합의 목적을 위해 신랑 [○○○] 군과 신부 [○○○] 양을 함께하게 하셨다고 믿습니다. 우리는 언제나 이들을 사랑하고 지지합니다.[15]

주의 서구적 관습에서 수년 동안 아버지는 신부를 신랑에게 넘겨주었다. 목회자가 "누가 이 여성을 주겠습니까?"라고 물으면, 그녀의 아버지는 "제가 합니다"라고 답했다. 이러한 관습은 딸을 그 남편에게 주기 위한 재산이라는 고대의 가부장적인 견해로 되돌아가는 것이다. 오늘날 어떤 가족들은 단순히 양가 부모가 "우리가 주겠습니다"라고 대답하는 것을 선택한다. 그러나 여기에도 신부를 건네준다는 문제가 여전히 존재한다.

오늘날 많은 커플들은 "누가 이 남자와 결혼하게 될 이 여성을 주겠습니까?"라는 질문을 "누가 이 남자와 여자의 연합을 찬성하고 축복하겠습니까?"로 바꾼다. 이 때는 양가 부모 혹은 양가의 전체 가족 단위에서 이 연합을 지지한다. 커플의 가족 구성원들이 이러한 지지를 번갈아 가며 교환하는 것도 적절하다.

15　Constance M. Cherry, 2012.

(9) 회중의 확인

회중은 또한 그 연합에 대한 그들의 지지를 확인할 것을 요구받는다.

회중의 확인 예문

목회자: 이 서약들의 증인이 되시는 여러분 모두는 [이름]과 [이름]의 결혼을 전심으로 지지하십니까?

대　답: 예 그렇습니다.[16]

〔회중의 찬송 혹은 노래〕

〔죄 고백의 공동 기도와 용서의 확신〕

2) 말씀(하나님이 예배자들에게 말씀하신다)

(1) 성경 봉독

설교 본문이 되는 성경 구절을 읽는다.

주의 잘 준비된 평신도가 성경 구절을 읽는 것은 회중이 참여하는 예배를 위해서 좋은 방법이다. 기독교 결혼식을 위해 적합한 성경 구절의 예는 이후에 나온다('문들과 창문들을 세우기'를 보라).

(2) 설교

목회자는 기독교 결혼과 관련된 짧게 설교한다. 설교는 중요하다.

16　*Book of Common Worship*, 844.

- 장황해서는 안 된다. 간결함을 유지하라.
- 커플과 회중 모두를 끌어들여야 한다.
- 적절한 곳에 커플들과 관련된 개인적인 언급과 유머를 포함할 수 있다. 그러나 오락이 초점이 아니라는 것을 기억하라.

3) 말씀에 대한 응답(예배자들이 하나님 말씀에 반응한다)

(1) 서약의 교환

서약은 예배의 절정이다. 서약은 남편과 아내가 법적이고 영적인 헌신을 약속하는 행위이다. 공동체가 모인 이유는 이 약속의 현장을 목격하기 위함이다. 커플은 이 약속을 할 때 각자 마주보고 손을 잡아야 한다.

서약 예문

① (전통적인 방식) "나 [○○○]는 신부 [○○○]를 나의 아내로서 받아드립니다. 나는 하나님의 거룩한 법에 따라 더 좋을 때나, 더 나쁠 때나, 더 부유할 때나, 더 가난할 때나, 아플 때나, 건강할 때도, 오늘부터 죽음이 우리를 갈라놓을 때까지 당신을 사랑하고 소중히 여길 것을 당신에게 서약합니다."[17]

② "나 [○○○]는 신랑 [○○○]를 나의 남편으로 받아드립니다. 나는 풍부할 때와 부족할 때, 기쁠 때와 슬플 때, 아플 때와 건강할 때, 우리의 삶이 지속되는 한 당신을 사랑하는 충실한 아내가 될

---

17 *The Wesleyan Pastor's Manual for Pastors and Local Churches*, 5th ed. (Indianapolis Wesleyan Publishing House, 2002), 59.

것을 하나님과 이 증인들 앞에서 약속합니다."¹⁸

주의 몇몇 커플들은 자신들이 직접 서약을 쓰기를 원하지만, 아래 조건을 지키지 않으면 위험해질 수 있다.

① 예배를 집행하는 목회자의 감독을 받아야 한다.
② 그 내용 중에 꼭 들어가야 하는 내용들이 들어가야 한다(예를 들어, 죽을 때까지의 충실함).

서약은 한 사람이 단독으로 하는 것이 아니다. 커플들은 자신들의 서약을 자유롭게 써서는 안 된다. 목회자는 이에 대해 적절한 안내를 해야 한다. 이런 안내의 시간을 통해 제자도를 배우게 될 수도 있다.

〔반지 또는 증표의 교환〕

많은 커플들이 서약의 반지 또는 맹세를 위한 증표를 교환하고 있지만, 결혼식에 필수적인 것은 아니다.

반지의 교환을 위한 말씀 예문
목회자: 약속의 표시로서 당신은 무엇을 가져왔나요?
대   답: 반지입니다.
① "이 반지는 내적인 영적 은혜가 외적인 가시적 표시이며, 거룩한 결혼에서의 신랑 [○○○] 군과 신부 [○○○] 양의 모든 결합

---

18 *Book of Common Worship*, 845.

을 의미합니다."[19]

② (목회자의 말을 마치면 이어서) 커플은 순서대로 다음과 같이 말한다.

"나 [신랑의 이름]은 이 반지를 우리의 변치 않는 믿음과 영속적인 사랑의 표시로서, 성부와 성자와 성령의 이름으로 당신에게 드립니다."[20]

③ "나 [신부의 이름]은 서약의 표시로서 이 반지를 당신에게 드립니다. 나 자신과 내가 가진 모든 것으로 당신에게 존경합니다. 성부와 성자와 성령의 이름으로. 아멘."[21]

주의 반지 교환 후에, 목회자가 반지를 주는 것에 대해서 축복 기도를 할 수도 있다. 이것은 선택 사항이다.[22] 만약 원한다면, 더 강력하게 커플을 위한 아래의 성별(consecration)의 기도를 드릴 수도 있다.

〔회중의 노래 혹은 독창〕

〔성찬식이 포함된다면 이때 제공한다.〕 [23]

(2) 성별의 기도(결혼에 대한 축복)

목회자는 커플을 대표하여 찬양과 탄원의 기도를 드린다. (목회자를 위

---

19 *The United Method8ist Book of Worship* (Nashville: United Methodist Publishing House, 1992), 121.
20 *Book of Common Worship*, 847.
21 Constance M. Cherry, 2012.
22 "반지" 자체가 복된 것이 아니라, 반지를 "주는 것"이 복된 것임을 주의하라.
23 만약 성찬식이 예배에 포함된다면, 그 성찬 요소들(빵과 포도주-역주)은 모든 신자들에게 분배되어야 한다.

한 기본적인 기도 형태는 부록 1에 있다.)

주의 이 기도를 드릴 때 커플들은 가능한 무릎을 꿇도록 한다. 만약 앞 순서에서 죄 고백을 따로 하지 않았다면 이때 죄 고백을 포함할 수 있다. 성별의 기도에 대한 예문은 아래의 '문들과 창문들을 세우기'에 있다.

〔주님의 기도〕

주님의 기도는 회중이 다 함께 제창할 수 있다. 회중이 노래 부르거나 혹은 독창자가 부른다.

4) 파송(하나님은 하나님의 영광을 위해 살도록 커플을 보내신다)

(1) 커플에게 권면

목회자는 커플에게 마지막 책무를 준다.

커플에게 권면 예문

① "너희는 하나님이 택하사 거룩하고 사랑 받는 자처럼 긍휼과 자비와 겸손과 온유와 오래 참음을 옷 입고 누가 누구에게 불만이 있거든 서로 용납하여 피차 용서하되 주께서 너희를 용서하신 것 같이 너희도 그리하고 이 모든 것 위에 사랑을 더하라 이는 온전하게 매는 띠니라"(골 3:12-14).[24]

② "무엇을 하든지 말에나 일에나 다 주 예수님의 이름으로 하고 그를 힘입어 하나님 아버지께 감사하라"(골 3:17).

---

24   *Book of Common Worship*, 851.

(2) 성혼 선언

목회자는 커플이 공식적으로 결혼을 통해 하나가 되었다고 회중에게 공표한다. 만약 커플이 공식적인 키스를 포함시킨다면, 그 순서는 성혼 선언 직후로 한다.

성혼 선언 예문

① "신랑 [○○○] 군과 신부 [○○○] 양은 하나님과 이 회중들 앞에서, 서로에 대해 엄숙한 선언을 했습니다. 그들은 손을 맞잡으면서 (그리고 반지를 주고 받음으로써) 그들의 약속을 확인했습니다. 그러므로 나는 그들이 지금 남편과 아내가 되었음을 선언합니다. 성부와 성자와 성령의 이름으로 지금부터 영원히 복이 있을지어다. 아멘."[25]

② "그러므로 지금, 교회에 의해 그리고 [국가 이름] 정부에 의해 나에게 부여된 권한으로써, 나는 신랑 [○○○] 군과 신부 [○○○] 양이 공식적으로 부부가 되었음을 선포합니다. 하나님이 하신 일을 어느 누구도 바꿀 수 없습니다."[26]

〔회중의 끝맺음 찬송〕

(3) 축도

목회자는 성경의 축도를 한다.

---

25 Ibid., 850.
26 Constance M. Cherry, 2009.

축도 예문

① "여호와는 네게 복을 주시고 너를 지키시기를 원하며 여호와는 그의 얼굴을 네게 비추사 은혜 베푸시기를 원하며 여호와는 그 얼굴을 네게로 향하여 드사 평강 주시기를 원하노라"(민 6:24-26).

② "성부 하나님, 성자 하나님, 성령 하나님이, 여러분들을 복 주시고, 보호하고, 지키십니다. 주님은 자신의 은혜로 자비롭게 여러분을 바라봅니다. 그리고 모든 영적인 축복과 은혜로 여러분을 채우십니다. 여러분은 함께 이 삶을 살 것이고, 다가오는 세계에서 영생을 누릴 것입니다. 아멘."[27]

(4) 퇴장

모든 결혼식 참석자들은 예배 장소를 떠난다.

주의 행진으로 퇴장을 할 때, 선택할 수 있는 것들이 많다. 가장 흔한 것은 결혼한 커플이 함께 걸어 나가는 것이다(결혼식 하객들이 따라진다). 그리고 손님들은 인사하기 위해 환영의 줄을 이룬다. 어떤 커플들은 사람들이 앉아있는 각 좌석 열마다 멈추어 서서 참석한 사람들에게 인사하기를 선택한다. 회중이 예배 장소를 떠날 때까지 음악이 계속되어야 한다.

27　*Wesleyan Pastor's Manual*, 61.

6. 문들과 창문들을 세우기

예식 건축가들은 기독교 결혼식을 위한 예배 순서를 조심스럽게 배열한 후에, 하나님과 사람들 사이에 많은 대화를 제공할 수 있는 노래, 성경 구절, 기도, 그리고 상징들을 선택하기 위해 생각하기 시작한다. 예배에 대한 당신의 전체 그림은 더 크고 더 일반적인 그림(대화의 순서)에서 더 특수한 그림의 부분들(실제로 대화에 쓰일 단어들과 상징들에 대한 선택)로 움직인다.

1) 노래들

기독교 결혼식에서 사용할 음악을 선택하는 것은 매우 흥미로운 도전이다. 기독교 결혼식이 예배이기 때문에, 지역 교회에서 예배를 드릴 때와 똑같은 원칙이 작용한다. 동시에, 결혼식은 전형적인 예배와 많은 방식에서 다르다. 교회 결혼식을 위해 선택된 음악은 논쟁적이고 논의의 여지가 있는 주제일 수 있다.

고려할 수 있는 기본적인 원칙은 이것이다. 예배 음악이 반드시 하나님을 영예롭게 하는 것처럼 결혼식 음악도 반드시 하나님을 영예롭게 해야 한다. 교회를 위해 적합한 시편, 찬송가, 그리고 영적인 노래들은 결혼식 음악의 보고이다. 똑같은 노래도 악기 편곡에 따라 달라진다. 하나님과 기독교 진리에 대하여 명백하게 언급하지 않은 노래들은 피해야 한다. 기독교 노래들이 기독교 결혼식을 위해 최적인데, 그 이유는 그 노래들은 삼위일체 하나님에 초점을 두기 때문이다.

흔히 커플들은 대중문화에서 결혼식에 즐겨 사용되는 노래들, 아마도 서정적인 노래들을 결혼 예배에서 사용하고자 요구한다. 그러나 기억해야 할 것은 **인간**의 사랑이라는 관점은 비록 그것이 소중하고 합법적이지만, 기독교 결혼식을 위한 중심 주제인 **하나님**의 사랑은 아니라는 점이다. 기본적으로, 노래의 **가사**(얼마나 명백하게 하나님과 하나님의 이야기가 언급되었는지)와 **그 노래의 표준적 사용**(그 노래와 연관된 현장)이 그 노래가 기독교 결혼식에 적합한지 아닌지를 결정할 것이다. 예배에 가능하지 않은 노래들도 환영회 혹은 결혼식 관련된 다른 축하 행사에는 적절할 수 있다.

악기 음악에 대해서는 적절한 많은 고전적 연주곡들이 있다. 상당수의 고전 음악은 가사가 **전혀** 없기 때문에 종교적으로 '중립적인' 것으로 간주된다. 그래서 고전 음악은 결혼 예배나 결혼 행진에서 경건한 분위기를 제공하는 데 도움이 될 수 있다.

지금까지의 음악에 대한 논의에서, 우리는 형식이 아니라 내용만 다루어 왔다. 내용이 하나님과의 대화에 있어서 도움이 된다는 기준에 통과하는 한, 결혼식에서 몇 가지 음악적인 양식이 포함될 수 있는 여지가 있다. 사람이 하는 노래 선택이기 때문에 예배 공동체에 흔한 예배 양식뿐 아니라 신부와 신랑의 취향에 의해 자연스럽게 영향을 받을 것이다. 전체 과정에 도움이 되는 두 가지 규칙이 있다.

첫째, 교회들은 이해 범위 내에서 결혼식에 사용하는 음악 관련 정책을 확립해야 한다. 이런 정책이 많은 잠재적인 문제를 제거한다. 커플이 처음에 결혼식을 교회에서 갖고자 하는 의도를 목회자에게 말하면, 목회자는 교회의 결혼식 음악에 대한 정책을 통보한다. 이런 정책은 처음부터 모든 것을 명확히 하는 데 도움이 되고, 혼란과 잘못된 의사소통을 피하는 데 도움이 된다.

둘째, 모든 음악적인 선택은 오르간 연주자, 음악 지휘자, 목회자, 혹은 다른 임명된 교회 대표와의 상담을 통해 이루어져야 한다. 이것이 음악의 질을 확실하게 보장해 준다.

결혼식을 위한 음악 연주의 목록을 만드는 것은 본 장의 범위를 넘어선다. 훈련된 교회 음악인들은 커플에게 많은 멋진 추천을 제공할 수 있을 것이다. 그러나 여기에 기독교 예배에서 적절한 결혼식 찬송가와 노래를 위한 몇 가지 제안이 있다. 당신이 노래에 대한 자세한 정보를 얻는 데 도움을 주기 위해 작사가의 이름을 포함했다.[28]

- 내 맘의 주여 소망되소서(Be Thou My Vision, 아일랜드 전통 민요, 새찬송가 484장)
- 그리스도여, 우리가 기쁨과 즐거움으로 나아옵니다(Christ, We Come with Joy and Gladness, 콘스탄스 체리[Constance Cherry])
- 오 거룩한 사랑이여, 임하소서(Come Down, O Love Divine, 시에나의 비앙코[Bianco of Siena])
- 결혼식으로 나아오라(Come to a Wedding, 셜리 이레나 머레이[Shirley Erena Murray])
- 기뻐하며 경배하세(Joyful, Joyful, We Adore Thee, 헨리 반다이크[Henry F. Van Dyke], 새찬송가 64장)
- 하나님의 크신 사랑(Love Divine, All Loves Excelling, 찰스 웨슬리[Charles Wesley], 새찬송가 15장)
- 다 감사드리세(Now Thank We All Our God, 마틴 린카트[Martin Rinkart], 새찬송가 66장)

---

28 이 찬송가 대부분의 정보에 대해서는 www.hymnary.org을 보라(새찬송가에 수록된 곡은 새찬송가의 곡명과 장수를 기재했다-역주).

- 예부터 도움 되시고(O God, Our Help in Ages Past, 아이작 왓츠[Isaac Watts], 새찬송가 71장)
- 완전한 사랑(O Perfect Love, 도로시 거니[Dorothy F. Gurney], 새찬송가 604장)
- 내 영혼아 찬양하라(Praise, My Soul, the King of Heaven, 헨리 라이트[Henry F. Lyte], 새찬송가 65장)
- 다 찬양하여라(Praise to the Lord, the Almighty, 요아힘 닌더[Joachim Neander], 새찬송가 21장)
- 사랑의 선물(The Gift of Love, 할 홉슨[Hal Hopson])
- 생명의 은혜가 그들의 것(The Grace of Life Is Theirs, 프레드 프랫 그린[Fred Pratt Green])
- 사랑의 왕 나의 목자는(The King of Love My Shepherd Is, 헨리 베이커[Henry W. Baker])
- 종의 노래(The Servant Song, 리처드 질라느[Richard Gillard])
- 사랑이 발견될 때(When Love Is Found, 브리안 렌[Brian Wren])
- 오 하나님, 당신의 사랑이 우리를 불렀습니다(Your Love, O God, Has Called Us, 러셀 슐츠 위드머[Russell Schultz-Widmar])

2) 성경 구절

목회자는 결혼식 설교를 위해 적절한 성경 구절을 선택해야 한다. 당신이 기독교 결혼식을 위한 설교 구절 목록을 만드는 데 도움을 줄 만한 몇 가지 예가 여기에 있다.

- 창세기 1:26-28, 31a
- 시편 67편
- 아가 2:10-14; 8:6-7
- 마태복음 5:1-10
- 마태복음 22:35-40
- 마가복음 10:42-45
- 로마서 12:1-2, 9-18
- 고린도전서 13장
- 에베소서 3:14-21
- 골로새서 3:14-17
- 요한1서 3:18-24
- 요한1서 4:7-16

3) 기도

모든 예배의 경우와 같이, 다양한 유형의 기도를 사용하는 것은 하나님과의 대화에서 우리 목소리를 낼 수 있도록 도와준다. 기독교 결혼식을 위해 특별히 유용한 기도에는 기원, 죄 고백, 성별의 기도, 그리고 축도가 있다. 이 모든 기도의 형식은 부록 1에 있다. 이런 형식들을 따를 때, 성경 말씀을 암시하는 표현이나 성경의 어떤 구절을 특별히 결혼식과 관련시켜서 기도 내용에 확실히 포함하라.

성별의 기도와 축도 예문

① "(기도합시다). 하늘에 계신 아버지!

신랑 [○○○] 군과 신부 [○○○] 양의 삶과, 이들이 성인으로 성숙할 때까지 양육해 왔던 가족들로 인해 감사드립니다. 그리고 이들에게 주셨던 애정 깊은 돌봄을 인해 그리고 이들을 이 자리까지 인도하심으로 인해 감사드립니다. 무엇보다도, 이들의 삶에서 오늘도 일하고 계시는 하나님의 변치 않는 사랑에 감사드립니다. 죽음이나 삶이나 천사나 지배자나 현존하는 것이나 다가올 것이나 권력이나 높음이나 깊음이나 그 어떤 피조물도 우리 주 예수 그리스도 안에서 있는 우리를 향한 하나님의 사랑에서 끊을 수 없다는 것을 우리는 확신합니다. 이 모든 것으로 인해 우리는 주님께 진심에서 감사를 드립니다.

하나님, 우리는 당신 앞에 나아와 간구합니다. 신랑 [○○○] 군과 신부 [○○○] 양이 당신의 뜻 안에 살게 하소서. 이 세상에서 그들은 많은 선택을 직면하게 될 것입니다. 그들에게 지혜와 통찰력을 주소서. 이들을 둘러싼 다른 사람들이 주님을 거역할 때 이들은 주님의 뜻와 주님의 길을 따를 수 있도록 힘을 주소서.

이들의 결혼에 복을 주소서. 이들을 해악에서 보호하소서. 이들의 주님을 향한 사랑과 서로를 향한 사랑이 크게 자라게 하소서. 이들의 집을 평화와 기쁨으로 채워주소서. 이들이 기독교적 가정을 세우도록 결심하게 하시고, 이들의 연합이 많은 다른 사람들에게 크나큰 복을 가져오게 하소서. 이러한 자비를 우리 주이자 구원자이신 예수 그리스도의 이름으로 기도드립니다. 아멘."²⁹

② "가장 자비로우신 하나님!

우리 구세주 예수 그리스도를 통하여 우리를 언약 백성으로 만들어 주신 친절한 사랑에 감사드립니다. 신랑 [○○○] 군과 신부 [○○○] 양의 결혼 서약을 주님의 이름 안으로 거룩하게 해 주신 것을 인해 감사를 드립니다.

서로를 위한 이들의 사랑이 우리를 위한 그리스도의 사랑을 나타내게 하소서. 이들이 세상에서 충실하게 주님을 섬길 때, 서로를 위한

---

29 Constance M. Cherry, 2009.

이들의 사랑이 점점 더 자라게 하소서. 이들을 모든 적에서 막아주소서. 이들을 모든 평화로 이끄소서. 서로를 향한 이들의 사랑이 이들의 마음속에 확고하게 하시고, 그 사랑이 이들의 고귀함과 왕관이 되게 하소서.

이들에게 복을 주시되, 이들의 일과 이들의 교제에, 이들이 잘 때와 깰 때에, 이들이 기쁠 때와 슬플 때에, 이들의 삶과 죽음에도 복을 내려 주소서. 그래서 당신의 은총에 의해 마침내 이들과 우리 모두를, 당신의 성도들이 영원히 잔치를 누리는 하늘 집으로 인도하소서. 하나님 아버지와 성령과 함께 영원히 사시고 다스리시는 우리 주 예수 그리스도의 이름으로 기도드립니다. 아멘."[30]

4) 상징들

특히 어떤 상징들은 기독교 결혼식에서 예배자들이 하나님과 연결하는 것을 도와주는 도구로서 적절하다. 아래 목록에 있는 대부분의 상징들은 일반적인 대중적 관습을 통해 생겨났다. 상징들은 항상 의미를 부여해 왔다. 어떤 것은 하나님에 의해 세워졌다. 그러나 대부분의 많은 것들은 교회에 의해 세워졌다. 그리고 다른 것들은 지역 교회에 의해 오랜 시간 동안 발전해 왔다. 기독교 결혼식을 위해 도움이 되는 몇몇 상징들에는 다음과 같은 것들이 있다.

- 십자가
- 삼위일체의 삼각형(Trinitarian triangle)

---

30 *United Methodist Book of Worship*, 123.

- 배너(Banner)
- 연합의 양초(Unity candle)
- 다른 양초들
- 결혼 반지들
- 무릎 꿇는 대
- 성찬식의 빵과 잔
- 하얀색(순결)
- 예전적 댄서들

5) 교회력

기독교 결혼식은 교회 절기 동안에 언제든지 적절하다. 각 결혼식은 인간 사랑의 관점에서 하나님의 이야기를 말하는데, 그것은 모든 피조물을 위한 하나님의 영원한 사랑의 표현이다.

7. 환대하는 주인으로서 섬기기

결혼식의 직무를 행하는 목회자는 매우 중요한 역할을 한다. 약혼의 시점부터 결혼식 날과 결혼 생활의 첫 번째 몇 개월까지 커플과 함께 걸어가는 특권과 기쁨을 누린다(그리고 일도 "많다"!). 그 커플이 목회자의 돌봄 아래 한 몸이 되는 길로 나아가도록 친절하게 인도받을 때 목회자의 보호자이자 성직자로서의 역할은 다시 한번 세상의 주목을 받는다. 이러한 여정을 성공적으로 인도하기 위해 필요한 어떤 의무들, 특성들, 그리고 기술들이 있다.

1) 의무들

목회자들에게는 주된 어떤 의무들이 있다. 그리고 이것은 인생의 여러 중요한 단계마다 일어난다. 결혼식을 집례하는 것뿐만 아니라 건전한 발판 위에 결혼을 세우는 데 요구되는 모든 범위의 의무를 책임져야 한다. 목회자의 의무는 세 가지 넓은 범주를 갖는다. 즉 결혼식 전의 의무들, 결혼식의 의무들, 그리고 결혼식 후의 의무들이다.

(1) 결혼식 전의 의무들

결혼식 전의 의무에는 결혼식 전 상담과 결혼 예배 준비가 포함된다. 결혼식 전 상담은 필수이다. 일반적인 경우, 목회자는 커플과의 결혼식 전 상담 회기들에서 결정되지 않았던 의식(ceremony)은 결혼식에서 하지 말아야 한다. 경험으로 인해 얼마나 많은 만남이 당신에게 필요한지에 대해 알 수 있을 것이다. 많은 것이 적은 것보다 더 낫다. 상의되어야 될 많은 쟁점이 있다. 많이 만날수록 결혼식에서 실수가 적어진다.

결혼식 전 상담의 만남에서는 신부와 신랑의 가족 혈통, 성격 유형, 돈을 소비하는 습관, 가정 책임들의 공유, 아이 출산에 대한 기대, 신앙적인 쟁점들, 친밀함과 관련된 기대, 의사 결정, 결혼에서의 역할, 그 외 여러 가지 것들을 다루게 될 것이다.[31] 이런 모임들이 전개되면, 당신이 예비 부부와 친밀한 관계로 발전하고 있음을 알게 될 것이다. 결혼식을 집례할 시간이 올 때, 이것은 당신에게 유익할 것이다. 왜냐하면 그들이 '네 그렇습니다'라는 결혼 서약의 말이 말해지기 전에, 당신은 그들의 관

---

31 결혼식 전 상담을 위한 훌륭한 자료를 검색하기 위해, www.prepare-enrich.com을 보라.

계를 견고하게 잘 세워 놓았을 것이기 때문이다.

당신의 가족 구성원과 가까운 친구들을 위한 결혼식 전 상담을 진행하는 것에 주의하라. 사실, 그것을 하지 말라. 만약 당신이 자신의 자녀, 형제와 자매, 혹은 다른 가까운 친척을 위한 결혼식을 집례하도록 부탁받았다면, 당신은 그 예식을 집례하는 것에 동의할 수 있지만, 이들의 결혼식 전 상담은 자격 있는 다른 목회자 혹은 상담사가 하도록 조정하라. 커플 혹은 당신은 결코 객관적으로 이들의 민감한 문제들을 다루기 어렵다. 만약 당신이 그 커플을 정말로 돌본다면, 당신은 커플의 가족들을 위한 결혼식 전 상담자의 역할에서 물러나는 것이 좋다.

목회자에게 맡겨진 결혼식 전 두 번째 의무는 커플과 합력하여 결혼 예배를 준비하는 것이다. 이 과정을 일찍 시작하라. 적어도 결혼식 8-10주 전에는 시작하라. 커플과 **함께** 마주보며 이야기 할 수 있는 모임을 미리 정하고 예배의 본질과 일반적으로 무엇이 포함될지를 설명하라. 첫 번째 초안을 종이에 적어서 커플이 반응할 수 있도록 하는 것이 현명하다. 이것이 시작점으로서 기능한다. 교회에 대해서 (또는) 예배와 관련된 교회 장소에서의 개인적인 예배에 관한 정책들에 대해서 설명하라. (건물 사용과 관련된 다른 정책들은 훨씬 더 일찍 동의를 받은 상태일 것이다).

목회자는 반드시 예식의 영적인 본질을 강화하고, 세속적인 영향력을 반대하며, 교회의 표준을 보여주어야 한다. 목회자는 결혼식에 관한 한 '문지기'이다. 만약 교회의 정책들이 있다면 '아니오'라고 말할 필요가 있을 때 그렇게 하기가 훨씬 더 쉬울 것이다. 그런 식으로 목회자는 의사 결정의 전체 짐을 질 필요는 없다. 그 대신에, 목회자는 회중의 대표자로서 봉사한다.

(2) 결혼식 때의 의무들

결혼식에서 직무를 집행하는 사람에게 아래 목록을 포함하여 많은 의무가 요구된다.

- 필요한 일들(착수금[deposit], 결혼 허가서[32], 인쇄된 예배 순서지의 준비, 교회 장식 시작 시기 등)의 시간표를 커플에게 제공하라.
- 웨딩 플래너(wedding planner)의 역할과 관련하여 목회자의 역할을 분명히 세워라.

  더욱더 많은 커플들이 공식적인 웨딩 플래너의 도움을 받는다. 목회자가 반드시 분명하게 해야 하는 것은 교회 결혼식에서 무엇이 허용되는지 혹은 아닌지에 대한 책임이 궁극적으로 목회자에게 있다는 것이다. 결혼식 피로연은 또 다른 문제이다. 결혼식 피로연은 교회 소유지에서 개최되지 않는 한 그것은 목회자의 범위를 넘어선다. 웨딩 플래너들과 일하는 것은 도전이 될 수 있다. 그래서 교회와 예식에 관련된 문제에 궁극적인 권한이 무엇이고, 그 책임이 바로 목회자에게 있다는 것을 커플이 확실하게 이해하도록 해야 한다.

- 교회 직원이 제공하는 서비스에 대해서도 계약하라.

  결혼식을 위한 서비스를 제공하는 사람들이 있다. 경비(custodian), 오르간 연주자, 다른 교회 연주자들 등이다. 커플이 예행연습 날에 이들을 위한 사례비를 당신에게 주도록 조정해라. 결혼식 후에 이 사람들에게 즉시 사례비를 지급하라. 커플이 이 사람들에게 사례를 주는 것을 종종 잊을 수 있다. 이럴 때 서비스를 제공한 사람들은 그

---

[32] '결혼 허가서'(marriage license)와 관련해서는 저자가 미국의 상황을 두고 결혼의 실무에 대해 진술하고 있으므로, 한국의 상황과는 다른 점을 염두하라–역주.

들이 응당 받아야 할 돈을 요구하는 것을 어색해 한다. 당신은 목회자이기 때문에 모든 것이 잘 처리되고 빠지는 것은 없는지를 확인하는 것이 훨씬 더 쉬울 것이다.

- 결혼식 예행연습을 준비하고 인도하라.

이것은 매우 중요한 책임이다. 예행연습을 성공적으로 완수하기 위한 준비를 철저히 하라. 예행연습 전에, 어떻게 할 것인지 커플과 충분히 의사소통하라. 예행연습을 위한 안건을 그들에게 보여줘라. 예행연습의 숫자를 줄이기 위해 사전에 그들과 가능한 많은 세부 사항을 명확히 하라. 예행연습에서 불확실성이 일어날 때(그리고 그럴 것이다), 보통 너무 많이 상반된 의견들이 생기는데, 그것은 커플과 목회자에게 대단한 피로감을 준다. 충분히 합의하고 예행연습을 하면 피로가 경감된다.

순조로운 예행연습을 운영하기 위한 몇 가지 제안이 여기에 있다.

① 예행연습의 길이에 관해 커플에게 알려라. 예행연습의 각 종류들과 만찬 혹은 파티의 연습 시작 시간을 잘 정하라. 이것은 음식점의 사정 때문에 예행연습 시간이 부족하지 않도록 하는 데 도움을 줄 것이다.
② 예행연습 **전에** 커플, 신부 측 관계자들, 부모님들, 그리고 연사들의 위치를 정하라. 이들에게 요청하여 참석자들의 순서에 대해서 관계자들과 소통하도록 요청하라. 이것을 잘 준비하면 놀랄 일도 줄어들고 결혼식 전날 감정 상하는 일도 피할 수 있다.
③ 예행연습 때 결혼 허가서를 가져오도록 신랑에게 요청하라. 결혼

허가서는 결혼식 날까지는 **반드시** 목회자에게 제출되어 있어야 한다. 예행연습 때 허가서를 반드시 가지고 와야 한다는 것을 확실히 하라. 아래와 같이 예행연습의 순서를 제안한다.

- 목회자는 예행연습을 하기 위해 모인 사람들에게 환영의 말을 한다.
- 예행연습의 목적과 목표들에 대하여 말로 설명한다.
- 시작 기도를 한다.
- 결혼식 들러리들과 가족 구성원에 대한 소개를 한다(신부가 신부 측을 소개한다. 신랑은 신랑 측을 소개한다).
- 신랑과 신부와 들러리들을 앞 쪽에 모이게 한다.
- 지시를 받으면서 전체 순서를 한 번 경험한다(누가 어느 곳으로 언제 이동하는지 등을 설명한다).
- 역순으로 되돌아간다(퇴장을 예행연습한다).
- 행진을 연습한다(관련자들은 제자리에 진행할 준비를 하고 있다).
- 해설 없이 예배를 완벽하게 두 번 연습한다.
- 남아있는 세부 사항을 명확히 한다.
- 즐거운 분위기에서 질문 시간을 갖는다.
- 결혼식을 위해 교회에 도착해야 하는 시간을 고지한다.
- 폐회 기도를 한다.

④ 예행연습 후 직접 안내원을 만나라. 그들에게 예배를 위한 모든 의무와 행사 스케줄을 알려라.

(3) 결혼식 후의 의무들

카운티 법원에 결혼 허가서를 반환하는 것은 목회자의 의무이다. 이렇게 함으로써 공식적으로 결혼을 등록하게 된다. 결혼식 이후 평일에 즉시 그렇게 하라.

결혼식 후 대략 2주 이내에 커플과 개별적으로 만나서 어떻게 지내고 있는지 물어 보라. 결혼식 후 대략 3개월경 다시 한번 만나서 그들을 격려하고 기도를 해 주라. 이때는 가정 방문을 하는 것도 좋다. 그들이 결혼 생활에 적응해 가는 것을 보면서 목회 상담이 필요한지 아닌지 결정하라.

2) '직무를 행함'의 특성

목회자가 결혼하려는 커플에게 매우 도움이 되는 목자가 되기 위해서 필요한 몇 가지 특성이 있다. 개인적이고 전문적인 특성을 개발하기 위한 몇 가지 제안점이 여기에 있다.

- 섬김의 정신을 개발하라.
  당신 자신을 목자로 간주하라. 결혼식을 향하는 과정 내내 커플과 동행하는 것은 참으로 목회적 돌봄의 문제이며, 그리스도께 더 가까이 그들을 이끌 수 있는 훌륭한 기회이다. 가장 전문적인 방식으로 행동하라.
- 결혼식 전 상담, 예행연습, 그리고 모든 행사 때마다 전문적으로 보일 수 있는 옷을 입어라.
  당신은 다양한 사람들에게 영향을 주고 있다. 당신은 결혼할 커플, 당신의 직업, 그리고 당신의 교회가 당신을 통해서 긍정적으로 보이기를 원할 것이다. 당신이 최고의 옷차림을 하는 것이 예배를 위해 필수적이다. 만약 목회자의 예복이 낡았다면, 남성들은 와이셔츠와 넥타이와 함께 평이한 검정색 정장을 입어야 한다. 여성 목회자들도 마찬가지로 전문적인 옷차림을 해야 한다. 치마 정장 혹은 주문한 정장을 입어야 한다.[33]

이따금 목회자들은 가족이나 회중 또는 자신의 선호에 따라 의상을 정하려고 한다. 그러나 다른 사람들은 일상적으로 옷을 입는다 할지라도, 그곳에서의 당신은 다르게 여겨진다. 만약 당신이 전문적인 옷차림 이외의 너무 일상적인 분위기의 옷을 입는다면 당신이 그 모임에 경의를 표하지 않는 것으로 인식될 우려가 있다.

- 존경과 기쁨 사이에 적절한 균형을 유지하라.

경건한 어조를 선택하라. 하지만 기쁨을 표현하라. 미소 지어라! 존경과 기쁨은 서로 배타적이지 않다. 당신이 예배를 인도할 때 어느 정도의 유머와 쾌활함은 적절하지만, 그것이 자연스럽게 일어나도록 하라. 재미있게 하려고 너무 노력하지 말라. 그리고 인기를 얻으려고 하지 말라. 이와 같은 환경에서 공적인 유머에 관한 한 '적은 것이 많은 것'임을 기억하라. 단지 온화하게, 자연스럽게, 그리고 즐겁게 주재하라.

- 준비하라.

예배를 인도하기 위한 원고를 준비하라. 준비하지 않으면 나중에 후회할 말들을 할 수도 있다. 대부분의 목회자들은 결혼 예배를 위한

---

33 여성 지도자들은 신중하고 점잖게 옷을 입도록 한다. 결혼식(혹은 그들이 사회를 보는 다른 행사들)에 몸에 딱 맞는 옷, 목둘레가 깊이 파인 목선, 그리고 짧은 치마는 적절하지 않다. 그것은 패션이나 어떤 방식을 바라보는 '권리'에 관한 것도 아니다. 그것은 존중에 대한 것이다. 인도자가 관심을 끌어서는 안 된다.

목회 지침서를 사용한다. 그것은 기도, 서약 등을 위한 공식적인 용어들을 포함한다. 전체 대본을 준비하라. 언제 무엇을 할지에 대해 메모에 적어두라. 그러면 당신은 훨씬 더 안정감을 가지고 인도할 수 있을 것이다.
- 융통성을 발휘하라.
거의 모든 결혼식에서 어떤 결함들이 발생한다. 일은 발생한다. 만약 예상하지 않은 무언가(신랑이 기절한다든지, 오르간 열쇠가 움직이지 않는다든지, 꽃집 소녀가 울기 시작하는 상황 등)가 일어난다면, 그것이 순조롭게 지나가도록 해라. 돕기 위해 최선을 다하고 당황하지 말라. 그 모든 것이 결국에는 해결될 것이다. 그런 일들은 나중에 우리가 웃게 될 추억들이 된다.

3) 행정

어느 결혼식이나 관련된 행정적 책임들이 있다. 결혼식의 법적인 효과를 위해서는 행정적 내용이 무엇보다 중요하다. 세부 사항을 돌보기 위한 몇 가지 제안점들이 여기에 있다.

- 결혼식 직후 카운티 법원에 결혼 허가서를 제출하라.
- 당신이 결혼을 완성하기 위한 직접적인 법적 사무처리자임을 확실히 하라.
그것을 문서로 보관하라. 미국의 각 주(州)는 예식의 직무를 행하는 자와 관련된 문제를 규정한다. 결혼식을 집례하기 위해 성직 서임 혹은 목회자 자격증 혹은 당신이 합법적으로 임명된 목회자라는 증거를 법적으로 요구받게 된다. 판사도 결혼식을 실행할 수 있도록 법적으로 허락되었다. 당신이 거주하는 곳 이외의 주(州)에서 결혼식을 거행을 요청받을 때는 그 주의 법적인 기준을 조사하지 않은 채 쉽사리 동의하지 말라. 목회자의 사역 계획에 시간적 여유가 있을 때만, 다른 주(州) 허가를 받기 위해 많은 시간을 사용할 수 있다.

- 결혼 허가서를 얻는 것은 커플의 책임이다.

  결혼 허가서는 항상 결혼식을 할 지역에서 얻는다는 것을 아는 것이 도움이 된다.

- 당신이 직무를 행한 각 결혼식의 기록들을 보관해라.

  당신이 집례한 결혼식의 정확한 기록을 보관하는 것은 유용할 수 있다. 왜냐하면 가족들이 종종 결혼식 기록과 관련된 문서가 필요할 때가 있기 때문이다.

- 목회자로서 당신 자신의 결혼식 집례 정책을 만들어라.

  그것을 정기적으로 개정하라. 그것을 교회 직원들에게 전달하라. 결혼식을 실행하는 데 있어 당신 자신의 목적 진술서, 당신이 집례하지 않는 결혼식의 어떤 제한 사항들(예를 들어, 당신이 이혼한 개인들이나 서로 종교가 다른 커플을 결혼 시킬지 말지에 대한 기준 등), 결혼식 집례 후 사례금을 받을지 말지, 결혼식 집례를 도와 줄 외부 목회자를 허용하는 상황이 있는지 등의 정책들이다.

- 세금 처리를 위해, 당신이 받았던 결혼식 수수료 기록을 보관하라.

- 결혼식 증명서를 커플에게 제공해라.

  이것은 결혼 허가서와는 다르다. 결혼식 증명서는 결혼식 관련 정보들이 기재된 전문적 서류이다. 날짜, 커플의 이름, 목회자의 이름, 장소 등이 포함된다. 이것은 참고 자료의 역할도 하고 그 행사의 기념물도 된다.
- 교회의 결혼식 정책을 발전시켜라.

 시설 사용을 요구받는 경우 정해진 정책이 있다면, 목회자와 교회 당국 모두 매끄럽게 일처리를 할 수 있다.

 예를 들어, 당신의 교회에서 알지 못하는 목회자가 결혼식을 집행하는 것에 대해서 편안한가?

 결혼식 피로연은 당신의 교회에서 개최되는가?

 쌀을 던지는 것[34]이 허용되는가?

 술을 마셔도 되는가?

 당신은 사진사/비디오 기사에게 어느 정도의 자율권을 허용하는가?

- 예배당 사용에 대한 수수료를 요구할지 안 할지를 결정하라.

 수수료를 받지 않는 상황들도 명료화하라.

4) 예의적으로 곤란한 상황들

 어떤 결혼 상황들은 상당히 복잡하고 도전적일 수 있다. 결혼식이 교회, 목회자, 그리고 커플에게 던져주는 문제 거리들이 점점 증가하고 있다. 어려운 상황을 뚫고 나가기 위해서 목회자들은 예전보다 더 많이 준비해야 한다. 그런 유형의 결혼식을 상세하게 이야기하는 것은 본서의 범위를 넘어선다. 다만 기민하고 배려심 깊은 목회자가 되기 위해 각 상황과 관련한 자신의 역할과 책임에 대해 더 많은 연구, 기도, 그리고 성찰이 필요하다는 것은 확실하게 말할 수 있다. 이러한 어려운 질문에

---

34 미국의 민간 관습으로서 다산(多産)을 기원하는 의미가 있다—역주.

대해 '한 가지 크기가 모든 것에 맞다'라는 대답을 더 이상 할 수 없다. 아마도 개별적인 기준이 필요할 것이다. 몇 가지 대표적인 딜레마를 고려해 보자.

이혼한 사람들이 재혼하는 것은 어떤가?

개신교 공동체는 이 주제에 대한 입장이 확실하지 않다. 신약성경은 이혼에 대해 말하지만, 정직하고, 성실하고, 자격 있는 목회자들은 성경을 공부한 후에 다른 결론에 도달한다. 이혼하고 재혼하는 사람들의 비율이 몇 년에 걸쳐 극적으로 증가해 왔다는 것은 의심의 여지가 없다.

당신은 이혼한 누군가와 결혼할 것인가?

그것은 조건적인가?(예를 들어, 이전 배우자가 간통을 저질렀을 때)

성경적 관점에서 당신이 느끼기에 옳다는 결론에 이르기 위해서 당신만의 충분한 시간을 가져라. 다양한 견해를 보유하고 있는 목회자들과 이야기하라. 당신이 느끼기에 당신을 위해 옳은 결론에 도달한 후, 느슨하고 융통성 있게 당신의 견해를 정하라. 당신이 이혼과 재혼에 대한 더 많은 통찰력을 얻게 되면 나중에는 또 다른 결론을 내리게 될 수도 있기 때문이다.

만약 가족 구성원들 간에 결혼을 둘러싼 갈등에 있다면 당신은 무엇을 해야 할 것인가?

예를 들어, 부모님들이 지지하지 않는 젊은 커플을 결혼시켜야 하는가?

이것은 '잠시 멈출 이유'가 될 수 있다. 왜냐하면 부모님이 거절하는 이유를 당신이 파악해야 하기 때문이다. 커플들은 자신들의 배우자와 결혼할 뿐만 아니라 배우자의 가족과도 결혼한다. 만약 목회자가 가족들이 지지하지 못하게 하는 쟁점에 대해 양해를 얻을 수 있다면 그것은 큰 도움이 될 것이다. 이것은 그 커플의 결혼을 절대적으로 반대하는 것이 아니라, 다만 결혼식 전에 가족 갈등들을 해결함으로써 얻어져야 할 것이 많다는 것을 의미한다.

함께 살고 있는 동거인과의 결혼은?

당신은 그리스도인을 불신자와 결혼시키겠는가?

당신은 다른 종교인을 그리스도인과 결혼시키겠는가?

왜 허락하는가 혹은 왜 안 되는가?

다시 성찰하고 결론에 도달하라. 동시에, 당신이 계속해서 공부하고 기도하면서 결론이 달라질 수도 있음을 염두에 두고 여유를 가지라.

5) 윤리적인 고려점들

목회자에게 윤리적인 딜레마를 느끼게 하는 상황이 가끔 일어난다. 목회자들은 현명한 조언을 구하여 이것들을 해결해야만 한다. 목회자들 가운데의 불문율에 의하면, 커플이 당신의 교회가 아닌 다른 교회에서의 결혼식 집례를 부탁할 때, 그 교회의 담임 목회자의 인지와 축복이 없는 상태에서 그 부탁을 수용하는 것은 비윤리적인 것이다. 각 목회자는 자신이 시무하는 교회에서 행해지는 모든 예배 행사에 대한 책임이 있다. 결혼식이 있을 그 교회의 임명된 목회자와 직접적으로 문의하지 않고는 결코 진행해서는 안된다.

이런 문제는 종종 결혼식을 하는 교회의 목회자와 의무를 공유함으로써 해결된다. 만약 그렇다면, 그런 상황에서 당신은 손님이라는 것을 기억하라. 당신은 그 임명된 목회자의 초대에 의해서 그곳에 있다는 것이다. 다른 사람의 영역을 침범하지 말라.

6) 결혼식과 관련된 다른 섬김들

  기독교 결혼과 관련된 다른 행사들도 목회자의 역할이 필요할 수 있다. 이런 예들로 민간 결혼식에 대한 축복과 결혼식 서약의 갱신이 있다. 전자는 어딘가에서 엄숙히 올렸던 결혼식을 확인해 주고 축하해 주는 것이다. 이것은 두 번째 결혼식이 아니다. 후자는 행사로서 보통 중요한 기념일에 치러진다. 부부가 자신들의 사랑과 언약의 헌신을 재확인하는 목적으로 그들의 서약을 공적으로 새롭게 하기를 바랄 때이다. 이것도 두 번째 결혼식은 아니다. 이에 맞게 결혼 예배를 적용시키라. 이런 섬김에 대하여 도움을 받기 위해 다양한 목회 지침서를 찾아보라.

8. 결론

  제인과 한나의 결혼식 날. 기독교 결혼식의 증표인 기쁨과 축하가 가득 차고 활력이 넘쳤다. 여러 사람들은 결혼식 피로연에서 그 예배에 무엇가가 특별한 것이 있었다고 말했다. 무엇인지 확실히 생각해 낼 수는 없었지만, 왠지 좋은 의미에서 다르게 느꼈다. 앤드류 목사는 그들을 하나님 중심의 예배로 인도했다. 그 덕택에 결혼식에 모였던 사람들은 단순한 관찰자가 아니라 세상 속에 본이 되는 예배자로 참여했다.

핵심 용어들
- **반**(bann): 결혼식에 앞서 예정된 결혼의 공적인 게시 혹은 낭독.

- **크래쉬**(crash): 신부가 입장하기 전에 통로를 덮는 천/종이의 흰색의 길고 가느다란 조각.
- **설교**(homily): '강연'을 의미하는 그리스어에서 유래함. 짧고 경건한 설교.
- **장엄화**(solemnization): 결혼에 있어서 두 사람의 결합에 대한 합법적 행위.

앞으로의 공부를 위한 참고 자료

Langford, Andy. *Christian Weddings: Resources to Make Your Ceremony Unique*. 2nd ed. Nashville: Abingdon, 2008.

적극적인 참여

실제적인 것을 얻기 위해, 몇 가지를 더 제안한다.
1. 결혼을 집례하기 위해 개인적인 임무 진술서를 써보라.
2. 다음의 두 부분에 대한 결혼식 정책을 써보라.
   ① 교회를 위한 정책.
   ② 당신의 개인적인/전문적인 집례 정책.
   이것을 시도함으로써, 당신이 해결할 필요가 있는 중대한 쟁점들을 접했을 때, 재빨리 해결하게 될 것이다.
3. 한 커플이 자신들의 교회의 목회자인 당신에게 전화를 걸어, 가족의 친구 중에 목회자가 있는데 그 목회자가 그 커플의 결혼식을 당신의 교회에서 집례할 수 있도록 부탁한다고 가정해 보라.
   이런 경우 당신은 무슨 과정을 따라야 하는가?

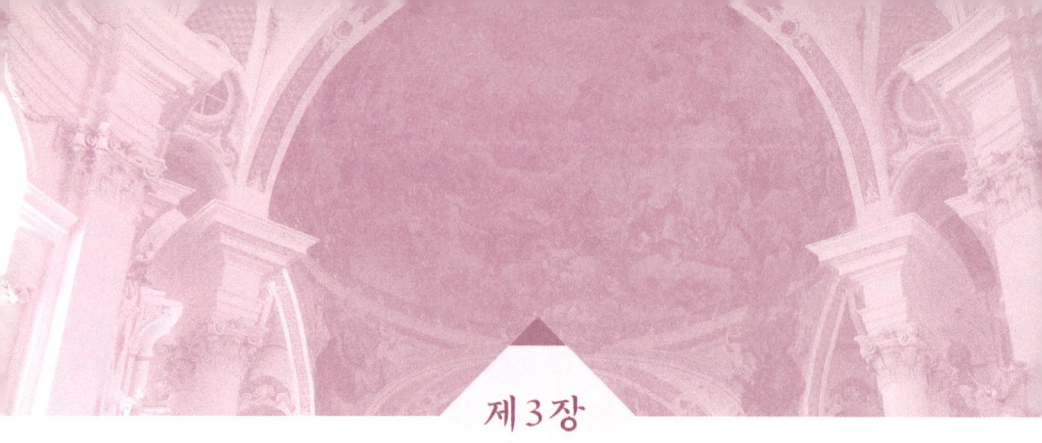

제 3 장

기독교 장례식

탐구

제3장을 읽기 전에, 장례식에 참석했던 당신 자신의 경험을 회상해 보라.

- 대략 얼마나 많은 (당신이 직무를 행하지 않았던) 장례식에 당신은 참석해 왔는가?
- 그 장례식들은 유사하게 계획되고 인도되었는가?
  만약 그렇지 않으면, 그 장례식들은 얼마나 서로 다른가?
- 다양한 장례식들의 어떤 특징들이 당신에게 도움이 될 만큼 감명을 주었는가?
  어떤 특징들이 부적절하게 보였는가?
- 당신이 참석했던 장례식 중 그리스도인을 위한 장례식과 비그리스도인을 위한 장례식을 회상해 보라.
  그것들이 어떻게 다른가?
- 교회에서의 장례식과 장례식장에서의 장례식은 당신이 보기에 서로 다른가?
  만약 그렇다면, 어떤 방식에서 그러한가?

이제 당신이 장례식에 대한 성찰을 시작했기에, 제3장을 읽으면서 당신의 사고를 확장하라.

1. 확장

관(棺)의 높이는 에이미의 키 높이와 같았다. 그 관은 멋진 현관이 있는 위풍당당한 남향 집의 응접실 퇴창 구부러진 곳에 놓여 있었다. 지금 방을 속속 채우고 있는 조문객들이 앉을 의자 밑에는 무늬를 넣은 짙은 감색 양탄자가 깔려 있었다. 꽃바구니들은 여기저기에 놓여 있었다. 할아버지가 돌아가셨다.

에이미는 할아버지를 자주 보지 못했다. 에이미는 단지 7살이었고, 그녀 가족은 멀리 떨어져 살았다. 그들은 거의 하루 동안 이동해서 이곳에 도착하고, 주말 내내 할머니와 지내고 있는 중이다. 이 방문은 주말에 치루어진 지역 교회에서의 장례식에서 정점에 이르렀다. 에이미는 죽은 시신을 집에서 본 적이 없다. 왜냐하면 그녀가 사는 곳에서는 죽은 사람들을 영안실로 즉각 옮겼고, 그들이 묻히기 전까지 그곳에 보관했기 때문이다. 이상한 감정을 느꼈다.

거실에 모르는 사람들이 가득 차 있고 그들은 조용히 말하고 있었다. 그들은 할머니를 위로하며 꼭 껴안았다. 사람들은 저녁 내내 방문했다. 엄마가 할머니의 팔을 잡고 관 앞으로 걸어 갈 때, 에이미는 관에 너무나 가까이 가는 것이 두려워 뒤에 매달려서 갔다. 평소에는 강인했던 두 여성이 상당히 격렬하게 울었다. 할머니는 할아버지가 살아있는 것처럼 할아버지에게 말했고, 자주빛 꽃으로 수놓은 큰 흰 손수건으로 자신의 눈물을 닦았다. 에이미는 무엇을 해야 할지 몰랐다. 그녀는 왜 사람들이 영안실 대신에 집에 모이는지 궁금했다.

할머니는 밤새도록 그곳에 계실 것인가?
할머니에게 에이미는 무슨 말을 해야 하는가?

또한 할아버지에게 에이미는 말을 해야 하는가?

만약 그렇다면, 에이미는 무슨 말을 할 것인가?

무슨 일을 해야 할지 확실하지 않아, 에이미는 오래된 피아노 근처 빈 의자에 앉아 이 일을 이해할 때까지 기다렸다. 그녀는 군중의 속삭임에 이내 잠들었다.

죽은 사람을 매장하는 예식의 관습은 초기 시대부터 존재해 왔다. 각 문화와 문명은 국민들의 피치 못할 삶의 마지막을 다루기 위한 방식을 찾아왔다. 흥미롭게도, 성경의 어느 곳에서도 어떻게 초기 그리스도인들이 매장을 수행했는지에 대한 어떤 언급도 없고, 어떻게 해야 하는지에 대한 조언도 없다. 그럼에도 불구하고, 초기 그리스도인들은 예배의 행위를 죽음과 매장에 관련시켜왔다.[1] 장례식은 죽어야 할 운명과 불멸에 관한 진리를 교회가 되풀이하여 말할 수 있는 심오한 순간으로 기능해 왔다.

본 장에서 우리는 그리스도인을 위한 장례식을 주로 토의할 것이다. 특별한 환경 아래 직무를 행하는 것과 불신자를 위한 장례식을 계획하고 인도하기 위해 조정하는 것은 본 장 후반부에서 제시될 것이다.

2. 토대 놓기

우리가 장례식에 대한 논의를 시작할 때, 좋은 시작점은 생명에서 죽음까지의 삶의 흐름이 성경에서 발견된 하나님의 이야기에 대한 우주적

---

[1] 초대 교회의 죽음에 대한 매력적이고 간단명료한 관점들을 알려면, Thomas G. Long, *Accompany Them with Singing: The Christian Funeral*(Louisville: Westminster John Knox, 2009),『기독교 장례: 찬송하며 동행하라』(CLC 刊)의 4장을 보라.

인 주제라는 것을 인식하는 것이다. 그것은 타락, 홍수, 유월절, 출애굽, 바벨론 포로 등 그 밖의 여러 가지에서 보여 진다. 무엇보다도, 그것은 자신의 성육신, 죽음, 그리고 부활을 통한 우리 주이자 구원자인 예수 그리스도의 장대한 세상에서의 여정에서 보여 진다.

모든 인간이 죽음을 경험하는 반면에, 모두가 영생에 대한 부활을 경험하지는 않는다. 죽음과 부활의 이러한 방식은 기독교 장례식에서 인식되고 기념된다. 신자에게 있어, 장례식은 주 안에서 죽은 사람이 똑같이 그와 함께 다시 살아날 것이라고 자신 있게 선언하기 위한, 정말 독특한 행사이다(고전 15:20-22; 살전 4:16-17).

> 기독교 장례식에 대한 기초는 사망과 죄로부터 구원해 주시는 자이시며 생명의 주이신 예수 그리스도의 선언이다. 다른 기독교 예배 같이, 여기에서도 그리스도가 예배를 주관한다. 그는 주인이시고 예배자들은 손님들이다.[2]

그리스도는 장례식을 포함하여 모든 예배를 위한 모퉁이돌이시다.

1) 기독교 장례식의 목적들

기독교 장례식을 위한 두 가지 주요한 목적이 있다. 예배와 증언이다. 이것을 잘 하면 또 다른 중요한 목적이 성취된다. 즉 슬퍼하는 자들을 보살펴 주는 것이다. 물론 우리는 유족들에게 위로를 제공해야 한다. 그

2　A *Service of Death and Resurrection*: *The Ministry of the Church at Death*, Supplemental Worship Resources 7 (Nashville: Abingdon, 1979), 23-24.

러나 그것이 장례식의 일차적인 목적은 아니다. 위로는 예배와 증언이라는 더 큰 봉사와 의의를 통해서 제공된다. 우리의 장례식이 더 의도적으로 신학적이 될수록, 더욱 목회적인 돌봄이 될 것이라고 누군가가 말했다. 예배와 증언 모두에서 발견된 성경적인 그리고 신학적인 기준점들은 몹시 슬퍼하는 개인들에게 때가 되면 위로가 된다.

(1) 예배

예식 건축가로서 목회자가 처음부터 반드시 기억해야 하는 가장 중요한 사실은 **기독교 장례식은 하나의 예배라는 것**이다. 신자를 위한 장례식은 반드시 하나님 중심이 되어야 하고, 공동체가 역동적으로 예배에 참여해야 한다. 그러나 불행하게도 지금까지의 장례식은 예배의 형식보다는 인지하지도 못하는 사이 세속적이고 대중적인 관습에 압도됐다.[3] 설교학 교수인, 토마스 롱(Thomas Long)은 장례식의 세속화를 한탄하며, 다음과 같이 지적했다.

> 일반적인 문화와 세대의 추이가 실험, 특별 주문 제작, 개인화 쪽으로 가고 있다. 이런 세태가 죽음 관습의 사회적 네트워크와 기독교 장례식에 영향을 끼쳐왔다. 예를 들어 친구들과 친척들이 공개 마이크 연설을 하고, 고인의 삶을 멀티미디어로 재현하고, 관 위의 NASCAR(National Association for Stock Car Auto Racing-역주) 로고들을 띄우고, 고인이 좋아하던 대중음악을 CD 연주로 듣고, (그리고) 나비를 날리는 것 같은 행사에서 이런 추이를 볼 수 있다.[4]

---

[3] 안타깝게도, 제2장에서 비슷한 주제를 논의한 바와 같이 기독교 결혼식에서도 마찬가지이다.
[4] Long, *Accompany Them with Singing*, 24, 『기독교 장례: 찬송하며 동행하라』(CLC 刊), 28.

오늘날 기독교 문화를 포함한 서구 문화에서 장례식은 '나에 대한 것'이다. 우리는 반드시 주의해야 한다.

> 만약 기독교적 의미를 보존하지 않는다면 예배의 온전함을 상실하게 된다.[5]

우리가 장례식을 예배로서 주장할 때, 우리의 초점은 자신에게서 하나님께로 이동한다. 예배에서 초점은 항상 하나님께 있다. 이것이 실제적인 위안의 원천이다. 왜냐하면 우리를 창조하셨고 우리를 부양하시는 한 분을 바라볼 뿐만 아니라, 마찬가지로 하나님의 왕국에서 영생을 위해 우리를 살리실 한 분을 바라보기 때문이다. 예배에서 우리는 노래, 성경, 기도, 그리고 상징 같은 믿음의 요소들로 우리를 두른다. 그것은 주 안에서 죽은 모든 사람과 관련하여 보편적인 진리들을 상기시킨다. 확실히 장례식에서 고인은 무시되지 않는다. 이 얘기는 곧 할 것이다. 그러나 신자인 우리는 죽음에서 일어나신 주님을 경배한다.

그 이유는 다음과 같다.

> 그(그리스도)가 근본이시요 죽은 자들 가운데서 먼저 나신 이시니 이는 친히 만물의 으뜸이 되려 하심이요(골 1:18).

장례식은 예배를 위한 행사이다. 그 예배를 통해 하나님은 그리스도 안에 높여진다. 그리고 그 결과 성령 하나님의 위로의 임재를 경험하게 된다.

---

5 Ibid., 6, 『기독교 장례: 찬송하며 동행하라』(CLC 刊), 18.

(2) 증언의 예배

기독교 장례식도 마찬가지로 증언의 예배이다. 우리의 믿음을 입증하기에 장례식보다 더 심오한 현장은 정말 없다. 삶이 죽음과 만날 때, 진실은 거짓과 만난다. 장례식 동안에 우리는 돌아가신 사랑하는 사람에 대한 직접적이고 개인적인 언급을 할 것이다. 그러나 더 중요한 것은 우리의 사랑하는 자와 모든 믿는 자들의 영원한 처소를 마련하기 위해 예수님이 아버지께 가셨다는 성경의 진리에 대한 우리의 주장을 표현하는 것이다(요 14:1-3). 진리가 우리 증언의 본질이다. 장례식 동안에 우리는 실제를 예행연습한다. 우리는 믿음으로 우리가 아는 진리를 새로 진술한다. 신자이거나 아니거나 모든 참석자들은 하나님의 친절과 자비로 인한 영원의 희망을 알리는 그리스도인들의 명쾌한 음성을 반드시 들어야 한다.

2) 죽음에 대한 성경적 관점

지난 여러 세기 동안 그리스도인들은 이원론, 즉 "인간은 본질적으로 영적이고 불멸의 영혼이지만, 얼마간 역겹고 처분할 수 있는 신체에 일시적으로 살고 있다"[6]라는 플라톤 견해에 의해 큰 영향을 받아왔다. 우리는 몸을 거룩한 영혼이 거처하는 불경스러운 껍질이라고 말하는 육체이탈(disembodiment)의 신학을 물려받았다. 그러나 성경적인 창조의 이야기는 몸과 영혼 모두에 대해 훨씬 더 많은 긍정하고, 둘 사이의 상호 작용을 보여준다. 롱은 우리에게 다음의 내용을 되새겨 준다.

---

6   Ibid., 24, 『기독교 장례: 찬송하며 동행하라』(CLC 刊), 64.

하나님은 최초의 인간을 지으실 때 공중에 떠 있는 어떤 불멸의 영혼을 붙들어서 육체라고 하는 장소에 가두어 놓고 억지로 (에덴) 동산을 일구도록 하신 것이 아니다. 창세기가 그리고 있는 그림은 훨씬 온화하다. 하나님은 먼지, 그러니까 땅에서 피어오르는 보통의 먼지를 취하시고 그 먼지 속으로 "생명의 호흡"(the breath of life)을 불어넣으신다. 하나님이 생명을 불어넣은 먼지, 바로 이것이 살아있는 인간에 대한 성경적 이해 방식이다. 요컨대 그리스도인들은 인간이라고 하는 존재가 "오직" 육체일 뿐이라는 관점뿐만 아니라 잠시 육체를 "소유하는" 영혼이라는 관점도 반대한다. 그리스도인들이 말하는 인간 존재란 "육체성을 가진"(embodied) 존재이다. 사람들이 흔히 "영혼"과 "육체"라고 부르는 것에 대해 그리스도인들은 "하나님의 호흡"과 "먼지"라고 부른다. 그리고 살아 있는 인간에게 있어서 이 둘은 서로 나뉠 수 없는 일체(inseparable unity)를 형성한다.[7]

그러나 그리스도인의 육체성(embodiment)에 대한 견해는 중요함에도 불구하고 신체의 본질과 영혼의 본질 사이의 구별이 생긴다. 모든 신체는 결국에 존재하는 것을 그치고 부패한다. 그것은 생물학적인 사실이다. 그들은 자신들이 왔던 흙으로 되돌아간다(창 2:7). '인간'을 의미하는 히브리어는 '아담'(adam)인데, 그것은 '땅' 혹은 '흙'을 의미하는 히브리어인 '아다마'(adamah)처럼 들리고 또 관련이 있을지도 모른다. 그래서 '아담'은 문자 그대로 '인간'을 의미한다.

---

7 Ibid., 24, 『기독교 장례: 찬송하며 동행하라』(CLC 刊), 64-5.

마찬가지로, 영어 단어 '휴먼'(human, 인간)은 라틴어 '호모'(*homo*, 인간)과 '후무스'(*humus*, 땅)와 관련된 라틴어 '후마누스'(*humanus*, 인간적인)로부터 유래된 것 같다. 모든 동물과 같이 인간은 부패하고 죽게 되는 신체적인 몸을 갖고 있다. 그들은 시작과 끝을 가지고 있다. 이런 점에서 우리는 죽을 수밖에 없는 운명이다. 그러나 동물과는 다르게 인간에게는 시작은 있지만 끝은 없는 영혼이 주어졌다. 인간 영혼은 영원을 위해 창조되었다. 그러므로 인간 영혼은 인간 육체가 소멸된 후에도 산다. 그리스도 안에 있는 사람들의 영혼은 주님 앞에서 영원히 산다. 그리스도 안에 있지 않는 사람들의 영혼은 주님 앞에서 영원히 떠나 산다.

그리스도인들의 닳아서 해진 지상적 육체는 영혼을 위한 새로운 거주지로서 천상의 환경에 적합한 천상의 육체인 영화된 육체로 대체된다. 죽은 자들의 물리적인 현존이 더 이상 지상에 보이지 않는 반면에, 그 장례식은 하나님 앞에서 신자가 진정으로 살아있음을 즐겁게 인정한다. 그 밖에 기독교 장례식의 중요한 역할 중 하나는, 죽을 수밖에 없는 인간의 땅에서의 마지막을 표시하는 것이고, 그가 땅을 떠나 천국으로 이전하는 것을 축하하는 것이다.

불행하게도, 오늘날에는 하나님, 죽음, 그리고 천국에 관한 많은 심각한 오해가 있다. 이런 오해는 심지어 교회에도 많이 있다. 즉 죽음에 대한 매우 이교도적이고 신화적인 생각들로 이루어진 빈약한 신학이다. 최악의 경우에는 이단과 교류하기도 한다. 천국에 대한 우리의 많은 견해들이 대부분 영화나 텔레비전 같은 대중적인 문화가 만들어 내는 문화적 신화에 의해 형성된다. 오늘날 수많은 내세 이론들이 생겨난다.

그리스도인의 죽음은 인생, 죽음, 그리고 영원에 대한 성경의 진리를 명확하게 전달할 수 있는 주요한 기회이다. 기독교 장례식은 인생과 죽음의 심오한 신비 앞에 잠시 멈추어 우리의 완벽한 이해를 초월한 거룩한 신비를 소유하는 시간이다. 기독교 장례식에서 우리는 신비를 받아들인다. 그리고 모든 것을 이해하는 하나님을 신뢰한다. 우리는 구원, 부활, 그리고 영생에 대한 믿음을 표현하며 하나님께 이 모든 선물에 대한 감사를 드리고, 심지어 여전히 질문이 있을지라도 이것들의 실재를 기뻐한다.

3. 함의/고려점

장례식을 준비할 때 선택 사항들이 있다. 우리의 결정은 삶, 죽음, 그리고 영원과 관련된 하나님의 진리에 근거해야 한다.

1) 복음 전하기 혹은 복음 선하시 않기?

장례식이 복음에 대한 증언이라고 주장할 때, 신중해야 한다. 장례식을 전도 계획으로 바꾸는 것에 주의하라. 어떤 목회자는 모인 청중을 회심시키기 위해 감정에 호소할 기회를 잡고자 하는 유혹을 받는다. 적어도 이것을 피해야 되는 이유가 두 가지 있다.

첫째, 장례식의 환경은 매우 감정으로 충만해 있다. 그러므로 대부분 참석자들은 그런 환경에서 객관적으로 생각하고 행동할 수 없을 것이다. 애곡하는 사람들의 감정이 상실감으로 증대되었기 때문에, 장례식을 전도를 위한 무대로 전환시키는 것은 참석자들의 설익은 감정적인 상태를 이용하는 것이다. 그리스도를 따르라고 초대하기 가장 좋은 때는, 참된 제자도의 삶에 헌신하는 것과 그것이 요구하는 것에 대해 믿지 않는 사람들이 분명하게 고려할 수 있을 때이다.

둘째, 인도자는 숨은 의도를 지닌 사람으로서 인식되는 것을 피해야 한다. 그것은 조작으로 느껴질 것이다. 장례식은 장례식이 되게 하라. 장례식장에서 결신을 요청하는 것은 적절하지 않다.

회심을 위해서 장례식을 이용하는 것은 적절하지 않지만, 복음의 선언은 가장 적합하고 또 필요하다. 장례식이 복음에 대한 증언을 갖고 있어야 한다고 말하는 것은, 단지 신자들이 삼위일체의 하나님을 믿는 신뢰를 사람들 앞에 증명해야 한다는 것이다. 죽음의 기간 동안 믿음을 공유하는 공동체만큼 더 적합한 것은 없다. 그것은 믿지 않는 자들 혹은 믿음이 약한 사람들을 그리스도께로 더 가깝게 끌어당기는 도전이 될 것이다.

내 지인 중 경험 많은 목회자 한 사람이 있다. 그는 장례식장에서 구원을 위한 공적인 초대를 하지 않는다. 그 대신 장례식장에서 선포된 (고인과 교회의) 믿음에 관해 더 알기를 바라는 사람은 언제든지 자신을 만날 수 있다는 일반적인 진술을 한다. 행사 이후에 사람들은 몇 주 그리고 심지어 몇 달 후에 그를 접촉했고, 예수 그리스도의 제자가 되는 것에 대해 더 많이 배우기를 원했다.

그들은 눈물이 마르고 감정이 통제 될 때, 생각과 감정이 매우 복잡하고 혼란스러울 장례식 때보다 더 깊이 믿음의 문제를 심사숙고하고 더 큰 명확성과 헌신으로 성령의 견인에 반응할 수 있었다. 장례식장에서 증언의 힘은 과소평가될 수 없다. 그것은 성령을 통하여 하나님이 의도하신 목적을 채울 것이다.

2) 장례식장 혹은 교회?

장례식을 위한 중요한 고려사항은, '어느 곳에서 장례식을 할 것인가'에 대한 것이다. 지금까지 현대 서구 관습에서 가장 인기 있는 선택 사항은 장례식장 혹은 교회이다.[8] 장례식을 위한 장소는 전형적으로 옳고 그름의 문제가 아니라 예배에 대하여 그 사람이 어떻게 생각하고 있는가의 문제이다. 많은 그리스도인들은 장례식장을 선호한다. 또 다른 사람들은 교회를 선호한다. 어느 장소를 선택하든지, 그 장소는 결코 중립적이지 않다. 환경 자체가 메시지를 전달하고 각 장소마다 도전이 있다.

그리스도인의 장례식은 교회에서 열리는 것이 가장 적합하다. 교회라는 거룩한 장소는 경건한 목적을 위해 구별되어 왔다. 그것은 환경을 제공하며, 그곳에서 믿음의 상징(말씀, 성찬대, 세례반, 십자가, 불꽃 등)이 출생에서 사망까지의 여정을 통한 하나님의 현존을 생각나게 하는 것으로서 예배자들을 둘러싼다. 장례식을 교회에서 가질 때, 장례식을 **예배**로 여기고 인도하기가 더 쉽다(그리고 모여 있는 애도자들이 더 쉽게 자신들을 예배 공동체로 인식할 것이다).

교회에서 장례식을 거행하는 것에 대한 고려사항은 시신 운송, 관의 설치, 그리고 (장례식장에서 책임졌었던) 다른 품목을 위한 추가 비용이다. 대부분 교회는 장례식을 위해 교회의 편의 시설을 이용한 것에 대해 수수료를 부과하지 않는다.

장례식장에서 장례식을 인도하는 것은 예식 건축가에게 더 큰 도전이다. 왜냐하면 장례식이 예배로서 인식될 것 같지 않기 때문이다. 참석

---

8 때로 추도식(아래에서 논의될)는 특히 화장할 경우에 고려해야 할 것이 더 확장된다.

자들은 자연스럽게 자기 자신을 예배자라기보다는 수동적인 관찰자로 여길 것이다. 인도자들은 예배를 하나님 중심으로 유지하고 사람들이 예배에 참여하도록 하기 위해 의도적인 계획을 해야 한다.

여러 장애물들이 있다. 오르간 혹은 피아노의 부족(많은 장례식장들은 더 이상 키보드 연주자를 제공할 수 없거나 심지어 이런 악기들도 없다), 즉시 이용 가능한 찬송가 악보집이나 성경이 없는 것, 예배 말씀을 영사(映寫)할 스크린이 없는 것(따라서 당신은 예배의 세세한 순서를 인쇄물로 준비할 필요가 있다), 그리고 종교적인 상징이 없는 것 등이다.

장례식이 열리는 장소는 심지어 장례식의 명칭에 대해서도 함의를 가질 수 있다. '사망과 부활의 예배'(Service of Death and Resurrection)는 교회에서 열리는 예배를 위하여 매우 훌륭한 제목이다(그리스도인에게는 어느 곳에서나 이런 예배를 드리는 것이 적절하지만). '장례'라는 말은 장례식장에서의 예배를 위해 적절하다. 여하튼, 당신이 예배에 대해 어떤 것을 본질로서 생각하는지가 관건이다. 그 생각이 다른 관련된 결정들을 하는 데 영향을 미친다는 것을 알기 바란다.

3) 실황 혹은 중계?

현재 과학기술의 진전은 위험도 있지만 흥분할 만한 가능성도 제시한다. 지금까지 대부분 사람들은 장례 업계에서 사용하는 기술을 목격해 왔다. 온라인 애도와 함께 완벽한 웹사이트 사망 광고는 수년 동안 일반적인 관습이었다. 사진으로 구성된 디지털 조의에는 흔히 고인이 가장 좋아했던 배경 음악이 깔린다. 전형적으로 이러한 프로그램들은 조문객들이 방문하는 동안에 쉬지 않고 작동하고 예배에서도 종종 사용된다(그러나 "진정한" 예배로 보이지 않는다!). 점점 많은 장례식장에서 장례식을 녹화하고 있다. 그리고 곧 장례식장 웹사이트(websites)에서 동영상을 통해 장례식에 참석하지 못했던 사람들을 위한 개별 서비스를 시작할 것이다.

장례식에 기술이 적용되는 것을 그리스도인들은 어떻게 보아야 할까? 애도에 대한 우리의 직무에 기술이 긍정적 영향을 미칠 수 있는 많은 방식이 있다. 모든 가능성이나 모든 기술적인 행동 계획을 예상할 수는 없다. 그러나 여기 많은 경험에서 우러난 현명한 목회적인 방법이 있다. 기술을 적합한 방식으로 적용하라. 이것은 **내용**에 대한 것이 아니라, **전달**에 대한 것이다. 현대 통신 기술의 독특한 혜택은 다음과 같다.

① 즉시 다른 사람에게 정보를 전달할 수 있다.
② 가시적인 것을 강조한다.

당신이 볼 때 적절한 수준에서 기술을 사용해라. 그러나 영상 사진, 동영상, 웹사이트, 그리고 SNS(social network sites)와 같은 전달 체계를 적용할 때 초대 문구나 장례식의 내용에 있어서는 타협해서는 안 된다. 전달 방식이 전달 내용을 결정해서는 안 된다. 때때로 우리는 매체와 메시지를 혼동한다. 기술은 목적을 섬겨야 한다. 인터넷을 통해 방송할 때 저작권 문제는 반드시 고려해야 한다는 것 또한 기억해라. 당신이 어떤 자료를 사용하거나 방송하기 전에 그것을 제공하는 법적인 권한을 가진 곳으로부터 글로 쓰인 허가서를 얻어야 한다.

4) 매장 혹은 화장?

매장이나 화장을 결정하는 것은 오늘날 매우 타당한 질문이다. 대부분의 그리스도인들은 어느 쪽이나 합법적이라고 여긴다. 성경에 화장에 대한 예는 없지만 금지 또한 없다. 죽은 후에 인간의 육체에는 더 이상 영혼이 거하지 않기 때문에, 한 가지 방식으로 정중하게 처리하면 된다.

현대에는 화장 방법이 극적으로 증가하고 있다. 여기에는 여러 이유가 있다. 즉 더 적은 비용 소요, 보다 생태적인 방식, 융통성이 늘어나는 현대 세태 등이다. 이 글을 쓰고 있는 현재 미국에서 기본적인 장례식과 매장의 평균 비용(장례 지도사/장례식장 요금, 방부 처리하기, 금속 관, 지하 납골당)은 7,755달러이다.[9] 화장의 기본적인 요금(화장, 장례 지도사 수수료, 판지/섬유판 용기)는 2,070달러이다.

화장은 신체를 불꽃에 소각하고 그런 다음 재로 보관하는 과정이다. 대략 신체의 97퍼센트가 수증기의 형태로 사라진다. 회색 재의 형태로 남아있는 3퍼센트는 가족들이 받아서, 시기와 장소를 결정하여 완전하게 보관하거나 뿌리는 예식을 치른다. (납골함이라 불려지는) 재를 위한 용기는 납골을 위한 저장소인 납골당에 놓일 수 있다. 납골당은 다양한 다른 장소뿐 아니라 묘지에도 존재한다. 더욱더 많은 교회들이 교회당에 납골당 정원을 제공하고 있다. 교회 경내 혹은 건물 내 지정된 공간에 있는 납골당은 교회 안에 있는 묘지와 유사하다.

---

9   표준 장례식/매장 그리고 화장과 관련된 비용에 대해서는 '국립장례지도사협의회'(National Funeral Director's Association)에서 2009년에 제공된 자료가 이 글을 쓸 당시 가장 최신 정보이다. 이 수치는 모든 비용을 포함한 것은 아니다. 화장 비용, 기념물이나 기념비, 특수 납골함, 사망 기사 게재 비용, 전시(viewing) 또는 장례식을 위한 출판물 등의 비용은 빠져 있다. 추가 비용을 더하면 10,000 달러가 훨쩍 넘어갈 수 있다.

그리스도인의 마지막 휴식 장소를 위해 교회보다 더 나은 곳이 있을까?

화장(cremation) 과정과 비슷한 것은 신체 처리를 위해 사용되는 소각(incineration) 기술이다. 화장이 신체를 불꽃에 노출하는 반면에, 소각은 신체를 강렬한 열에 노출한다. 신체가 재로 줄어드는 점에서, 그 결과는 효과적이고 동일하다. 큰 시내나 도시에서 발견되는 전형적인 화장터에는 화장과 소각 모두 가능하다. 대부분 지역의 장례 지도사들은 (화장이 점점 증가하고는 있지만) 화장터를 가지고 있지 않다. 그래서 이들은 가족을 위한 모든 조정을 처리하면서 근처 화장터 서비스를 이용할 수 있게 보증한다.

5) 장례식 혹은 추도식?

장례식(funeral service)과 추도식(memorial service) 사이의 본질적이고 유일한 한 가지 구별은 시신이 실재하는가 혹은 부재하는가이다. 전형적으로, '장례'라는 단어는 시신이 관에 있을 때 사용된다. '추도식'이라는 용어는 시신 없이 예배가 열릴 때 사용된다. 그래서 화장을 한 후의 예배는 납골함이 있다 하더라도 추도식이라고 불린다. 때때로 장례식을 시신과 함께 치른 후에 장례식에 참석할 수 없었던 사람들은 시신 없이 또 다른 장소에서 추도식에 참석한다.

추도식은 오늘날 매우 흔하지만, 우리는 추모(remembrance)를 위한 예배에서 시신의 부재가 권할 만한 것인지 다시 생각해야 한다. 이것은 신체에 대한 관념적인 견해에 다시 한번 귀를 기울인다. 롱은 다음과 같이 제안한다.

> 만약 '진짜 나'는 영혼이고 신체가 아니라면, 장례식에서 내 몸이 실제로 필요 없다. … [몸은] 심지어 매우 중요하고 더욱 숭고한 영성에는 병적이고 저속한 골칫거리이다.[10]

신체가 문제(problem)라는 것이 문제라고 당신은 말할지도 모른다. 롱은 장례 관리인 서비스의 소유주인 마크 듀페이(Mark Duffey)를 인용하여 다음과 같이 말한다.

> 그 시신은 진정제이다. 특히 몰려드는 사람들을 위해 … 만약 시신이 [추도식 때] 그곳에 있어야 할 필요가 없다면 … 우리는 자유롭게 원하는 것을 할 것이다. 그들은 자신들이 가기를 원하는 시골 클럽이나 술집 바 혹은 그들의 좋아하는 식당에서 추도식을 드리기 원할 수 있다.[11]

불행하게도, 시신을 옆에 두고는 참석자들의 자기 표현이 제한된다는 견해가 증가하고 있다. 그리고 이런 문제가 주요 쟁점인 것처럼 말 한다. 그러나 우리가 태어날 때 창조주에 의해 받은 신체의 존재(presence)에 대하여 무언가를 장례식에서 말해져야 한다. 죽음의 실재는 시신이 함께 있는 순간 더 생생하다. 만약 화장할 생각이라면 장례식 이후에 하면 된다. 화장을 하는 이유는 물론 비용 문제도 있지만 비용 외의 다른 이유도 있을 것이다.

---

10 Long, *Accompany Them with Singing*, 23, 『기독교 장례: 찬송하며 동행하라』(CLC 刊), 60.
11 Ibid., 24, 『기독교 장례: 찬송하며 동행하라』(CLC 刊), 63.

6) 열린 관 혹은 닫힌 관?

한 가지 중요한 결정은 장례식 때 관을 열어 둘 것인가 아니면 닫아 둘 것인가에 대한 것이다. 가족이 자신들의 사랑하는 사람에게 인사하는 공적인 방문 기간 동안에는, 관을 열어두는 것이 좋고 이것을 추천한다. 때때로 고인과 대면하지 않도록 관을 닫는 것이 필요할 때가 있다. 그것은 사망 환경(예를 들어, 만약 죽는 과정에서 시신이 한 가지 혹은 다른 이유로 크게 훼손이 되었다면)에 달려 있다. 그러나 형편이 허락하는 한 관을 열어두라.

사랑하는 사람의 시신을 바라보는 것이 애도하는 과정에 도움이 된다. 시신을 바라보는 것은 애곡하는 사람이 죽은 자와의 세속적인 관계를 마무리할 수 있게 해 준다. 아이들도 삶과 죽음의 실제를 알 필요가 있다. 죽음을 목도하는 것이 공연한 혼란과 오해를 피하게 해 준다.

그러나 장례식을 진행할 때는 죽은 자에게서 하나님께로 초점을 옮겨야 하기 때문에 관을 닫아 놓는 것을 추천한다. 이미 말했듯이 장례식은 하나님 중심의 예배이다. 사랑하는 사람의 시신을 응시하는 회중들을 하나님께로 시선을 옮기게 하는 것은 어렵다. 닫힌 관은 장례식 특유의 감정적 부분의 한 고비를 보다 쉽게 넘길 수 있게 한다는 장점이 있다. 닫힌 관은 정면 중앙에 놓여 있을 것이지만, 회중의 눈과 귀는 관을 열어두었을 때보다 닫혔을 때, 장례 예전의 말씀과 행위들에 의해 훨씬 더 쉽게 고양될 것이다. 닫힌 관은 시신에 대한 감정보다는 하나님의 사랑과 자비라는 더 큰 주제로 향하도록 돕는다.

관을 닫기로 결정했을지라도, 가족들이 고인의 모습을 보는 애절한 마지막 순간은 남아 있다. 가족들이 고인과의 마지막 대면을 할 수 있는 가장 좋은 시간은 친지들의 방문이 끝나갈 무렵이다. 교회의 예배당에 들어가기 전에 관이 놓여진 큰 로비나 근처의 방을 이용할 수 있다면, 그곳에서 장례식 전에 고인과의 공적인 대면을 하게 된다. 장례 지도사들은 지인들을 위해 관을 공개하는 시간 중에서 맨 마지막에는 일반 대중을 떠나게 한 후, 가족들만의 사적인 시간을 제공한다. 그곳에서 가족은 마지막으로 사랑하는 사람을 대면할 수 있고 예배가 시작되기 전에 마지막 감정을 표현할 수 있다.

 가족은 고인과의 마지막 인사를 나눈 후 예배당의 자신들의 좌석으로 가서 앉거나 행렬에 참여한다. 이제 관이 닫히고, 목회자는 예배당을 향해 관의 행렬과 동행하여 간다. 그리고 예배가 시작된다.

 만약 장례식이 장례식장에서 치러진다면 마지막 가족 대면이 예배 전에 잘 이루어지는 것이 가장 좋다. 또는 가족의 마지막 대면을 예배 전날 종결할 수도 있다. 이것이 좋은 이유는 초대받은 지인들이 도착하기 전에 관을 이미 장례식 장소에 놓을 수 있기 때문이고, 마지막 가족 시간을 따로 두지 않아도 되기 때문이다. 어떤 경우에는 예배 시간에 관을 닫고, 마지막 작별 인사를 돕기 위해 예배 시간 마지막에 열어 놓기도 한다. 하지만,

① 이것은 실제적으로 비효율적이다. 장례 지도사들이 뚜껑을 밀봉하기 위해 관 속의 시신을 이미 낮추어 놓았기 때문이다.
② 이것은 애곡 같은 피할 수 없는 일을 뒤로 미루는 것이 된다. 예배드리는 것이 최종적인 기억이 되게 하라.

 예배를 위해 관을 닫는 것이 추천하기는 하지만 그것이 목회자가 주장해야만 하는 쟁점은 아니다. 이런 경우는 옳고 그름의 문제가 아니라

좋은 것과 더 좋은 것의 문제이다. 종종 지역 관습은 규범적인 것을 결정할 것이다. 만약 강한 관습이 있다면, 목회적인 본능의 인도에 따라 가장 최선의 것을 선택하라. 지도자들은 방해가 될 수 있다. 즉 가족들의 감수성에서 너무 동떨어지지 않는 것이 좋다.

만약 장례식이 교회에서 열린다면, 닫힌 관이 가장 적절하다. 왜냐하면 장례식의 의도가 하나님께 초점이 있기 때문이다. 그러나 만약 장례식이 장례식장에서 열린다면 진정한 예배를 드리는 데 큰 도전을 받게 된다. 이런 경우에는 관을 열어두는 것을 중요하게 고려할 수 있다.

7) 우애 조합의 예식들을 진행하는 경우

만약 돌아가신 분이 우애 조합(fraternal order, 예를 들어, Freemasonry, the Loyal Order of Moose, the Knights of Columbus)의 구성원이었다면, 때때로 그 회원 자격과 관련된 특별 예식이 열린다. 만약 그렇다면, 기독교 장례식과 분리해서 열려야만 한다. 두 예식이 섞여서는 안 되는데, 왜냐하면 각각의 예식이 다른 강조점들을 가지기 때문이다. 그 조직은 장례 지도사와 함께 자신들의 일정을 조정할 것이다. 그리고 그 조직은 기독교 장례식과 매장 전의 자신들의 일정을 어떻게 진행할 것인가를 결론지어야 한다.

군인을 위한 군사적인 의식은 묘지에서 간단한 전통적인 행동(영결 나팔의 연주, 총의 발포, 가족에게 국기 증정 등)으로 행해지는 경향이 있고, 적절하게 잘 진행될 때는 하관식(the committal)에 대해서는 타협하지 않는다. 만약 이런 경우라면, 의식들을 하관식으로 통합하기 위한 최선의 장소를 마련하기 위해 계획하라. 모든 상황에서 마지막 예배와 매장은 철저히 기독교적으로 해야 한다.

8) 성찬식을 포함할 것인가 안 할 것인가?

몇몇 독자들은 "적어도 3세기 경에는 성찬식이 기독교 장례식과 연결되어 거행되었다"[12]라는 것을 알면 놀랄 수 있다. 이것은 "죽은 사람의 뱃사공인 카론(Charon)에게 다음 세계로 통과하기 위한 요금을 지불하기"[13] 위해 고인의 혀 밑에 동전을 놓는 그리스 관습을 "기독교화"하거나 맞서기 위해 의도적으로 만들어진 관습인지도 모른다. 그리스도인들은 하나님께로 가는 고인의 여행에 양식을 제공하기 위해 사망 전에 신자의 혀 밑에 성찬식의 음식을 넣는 것을 그것에 상응하는 풍습으로 적응시켰다.[14] 결국, 그 관습은 그리스도인 공동체가 매장의 마지막 순서로 성찬식을 거행하는 것으로 변경되었다.

오늘날 미국 개신교 장례식에서 성찬식을 포함하는 일은 드물다.[15] 교단들의 공식적인 예배 지침서들을 토대로 봤을 때, 장례 예배에 성찬 의식을 포함하는 교단은 극히 소수이다.[16] 장례식에 성찬식을 포함하는 것은 적절한 예전으로 인식될 수 있지만, 거의 수행되지 않고 있다.

나는 '사망과 부활의 예배'에서 성찬식을 경험했을 때 강한 인상을 받

---

12 *Service of Death and Resurrection*, 28.
13 Long, *Accompany Them with Singing*, 67, 『기독교 장례: 찬송하며 동행하라』(CLC 刊), 153.
14 이 실천이 죽음 후에 주의 만찬의 요소를 주는 것으로 진화되었기 때문에 4세기 후반에는 비난을 받았다. Long, *Accompany Them with Singing*, 68-69, 『기독교 장례: 찬송하며 동행하라』(CLC 刊), 156을 보라.
15 미국 감독교회는 예외일 수 있다.
16 예를 들어서, *The United Methodist Book of Worship*(Nashville: United Methodist Publishing House, 1992)를 보라.

앉던 것을 기억한다. 로버트 웨버(Robert Webber)의 죽음 후, 예배 연구를 위한 기관 공동체가 추도 예배를 위해 모였다. 설명할 수는 없지만, 땅 위의 성도와 하늘의 성도 사이에 장막이 얼마나 얇은지를 나는 처음으로 민감하게 느꼈다. 나는 가능한 한 멀리 천국을 바라보도록 훈련을 받아 왔지만, 그날 저녁의 경험은 훈련 문제가 아니었다. 성찬식을 하면서 우리 지상의 찬양은 하늘의 천군 천사들의 찬양에 합류하여 하나의 거대한 합창이 되었다. 나는 '사망과 부활의 예배'를 드리는 동안 성도의 교제가 성찬식에서 믿을 수 없을 만큼 실제적임을 알게 되었다.

장례 예배의 부분으로서 성찬식을 포함하는 것은 멋진 선택이다. 독실한 그리스도인에게 더욱 권장하지만, 그것에 대한 도전도 있다. 성찬식을 위해서는 장례식을 교회에서 집행하는 것이 좋다는 점이다. 상징적이고 편의적인 이유로 가장 적합한 곳이 교회라고 추측할 수 있다. 교회에는 믿음의 상징이 놓여있고, 성찬 요소들을 전달하는 데 실용적인 시설과 인원들이 갖추어져 있다.

장례 지도사가 장례식장에서 성찬식을 준비한다는 것은 꽤 어렵다. 준비할 수는 있지만 말이다. 고려해야 할 또 다른 문제는 장례식에 참석할 수 있는 비그리스도인의 수와 이로 인해 초래될 수 있는 어려움들이다. 성찬식이 포함될지 안 될지는 당신의 목회 지침에 달려 있다. 만약 상황이 여의치 않을 경우, 신중하고 적절한 교육 방식으로 성찬의 의미를 제공할 수도 있다.

4. 구조 세우기

이런 토대들을 마음에 두고 이제 기독교 장례식의 구조를 고려해 보자. 순차적인 예배 행위들에 있어서 예배의 순서는 하나님의 이야기를 선포하고 있다는 것을 기억하라(하나님은 우리를 찾으시고 말씀하시고 우리는 응답한다. 하나님은 사역을 위해 힘을 주신다). 장례식의 경우 줄거리는 삶과 죽음 가운데 있는 하나님의 사랑이다. 이런 이유로, 순서가 중요하다.

그러나 이야기가 말해지고 예배가 예배로서 보존되는 방법들에는 확실히 융통성이 있다. 아래 제시된 바와 같이 멋진 4중 순서의 큰 틀이 예배 행위로서 허용된다. **각각의 움직임 안에 있는 순차적인 예배 행위들은 고정된 것이 아니라 당신의 창의력이나 필요성을 허용한다**는 점을 기억하면서 일반적인 4중 순서를 유지하라. 또한 기독교 장례식의 연합적인 본성을 기억하라.

> 모든 사람은 조문객인 동시에 위로자이다. 그리고 이 모든 것이 예배에서 동시에 이루어지는 일이다.[17]

아래의 장례식은 '사망과 부활의 예배'로서 개발되어 지역 교회에서 행해질 수 있다. 이 예배는 장례식장에서도 최소한의 조정을 통해서 쉽게 적용된다.[18] 이 예배가 지면상으로는 길어 보이지만 어떻게 조정하느냐에 따라서 30분 또는 60분 이내에 수행될 수 있다.

17　*A Service of Death and Resurrection*, 24-25.
18　예를 들어, 관이 이미 매장 장소에 있어서, 장례식장에서는 형식적인 과정이 없을 수 있다.

5. 기독교 장례식 또는 추도식의 순서

기본적인 윤곽만 간추린 것은 부록 2에 있다.

1) 모임

(1) 예배 전 음악(서곡)

적당한 악기와(또는) 노래로 예배를 위한 회중 모임을 준비한다.[19]

만약 예배가 장례식장에서 거행된다면, 목회자는 예배 전 음악의 마지막 곡이 연주되는 동안 방(the room)에 들어간다.

만약 예배가 교회에서 거행된다면, 예배 전 찬양의 마지막 곡이나 개회 찬송 때 행렬을 지어 간다. 목회자는 교회 뒤에서 운구하는 사람들과 장례 지도사(들)을 만난 후 관보다 앞서 중앙 복도로 따라 예배당 앞의 정해진 장소로 간다. 회중들은 관이 예배당 안으로 들어올 때 경의의 표시로 일어서게 된다. 또한 이 행렬 동안에는 침묵하는 것이 적절하다. 이 행렬에 참여하는 사람들은 상황에 따라 많거나 적을 수 있다. 다음의 행렬의 순서는 전통적인 것이다(필요에 의해서 어떤 요소들은 제거할 수 있지만 단순한 기본 순서는 유지하라).

- 불빛(조수[acolyte]가 부활 주일의/그리스도의 양초나 다른 불빛을 운반한다)[20]
- 십자가
- 직무를 행하는 목회자(들)

---

19 감정을 자동적으로 고조시키지 않는 노래를 신중하게 선택하라.
20 어떤 전통은 십자가가 기독교 촛대에 앞선다. 어떤 순서든지 괜찮다고 생각한다.

- 관(棺, 만약 납골함이 사용된다면, 직무를 행하는 자가 그 납골함을 운반한다)
- 가족 구성원들

(2) 인사

회중들에게 따뜻하게 인사하라.

인사 예문 (성경적인 것이 가장 좋다)
- "우리 아버지 하나님과 주 예수 그리스도로부터 은혜와 평강이 있기를 원하노라."(바울이 가장 좋아했던 인사 중 하나이다. 롬 1:7; 고전 1:3; 고후 1:2; 등을 보라.)
- "성부와 성자와 성령의 이름으로."(삼위일체적 인사는 장례식을 진정한 기독교적 행사로 세운다.)
- "주님이 당신과 함께 계시기를."
  사람들도 응답한다.
  "그리고 당신과도 함께 계시기를."
- "우리의 도움은 천지를 지으신 여호와의 이름에 있도다"(시편 124:8).
- "너희는 가만히 있어 내가 하나님 됨을 알지어다 내가 뭇 나라 중에서 높임을 받으리라 내가 세계 중에서 높임을 받으리라 하시도다 만군의 여호와께서 우리와 함께하시니 야곱의 하나님은 우리의 피난처시로다"(시편 46:10-11).

주의 인사의 말을 할 때 즉흥적인 말을 하지 말라. 사람들은 확신 가운데 주어지는 잘 선택된 말들 속에서 즉시 위로를 얻는다.

(3) 여는 성경 구절들

적절한 몇몇 성경 구절들을 읽으라.

예배 시작에 대한 성경 구절의 예[21]

- 시편 46:1-7
- 요한복음 14:1-3
- 요한계시록 14:13
- 시편 90:1-2
- 로마서 8:35-39
- 요한계시록 21:1-5
- 시편 91:1-2
- 고린도후서 1:3-4

주의 하나 이상의 구절들을 연결할 수 있다. 시작을 길게 하지 말라. 단순하게 읽으라. 말씀의 능력은 간결함 속에서 더욱 심오하게 느껴진다. 만약 요구가 있다면 시편 23편을 읽을 준비를 하라. 이것은 예측 가능한 일이다.

(4) 목적 진술

왜 모였는지에 대한 간단한 진술을 하라.

예문

- "우리가 오늘 여기서 모인 목적은 하나님을 예배하고, 부활의 좋은 소식을 기뻐하며, 고(故) [○ ○ ○] 성도로 인하여 하나님께 감사드리고, 우리 자신을 하나님의 목적에 의탁하고, 그리고 '사망이나 생명이나 … 우리를 우리 주 그리스도 예수 안에 있는 하나님의 사랑에서 끊을 수 없으리라'(롬 8:38-39)라는 성경의 약속을 기억하기

---

21 다른 적당한 구절들이 본 장 후반부에 나올 수 있다. '문들과 창문들을 세우기'를 보라.

위함입니다. 기도합시다."²²

- "우리는 고 [○○○] 성도가 하늘 아버지의 집으로 가는 여행길에 함께하면서 하나님께 찬양과 감사를 드리기 위해, 부활하신 주님의 이름으로 모였습니다. 이 예배를 통해 하나님께 영광 돌릴 때 하나님의 성령이 우리와 함께하시기를 원합니다. 기도합시다."²³

(5) 기원

우리가 하나님의 임재 안에 있음을 인정하는 기도를 드리라. 그리고 하나님을 기쁘게 해드리는 예배가 드릴 수 있도록 성령의 위로와 능력을 구하라.

주의 이것은 분명히 위로를 언급하기는 하지만, 위로를 간구하는 긴 기도가 아니다. 후에 가족을 위한 기도를 하게 될 것이다. 기원의 전통적인 부분들은 부록 1에 나와 있다.

(6) 여는 찬송/노래

신앙을 노래하라.

예들

노래의 선택을 위한 제안들은 '문들과 창문들을 세우기'에 나와 있다.

주의 장례식을 여는 노래들로 너무 감상적이고 감정적인 노래들은 피하라. 강하고 믿음 중심이고 익숙한 가사를 가진 노래들을 선택하라. 장례식에서 독창으로 부르는 것도 적절하기는 하지만 독창보다는 회중이

---

22 Constance M. Cherry, 2012.
23 Ibid.

함께 여는 찬송을 부르는 것이 가장 좋다. 그 이유는 다음과 같다.

① 처음부터 예배의 연합적 속성을 세우게 된다.
② 공동체는 이 고통의 순간에 믿음의 말씀들을 노래하면서 그 안에서 큰 의미를 찾을 수 있다.
③ 독창을 선택할 경우 감수성이 극대화될 수도 있다.

(7) 고인 소개

고인의 인생을 요약한 내용을 읽으라.

주의 공식적인 사망자 약력을 참고하는 것이 적합할 수 있다. 이 일은 직무를 행하는 목회자가 읽는 것이 가장 좋다. 이것은 찬미사가 아니다 (아래를 보라). 이것은 개인적 기억이나 즐거운 이야기들을 나누는 시간이 아니다. 이 시간은 다수히 고인의 삶과 봉사와 관련된 사실에 대한 객관적인 진술의 시간이다. 어느 정도는 형식적인 분위기를 유지하라.

(8) 찬미사(선택 사항)

만약 중요하다고 생각되면, 미리 지정한 사람들이 사랑했던 고인에 대한 기억과 생각들을 나누어도 좋다.

주의 말하는 사람들에게 시간 제한을 알려서 짧은 시간 동안 진행하도록 하라. (당신이 바라는 것보다 더 짧은 시간을 화자들에게 준다. 화자들이 이야기할 때는 짧아지기 보다는 시간이 길어지는 것이 일반적이라는 것을 염두하라.) 말하는 사람들은 말할 것을 반드시 미리 준비해야 한다. 말하는 사람들에게 미리 적어서 오도록 요청하라. 말할 사람들의 숫자를 제한하라.

'오픈 마이크'(open microphone)를 허용하지 말라. 오픈 마이크에는 매우 많은 잠재적 문제들이 있다. 왜냐하면 이 마이크로 무엇을 말할 때 이를 통제할 수 있는 방법이 없기 때문이다. 나는, 깨어진 신뢰 같은 부적절한 말들이나 너무 많은 시간 동안 말하는 것 등의 문제들을 보아왔다. 더욱이, 감정적인 폭발이 일어나면 전혀 통제 불가능해질 수도 있다. 모든 것이 공적으로 개방되어서는 안 된다. 기억하라. 예배의 초점은 하나님께 있다.

2) 말씀

(1) 성경의 교훈
설교를 위하여 마련한 주요 본문(들)을 읽으라.

(2) 이해를 위한 기도
듣는 이들이 설교를 잘 이해할 수 있도록 성령의 도움을 요청한다.
주의 이해를 위한 기도의 전통적인 부분들은 부록 1에 나와 있다.

(3) 설교
짧게 설교한다.
주의 장례식 설교는 교회에서 선포되는 일반적인 설교보다 더 짧아야 한다. 장례식의 속성상, 10-12분 정도면 충분하다. 다른 좋은 설교들처럼, 장례식 설교도 말씀 본문에 토대를 두어야 하고, 애도자들에게 영감을 줄 수 있는 성경적 해석을 제공해야 한다. 설교는 고인의 인생에 대한 것이 아니라 본문의 진실에 대한 것이다. 동시에 고인에 대한 직접적인 언급이 있도록 주의하고, 당신의 설교와/또는 본문 말씀의 핵심과 고인의 삶을 연결시키도록 한다.

3) 말씀에의 응답(우리는 하나님의 목적에 우리 자신을 의탁한다)

(1) 도고 기도

고인의 인생과 증인 됨과 사역들로 인해 하나님께 감사하고, 애도자들을 위해서 기도하고, 다른 사람들과 세계를 위한 도고(intercession) 기도가 포함된 목회적 기도를 드리라. 애도자들을 위하여 위로를 구하라. 앞으로 올 날들에 평화가 임하기를 기도하라. 오늘날 애도하는 모든 사람들을 위하여 기도하라.

주의 슬픔이 가득한 시간에 중언부언하지 않도록 이 기도를 미리 준비하는 것이 최선이다. 또한 기도 가운데 잠깐의 침묵을 가진 후, 도고 기도로 이동하는 것이 적절하다. 나중에 하관식을 마무리할 때는 주님의 기도로 기도할 것을 추천한다. 그러나 그 부분에서 주님의 기도를 하지 않게 된다면 도고 기도를 마무리할 때 여기에서 주님의 기도를 하는 것도 훌륭한 생각이다.

(2) 응답 중심의 또 다른 예배 행동들

(설교 후에 행해지면 적절하다)

설교 뒤에 이어지는 예배 행동(들)은 말씀을 들은 결과로 사람들이 어떻게 서로를 사랑하고 하나님을 섬길 수 있는지 숙고해 볼 수 있는 적절한 기회를 제공한다. 그것은 인생에서 하나님의 목적을 이루기 위해 자신들을 다시 의탁할 수 있는 멋진 기회이다.

예들

- 사도신경을 암송한다(죽음을 직면했을 때 가장 좋은 연합 행동이다).
- 권고의 말씀을 준다(그리스도인으로서 성숙하고 인정받는 사람이 예수 그리스도에게 영광을 돌리는 삶을 살도록 격려하는 권고의 말씀을 미리 계획하고 준비하여 회중에게 전달한다. 성경의 권고 말씀의 예는 로마서 8:11-17이다.)
- 성찬식을 거행한다(위의 '성찬식을 포함할 것인가 안 할 것인가?'를 보라).
- 적당한 독창을 듣는다.
- 적당한 성경 구절을 읽는다.

주의 예배에서 이 부분이 중요하긴 하지만 지나치게 강조하지는 말라. 응답을 위해서 오직 한두 가지의 예배 행위만을 선택하라(도고 기도 외에). 잘 선택된 간결한 예배 행위는 예배의 마무리를 위해 알맞다. 만약 독창이나 성경 읽기를 하게 된다면, 강력하고 목적이 있는 본문을 선택하려고 노력하라. 약하고 감상적인 본문이나 분위기는 피하라.

4) 파송

(1) 마치는 찬송/노래

부활, 희망, 그리고 그리스도에게로의 헌신 등의 찬양을 하라.

예들

노래를 선택하기 위한 제안들은 '문들과 창문들을 세우기'에 나와 있다.
주의 고양시키는 내용과 음조의 찬양 또는 노래를 골라라. 고상하고 믿음으로 가득한 내용을 선택하라.

(2) 마치는 기도

다음과 같은 내용의 짧은 기도로 마무리를 하라.

① 예배 가운데 임하신 하나님의 신적인 도움을 감사하라.
② 묘지(또는 다른 매장터)로 가는 길에도 계속 함께 해 주시기를 요청하라.

주의 하관식을 위해서 축도를 남겨 두라. 이렇게 하는 것이 예배자들로 하여금 장례식과 하관식을 하나의 연장되고 통일된 예배로서 여기게 할 것이다. 만약 하관식이 이어지지 않는다면, 마치는 기도를 축도로 대치하라. 축도의 전통적인 부분들은 부록 1에 나와 있다.

6. 최종적인 안식의 장소로 이동

장례식의 마무리로 가장 일반적인 것은 묘지로 이동하는 것이다.[24] 겨울 날씨인 곳은 너무 추워서 묘지를 파는 것이 어렵기 때문에 같은 날 매장을 하는 것이 불가능할 수도 있다. 만약 그렇다면, 장례식에 이어 곧바로 하관식(the committal)을 하라. 시신은 다른 날 매장하게 될 것이다. 이 때의 예배는 작은 규모의 친밀한 사람들만 모인 묘지에서의 드려지는 것이 바람직하다.

장례식이 끝나면 참석자들은 매장 또는 안식의 장소로 이동할 것을

---

24 때로 지하 납골당에서의 예배가 추도식 뒤에 온다. 특히 지하 납골당이 예배 장소이거나 예배 장소에서 가까운 경우에 그렇다. 말씀 선포를 약간 수정하고, '몸' 대신에 '재'를 의탁하는 것과 같은 동일한 기본 예배 형식을 따른다. 예배 전에 어떻게 순서를 적용할 것인지에 대해서 반드시 심사숙고하라.

당연하게 여기면서, 장례식과 하관식을 두 부분으로 나누어진 하나의 행사로 보는 것이 중요하다. 마지막 안식의 장소로 이동하는 것도 역시 예배의 한 부분인 것이다. 장례식과 하관식 사이의 행사는 지역 관습과 특정 장례 지도사의 실천에 따라 약간씩 다를 것이다. 그러나 아래의 순서가 상당히 보편적이다.

- 장례 지도사는 고인의 직계 가족이 의자에 앉아 있는 동안 다른 참석자들을 해산시킨다. 이때 관이 열려있다면 마지막 인사를 하며 관을 지나가기도 한다.
- 마지막으로 가족들은 해산한다. 가족들은 떠나거나(관이 닫혀있을 때) 떠나기 전에 관을 지나면서 마지막 작별 인사를 한다(관이 열려있을 때).
- 예식을 주재하는 목회자는 장례 지도사가 관을 지키면서 영구차에 실을 준비를 하는 동안 방에 남는다.
- 직무를 행하는 목회자는 관의 머리 부분으로 가서 장례식장으로부터 영구차로 관을 이동시키는 과정을 이끈다. 그리고 관이 영구차에 실리고 문이 닫힐 때까지 영구차의 열려있는 뒤쪽 문에 서 있는다.
- 묘지에 도착하면, 목회자는 영구차 문에 다시 서서 무덤의 입구까지 가는 과정을 이끈다. 그리고 하관식을 위해 그곳에 남는다.
- 장례 지도사는 언제 하관식을 드릴 것인지를 알려준다.

1) 하관식

하관식은 장례식의 연장이다. 여기에는 세 가지의 기본적인 특징이 있다.

① 시신을 의탁함(committal, 육체적인 요소들의 처리)
② 고인을 하나님께 의탁함('위임'[commendation]이라고 언급된다)
③ 하나님의 목적을 위해 산 자들을 재의탁(때로 '봉헌'[offering]이라고 언급된다).[25]

하관식 안에 이 아름다운 흐름이 있다는 것을 주목하라. 예배자들은 유해를 의탁하는 말씀을 통해서 죽음의 궁극성을 대면하게 된다(의탁). 또한 사랑하는 사람을 하나님과 그분의 자비하신 손에 의탁한다(위임). 그리고 남아 있는 자들은 자신들을 향한 세례의 약속을 기억하면서, 하나님 앞에 다시 모일 때까지 신실하게 살도록 도전받는다(봉헌). 하관식의 운율은 창조 안에 내재된 그리고 예수 자신의 인생 여정에서 볼 수 있는 생명, 죽음 그리고 영원한 생명으로 이어지는 운율이다.

2) 묘지 옆에서의 예배

'묘지 옆에서의 예배'(graveside service)란 말 그대로 묘지에서 드리는 예배이다. 장례식이 매장 바로 직전에 행해지지 않는다는 점에서, 묘지 옆에서의 예배는 하관식과 다르다. 이것은 본질적으로 장례식과 하관식이 하나의 매우 짧은 예배로 축소된 것이다.

묘지 옆에서의 예배는 종종 사산이나 가난한 사람의 죽음같이 특별한 상황의 죽음과 관련 있다. 또는 매장지에서 멀리 떨어진 곳에서 장례식/추도식이 미리 거행된 경우이다. 때때로 순전히 효율성이나 가격 때문에

---

25 *Service of Death and Resurrection*, 27.

또는 가족들이 공적인 장례식을 원하지 않기 때문에 묘지 옆에서의 예배를 요청하기도 한다. 대부분의 묘지에서의 예배는 공식적인 참석자 없이 사적으로 치르는 경향이 있다.

묘지 옆에서의 예배를 계획할 때는 짧은 예배가 되도록 하라.

이에 대한 실제적인 이유들이 많이 있다.

첫째, 묘지 옆에서의 예배는 완전한 격식을 갖춘 장례식이나 추도식을 피하기 위하여 선택하는 예배라는 것이다. 만약 그렇다면, 묘지에서 긴 예배를 드린다는 것은 가족들의 바람에 역행하는 것이다.

둘째, 이 예배는 밖에서 드리는 예배(지하 납골당에서 드리는 예배를 제외하고는)이기 때문에 사람들이 서 있게 된다.

묘지 옆에서의 예배는 윤색된 하관식이라고 생각하라. 최소한 당신은 성경으로부터 여는 말씀, 목적의 진술, 기도, 그리고 고인을 기리는 짧은 말들 같이 하관식에 있는 내용들을 포함하고 싶을 것이다. 묘지에서의 예배에서는 설교를 하지 않는다.

7. 기독교 하관식의 순서

기본적인 윤곽만 간추린 것은 부록 2에 있다.

1) 성경 말씀

짧은 성경 구절을 읽으라.[26]

---

[26] 하관식에서의 성경 구절들은 장례식의 그것과는 완전히 다르지 않고, 약간만 다르다는

성경 구절의 예

- 욥기 19:25-27
- 시편 16:9, 11
- 요한복음 11:25
- 요한복음 12:23-26
- 고린도전서 15:39-44, 50-58
- 베드로전서 1:3-9

주의 특히 부활의 소망에 대한 성경 구절들을 선택하라.

2) 하관

시신을 땅(또는 마지막 안식의 장소)에 하관한다.

하관을 위한 말씀들 예문[27]

- "자비로우신 하나님!
  우리는 고 [○○○] 성도의 몸을 땅에 맡기는 것과 같이 당신의 손에 [○○○] 성도의 영혼을 맡깁니다.
  내세의 생명에 대한 확실한 소망 가운데 흙은 흙으로, 재는 재로, 먼지는 먼지로 갑니다.
  모든 것을 자신의 발 아래로 굴복시키시는 우리 주 예수 그리스도로 말미암아 우리 땅의 몸은 그리스도의 영광의 몸과 같이 새로워질 것

것을 주목하라. 다른 차이점들 중에서도 하관식의 성경 구절들은 몸의 부활을 직접적으로 언급하는 경향이 있다.

27 당신은 대부분의 '시신의 하관'(committal of remians)과 관련된 언급들 속에 '의탁하다'(commend)의 말이 포함됨을 알게 될 것이다. 실제로 이어지는 기도에서도 그렇다. '의탁하다'의 말을 사용하지만, 하관식에서의 강조점은 물질들(elements)에 있다 (흙은 흙으로 등).

입니다."[28]

- "전능하신 하나님!
  우리는 고 [○○○] 성도가 땅의 형상으로 태어났던 것처럼, 지금은 하늘의 형상을 가지고 있음을 확고하게 믿으며, [○○○] 성도의 영혼을 당신께 맡기고, [○○○] 성도의 육체는 땅에 맡깁니다."[29]

- "오 하나님 아버지!
  이제, 우리는 이 육신을 안식의 장소에 맡깁니다. 그리고 우리는 온 마음을 다해, 이 영혼을 하나님 아버지의 보호하심에 맡깁니다. 그리고 우리 주 예수 안에서 은혜의 풍성함으로 말미암아 우리도 주님 앞에 영광 가운데 서게 될 그때까지, 우리 모두에게 은혜와 자비를 베푸시기를 기도드립니다."[30]

주의 여기에서 특정한 행위들이 도움이 된다. 당신이 하관의 말씀들을 읽거나 말할 때, 당신의 손을 관 위에 놓을 수 있다. 또는 관 위에 약간의 흙을 부드럽게 뿌릴 수도 있다.

3) 고인의 영혼을 하나님께 의탁

고인을 하나님의 손에 의탁하라.

---

28 Joseph Buchanan Bernardin, *Burial Services* (New York: Morehouse Gorham, 1941), 25-26, *Service of Death and Resurrection*, 89에서 재인용함.
29 Ibid.
30 *The Discipline of the Wesleyan Church*(Indianapolis: Wesleyan Publishing House, 2004), 384.

의탁의 말씀들 예문

- "이 세상을 떠난 그리스도인의 영혼이여,
 당신을 창조하신, 전능하신 아버지의 이름으로
 당신을 구원하신 예수 그리스도의 이름으로
 당신을 거룩하게 하신 성령의 이름으로
 오늘 평화 가운데 쉬기를
 그리고 하나님의 천국에서 거하기를."[31]
- "자비로운 구원자이신 주님의 손에 주님의 종 [○ ○ ○] 성도를 의탁합니다.
 우리는 겸손히 주님께 간구합니다.
 주님의 이 양을, 주님이 구원하신 이 죄인을 받아주소서.
 [○ ○ ○] 성도를 주님의 자비로운 팔로 받아주소서.
 영원한 평화의 복된 안식으로 인도하소서.
 밝은 빛 가운데 성도들의 영광스러운 모임으로 인도하소서. 아멘."[32]

4) 봉헌의 기도(마무리 기도)

하나님의 천국으로 고인을 인도하신 것에 대한 감사 기도를 드린다. 그리고 사랑하는 이와 헤어진 남아있는 이들의 평화와 우리도 우리의 창조자를 만나게 될 그때까지 순수하고 목적이 있는 삶을 살 수 있는 힘을 위해 **짧은** 기도를 드린다.

---

31 *The Book of Common Prayer* (New York:Oxford University Press,2007),464.
32 Ibid., 465.

예문

- "영원한 왕이신 하나님!
  당신의 빛이 밤과 낮을 나누었고 죽음의 그림자를 아침으로 바꾸셨습니다.
  모든 잘못된 욕망으로부터 우리를 구하시고, 우리의 마음이 당신의 법을 지키게 하시며, 우리의 발을 평화의 길로 인도하소서.
  낮에는 당신의 뜻을 기쁨으로 순종하게 하시고, 밤이 왔을 때는 당신에게 기쁨으로 감사하게 하소서.
  우리 주 예수 그리스도의 이름으로 기도드립니다. 아멘."[33]

- "오 주여!
  이 곤고한 인생의 모든 날들에서, 어둠이 길어지고 저녁이 찾아오며 바쁜 세상이 고요해질 때까지, 인생의 흥분이 끝나고 우리의 일을 멈출 때까지 우리를 지켜주소서.
  그때 당신의 자비로써 마지막에 안전한 곳, 거룩한 안식, 그리고 평화를 허락하소서.
  우리 주 예수 그리스도의 이름으로 기도드립니다. 아멘."[34] (특히 연로한 어른들에게 적절한 기도)

5) 주님의 기도

주님의 기도를 외우는 것은 하관식에서 강력한 마무리가 될 수 있다.

주의 오늘날 세속 사회에서도 많은 사람들이 인쇄된 종이가 없어도

---

[33] Ibid., 99.
[34] *Evangelical Lutheran Worship* (Minneapolis:Augsburg Fortress,2006),284.

주님의 기도를 외울 수 있다.

6) 찬송/노래(선택 사항)

묘지에서 잘 선택된 회중의 노래를 무반주로 부르는 것만큼 순조롭게 순서를 이동하는 방법도 없다. 만약 음의 높이를 잘 조절할 수 있는 훌륭한 찬양 인도자가 있다면, 사랑하는 이를 안식의 자리에 눕힐 때 함께 노래 부르는 것을 고려하라.

예들

노래 선택을 위한 제안들은 '문들과 창문들을 세우기'를 보라.

7) 축도

모인 사람들을 바라보면서 축복의 손을 올리고 진실하게 축도하라.

하관식을 위한 축도들 예
- 민수기 6:24-26
- 고린도후서 4:6
- 빌립보서 4:7 또는 4:6-7
- 데살로니가후서 2:16
- 히브리서 13:20-21
- "전능하신 성부 하나님과 성자 하나님과 성령 하나님이 지금부터 영원까지 너희에게 복 주시기를 원하노라. 아멘."

주의 축도의 전통적인 부분들은 부록 1에 나와 있다. 축도에 대한 적절한 마무리는 누가복음 2:29-32에서도 발견할 수 있다(적절하게 적용하라).

8) 권면

회중의 얼굴들을 똑바로 바라보면서 간단한 권면의 말을 전하라.

해산 예문

- "믿음의 선한 싸움을 싸우라 영생을 취하라 이를 위하여 네가 부르심을 받았[느니라] … 내가 너를 명하노니 우리 주 예수 그리스도께서 나타나실 때까지 흠도 없고 책망 받을 것도 없이 이 명령을 지키라. 기약이 이르면 하나님이 그의 나타나심을 보이시리니 하나님은 복되시고 유일하신 주권자이시며 만왕의 왕이시며 만주의 주시오 오직 그에게만 죽지 아니함이 있고 가까이 가지 못할 빛에 거하시고 어떤 사람도 보지 못하였고 또 볼 수 없는 이시니 그에게 존귀와 영원한 권능을 돌릴지어다 아멘"(딤전 6:12a, 13b-16).

목회자나 장례 지도사는 예배가 끝났음을 알리게 된다. 가끔은 교회에서의 친교 식사 초대 등의 안내의 말을 하기도 한다.

9) 가족에게 인사

회중들이 흩어질 때, 직무를 행하는 목회자는 관 옆에 앉아있는 직계

가족에게 곧장 가서 마지막으로 위로와 희망의 말들을 전한다.[35]

전체의 하관식은 대략 5분에서 10분 사이로 매우 짧다. 이전에 이루어진 예배의 결론을 형성하는 예배이기 때문에 더 길어질 이유가 없다. 하관식이 짧은 경향이 있긴 하지만 그럼에도 불구하고 이 예배는 매우 중요하다. 서두르는 모습을 보여서는 안 된다. 동시에 너무 짧게 보일 것에 대한 두려움으로 길게 늘어져도 안 된다.

우리는 고인의 마지막 시간들에 대한 영적이고 예전적 차원들과 기념과 매장에 있어서의 교회의 역할에 초점을 맞추어 왔다. 그러나 장례식과 하관식을 시행하는 것의 몇 가지 중요한 사회학적이고 심리적인 유익들을 언급하는 것도 중요하다. 사회학적으로 말해서, 이 예배는 공동체 전체가 공동체 안에서 살아온 소중한 한 지체의 마지막 길에 존경스럽고 존엄한 결말을 제공하는 책임을 다하는 것이다. 더욱이, 장례식과 하관식에 참여함으로써 얻는 심리적인 유익은 매우 크다. 이 예배는 종말과 궁극성에 대한 감각을 제공해 주어 애도의 과정을 크게 촉진시켜준다.

8. 문들과 창문들을 세우기

예식 건축가가 장례식과 하관식의 순서를 제공한 후에는, 적절한 상징들과 교회력을 염두에 두면서, 노래들, 기도, 성경 구절 그리고 공동

---

[35] 예전에 필자는 처음 인도했던 장례식/하관식의 마무리 시간에, 장례 지도사가 필자에게 조언하기를, 가족들에게 "하나님/그리스도의 평화가 당신들과 함께하시기를"이라고 말하며 평화를 전하라고 했다. 필자는 그의 의견에 따랐다. 결국 행사의 마지막 말로서 그 말을 듣는 것은 그 가족에게 가장 도움이 되는 일이었다. 그 이후 필자는 계속 예배의 마지막에 유족에게 평화를 전하는 말을 한다.

체가 예배에서 행할 다른 예배 행위들에 대한 것들을 선택하기 시작해야 한다. 이런 예배 행위들은 문과 창문들처럼 '빛을 들어오게'하고, 하나님(수직적)과 다른 사람들(수평적)과의 관계성 모두를 맺게 해 주고, 또한 예배자들이 그 예식을 **경험**하도록 돕는다.

1) 제안하는 노래들

노래의 선택은 자연스럽게 고인이 속했던 공동체에서 일반적이고 익숙한 것들을 선택하게 될 것이다. 죽음과 부활에 적절한 내용을 가진 노래들 몇 가지와/또는 하관식과 관련된 몇 가지의 형태(고전적인 찬송가, 복음 성가, 현대 예배 음악, 그리고 흑인 영가)를 아래에 제안했다.[36] 그러나 기독교 장례식을 위한 노래들은 다른 유형의 회중 노래들보다 훨씬 많기 때문에 아래 제안하는 찬송들보다 훨씬 많은 노래들이 있다. 이 노래들은 단지 제안일 뿐이다. 시간을 두고 당신의 상황에 알맞은 포괄적인 목록을 만들도록 하라.

- 때 저물어서 날이 어두니(Abide with Me, 헨리 라이트[Henry F. Lyte], 새찬송가 481장)
- '나 같은 죄인 살리신(Amazing Grace, 존 뉴턴[John Newton], 새찬송가 305장)
- 내 영혼아 잠잠하라(Be Still, My Soul, 카타리나 폰 슈레겔[Katherina von Schlegel])

---

36 새찬송가에 수록된 곡은 새찬송가의 곡명과 장수를 기재했다-역주.

- 수정 바다 곁에서(By the Sea of Crystal, 윌리엄 카이퍼스[William, Kuipers])
- 하늘 아버지의 자녀들(Children of the Heavenly Father, 캐롤라이나 샌델 버그[Carolina Sandell Berg])
- 깊은 강(Deep River, 전통 영가[traditional spiritual])
- 구원 받은 천국의 성도들(For All the Saints, 윌리엄 하우[William W. How])
- 예수님을 내게 주소서(Give Me Jesus, 전통 영가)
- 예수가 거느리시니(He Leadeth Me, 조셉 길모어[Joseph H. Gilmore], 새찬송가 390장)
- 주 하나님 지으신 모든 세계(How Great Thou Art, 스튜어트 하인[Stuart K. Hine], 새찬송가 79장)
- 나는 부활하리라(I Will Rise, 크리스 톰린[Chris Tomlin])
- 나는 하늘로 날아 오르리(I'll Fly Away, 알버트 브럼리[Albert E. Brumley])
- 내가 사는 날 동안 나의 창조주를 찬양하리라(I'll Praise My Maker While I've Breath, 아이작 왓츠[Issac Watts])
- 오직 그리스도 안에서(In Christ Alone, 케이스 게티 · 스튜어트 타운엔드[Keith Getty and Stuart Townend])
- 알뿌리 속엔 꽃이 있다(In the Bulb There Is a Flower, 나탈리 슬리스[Natalie Sleeth])
- 십자가를 높이 들라(Lift High the Cross, 조지 키친[George W. Kitchin])
- 못 박혀 죽으신(My Faith Looks Up to Thee, 레이 파머[Ray Palmer], 새찬송가 385장)
- 내 주 되신 주를 참 사랑하고(My Jesus, I Love Thee, 윌리엄 페더스톤[William R. Featherstone], 새찬송가 315장)
- 내 주를 가까이 하게 함은(Nearer My God to Thee, 사라 아담스[Sarah F.

Adams], 새찬송가 338장)
- 예부터 도움 되시고(O God, Our Help in Ages Past, 아이작 왓츠[Issac Watts], 새찬송가 71장)
- 나의 기쁨 나의 소망되시며(O Thou in Whose Presence, 조셉 스웨인[Joseph Swain], 새찬송가 95장)
- 독수리 날개 위에(On Eagle's Wings, 마이클 존카스[Michael Joncas])
- 요단 강의 폭풍우 속에 나는 서리라(On Jordan's Stormy Banks I Stand, 사무엘 스테넷[Samuel Stennett])
- 주님여 이 손을 꼭 잡고 가소서(Precious Lord, Take My Hand, 토마스 도시[Thomas A. Dorsey])
- 강가로 모일까요(Shall We Gather at the River, 로버트 라우리[Robert Lowry])
- 오 하나님, 나를 돌봐 주소서(Shepherd Me, O God, 메리 홀젠[Marry Haugen])
- 얼마 후면(Soon and Very Soon, 안드레 크라우치[Andre Crouch])
- 제 곁에 있어 주세요(Stand by Me, 찰스 틴들리[Charles A. Tindley])
- 예수께로 피하세요(Steal Away to Jesus, 전통 영가)
- 낮게 흔들리는 나의 마차여(Swing Low, Sweet Chariot, 전통 영가)
- 주 나의 목자 되시니(The Lord's My Shepherd, 작사미상, 스코틀랜드 찬송시)
- 아침에 기쁨이 오리라(There'll Be Joy in the Morning, 나탈리 슬리스[Natalie Sleeth])
- 해보다 더 밝은 저 천국(There's a Land That Is fairer than day, 샌퍼드 필모어 베넷[Sanford Fillmore Bennett], 새찬송가 606장)
- 평화의 계곡을 걸으리(We Shall Walk through the Valley in Peace, A. L. 해터[A. L. Hatter])

- 주 사랑하는 자 다 찬송할 때에(We're Marching to Zion, 아이작 왓츠[Isaac Watts], 새찬송가 249장)
- 내 평생에 가는 길(When Peace Like a River, 호레이쇼 스패포드[Horatio G. Spafford], 새찬송가 413장)
- 성도들이 행진할 때(When the Saints Go Marching In, 전통 영가)
- 우리 모두 천국에 모일 때(When We All Get to Heaven, 엘리자 휴잇[Eliza E. Hewitt])

2) 성경 구절

기독교 장례식에 적절한 성경 구절은 풍성하다. 여기에 당신 자신의 목록을 시작하는 것을 도와줄 수 있는 몇 가지가 있다.

- 욥기 19:25-27a
- 시편 39:4-7
- 시편 46편(절을 선택하라)
- 시편 90편(절을 선택하라)
- 시편 118편(절을 선택하라)
- 시편 121편
- 이사야 35:6-9
- 전도서 3:22-26, 31-33
- 요한복음 5:24-27
- 요한복음 6:37-40
- 요한복음 14:1-6
- 요한복음 11:21-27
- 고린도전서 15:20-26, 51-52, 54-58
- 고린도후서 5:1-10
- 빌립보서 3:7-21
- 데살로니가전서 4:13-5:11
- 디모데후서 4:6-8
- 요한계시록 7:9-17
- 요한계시록 21:1-7
- 요한계시록 22:1-5

3) 기도

장례식과 하관식에 적절한 다양한 유형의 기도들은 다른 곳에서 설명했다(위의 '구조 세우기'와 부록 2를 보라). 그런 것들에 더해서, 특히 장례 예배를 위해 유용한 고백의 기도를 고려하라. 고백의 기도는 회중들로 하여금 죽음의 때에 때때로 표면으로 떠오르는 후회감, 태만의 죄 또는 악감정들을 고백할 수 있는 기회를 준다. 고백의 기도와 용서의 확신은 애도하는 사람들을 해방시켜주는 역할을 할 수 있다. 만약 이 고백의 기도를 사용한다면 예배의 순서 중에 '여는 찬송' 후 그리고 '고인의 소개' 전이 좋다.

4) 상징들

장례식에서 사람들이 하나님과 만나고 또 우리 운명의 위대한 신비와 만날 수 있도록 돕는 적절한 상징들이 있다. 이 상징들은 당신의 예전적 전통에 따라서 어느 정도 중요도가 다를 것이다. 그러나 다음 상징들을 사용하는 것을 추천한다.

- 관을 덮는 천(흰색)
- 세례반(盤)
- 십자가
- 왕관
- 밀의 낟알/줄기

5) 교회력

모든 성도들의 날(All Saints' Day, 11월 1일)은 자신들의 상(reward)을 위

해 살다 간 승리한 성도들을 기억하기 위해 교회력에 고안된 날이다. (모든 성자들의 날을 11월 1일 이후의 주일 예배에서 축하하는 것이 좋다.) 이 때는 그 해에 공동체 안에서 죽은 모든 이들을 기억하고 우리를 둘러싼 허다한 증인의 무리(히 12:1)로 인하여 하나님께 감사드릴 수 있는 아주 좋은 시간이다. 이 예배는 우울한 음조로 진행되지 않는다.

실제로, 부활에 초점을 맞춘 축제가 될 수 있다!

특히 이 날 성찬식을 거행함으로써 성도의 교통을 의미하는 성경 말씀들과 상징들을 풍성하게 제공할 수 있다.

9. 환대하는 주인으로서 섬기기

죽음의 때에 목회자의 역할은 고인의 사랑하는 사람들과 동행을 하는, 환대하는 주인 역할이다. 목회자는 이들이 환영받는다고 느끼도록 하고 그들의 필요들을 채워주면서 일련의 행사들 가운데 함께한다. 목회자는 장례식 준비에서부터 하관식에 이르기까지 고인의 몸을 돌보고, 이 여정에 유족들과 동행한다. 환대하는 주인의 역할은 영적인 돌봄, 지도, 그리고 지지로 확장한다.

특별히 고인의 자녀들을 목회적으로 돌보는 것이 중요하다. 어린 자녀들과 청소년은 누군가 가까운 사람이 죽게 될 때 많은 혼란과 슬픔을 겪게 된다. 죽음과 죽음 이후에 대한 그들의 신학은 아직 정립되지 않았다. 그들을 예식에 참여시키고, 그들에게 이야기하고, 그들을 안아주라. 그들이 자신들의 느낌이 중요하다는 것을 알게 하라. 그들의 신체 언어에 주의를 기울이라. 가능하다면 그들이 고인을 볼 수 있게 하고 장례식에 참여하도록 초대하라.

그들이 질문할 때, 그들의 나이를 고려하여 정직하게 그리고 직접적으로 대답하라. "죽었다"(died) 또는 "죽은"(dead) 같은 말들을 사용하는 데 주저하지 말라. 만약 우리가 "가 버렸다"(passed on)나 "우리의 사랑하는 이를 잃다" 같은 애매한 용어들이 좀 더 부드럽다는 이유로 사용하면, 혼란에 빠질 것이다. 죽음의 상황은 어린 자녀들에게 죽음에 대한 기독교적 관점을 가르칠 수 있는 귀중한 기회이다. 그 기회를 놓치지 말라.

이제까지 우리 논의의 대부분은 그리스도인을 위한 장례식을 **창조**하는 것에 있었다. 그러나 장례식은 종이 위에 잘 쓰려고 의도된 것이 아니라 실제로 경험하기 위해서 의도된 것이다. 장례식을 **인도**하는 것은 성공적인 장례식의 가장 중요한 부분이다.

직무를 행하는 목회자는 반드시,

① 죽음으로 말미암은 전체 여정(죽음을 알리는 것에서부터 장례식 이후의 돌봄까지) 목회적으로 접근해야 한다.
② 장례식과 하관식 동안 확신과 능숙함으로 주재해야 한다.

장례식에서 환대하는 주인으로서 봉사하기 위해 필요한 어떤 임무들과 책임들이 있다. 당신이 유족들에게 목회적 돌봄을 제공할 때는 당신 자신만 보여주는 것이 아니라 당신 교회의 회중들을 대표하고 있으며, 어느 정도는 우주적 교회를 대표하고 있음을 기억하라. 특히 교회를 잘 모르는 사람들은 당신의 지도력을 보고 하나님과 교회에 대한 관점과 인상을 형성하게 될 것이다.

1) 의무들

특정한 의무들에 대한 논리적 순서가 자연스럽게 생기게 될 것이다. 시간표의 예시가 아래 제시되어 있다. 목회자는 사람들이 언제 자신을 필요로 하고 언제 그렇지 않은지에 대해서 신중하게 균형을 잡아야 한다. 사람들은 당신의 관심도 필요하지만 그들만의 공간도 필요하다. 경험이 쌓일수록 균형을 잘 잡아갈 수 있을 것이다. 유족들은 자신들의 필요에 대해 당신에게 직접적으로 말하기 어려울 것이다. 솔직히 말하면, 그들은 당신이 무엇을 해야 하는지 또 언제 그것을 해야 하는지 이미 알고 있기를 기대한다.

어떤 순간에는 함께 있고 다른 때에는 어떻게 할지 판단하는 것이 필요하다. 예를 들어, 때로 가족은 장례 지도사(들)과 장례 절차를 정할 때 목회자가 함께 해 주기를 원할 것이다. 그들은 관을 선택하는 문제나, 다양한 목록들에 얼마나 돈이 드는지 등의 문제에서 숙련된 지도를 원할 것이다. 그러나 이런 초대는 가족으로부터 와야 한다. 목회자가 요청도 없이 그 의논의 과정에 먼저 끼어 들어서는 안 된다.

최근 나는 한 목회자가 고인의 가족들의 요청도 없이 먼저 장례식장에서 그들과 함께 절차를 조정하겠다고 알렸다는 것을 알게 되었다. 가족이 그 목회자를 많이 사랑했기 때문에 그들은 거절하지 않았다. 그러나 그들은 목회자가 그들 가족의 내밀한 경제 사정을 알게 되고, 그들의 민감한 대화를 듣고, 목회자에게 보수를 얼마나 할 것인가에 대한 논의에 함께하는 것이 매우 불편했다. 어떤 행사에 참여할 것인가 하는 것에 확신이 없을 때 가장 좋은 원칙은 언제든 참여할 의사가 있음을 밝히고, 당신의 참여를 필요로 하는지 어떤지 가족들이 결정하도록 하는 것이다.

일반적인 시간표

- 목회자가 죽음에 대해 고지를 받는다(또는 임박한 죽음의 고지를 받는다).
- 가능하면 신속히 직계 유족과 함께할 계획을 세우라. 위로를 전하고 기도해 주라.
- 이 초기 만남에서, 목회적으로 돌보고자 하는 단 하나의 목적을 가지고 가족과 전적으로 함께하라. 무슨 말을 할까 걱정하지 말라. 당신의 현존과 짧은 기도로 교통하는 것이 최선이다. 당신에게 장례식의 직무를 행하도록 부탁할 것이라고 가정하지 말라. 그러므로 이런 때는 아직 장례식 계획을 짜서는 안 된다. 만약 그들이 당신에게 장례식의 직무를 행해달라고 요청한다면, 당신의 의향과 관심에 대해서 응답하라. 그러나 예배를 계획하는 목적을 위해서 이후에 약속을 잡을 것임을 가족들에게 알려라.
- 예배와 관련하여 조언을 얻기 위한 특별 모임 시간을 마련하라.
- 예배를 위한 조언을 얻기 위해 가족들을 만나라. 그들의 이야기를 청하여 들어라. 듣는 데 시간을 할애하라. 기록하라. 가장 좋아하는 노래, 성경 구절들, 시, 소중한 품목들, 기억들, 취미 등을 물어라. 정보와 제안들을 환영하라. 그러나 최선의 예배와 장례적 실천들을 위한다는 전제 아래서 이 모든 것을 고려하라. **목회자는 예배의 순전성을 위한 궁극적인 책임이 있는 사람**이라는 것을 기억하라.
- 예배를 계획하고 설교를 준비하라.
- 고인을 처음 보기 전에 우선 가족들과 함께 모여 기도하는 시간을 가져라. 그 다음 그들을 따라 방으로 들어가라. 이때는 그들이 자신들의 사랑하는 사람이 관속에 누어있는 모습을 처음으로 보는 감정

적인 순간이다. 가족들이 먼저 관을 향해 움직여 가게 하라. 뒤에서 대기하고 있으라.
- 공적으로 고인을 보기 시작하는 순서가 뒤따르는데 이때 가족들과 함께한다. 당신은 모든 시간 남아 있을 필요는 없지만 공적으로 고인을 보이는 순서가 순조롭게 시작되는 것은 보아야 한다.
- 장례식 전에 장례식장에 도착하라. 시간에 촉박하게 도착하여서 장례 지도사나 가족들을 초조하게 만들지 말라. 장례 지도사에게 최종 점검을 위해 장치나 음향 시설 등에 대해 질문하라.
- 장례식과 하관식에서 직무를 행하라.
- 만약 초대를 받는다면, 하관식 이후에 식사나 모임에 참여하라. 이 시간을 고인의 확대 가족들과의 관계성을 구축하기 위해 사용하라.
- 가족 구성원들을 확인하기 위한 후속 조치의 전화를 하라. 전화는 장례식을 마치고 하루나 이틀 내에 하는 것이 좋다. 가정 방문은 장례식을 마치고 한두 주 후에 하기를 추천한다.
- 처음 6개월은 정기적인 전화 방문을 하라.[37]
- 고인의 1주기가 되면 편지를 보내라. 가족들이 당신이 그들을 생각하고 있고 기도하고 있음을 알게 하라.

2) 주재하기의 특성들

장례식을 주재할 때는 적절한 태도가 필요하다. 당신의 유효성은 예배의 내용만큼이나 당신의 인도하는 방식에서도 온다. 여기에 장례식에

---

37 유족들이 정상적으로 회복되지 않을 경우에는 전화 심방을 더 자주 하라. 만약 정상적인 회복의 징표들이 보이면 그 횟수를 줄여 나간다.

접근하는 몇 가지 비결이 있다.

- **전문가적으로 입어라.**
  사적인 모임과 공적인 모임에서(가족들과의 만남에서부터 장례식 그리고 장례식 이후의 가정 방문까지) 외양은 중요하다는 것을 기억하라. 당신의 최선의 복장은 장례식을 위해서 필요하다. 만약 목회자 예복을 입지 않는다면, 남성 목회자는 고상하고 어두운 양복, 셔츠 그리고 넥타이를 착용한다. 여성 목회자도 똑같이 전문가적으로 보이는 옷을 입어야 한다. 숙녀복(치마)이나 맞춤복을 입는다.[38] 가족들이 평상복을 입고 있다 할지라도, 당신은 다르게 보여야 한다. 그리고 당신이 전문적인 복장을 갖추지 않는다면 무례한 것으로 인식될 것이다. 적어도 장례 지도사(들) 보다는 더 전문적으로 보이는 것이 좋다.
- **진실하라.**
  당신과 고인 간의 관계는 예배의 진행 중에 자연스럽게 녹아져 있을 것이다. 그러나 당신과 고인 간의 이야기에 머물러서는 안 된다. 장례식은 당신을 위한 것이 아니다. 때때로 당신은 누군가 당신이 잘 모르거나 전혀 모르는 사람의 장례식의 직무를 행해 달라는 요청을 받게 될 것이다. 다시 말하지만 진실하라. 나는 한 여성의 장례식의 직무를 행했었는데, 그 여성은 태어나기는 내가 목회하는 교회 공동체에서 태어나고 자랐지만 성인기 동안은 다른 지역에서 살았다. 그

---

38 여성 목회자들은 특히 옷을 평범하고 단정하게 입도록 주의를 기울이도록 한다. 장례식(또는 다른 공적인 예배에서 인도하는 경우)에서는 꼭 맞는 옷, 목둘레가 깊게 파인 옷, 그리고 길이가 짧은 치마는 피하도록 한다. 멋지게 입는 것 또는 입는 방식의 '권리' 등이 중요한 것이 아니다. 당신이 인도할 때 존중을 표하는 옷차림, 그리고 자신에게 주의를 끌지 않는 사려 깊은 옷차림을 해야 한다.

러나 그녀는 자신의 장례식과 매장이 고향에서 이루어지기를 원했었다. 나는 다음과 같은 방식으로 설교를 시작했다.

> 저는 헬렌(Helen)을 개인적으로 만난 적이 없습니다. 그러나 저는 그녀의 가족과 친구로부터 그녀의 인생에 대한 이야기를 들으면서, 마치 제가 그녀를 알고 있었던 것처럼 느껴졌습니다.

후에 장례 지도사가 나의 진실성에 대해서 감사를 표현했다. 그는 너무 많은 목회자들이 고인과 잘 아는 사이인 척한다고 말했다. 그는 진실성에 대해서 감사했다.

- 당신의 자연스러운 모습을 보이라.

  과도하게 암울한 목소리나 태도를 취하지 말라. 경건하면서도 소망적인 음조를 유지하라. 미소와 환대하는 표정은 슬픔의 시간 동안의 환영할 만한 선물이다.

- 예배를 인도하기 위한 원고를 준비하라.

  원고 없다면 당신은 후회할 말을 할 수도 있다. 즉흥적인 내용들이 이런 심각한 상황에서 나오는 경향이 있다. 가족들은 목회자가 자신들의 사랑하는 이의 장례식을 위해서 완전히 준비하는 배려심에 감사할 것이다.

- 개인적이 되라.

  고인의 이름을 부르고 가족 구성원들의 이름(배우자와 자녀들)을 언급하라. 말씀을 개인적으로 들려줘야 할 때는 의도적으로 그들을 직접 바라보라.

3) 행정

행정적인 임무들이 다루어질 때까지 일이 끝난 게 아니다. 여기에 일반적인 몇 가지 제안이 있다.

- 당신이 주재한 각 장례식에 대해 기록을 하라.
- 당신의 지역 장례 지도사를 알아보라.
  그들과 신뢰를 쌓으라. 만약 그들이 먼저 당신을 자기들의 모임에 인사시키지 않는다면, 그들에게 당신을 소개하도록 노력하라. 함께 일하도록 요청받기 전에 그들과 친분을 갖도록 하라. 그러면 당신은 첫 번째 장례식이 발생했을 때 유리한 출발을 하게 될 것이다.
- 당신 지역의 장례 비용을 조사하라.
  모든 장례식장은 가격표를 구비하고 있다. 비용에 대한 최신 정보를 지니고 있으면 결정을 앞두고 미로를 헤매는 다른 사람들을 도와줄 때 유익하다.
- 교회의 장례 정책을 개발하라.
  이 정책은 설비 사용이 요청되는 상황에서 목회자와 교회가 일하는 것을 더 순조롭게 해 준다.
  예를 들어서, 당신의 교회는 알지 못하는 목회자가 당신의 예배당에서 장례식을 인도하는 것을 편안하게 받아들이는가?
  장례식 식사를 당신 교회에서 베풀 것인가?
  잘 모르는 음악가가 연주하는 것은 괜찮은가?
  그들에게 비용을 지불하는가?
  이런 것들을 장례식이 없고 감정이 고조되지 않았을 때 미리 생각하라.

4) 예외적으로 어려운 상황들

　비극적인 죽음들, 자살, 아이와 젊은이의 죽음, 사산아들, 에이즈로 죽은 이들, 살인, 실종자 등 극도로 어려운 상황 속에 있는 사람들을 위한 장례식에 대해 어떻게 직무를 향할 것인지를 자세히 기술하는 것은 본서의 범위를 벗어나는 일이다. 이러한 상황에 있는 사람들을 돕기 위한 특별한 고려점들과 말씀들에 대한 책자가 많이 있다.

　나는 당신이 어떤 유형의 죽음을 직면하게 될지라도 이에 대한 지침을 갖고 있기를 원한다. 이런 상황에 직면하면 당신은 무엇인가 답을 주어야 하는 압박감을 경험할 것이다. 또는 온전히 옳은 것만을 이야기해 주려고 할 것이다. 사실 모든 대답을 갖고 있는 사람은 없다. 그리고 때로는 아무 말도 할 수 없다. 바로 이때 목회자가 가장 중요한 때이다. 이렇게 말하는 것이 옳다.

　"나는 이것을 이해하지 못합니다. 그러나 하나님이 우리를 다스리고 계십니다."

　고인의 운명에 대한 약속이 가능하지 않거나 적절하지 않을 때에라도, 하나님이 함께 계신다는 약속은 지금도 가능하다. 하나님이 우리와 함께 계신다. 이것이 우리가 확실히 아는 한 가지 사실이다. 모른다고 솔직히 말하는 것이 설명할 수 없는 죽음을 직면했을 때 취할 수 있는 매우 현명한 태도이다.

　비신자를 위한 장례식을 위해서는 내용과 접근 방식에서 수정이 필요하다. 그럴 때 고인과 유족에게 진실한 봉사를 할 수 있을 것이다. 흥미로운 것은 매우 자주 기독교 사역자가 비신자들을 위한 장례식을 여전히 요청받는다는 것이다. 여기에 몇몇 수정 사항들이 있다. 경험이 많아

지면 더 잘 수정할 수 있을 것이다.

- 장례식이 형식적인 예배보다는 성찰을 주는 시간, 심지어 영감을 주는 시간이 되도록 발전시키라.

  이런 측면에서 당신은 이 행사를 '사망과 부활의 예배'보다는 장례식으로 부르는 것이 나을 것이다. 확실히, 이 행사를 예배로 만들지 않으면서도 예배의 많은 측면을 활용할 수 있을 것이다. 성경 구절, 기도 그리고 수정된 설교문을 사용하라. 이때 하나님이 누구이신지를 말하는 구절과 모든 인류를 사랑하는 분으로 묘사하는 성경 구절을 선택하라. 주 안에서 죽은 성도들의 복됨을 묘사하는 구절은 적절하지 않다. 이런 맥락의 노래도 덜 사용해야 한다.

- 참석자들을 회중보다는 청자들로서 간주하라.

  그 장례식에 참여한 그리스도인이 없다는 말이 아니다. 단지 장례식에 접근하는 방식이 어느 정도 다르다는 것이다. 그러므로 참여한 사람들에게 예배 행동에 적극적으로 참여하도록 요청하는 것은 줄여야 한다.

- 하나님께 초점을 유지한다.

  고인의 하나님과의 관계를 강조하는 대신에 하나님의 성품을 강조하라. 하나님의 선함과 신실함 그리고 사랑은 여전히 선포되어야 한다. 이것은 죽은 이의 개인적인 증거로만 드러날 수 있는 것이 아닐 것이다. 예를 들어 당신은 토마스(Thomas)를 창조하신 하나님께 감사 기도를 드릴 수 있다. 이때 그가 복음에 응답하지 않았음을 언급할 필요는 없다. 이렇게 하면서 당신은 하나님과 토마스의 믿음(또는 믿음의 부족) 사이를 연결하는 실수를 하지 않고 하나님의 (창조자로서의) 성품을 강조할 수 있다.
- **당신의 영적인 정체성을 유지하라.**
  비신자를 위한 장례식의 직무를 행하는 동안 복음의 사역자로서의 당신의 역할을 타협하지 말라. 당신의 선택들은 조정할 수 있겠지만, 청중이 비신자라는 이유로 믿음, 상징 그리고 믿음의 언어들을 제쳐 두지는 말라. 당신의 소명은 예전이 비신자들에게 꼭 맞도록 완전히 세속적인 예식을 창조하는 것이 아니다. 청중들이 복음을 한 번도 들어 보지 못한 사람들일지라도 하나님의 이야기를 담고 의미 있는 방식으로 장례식을 민감하게 진행하라.
- **비신자의 궁극의 상태에 대한 확실한 진술을 피하라.**
  고인이 그리스도인일 때는 지금 주님과 함께 계시다는 것을 확신에 차서 말하는 것이 적절하고 또 놀라운 일이지만, **비신자**에게 적용되지 않는 약속은 함부로 하지 말라. 물론, 우리는 어떤 사람의 영원한 운명을 판단하지 않는다. 그러나 우리는 그리스도인으로 죽은 사람들이 그리스도와 함께하고 있다는 것에 대해 의심하지 않는다. 우리는 기독교 장례식에서 그 사실을 확신에 차서 기쁨으로 확증해야 한다. 그러나 고인이 예수 그리스도에게 헌신했다는 어떤 증거도 없을 때, 잘못된 약속을 섣불리 주는 것은 적절하지 않다. 이런 경우에 대해서 판단하지 말고, 하나님의 사랑과 은혜를 선포하라.
- **하관식은 시신을 의탁하는 것과 고인의 영혼을 위임하는 것이 포함된 것이다.**
  그러나 봉헌(offering)의 기도는 상황에 따라서 포함될 수도 있고 아닐 수도 있다. 모든 인간의 육체는 땅으로 돌아간다(몸의 의뢰). 그리고 모든 영혼(믿는 자와 안 믿는 자 모두)은 하나님의 돌보심에로 의뢰

되어야 한다. 만약 모인 사람들이 그리스도인이라면 헌신의 기도를 포함하는 것이 적절하다. 만약 세속적인 모임이라면 헌신의 기도는 순서에서 제외한다. 믿는 사람이든지 아니든지 모든 하관식에 언제나 적합한 세 가지 순서가 있다. 즉 적당한 성경 구절, 위로와 평화를 구하는 기도, 그리고 축도이다.

5) 윤리적 고려점들

환대하는 주인은 몇 가지의 윤리적 고려 또는 사려 깊은 고려를 하여야 한다.

첫째, 광범위하게 이루어지고 있는 윤리적인 원리가 있다. 즉 어떤 목회자도 이전에 목양하던 성도의 장례식의 직무를 행해서는 **안 된다**.

어떤 교단은 이 원리를 문서로 작성해서 모든 부분들이 투명하도록 했다. 목회자들은 현재 자신의 돌봄의 영역 안에 있지 않은 사람들을 돌보기 위해 질서를 무너뜨려서는 안 된다. 목회자와 성도의 관계는 거룩한 신뢰의 관계이다. 과격하게 표현하면, 고인의 목회자가 장례식 직무를 행할 수 있을 때, 다른 목회자가 그 장례식 직무를 행하는 것은 직업윤리를 위반한 것이다. 이 중요한 목양의 기회를 통해서 목회자와 성도 사이에 가장 깊은 유대감이 구축되는 것이다. 만약 다른 목회자의 간섭으로 인해서, 양 무리의 목자가 자신의 양을 돌볼 수 있는 기회가 부정된다면, 유대감을 키울 수 있는 커다란 가능성을 잃어버리게 된다. 이런 엄격한 입장을 중화시킬 수 있는 두 가지 요소가 있다.

① 만약 고인의 목회자가 외부 목회자를 초청하여 장례식을 집례하도

록 하는 경우라면 고려할 만하다.
② 공동으로 직무를 행하는 것이 대안이 될 수 있다. 즉 고인의 교구 목회자가 주된 인도자가 되고 외부 목회자는 조력자의 역할을 하도록 이해를 구할 수 있다.

둘째, 장례식과 관련하여 당신의 전문가적 입장을 공식적으로 정립하려고 할 때 고려할 만한 또 다른 상황은 좀 더 당신의 혈연과 관련된 문제이다.

당신의 가족 구성원을 위한 장례식의 직무를 행해 본 적이 있는가?

많은 목회자들이 자신이 사랑하는 사람의 장례식을 집례해달라고 요청 받는 것을 영예로 여기고 반기지만, 아주 먼 친척이 아닌 한 여기에는 제한을 두도록 하라. 가족 구성원의 장례식일 때는 목회자로서 역할을 하기보다는 다른 사람들처럼 단순히 가족 구성원으로서의 역할을 하는 것이 중요하다. 다시 말하자면, 가족 구성원의 목회자가 당신의 사랑하는 사람의 장례식을 집례하게 하라. 더욱이, 당신이 그 장례식을 집례한다면, 당신이 예상한 것보다 훨씬 더 많은 감정적인 어려움을 겪을 수도 있다.

셋째, 고인에 대한 존경을 표하는, 너무 많은 꽃 장식의 문제가 있다. 동정을 표시하기 위한 방법으로서 이익 집단을 위한 일시적인 것은 바람직하지 않다.

조의금을 내거나 교회에 추도 기금을 제공하는 등 타인을 이롭게 하는 방식을 취하도록 회중을 격려하는 것이 좋다. 이런 것이 타인에게 삶을 주는 의미를 갖고 있고, 고인에게 존경을 표하는 진정한 방식이다. 또한 이는 경제적인 어려움으로 커다란 꽃다발을 구입할 수 없는 가족 구성원들과 친구들에게 그리스도인의 민감한 배려를 보여주는 방식이 기도 하다. 그들은 어느 정도의 금액을 선교 중심 기관에 기부할 수 있고 꽃을 못 사는 것에 대한 창피함을 느끼지 않아도 된다.

넷째, 장례식 비용의 문제이다. 장례식의 직무를 행하는 것에 대한 사례금을 받을지 말지에 대해 결정하라.

어떤 목회자들은 목회자의 당연한 직무를 했다는 생각으로 어떠한 사례금도 받아서는 안 된다고 믿는다. 목회 과정에 별도의 시간을 내어 죽음을 당면한 가족들을 돌보는 것에 대해 어떤 사람들은 상품권 정도를 받는 것이 적절하다고 생각한다. 각 관점에 따라 결정이 달라질 수 있다. 이에 대해 기도하면서 생각하고, 당신에게 편안한 쪽으로 결정하라.

10. 결론

토마스 롱은 우리에게 훌륭한 장례식의 8가지 목적에 대한 뛰어난 통찰을 준다.[39] 나는 그것을 이 결론 부분에서 요약하고자 한다.

① 복음 선포적이다. 훌륭한 장례식에는 복음의 이야기가 있다.
② 봉헌의 의미가 있다. 장례식은 죽은 자와 산 자가 하나님께 헌신하는 시간이다.
③ 교회의 사역이다. 장례식은 전 교회의 예배 사역이다.
④ 치유적이다. 장례식은 위로를 제공한다.
⑤ 감사의 의미가 있다. 장례식은 성찬식을 수반할 수도 있고 수반하지

---

39 Long, *Accompany Them with Singing*, 137-39, 『기독교 장례: 찬송하며 동행하라』(CLC 판), 218-6.

않을 수도 있지만 하나님께 대한 감사의 표현으로서의 예식이다.
⑥ 기념적이다. 장례식은 애도자들이 고인의 행적을 기억할 수 있도록 해 준다.
⑦ 선교적이다. 장례식은 남아 있는 자들이 하나님과 이 세상의 다른 사람들을 위해 섬김의 삶을 살도록 인생의 길을 지도해 준다.
⑧ 교육적이다. 장례식은 인생과 죽음에 대한 성경적인 관점을 배울 수 있는 기회를 제공한다.

에이미는 위층에 있는 할머니의 커다란 그림 침대 중 하나에서 잠이 깼다. 그녀는 장례식장에서 잠이 든 자신을 아빠가 위층 침대로 데려다 눕혔다고 추측했다. 우아한 계단을 통해 아래로 내려오면서 그녀는 아직도 할아버지가 집에 계실지 궁금했다. 응접실에는 아무도 없었고 그녀의 가족은 조용히 장례식을 위한 옷으로 갈아입고 있었다. 그들이 지방에 있는 교회로 차를 타고 갈 때 그녀는 많은 질문들을 떠올렸다. 장례식장에 도착했을 때, 장례식을 인도하는 목사가 그녀의 이름을 부르고 그녀를 바라보며 미소를 지어 주었다. 목사가 예배 중 기도하고 이야기하는 동안, 그녀는 일이 잘 되어 가고 있다는 느낌을 가졌다. 그리고 자신의 질문들 모두가 당장 답해지지는 않는다 할지라도 많은 것들이 언젠가는 풀릴 것이라는 것을 알 수 있었다.

핵심 용어들

- **지하 납골당**(columbarium): 시체의 화장 후에 납골함을 두는 지정된 장소.
- **하관식**(committal service): 장례식 후에 시신을 최종적으로 안치하고 하나님께 영혼을 의뢰하는 예식.
- **화장**(cremation): 시신을 불에 태우고 유골을 보존함.
- **화장터**(crematory): 화장과 소각이 이루어지는 시설.
- **시신 방부 처리**(embalming): 자연적인 수분을 몸에서 빼내고 방부제 액으로 대체하여 시체를 보존하는 과정(부패를 지연시킴).
- **찬미사**(eulogy): 장례식이나 추도식 동안에 고인에 대한 존중을 표현하는 말.
- **묘지 옆에서의 예배**(graveside service): 매장 장소에서 열리는 예배로 장례식과 하관식을 통합한 짧은 예배.
- **소각**(incineration): 시신을 불에 노출시키지만 직접적인 불 속에 넣지는 않은 채 유골로 만든다.
- **매장**(interment): 시신을 무덤에 안치하는 예식.
- **추도식**(memorial service): 시신이 부재한 상태에서 추모를 위해 드리는 정식 예배. 종종 장례식보다 더 나중에 거행되곤 한다.
- **폴**(pall): 라틴어 팔리움(*pallium*)에서 유래한 말로서 관을 덮는 천이다. 보통 흰색은 그리스도인의 세례를 나타낸다. 때로 그 위에 믿음을 상징하는 자수가 놓인다.[40]
- **폴 비어러스**(pall bearers): 관을 영구차에서 영구차로 옮기는 것을 돕

---

[40] 장례식에서 관 덮는 천(pall)을 사용하지 않지만, 우리는 여전히 '관 덮는 천을 옮기는 사람'(Pall bearer)이라는 용어를 사용한다는 것은 흥미롭다.

는 사람들.
- **웨이크**(wake) 시신이 있는 곳에서 가족들과 함께 슬퍼하고 서로 위로하면서 기다리는 애도자들의 모임.[41]

앞으로의 공부를 위한 참고 자료

Long, Thomas G. *Accompany them with Singing: The Christian Funeral*. Louisville: Westminster John Knox, 2009, 『기독교 장례: 찬송하며 동행하라』(CLC 刊)

Sheppy, Paul. *In Sure and Certain Hope:Liturgies, Prayer, and Readings for Funeral and Memorials*. Nashville: Abingdon, 2003.

적극적인 참여

장례식의 직무를 행하는 것에 대한 이해를 확장했다면, 당신은 다음의 두 가지 중요한 제안들을 스스로 시도해 볼 준비가 되었다. 이 제안들에 대한 대답이 당신에게 지금 그리고 장래를 위한 지침이 될 수 있을 것이다.

1. 첫째, 기독교 장례식에 대하여 당신 자신의 사명 선언문을 한 문장으로 써보라.
2. 둘째, 지역 교회를 위한 장례 정책을 써보라.

---

41 웨이크(Wake)를 일반적으로 사용하는 특정 지역이나 하위 문화들이 있다.

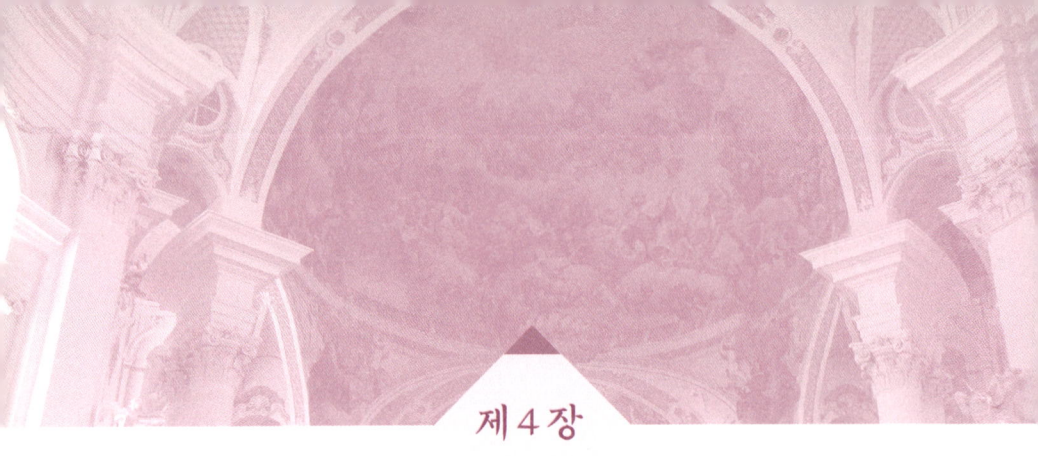

제 4 장

기독교 세례식

탐구

제4장을 읽기 전에 당신 자신의 세례식 경험을 회상해 보라.

- 당신은 세례를 받았는가?
  만약 받았다면, 당신의 영적 여정 중 어떤 단계에서 받았는가?
- 세례를 받기 전에 얼마나 준비를 했는가?
  당신이 세례를 받으면 바로 제자 교육을 시켜 줄 누군가가 있었는가?
- 당신은 '세례 갱신'(renewal baptism) 예배에 참여한 적이 있는가?
  만약 있다면 그것을 묘사해 보라.
- 당신이 참여했던 세례 예배를 회상해 보라.
  어떤 특징이 가장 중요해 보이는가?
- 당신이 목격한 세례 예배에서 어느 정도로 공동성을 느낄 수 있었는가?
  어떤 특별한 점이 그 예배를 공동 예배로 보이게 했는지 설명해 보라.

이제 세례식에 대한 성찰을 시작했으니, 제4장을 읽으면서 당신의 사고를 확장하라.

1. 확장

메건의 윗옷과 반바지 위에 걸친 흰 면 가운이 발가락 위까지 내려왔다. 메건의 어머니는 그녀에게 젖어도 망가지지 않는 옷을 입혀 주었다. 그녀는 어쨌든 8살 된 딸이 무엇을 입고 세례조(baptismal pool)에 들어가든지 상관없다는 것을 알고 있었다. 왜냐하면 그 주일 저녁에 젊은 사람, 늙은 사람, 남자, 여자 할 것 없이 세례 받는 모든 사람은 흰색 옷을 입을 것이기 때문이다. 세례식 후에 메건은 아침에 입었던 주일학교 옷을 입을 수 있을 것이다. 그 옷은 강단 뒤에 있는 방의 옷걸이에 걸려 있다. 그 방에서 모든 여자들이 마른 옷으로 갈아입는다. 소년들은 반대편에 있는 방에서 갈아입을 수 있다.

그날은 메건에게 특별한 저녁이었다. 그녀의 두 남동생들도 역시 세례 받게 된다. 목사님은 일찍이 모든 사람에게 세례식의 의미를 설명해 주었다. 이 모든 것들이 메건에게 낯선 것은 아니었다. 왜냐하면 그녀는 언제나 세례식에 대해서 들어 왔고, 어떤 세례식에는 참석해 보기도 했던 것이다. 세례식은 그리스도인들이 하나님을 기쁘게 해드리고 그들이 예수님을 믿는다는 것을 증거하기 위해 수행하는 예식이었다.

메건은 작년 여름 성경학교 기도 시간에 예수님께 자신의 죄를 용서해달라고 요청했던 것을 기억했다. 목사님이 말씀하셨던 것처럼 이것은 그 다음 단계인 듯했다. 그녀는 무척이나 세례식을 기대하고 있었지만, 막상 세례식을 하게 되었을 때 동생들도 세례를 받는다는 것을 알고 기뻤다. 어쨌든 자신이 혼자가 아니라는 생각에 물을 삼키거나 세례조 속에서 미끄러질 걱정은 줄어들었다.

미처 알아채기도 전에 세례식이 끝났다. 그녀는 세례조로 걸어 들어가면서, 목사님의 강한 팔이 등을 둘러싸고 있는 것을 느꼈다. 목사님의 미소를 보면서 눈을 감았다. 그 다음에 어떤 친절한 여자가 수건을 가지고 그녀가 물에서 나오는 것을 도와주고 있었다. 메건은 세례식이 끝날 때 어떤 기분일까 궁금했다. 그녀는 흥분을 느끼지는 못했지만, 8살임에도 불구하고 평화를 느꼈다.

만약 당신이 교회 생활을 어느 정도 했다면, 분명히 기독교 예식들의 접근 방식이 매우 다양하다는 것을 알았을 것이다. 이것은 이해할 만하다. 기독교 역사와 신학적 유산이 매우 다양하기 때문이다. 특히 성례전(또는 정례예식)인 세례식과 성찬식의 경우 더욱 그렇다.[1] 당신이 상상할 수 있듯이, 다양한 신자들의 집단들 사이에서 이런 주제를 이야기한다는 것은 도전적인 일이다. 다른 예식들보다 이 예식들은 그 의미와 실천에서 합의를 이끌어내는 것이 더 어렵다.

나는 본 장에서 세례식에 대한 '무엇을, 왜, 누가, 언제, 어디서, 어떻게'를 간단하게 제시하려고 한다. 나는 이런 질문들을 필두로 하여 개신교의 사상과 실천의 범위를 설명하고 싶다. 이를 통해 당신이 우리 주 예수 그리스도에게 헌신된 형제들과 자매들 사이에서 당신의 적절한 자리를 찾기를 바란다. 당신이 본 장을 읽어나갈 때, 차이점에 초점을 맞추지 말기를 바란다. 대신 모든 그리스도인들이 공통적으로 공유하고 있는 것이 무엇인지 찾아보라. 이런 것들이 우리를 하나로 묶어 주는 요소들이다. 차이의 영역에 대해서 나는 이 현명한 격언에 호소한다.

---

1 '성례전'과 '정례예식' 용어의 논의를 위해서 제1장을 보라.

본질적인 것들에 있어서는 하나를, 비본질적인 것들에 있어서는 자유를, 모든 것에 관용을.²

성경이 이것보다 더 잘 우리에게 상기시켜 준다.

주도 한분이시요 믿음도 하나요 세례도 하나요 하나님도 한 분이시니 곧 만유의 아버지시라 만유 위에 계시고 만유를 통일하시고 만유 가운데 계시도다(엡 4:5-6).

우리가 본 장에서 '누가'(who) 부분으로 왔을 때, 나는 세례식의 두 가지 접근을 분리해서 볼 것이다. 즉 유아 세례와 신자의 세례이다.

2. 토대 놓기

1) 세례식이란 무엇인가?

세례식은 초대 교회 때부터 시행되어 왔다. 실제로 기독교 세례식의 첫 번째 사례는 교회가 탄생한 오순절 성령 강림의 날로 거론 된다(행 2장을 보라). 주님께서 베드로에게 모든 민족의 믿는 자들에게 세례를 주라고 명령하신 바로 몇 주 뒤에 일어난 일이었다. 의심할 여지없이 베드로가 유대 절기인 오순절을 지키기 위해서 여러 나라에서 모여든 사

---

2 독일 루터파 종교개혁가인 루페르투스 멜데니우스(Rupertus Meldenius)의 말.

람들에게 설교를 했던 그때 당시, 그의 귓가에는 예수님의 말씀이 여전히 울리고 있었을 것이다. 베드로는 사람들을 다음과 같이 초대했다.

> 너희가 회개하여 각각 예수 그리스도의 이름으로 세례를 받고
> 죄 사함을 받으라 그리하면 성령의 선물을 받으리니(행 2:38).

베드로의 설교로 예수님의 메시지는 완성되었다. 각 나라의 제자들이 그날 세례를 받았다.

그러나 사도행전 2장의 사건이 신약성경에서 보고하는 첫 번째 세례식은 아니다. 4복음서 모두 세례 요한의 세례와 예수 자신이 받은 세례를 말하고 있다.[3] 세례 요한의 세례식 설교는 직설적이었다.

> 회개하라 천국이 가까이 왔느니라(마 3:2).

세례 요한은 유대인들에게 하나님을 모욕하는 길에서 돌이킬 것을 설교했다. 그리고 "회개에 합당한 열매를"(마 3:8) 맺으라고 설교했다. 그러나 그는 자신의 세례가 앞으로 올 세례 즉, 예수 그리스도의 세례와는 매우 다르다는 것을 인식했다. 그래서 요한은 "그는 성령과 불로 너희에게 세례를 베푸실 것"(마 3:11)이라고 말했다.

신약성경의 세례식의 뿌리는 오히려 좀 더 고대의 실천으로 거슬러 올라가 찾을 수 있다. 바로 모세 율법의 정결예식이다. 제사장과 레위인들은 자신들의 제의적 책임을 완수하기 위해서는 많은 청결예식들을 행

---

3 마 3:1-17; 막 1:9-11; 눅 3:21-22; 요 1: 29-34을 보라.

해야만 했다. 임직받는 레위인들에게는 물을 뿌렸고(민 8:6-13), 제사장들은 희생예식을 치르기 전에 손과 발을 씻었다(출 30:17-21). 대제사장들은 속죄일의 준비로서 자신들의 몸을 씻었다(레 16:4, 23-24).

일반 시민들은 오염된 물건이나 사람을 접촉한 뒤에는 정결의 물로 씻을 것을 요구받았다(레 16:24-40). 나병과 관련된 예식들과 마찬가지로 성교, 월경, 또는 출산 뒤에도 옷을 빨고 물로 몸을 씻어야 했다(레 12-15장을 보라).[4] 어떤 이방인이 유대교로 개종하고자 할 때면 그들의 이교도적인 배경(background)을 씻어버리기 위해서 목욕의 예식(일종의 세례식)이 요구되었다.[5]

성경학자 그랜트 오스본(Grant R. Osborn)은 다음과 같이 말한다.

> 이것과 기독교 실천 간의 유사점은 쉽게 알아챌 수 있다. 즉 개시 예식(initiation rite)으로서의 행동이라는 점, 비슷한 용어를 사용한다는 점, 비슷한 신학(사람은 나시 태어난다)이라는 점이다.[6]

구약성경에서 청결예식을 위해 물을 사용하는 이런 예식들, 그리고 또 다른 예식들은 신약 시대의 세례식에 대한 의미 있는 전조를 제공해 준다.

영어 단어 'baptism'(세례)은 그리스어 밥티조(*baptizō*)에서 유래했다. 이 말은 '깊이 잠기다, 담그다, 씻다, 뛰어들다, 가라앉다, 흠뻑 젖다, 압도

---

4 Grant R. Osborn, "Baptism," in *Baker Encyclopedia of the Bible*, ed. Walter A. Elwell(Grand Rapids: Baker Books, 1988), 257.
5 Ibid., 257-58.
6 Ibid., 258.

되다'로 번역된다.[7] 이 단어의 이런 정의로 인해 어떤 기독교 집단들은 세례식을 무조건 물에 몸을 담그는 실천으로 이해했다.

한편 다른 집단에서는 그 정의를 특정한 형태의 세례식을 위한 명령으로 보지 않는다. 예를 들어 동일한 그리스어 밥티조는 바리새인들의 씻는 행위를 묘사할 때도 언급되고 있고(막 7:4), 예수님이 식사 전에 손 씻지 않은 것을 묘사할 때도 사용되었다(눅 11:38). 이 경우 이 단어가 몸을 물에 담그는 것을 의미하지는 않는다. 중요한 것은 밥티조가 몸을 완전히 담그는 경우가 아닌 많은 사례들이 성경에 있다는 것이다. '담그다'는 액체에 무엇을 담그는 것을 의미할 수도 있고, 무엇에 액체를 붓는 것을 의미하기도 한다. 이것이 다양한 기독교 전통이 각자 자리 잡게 된 쟁점이다. 그럼에도 불구하고, 세례식에서 신자들이 물에 젖는 것은 세례식의 상징적 행동으로 이해되고 있다.

신약성경에서 많은 중요한 주제들과 상징들을 사용하며 세례식에 대해 말한다. 나는 기독교 세례식의 실천을 위한 견고한 토대를 놓기 위해서 이 중 4가지를 건물을 위한 중요한 소재들로서 규명하려고 한다.[8]

첫째, 세례식은 그리스도의 고난, 죽음, 그리고 부활에 참여함으로써 **그리스도와 연합**하는 계기를 제공해 준다(롬 6:3; 골 2:12). 세례식은 그

---

[7] Walter Bauer, *A Greek-English Lexicon of the New Testament and Other Early Christian literature*(Chicago: University of Chicago Press, 1979), 131.

[8] 우리는 이 같은 주제들을 탐구하기 위해 무수히 많은 자원들로 눈을 돌릴 수 있을 것이다. 왜냐하면 이 주제들은 성경에서 도출되어 널리 통용되는 내용들이기 때문이다. 여기에서 나는 제임스 화이트(James White)의 세례식 주제들을 끌어와서 적용한다. James F. White, *A Brief History of Christian Worship*(Nashville: Abingdon, 1993), 20-22을 보라. 화이트는 다른 주제들도 많이 있다는 것을 알고 있었지만 이들 주제를 우선적인 것으로서 인용했다. 또한 James F. White, *The Sacraments in Protestant Practice and Faith*(Nashville: Abingdon, 1999)와 *Baptism, Eucharist and Ministry*(Geneva: World Council of Churches, 1982)를 보라.

리스도와 함께 죽고, 함께 부활하는 것을 단지 상징적으로만 **표현**하는 것이 아니다. 그것은 그리스도와 함께 **실제로** 죽고 **실제로** 부활하는 것을 알린다. 다시 말해서 세례식을 통해 우리는 그리스도의 죽음과 부활에 참여한다. 바울은 다음과 같이 가르쳤다.

> 너희가 세례로 그리스도와 함께 장사되고 또 죽은 자들 가운데서 그를 일으키신 하나님의 역사를 믿음으로 그 안에서 함께 일으키심을 받았느니라(골 2:12).

> 그러므로 우리가 그의 죽으심과 합하여 세례를 받음으로 그와 함께 장사되었나니 이는 아버지의 영광으로 말미암아 그리스도를 죽은 자 가운데서 살리심과 같이 우리로 또한 새 생명 가운데서 행하게 하려 하심이라(롬 6:4).

초대 교회는 그리스도와 함께 죽고 함께 사는 이러한 상징을 선택했고, 이 상징이 세대를 이어 내려오는 강력하고 끈질긴 세례식의 묘사로 증명되었다. 예전을 연구하는 역사가인 제임스 화이트(James White)는 무덤 형태를 재현한 초기 세례 용품들은 침수를 용이하게 하였다고 말한다.[9]

둘째, 세례식은 그리스도의 거룩한 교회, 즉 하나님의 가족 안으로 들어가는 **개시 행위**이다(고전 12:13). 세례식은 그리스도와의 연합인 동시에 또한 온전한 헌신으로 그리스도를 따르는 다른 신자들 간의 연합이기도 하다. 세례식 안에서 우리는 과거, 현재, 그리고 미래의 그리스도의 몸

---

9 White, *Sacraments*, 58.

안에 포함된다. 세례 안에서 하나 됨은 하나의 거룩하고, 보편적이고, 사도적인(holy, catholic, apostolic) 교회로서 표현된다. 우리는 이 땅에 도래한 하나님 나라의 대표자들로서 이 교회에 소속되어 있다. 우리는 세례식을 통해서 그리스도 예수 안에서 하나 됨을 이루게 된다. 그러므로,

> 너희는 유대인이나 헬라인이나 종이나 자유인이나 남자나 여자나 다 그리스도 예수 안에서 하나이니라(갈 3:28).

초대 교회의 처음 몇 세기 동안 기독교 입문자(세례를 받기 전 예비 신자)들이 증가했다. 이것이 세례식과 그리스도의 거룩한 교회 구성원이 되는 것 사이의 인상적이고 구체적인 내용을 제공해 준다. 입문 과정은 탐구와 영성 형성에의 긴 합류 과정이고, 세례식을 위한 집중 준비 과정이었다. 이 과정은 3년이 걸리는데, 그동안 세례 지원자(이 과정에 참여하는 사람)는 7단계 교육과 예식 과정에 참여하게 된다.

부활 주일 아침 일찍 집례 되는 세례 예식은 단지 예비 신자 과정의 정점을 나타내는 것이 아니다. 더 중요한 것은 그리스도 몸의 온전한 구성원으로서 기독교 공동체 안으로 입문함을 공표한다는 사실이었다. 세례식을 하고 나서 성찬식(세례 받기 전에는 참여할 수 없었던)에 참여하는 동시에, 먼저 세례 받은 사람들이 누렸던 특권, 책임, 그리고 기쁨, 이 모두를 얻게 된다. 세례식과 공동체 입문이 결합되어 있기 때문에 세례식을 받은 후에야 입문자들이 스스로를 '그리스도인'으로 지칭하는 것이 허락되었다. 세례식은 믿음의 공동체의 구성원이 된다는 것을 의미하고 신약 시대부터 오늘날에 이르기까지 실제로 매우 오랜 역사가 있다.

셋째, 세례식은 **중생의 인정**(recognition)이다(막 16:16; 요 3:5; 행 2:38;

22:16; 딛 3:5; 벧전 3:21). 예수님은 다음과 같이 말씀하셨다.

> 사람이 거듭나지 아니하면 하나님의 나라를 볼 수 없느니라(요 3:5).

바울은 디도에게 보낸 편지에서 다음과 같이 확증했다.

> 그는 우리를 구원하시되 … 그의 긍휼하심을 따라 중생의 씻음과 성령의 새롭게 하심으로 하셨나니(딛 3:5).

이런 의미는 니케아 신조(Nicene Creed)에서 교리가 되었다.

> 우리는 죄 사함을 위한 하나의 세례를 인정 한다.

세례 받은 자 측의 믿음이 세례의 필수 요인이라는 것이 이 긴결한 진술에서 중요한 부분이다. 예수 그리스도가 우리를 구원한다는 것을 믿는 것이 진리이지만(세례식이라는 행위가 아니라 믿음 자체), 하나님의 구원의 약속은 표지(sign)와 인증(seal)으로서 세례의 행위 안에서 적절해지고 구체화된다. 세례식에 대한 각자의 특정한 신학에도 불구하고, 개신교 안에서 두루 인정되는 한 가지 사실은 다음의 것이다. 즉 구원을 위해서는 죄 고백과 회개 그리고 한 분 주님의 제자로 살기로 헌신하게끔 이끄는 그리스도께 대한 믿음이 필요하다는 것이다.[10] 이 믿음이 세례식을 통해 인증받는다.

---

10 이 진술은 본 장의 후반부에 나오는 유아 세례의 관점에서 설명된다.

넷째, 세례식은 **성령을 받는** 기회이다(마 3:11, 16; 막 1:8; 요 1:33; 행 2:38). 세례식에서 하나님은 성령의 선물을 주신다. 현재 내재하시는 성령일 뿐 아니라 아직 받지 못한 유산에 대한 약속으로서의 성령이다. 여전히 오고 계시는 영원한 장래의 왕국에 대한 보장으로서의 성령이다 (고후 1:21-22; 엡 1:13). 예수 자신의 세례는 우리가 받는 세례의 전조이다. 예수님의 세례에서 성령이 예수님의 위로 내려오셨다(마 3:16; 막 1:10; 눅 3:22; 요 1:32). 개신교는 세례에서 성령이 임하는 방식과 수단을 서로 다르게 이해해 왔다. 그러나 모두 가시적으로는 성령과 세례식 사이의 어느 정도의 연결성을 수용한다.

세례식에 대해 언급할 다른 주제들이 있다. 그러나 위에서 묘사한 네 가지 주제들이 기독교 세례식을 위한 주된 성경의 토대를 형성하고 있으며, 우리에게 역사적, 신학적, 그리고 성경적인 도움을 줄 것이다. 어떤 기독교 공동체들은 세례식에 대해 좀 더 성례전적인 관점을 갖고 있다. 그들은 세례식의 상징적 측면과 도구적 측면 모두를 믿는다. 반면 다른 공동체들은 동일한 은유를 인정할지라도 본질상 좀 더 순수한 상징으로 본다(세례식을 도구적으로 보기보다는 상징으로 본다).

독자들은 그리스도인들이 일반적으로 공유하는 것(성경적 주제들/은유들)을 찾아야 한다. 그들의 예전적 전통에 대한 신학적 관점들이 그들의 가르침과 실천을 지도하게 해야 한다. 그러나 때로 이것은 '양자택일'의 문제가 아님을 기억하라. 대부분의 신학적 입장에는 고유의 긴장이 있다. 예를 들어서, 존 웨슬리(John Wesley)는 아이들을 위한 세례식을 말하면서 중생의 표지임을 지적하는 국교회(그가 죽을 때까지 목회자로서 성찬식을 거행했던)의 신조를 긍정했다. 그럼에도 불구하고 그는 동시에 '의식

적인(conscious) 회심 경험'의 결과로서의 중생에 대해 주장한다.¹¹

성례전을 논의하면서¹² 우리는 그 행사에서 하나님의 역할이 무엇인가라는 질문에 직면한다. 제1장에서 세례식과 성찬식에 대한 두 가지의 지배적인 시각(성례전의 시각과 정례예식의 시각)을 자세하게 설명했다. 여기에서 자세하게 다시 그 내용을 반복하지는 않고, 다만 짧게 다루도록 하겠다. 본 장의 끝 부분에서 나는 각각의 관점이 세례식의 **실천**에 어떤 영향을 미치는지 지적하겠다. 왜냐하면 어떤 사람의 신학적 입장은 그 사람이 개발하고 이끄는 예배에 대해 암시와 영향을 주기 때문이다.

세례식을 성례전으로 보는 관점에서는 하나님이 그 행사에서 주된 역할을 한다고 여긴다. 즉 하나님은 부르신다. **그리고** 베푸신다. 성례전은 상징적이다. **그리고** 도구적이다. 제자를 세례로 인도하는 부르심과 세례에서 나눠주는 것은 하나님의 은혜의 행위라고 이해된다. 하나님은 개인이 기독교 가정(언약의 가정)에서 태어난 덕으로 인한 것이든지 또는 **복**음을 듣고 회개하여 개인적으로 회심한 것이든지 예수 그리스도의 제자가 되도록 개인을 부르신다. 각각의 경우, 하나님은 선행적인 은총을 베푸신다.

이 선행 은총은 우리가 성령께서 그리스도께 대한 믿음으로 우리를 이끌고 있음을 수용하거나 알아채기도 전에 작동하는 은혜이다. 사실상, '선행하는'(prevenient)의 의미는 '먼저 가다, 이전에 진행하다'이다.¹³ 은혜를 언급할 때 '선행하는'은 인간 행동에 선행하는 사건을 가리킨다.¹⁴

11　John Wesley, *White, Sacraments*, 70에서 재인용.
12　제1장에서 나는 세례식과 주의 만찬을 성례전의 관점으로 보았다. 따라서, 정례예식의 관점을 존중하긴 하지만 이 행사들을 종종 성례전으로 지칭하게 될 것이다.
13　*Webster's New 20th Century Dictionary*, 2nd ed., s.v. "prevenient."
14　Ibid.

그러므로 내가 일하시는 하나님을 **볼** 수 있기 전에, 하나님은 이미 일하고 계시다! 이것은 하나님이 자신의 형상으로 만들고 화해하기 원하시는 그 인간을 향한 하나님의 순전한 사랑에서 나오는 하나님의 은혜로운 행동이다.

세례식에 대한 정례예식의 관점은 그 행사에서 신자들의 역할에 우선권을 둔다. 세례식은 어떤 사람이 그리스도를 따르겠다는 자신의 의지를 표명하는 하나의 방식으로서 이해된다. 이 관점은 성례전의 관점처럼, 하나님이 성령의 확신을 통해 사람들을 믿음으로 부르신다는 주장을 공유한다.

그러나 정례예식의 관점을 가진 이들은 이 확신의 단계를 은혜 그 자체와 같은 것으로 이름 붙이지는 않는다. 그렇다. 정례예식을 하는 사람들도 하나님의 행동이 구원에서 유효함을 주장할 수 있다. 그러나 하나님의 행동이 구원 사건에 제한되고 세례식에서는 소용이 없다고 한다. 인간의 행동은 세례의 물속으로 들어가기 위한 추동력이다. 그 행동은 신자에 의해서 시작되고 진행된다.

두 관점 사이의 서로 다른 출발점은, 정례예식의 관점이 세례 예식을 그리스도와 죽고 사는 것을 단순히 표현하고 있는 순수한 상징 행동이라고 믿는 데서 극명하게 드러난다. 그들은 세례 상황에서 하나님에 의해서 수여되는 어떠한 은혜의 행동도 인정하지 않고, 단지 세례식은 그리스도가 제자들에게 명령한 것이기 때문에 행하라고 가르칠 만한 것이라고 여긴다.

대조적으로 성례전의 관점은 세례식의 행동 속에서 하나님이 은혜의 수단을 주는 것인데, 특히 성령의 선물을 주심과 죄로부터의 깨끗하게 하심의 형태로써 그렇게 하시는 것으로 본다(행 2:38). 성경이 세례식에 대해 말하는 모든 방식들, 즉 그리스도의 죽음과 부활에 있어서 그와 연합하는 것, 믿음의 공동체 안으로 들어가는 것, 중생의 중요성, 성령의 보증을 수용하는 것에서 하나님은 진정으로 연합, 입교, 성령의 수여, 그리고 중생의 제공의 행동을 수행하는 유일자이시다.

그래서 이런 성례전적인 관점을 가질 때, 세례식은, 그리스도의 명령을 따르는 **교훈적인** 행위일 뿐 아니라 세례 받은 사람로 하나님 행위의 놀라운 은혜를 받아들이도록 주어지는 **은혜로운** 것이기도 하다. 그렇다면 이러한 관점에서는 세례식은 진정한 은혜의 수단이다. 이 세례식은 하나님이 그리스도 안에서 성령의 능력을 통하여 은혜를 베푸시는 수단이 된다. 하나님의 제자로 부르시는 은혜, 자신에 대해서 죽도록 하시는 은혜, 진정한 제자의 삶을 살도록 힘을 주시는 성령의 은혜이다.

만약 성례전이 서약(제1장을 보라)이라면, 누가 누구에게 서약하겠는가?

하나님이 신자들에게 서약하겠는가?

또는 신자들이 하나님께 서약하겠는가?

대답은 '둘 다 그렇다'이다. 결혼식에서 양측은 상호 약속에 참여한다. 우리도 루터처럼 다음과 같이 확언할 수 있다.

> 나의 세례를 통하여 거짓을 말하지 않으시는 하나님은 그 자신을 나와 언약 관계로 묶으셨습니다.[15]

동시에 우리는 초대 교회의 세례 지원자들처럼 성령을 힘입어 그리스도 안에서 하나님에 대한 영원한 신실함을 서약한다.

---

15 *Blessed Sacrament of Baptism in Luther's Works*, vol. 35를 White, *Sacraments*, 34에서 재인용함.

로버트 웨버(Robert Webber)는 고대의 세례식을 통해서 바로 이러한 행사를 묘사한다.

> [세례 지원자들은] 사도신경의 전신이며 질문 형식 신조로 알려진 고대 신조의 용어들로 삼위일체 하나님께 충성[을 서약했다]. 그것은 지원자가 성부와 성자와 성령에 대해 믿고 있는 바를 진술하면서 교회의 신앙에 대한 충성을 요구한다. 믿음은 단지 사도 시대부터 전해져 내려온 진리일 뿐만 아니라 악마와의 약속을 그리스도와의 약속으로 대체하는 것으로 보여진다.[16]

여기에서 언급할 또 한 가지 사실은 성례전으로서의 기독교 세례식은 표지와 인증 두 가지로서 이해되었다는 것이다(성찬식의 경우도 동일하다). 세례식은 보이지 않는 진실을 보이는 것으로 묘사하고 있다는 점에서 표지이다. 보이지 않는 것이 표지 덕분에 보여진다.

또한 그 행사의 실제를 확증한다는 점에서 인증이다. 세례식은 세례의 행동 안에서 발견되는 은혜의 약속을 보증한다. 이 두 가지를 별개의 것으로 묘사하기는 했지만, 표지와 인증은 상호 배타적인 것이 아니다. 실제로 성례전으로서 표지 그 자체는 그 행사의 의미를 보여준다. 세례식에서의 물의 표지는 (보이지 않는 것을 보이는 것으로 묘사하는) 그 행사가 영적인 것임을 인증한다.

---

16 Robert E. Webber, *Journey to Jesus: The Worship, Evangelism, and Nurture Mission of the Church*(Nashville: Abingdon, 2001), 157-58.

2) 왜 우리는 세례를 받는가?

2,000년 이상 그리스도인들은 세 가지의 기본적인 이유로 인해서 물의 세례식을 거행해 왔다.

① 예수님이 세례를 받으셨다.
② 예수님이 세례식을 명령하셨다.
③ 신약성경이 세례식의 중요성에 대한 이야기와 가르침을 제공한다.

첫째, 예수 자신이 세례를 받았다는 사실이 교회가 세례식을 지속해 온 토대이다. 우선 우리는 주님이 그런 방식으로 우리에게 보여주셨기 때문에 물에 들어간다. 요한이 회개의 세례를 선포했다. 예수님은 죄 없는 분으로서 분명히 회개의 필요가 없으셨기 때문에 그가 어째서 세례를 받았는가는 신비로운 일이다. 그러니 예수님은 물의 세례를 받으셨고 여기에는 최소한 세 가지의 위대한 목적이 있다.

① 그것은 아버지에 대한 복종의 행동이었다. 요한은 인간적 관점에서, 예수님이 자신을 낮추어서 회개의 세례를 받는 것을 불합리하게 여겼다. 그래서 요한은 예수님에게 세례 주는 것을 꺼려했다. 그러나 예수님은 "모든 의를 이루기 위해서"(마 3:15) 그 행동이 필요함을 분명히 했다. 아버지에 대한 복종으로 예수님은 인성과의 완전한 결합을 나타내셨다. 회개의 필요성이 있는 그 사람들은 메시아가 영적인 필요에 있어서 자신들과 동일시되었다고 증거했다. 이런 방식으로 볼 때, 예수님의 세례는 성육신에서부터 십자가에

이르기까지 자기 비하의 긴 연속 선상의 한 사건으로 보여진다.
② 예수님의 세례를 통해 하나님의 아들이라는 예수님의 정체성이 명백하게 세워졌다. 아버지 하나님은 예수와의 관계성뿐 아니라 예수님의 정체성에 대해서도 의심의 여지없이 명백하고 귀에 들리게 말씀하셨다. 예수님은 사랑하는 아버지 하나님의 아들이었다(막 1:11). 예수님의 세례 사건에서, 하나님 아버지는 자신의 아들을 위하여 예수님의 정체성을 다른 사람들 앞에서 보증해 주시며 자신과 예수님과의 관계성을 은혜롭게 확증했다.
③ 예수님의 세례는 성령 충만의 사건이었다. 예수께서 물에서 나올 때에 성령이 예수 위로 내려오셔서 예수님의 사역을 완수하기까지 그를 지도하고, 가르치고, 지탱해 주는 중심적인 능력이 되었다(눅 4:18-19).

예수님의 세례 안에서 완성된 목적들은 우리의 세례식에서 완성되는 것들과 다르지 않다. 우리는 복종의 행동으로서 세례식에 순종한다. 우리는 하나님의 자녀들로서 인정받는다. 그리고 우리는 성령의 선물을 받는다. 기독교 세례식을 위한 토대는 우선적으로 예수님의 세례 사건에 놓여 있다.

둘째, 우리가 세례를 받는 또 다른 이유는 예수님이 그의 제자들에게 세상 끝날까지 행하도록 명령하셨기 때문이다. 예수의 부활 이후 그리고 아버지에게 돌아가기 바로 직전에 예수님은 열한 제자에게 수행할 임무를 주었다. 이 임무에는 아버지와 아들과 성령의 이름으로 모든 나라의 제자들에게 세례를 주라는 내용이 포함되어 있었다(마 28:19). 매우 선명하고 직접적인 이 명령은 수 세기 동안 진지하게 수행되어 왔다.

셋째, 물의 세례가 사도행전을 시작으로 신약성경에 많이 인용되면서 초대 교회에서 매우 중요한 우선순위로서 제시되고 있다. 첫 번째 세례의 시작은 오순절 날 세례 받은 3,000여 명의 사람들이었다(행 2:41). 이 야기는 사울의 세례 사건, 에디오피아 내시, 사마리아에서 빌립에 의해 세례 받은 군중들, 고넬료의 가정, 루디아의 가정, 빌립보 감옥 간수, 그리스보의 가정 등으로 이어진다. 오늘날 우리가 세례 받을 때 우리는 예수에서 시작하여 그리스도의 명령에 순종하는 그리스도인들의 길고 연속적인 행렬에 서 있는 것이다.

3) 누가 세례를 받는가?

누가 세례를 받는가?
한 가지 면에서 보면 대답은 간단하다. 예수 그리스도의 제자들이다. 예수님은 다음과 같이 말했다.

> 그러므로 너희는 가서 … 제자로 삼아 … 세례를 베풀고
> (마 28:10).

그러나 자세히 보면 약간 까다로운 문제가 있다. 의문이 생겨나기 때문이다.
누가 제자인가?
이 질문에는 수 세기 동안 다른 방식의 답변들이 있어 왔다. 그리고 그 답변들이 기독교 세례식에 대한 다양한 접근들을 야기시켰다. 우리는 종교개혁 시대 이후 두 가지의 주요한 개신교 실천에 초점을 맞출 것

이다. 즉 유아 세례와 신자의 세례이다.

(1) 유아 세례

많은 개신교 교단들은 유아 세례(infant baptism, pedobaptism)를 실천한다. 유아 세례를 위한 역사적 선례들은 깊고 광범위하다. 유아 세례는 신약성경에 명백하게 언급되고 있지는 않지만 신약 시대 이후 줄곧 끊임없이 실천되어 왔다. 교회사가(church historian)인 제임스 화이트는 다음과 같이 주장한다.

> 의심의 여지없이 … 3세기까지 아이들은 세례를 받았다. … 또한 사도적 전승도 유아 세례의 틀림없는 증거들을 전해 준다. 그들 중 많은 아이들이 '자기 생각을 말하기'에는 너무 어렸다. 이 점에서 유아 세례가 행해졌다는 것에 의심의 여지가 없다. 4세기 신학적 발달은 1,000년 이상 어디에서나 유아 세례가 일상적으로 잘 실천되도록 만들었다.[17]

대부분의 종교개혁가들은 유아 세례를 유지했다(메노 시몬스[Menno Simons]와 다른 재세례파 지도자들은 눈에 띄는 예외 인물들이다). 심지어 울리히 츠빙글리(Ulrich Zwingli)는 세례식과 명백한 유사점이 있는 할례를 들어서 유아 세례를 하나님과 이스라엘 사이의 언약과 비교했다.[18]

유아 세례의 실천을 논박하는 사람들은 신약성경에는 유아 세례와 관련된 어떤 언급도 없다고 주장한다. 성경에서 유아 세례에 대한 명백한

---

17 White, *Brief History*, 46.
18 Ibid., 37.

언급이 없다는 말은 사실이다. 이에 대해 반대의 의견을 내는 사람들은 사도행전에 보고된 몇몇 '가정 세례'에는 매우 어린 아이들도 포함되었을 것이라고 말한다. 이런 논쟁은 도움이 되지만 명백한 내용이 아니라 기껏해야 단지 암시적인 내용에 의지하고 있을 뿐이다. 그러나 유아 세례에는 추가의 성경적인 그리고 신학적인 지지가 있다. 고려할 두 가지 점은 바로 언약으로서의 세례와 아이에 대한 예수님의 수용이다.

언약으로서의 세례

유아 세례는 자신의 백성과 맺은 하나님의 언약에 토대를 두고 있다. 그 언약은 아브라함과 수립한 언약이고 이는 언약의 상속자인 모든 신자들을 위해 오늘날에도 유효하다. 하나님이 족장과 맺은 그 언약에서 하나님은 족장과 그 족장의 자손에게 복을 주심으로 말미암아 지구상의 모든 자손들에게 복을 주시기로 약속하셨다(창 12:3). 언약에는 보호, 번영, 그리고 땅이 포함되었다(창 13:14-17; 17:1-8). 그러나 결국 그것은 모두 관계성에 대한 것이었다. 사실상 그 언약은 하나님과 하나님의 백성 사이의 과거, 현재, 그리고 미래의 거룩한 관계성으로 요약된다.

여기에서 하나님의 백성은 아브라함, 이삭, 그리고 야곱의 모든 후손이다. 그 관계는 지구상의 모든 사람들 사이에서 독특한 것이었다. 하나님은 아브라함과 그리고 그의 자손들과 배타적으로 언약을 맺으셨고 반대로 그들에게는 완전한 신의를 요구하셨다(창 17:9). 한 분 진정한 하나님이 독점적으로 이스라엘의 하나님이 되셨다.

언약의 표지는 할례였다(창 17:10-14). 할례는 특별한 예식으로서 거행되었고 하나님과 그의 백성 사이의 관계를 영속적으로 상기시키는 도구로서 기여했다. 언약의 첫 번째 세대는 13살 이상의 남자 후손(창 17:23-27)

과 그들의 식구들(이방인과 노예를 포함하는)로 구성되었는데 이들은 언약의 표지를 갖기 위해서 할례를 행했다. 아브라함은 어른으로서 믿음을 표현하기 위해 할례를 행했다.

그러나 하나님은 아브라함에게 믿음을 갖기 이전의 어린 자손들에게도 할례를 행하도록 명령하셨다. 언약의 2세대가 시작되고(이 때까지는 어른들이 모두 할례를 받았다), 유아들이 출생 후 8일이 되었을 때 할례를 받았다(창 17:12; 레 12:1-3). 할례 예식은 언약으로 들어가는 입문식이었다. 할례는 약속의 표지였다. 그것은 "하나님의 약속이 미래에 실현될 것에 대한 믿음의 표현"이었다.[19] 할례의 표지-행동(The sign-act)은 언약의 표지로서 그리고 언약의 인증으로서 기여했다.

구약성경의 언약과 할례는 세례식 그리고 신약성경의 영적 할례와 연결되어 있다. 사도 바울은 다음과 같이 말했다.

> 그 안에서 너희가 손으로 하지 아니한 할례를 받았으니 곧 육의 몸을 벗는 것이요 그리스도의 할례니라 너희가 세례로 그리스도와 함께 장사되고 또 죽은 자들 가운데서 그를 일으키신 하나님의 역사를 믿음으로 말미암아 그 안에서 함께 일으키심을 받았느니라(골 2:11-12).

유아의 경우, 할례처럼 세례식은 약속의 표지가 된다. 즉 하나님의 구원의 약속과 성령의 선물이 이윽고 완전하게 실현될 것에 대한 믿음의 표현이다. 약속의 표지가 모든 가정을 위한 것임을 주목하라. 그러므로

---

19 "Circumcision," in *Baker Encyclopedia of the Bible*, ed. Walter A. Elwell(Grand Rapids: Baker Books, 1988), 462.

유아 세례를 위한 하나의 중요한 근거는 아이가 언약의 공동체인 가정에 태어났다는 것이다. 이와 같이, 아이들은 장래에 그들 스스로 믿음을 주장할 수 있을 그때가 올 것에 대한 믿음의 약속으로서 세례를 받는다. 그리고 이 아이들에게는 필수적이고 의도적인 영적인 양육이 주어지게 될 것이다.

유아 세례 안에 표현된 믿음은 아이를 위한 부모의 믿음이고 교회의 믿음이다. 아이들이 다른 사람의 믿음 덕분에 구원받았다는 것이 아니다. 다른 사람의 믿음이 아이가 장래에 열매 맺게 될 그 자신의 믿음을 위한 토대를 제공한다는 것이다. 세례식에서 아이는 아직 오지 않은 것들에 대한 보증으로서 성령의 인증을 받는다. 할례가 옛 언약 공동체에 입문하는 예식이었던 것처럼, 세례식은 새 언약 공동체인 우주적 교회에 입문하는 예식이다.

그러므로 유아 세례는 그리스도의 몸의 언약 구성원(어른 부모와 교회)이 자신들의 믿음을 확언히고 기독교 교육에 대한 열정과 세례 받은 유아에 대한 사랑을 서약하는 것이다. 이는 그들이 하나님의 은혜로써 예수 그리스도를 구세주와 주로 부르는 자리로 자녀들을 데려올 수 있기에 합당한 자격을 얻기 위함이다. 유아의 부모가 아이들을 위해서 기도하고 있기 때문에, 최소한 부모 중 한 명은 헌신된 그리스도인이어야 한다. 그래야만 부모는 자녀에게 구원의 믿음을 가지는 데 필요한 영적인 양육을 지속적으로 제공할 수 있다.[20]

---

20 필자는 여기에서 평범한 것들을 이야기한다. 많은 예외들이 있을 것이다. 아이를 양육하는데 열정으로 참여할 수 있는 조부모 등 부모가 아닌 사람이 기도를 할 수도 있다. 더 큰 원리는 이것이다. 예수 그리스도의 헌신적인 제자가 아닌 부모는 그들의 자녀들을 위한 세례식 서약을 할 수 없다. 이런 상황에서 아이에게 가장 좋은 것은 자신의 믿음의 고백의 기초에서 세례식을 하는 것이다.

만약 유아 세례가 오늘날 많은 자유교회 전통에서 실시되는 '헌아례'(child dedication)와 매우 비슷하게 들린다면 약간의 주목할 만한 차이점을 제외하고는 당신의 생각이 맞다. 차이점이 많지는 않지만, 중요한 차이점들이다. 유아 세례와 헌아례 사이의 차이점들은 제8장에서 설명하겠다.

예수님의 아이들 수용

복음서에서 예수님은 명확하다. 아이는 하나님 나라의 한 부분이다. 아이들에 대한 세례를 지지하는 예수님의 말씀은 없지만, 그럼에도 불구하고 하나님 나라와 관련해서, 아이에 대한 예수의 관점은 유아 세례를 실천하는 이들에게 중요하다. 예수님의 제자들이 예수님께로 아이들이 가는 것을 막으려 했을 때, 예수의 반응은 눈길을 끈다.

> 어린 아이들을 용납하고 내게오는 것을 금하지 말라 천국이 이런 사람의 것이니라(마 19:14; 또한 막 10:14과 눅18:16을 보라).

이와 같은 정서가 예수님와의 관계성을 위해 아이들을 세례의 물로 데려올 때의 정서이다. 유아 세례를 옹호하는 사람들과 헌아례를 옹호하는 사람들 모두 자신들의 입장에 대한 논거로서 같은 이야기에 호소하고 있다는 것은 흥미롭다. 물론 세례와 헌아례는 그 본문에서 직접 언급되지는 않는다. 그러나 예수님이 아이들을 사랑했다는 사실이 나타나 있다.

이런 토대에서, 특히 언약의 토대에서, 유아 세례는 적어도 A.D. 3세기부터는 모든 또는 몇몇 기독교 교단들에서 시행되어 왔다. 그것은

(대부분의 개신교 관점에서는) 중생을 제공해 주거나,[21] 원죄의 저주를 제거하거나, 부모가 하나님께 아이를 봉헌하는 것을 나타내는 것은 아니다. 오히려 유아 세례는 본질적으로 다음의 내용들로 이해된다.

- 아이의 삶에서 역사하실 하나님의 은혜를 미리 보여주는 은혜의 수단이다.
- 그리스도의 죽음과 부활을 통해 이미 구원을 이루셨음을 보여주는 것에 초점이 있다. 그리고 하나님의 이야기 가운데 아이를 키울 수 있는 가족과 공동체 안에서 아이가 자라는 것과 그리하여 아이 스스로 그 구원의 이야기 속에서 자기 자리를 찾을 수 있도록 돕는 것에 초점이 있다.
- 하나님 나라의 시민으로서 이 아이를 주관하시고 보존해 주시기를 하나님께 간구한다. 그리고 이 아이가 예수 그리스도 안에서 개인적인 믿음을 갖는 데 필요한 양육, 사랑, 그리고 영적 형성을 제공할 부모와 교회 모두의 기도를 약속한다.
- 하나님의 구원의 사역이 이루어지고 있음에 대한 표지이다(아이가 나이가 들고 목적이 이루어질 때 얻게 됨).

아이의 삶의 여정에서 유아 세례가 구원의 특정한 어떤 시점으로서 강조된다.

> 도착 지점보다는 방향이 표시된다.[22]

---

21 일반적으로 말해서, 루터교의 관점은 중생에 대해 더 수정적(amendable)이다.
22 Friedrich Rest, quoted in John H. Armstrong, ed. *Understanding Four Views on Bap-*

이런 이유로 유아 세례에서 발견되는 **약속**이 열쇠이다.

견신(堅信, confirmation)은 유아 세례가 기준(norm)이 될 때의 자연스러운 그 다음 순서였다. 원래 견신은 세례 직후 세례를 인증하는 표지로서 주교가 기름을 바르는 것을 의미했다. 처음에 세례식은 세례, 도유(塗油, chrismation), 그리고 성찬식에 처음으로 참여하는 것 등 몇 가지 예식을 포함하는 단독 행사였다. 결과적으로 기름을 바르는 행동은 견신으로 알려지게 되었다. 그리고 물의 세례와 분리되었다. 일단 분리되자, 견신은 지연되었고 아이가 합당한 나이가 되었을 때(전형적으로 7살 이상) 세례 후 서약을 하는 행사가 되었다.[23]

오늘날 많은 교단이 실천하는 견신은 세례 받은 젊은이가 믿음 안에서 적절한 교육을 받은 결과, 그리스도를 따르겠다는 자신의 의지를 공적으로 공표하는 것을 의미한다. 이와 같이 교회는 기름을 바름으로써 세례 받은 젊은이 안에서 증거가 되는 성령의 사역을 확증한다.

(2) 신자의 세례

신자의 세례는 '신뢰할 수 있는 나이'에 도달한 사람들이 받는 세례를 말한다. 정해진 나이는 아니지만 발달상 충분한 나이이며, 복음에 대해서 지적으로 듣고, 이해하고, 반응할 수 있는 나이를 말한다. 전형적으로 복음에 반응할 수 있는 사람들은 나이가 좀 든 아이들, 청소년 또는 어른이다. 현실적으로 유아 세례를 하는 집단들은 신자의 세례도 실천한다. 왜냐하면 모든 세대마다 복음을 처음 듣는 세례 받지 않은 사람들이 있고, 이들

---

tism(Grand Rapids: Zondervan, 2007), 198.

23 이 나이는 어느 정도 임의적이다. 그러나 세례식과 관련된 자료들에서 일반적으로 언급되는 나이이다.

은 걸음마 단계를 거쳐서 복음에 잘 반응하기 때문이다. 그러나 **오직** 신자의 세례만 실천하는 집단에서는 유아 세례를 실천하지 않는다.

신자의 세례는 신약성경에 사례가 많다. 특히 사도행전에는 오순절의 3,000여 명 회심자들, 에디오피아 내시, 마술사 시몬, 사울 그리고 많은 사람들에 대한 세례 이야기가 있다. 예수 역시 어른으로서 세례를 받았다. 오직 신자들만 세례를 주는 사람들은 신약성경의 몇 구절을 논거로 삼는다. 특히 사도행전의 구절들은 회개 이후에 세례를 말하고 있기 때문에 이들은 그 반대의 순서는 받아들이지 않는다(추가적으로 마 28:19; 행 2:38, 41; 8:13; 18:8을 보라). 요한의 세례는 확실히 세례가 회개를 뒤따르는 전-그리스도인 모형(pre-Christian model)이다. 신자의 세례를 적절한 의식으로 말씀하는 성경 구절들이 많다.

처음 몇 세기 동안 어른을 대상으로 하는 세례식이 계속 되었고, 세례식에서 절정에 이르는 광범위한 영적 형성의 과정이 있었다. 3세기 후반에시 4세기 초의 시기 동인 황제 디오클레티아누스에 의한 극심한 교회 핍박이 있었다. 세례를 받으려는 헌신은 극도의 결과를 낳았다. 세례식에서 하는 서약은 그리스도와 기독교 공동체에 대한 충성의 서약이었고 순교의 값 지불을 해야 할 수도 있었다. 우리는 어떻게 오직 어른들만이 3년까지의 교육 체계를 받아들일 수 있었고 제자가 되고자 하는 이런 극적인 결정을 할 수 있는지를 볼 수 있다. 로마의 황제가 그리스도인으로 개종한 4세기 말이 되었을 때에야 세례를 받을 수 있는 신자의 나이가 더 어려지게 되었다.

신자의 세례는 제자가 되기 위해서 세례식 전에 회개와 믿음이 이미 있어야 한다고 전제한다. 개인은 반드시 복음의 설명을 들어야 하고 성령이 그에게 예수 그리스도를 통한 하나님과의 화해를 확신시켜주는 경험을 해야 한다. 이것은 다시 회개로 이끌어, 삶의 방식을 바꿔 놓는다. 이 모든 것은 십자가에서 성취된 하나님의 약속을 믿을 수 있도록 신자들에게 임하는 믿음의 선물을 통해 일어난다. 신자들은 복음을 듣고, 그 진리를 이해한 후 성령을 통해 명료해지는 하나님의 초대에 대한 응답으로서 세례를 받는다.

신자의 세례는 세례를 성례전으로 보기보다는 정례예식으로 보는 집단들 사이에서 더 일반적이다.[24] (그리고 유아 세례는 성례전적 관점을 갖고 있는 집단에서 더 일반적이다.) 그러므로 신자의 세례는 세례를 구원의 믿음 다음에 오는 것으로 보고, 구원의 간증이자 단지 상징적인 행사로서 보는 교단에서 광범위하게 실천된다. 크리스천교회(Christian Churches)/그리스도의 교회(Churches of Christ) 같은 대부분의 침례교단들과 자유교회 전통들에서는 세례식을 통해 구원이 "시작되거나, 증가되거나, 또는 완성되는 것이 아니"라고 본다.[25] 그러나 좀 더 성례전적인 관점을 가지고 있는 전통들은 어른 세례를 수여된 은혜로 보고 있으며 순수한 상징으로만 보지는 않는다.

본질적으로 신자의 세례는 다음의 내용들로 이해된다.

- 예수 그리스도의 진정한 제자가 되겠다는 자신의 의지를 공적으로 증언함.
- 구원을 위해 오직 그리스도만 믿는 믿음과 회개의 표지.
- 영적인 성별.

---

24 다시 강조하는데, 모든 교단들이 유아 세례와 신자의 세례를 모두 시행한다. 게다가, 20세기 중반의 로마가톨릭은 성인의 기독교 입문예식을 발달시켰다. 교회들은 이전에 아이일 때 세례 받은 사람보다는 새로운 회심자의 세례에 헌신했다.

25 Armstrong, *Understanding Four Views on Baptism*, 25.

- 그리스도와 함께 죽고 사는 것의 상징.
- 그리스도의 몸으로의 입문.

나는 유아를 위한 세례와 신자를 위한 세례 사이의 어떤 차이점들을 설명하려고 노력했다. 그러나 이 둘의 실천에는 비슷한 몇 가지의 방식이 있다. 모든 세례식이 공유하고 있는 것은 다음의 측면들이다.

- 둘 다 기독교 공동체 안에서 일어난다.
- 둘 다 믿음의 고백을 요구한다.[26]
- 세례식 이후에 이해력과 제자 됨에서 성장할 것을 기대한다.
- 둘 다 그리스도 중심적이다.
- 세례 받은 사람은 하나님의 선행적 은총을 갖거나 경험한다.
- 모두 함께 모인 공동체는 그들의 공동의 믿음을 선포한다.[27]

요약하자면, 건물을 짓기 위한 세례식의 4가지 벽돌(본 장의 처음 부분에서 언급함)은 유아 세례와 신자의 세례 둘 다를 지지한다. 각각의 환경에서 세례식은 그리스도와의 연합, 그리스도 몸으로의 입문, 중생, 그리고 성령을 받아들임으로 이해된다.

---

26 비록 유아의 경우 개인적 고백은 훗날, 즉 그 또는 그녀가 성령의 지켜주심과 믿음으로 가득한 부모와 공동체의 근면함의 결과로 그리스도에 대한 개인적 응답을 할 수 있는 때 이루어진다 할지라도 말이다.

27 *Baptism, Eucharist and Ministry*, 4.

4) 언제 세례를 베풀 것인가?

언제 세례를 베풀어야 하는가에 대해 의견 차이가 있다는 것은 놀라운 일은 아니다. 유아 세례와 신자의 세례 둘 다 시기와 관련된 질문을 갖는다.

출생 후 얼마나 지나야 하는가?

회심 후 얼마나 지나야 하는가?

만약 교회가 유아 세례를 지지한다면, 예식은 아기의 출생 후 바로 집행될 수도 있다. 세례식을 중생으로 보는 관점을 갖고 있는 개신교인(소수의 관점이다)들은 세례식을 좀 더 빨리 집행하는 경향이 있다. 유아 세례를 지지하지만 중생이라기보다는 언약 공동체에 입문하는 예식으로 보는 입장에서는 덜 긴급하게 여긴다.

두 가지 입장에서 유아 세례는 부모(또는 아이를 위하여 대리할 수 있는 사람)의 준비 기간 이후에 집행되어야 한다. 최소한 이 기간에 부모들은 세례식의 의미와 앞으로 부모 역할의 중요성에 대해서 상담하기 위해 목회자와 만나야 한다. 세례식의 의미에 대한 주기적인 교육이 매우 필요하다. 이는 유아 세례를 준비하는 부모들뿐 아니라 전체 교회를 위해서 권유할 만하다. 특히 세례식은 완전히 개인적인 일이 아니기 때문에 세례식의 의미에 대해 이해하는 구성원들이 많아질수록 더 좋다.

신자의 세례 관점을 갖고 있는 모든 공동체들은(유아 세례를 실천하는 모든 기독교 교단들은 동시에 신자의 세례도 집행한다는 것을 기억하라) 개인적 회심이 세례에 앞선다는 것에 동의한다. 그러면 질문이 생긴다.

회심 후 얼마나 지나야 하는가?

크리스천교회(Christian Churches)/그리스도의 교회(Churches of Christ)와

어떤 침례교단들은 죄 고백과 그리스도를 따르겠다는 헌신 직후에 바로 세례식을 집행한다. 이런 경우에 그리스도에게 삶을 헌신하고자 하는 새로운 회심자는 교회의 강단에 있는 세례조로 인도받아 한 시간 내에 세례를 받는 것이 일반적이다. 이 실행은 에디오피아 내시의 회심을 연상시킨다. 그는 예수님의 복음을 듣고 빌립에게 "보라 물이 있으니 내가 세례를 받음에 무슨 거리낌이 있느냐?"(행 8:36)라고 외쳤다. 즉각적인 세례를 받는 사람들은 세례에 대해 더 높은 평가를 내리는 경향이 있다.

심지어 어떤 사람들은 '죄의 회심 + 세례식 = 구원'이라고 말한다. 다시 말해서, 세례식은 진정으로 구원받음을 절대적으로 요구된다는 것이다. 세례식을 단지 상징으로 보는 공동체들이 회심 직후 집행하는 세례식을 주장하고 있다는 것은 역설적이다. 이 경우 성례의 긴급성을 추정하는 것으로 보이지만 세례식을 정례예식으로 간주하고 있다.

신자의 세례를 실천하는 다른 사람들은 회심 이후 세례식을 긴급하게 요구하지는 않는다. 대신에 그들은 영적 교육에 집중한다. 이 교육을 통해서 새로운 제자들이 제자도의 대가 지불에 대해서 이해하게 된다. 영적 지도는 신자가 그리스도와 그리스도의 교회에 대한 더 큰 이해와 헌신을 소유하고서 세례의 물로 들어갈 수 있도록 준비시킨다. 이런 경우에, 세례식을 위해서는 믿음의 증언뿐 아니라 성숙한 기독교 지도자에 의해서 소정의 제자 훈련 그리고/또는 교육(mentoring)을 완료해야 한다.

세례식의 이러한 모형은 2세기에서 4세기 동안 있었던 예비 신자 제도와 닮았다. 물론 근대화된 교육 내용들은 우리의 옛 형제들과 자매들이 요구했던 것들과는 일반적으로 다르다. 초기 그리스도인들이 세례의 서약을 하기 위해서는 큰 결심이 필요했고 온 교회를 위험에 빠뜨릴 수 있는 배반의 가능성도 있었기 때문에, 교회 지도자들에 의해 엄격한 신앙 검증을 받았었다는 것을 기억하라.

후자의 모형은 쿠바 감리교의 모형이다. 나는 몇 년간 하바나(Havana)의 감리교 목회훈련학교에서 가르친 적이 있다. 그곳에 있는 동안 대형 감리교회를 방문했다. 그 교회에 어른이 충분히 잠길 만큼의 깊이로 최근에 만들어진 타일(tile) 세례조가 있었다. 그 교회 목회자인 리카르도(Ricardo)는 감리교 목회자들 사이에서 최고 지도자였는데 그가 쿠바인들을 위한 세례 전 훈련의 중요성을 내게 말해 주었다.

리카르도는 혁명기(1959년)에는 교회 회원으로 받아들여지기 전 2주 동안 교회 회원 수업이 있었다고 말했다(물론 회심이 회원 수업의 전제 조건이었다). 그러나 피델 카스트로(Fidel Castro)가 교회 출석을 금지하고 선교사들을 내쫓으면서 많은 믿음의 탈영병들이 생겼다. 교회 출석은 급락했다. 적은 수의 신자들만이 남아 예수 그리스도의 사역을 나름대로 수행했다. 3명의 십대 쿠바 지도자들이(그중 한명이 리카르도 목사였다) 몇 년 동안 감리교 신자들의 남은 자 모임을 이어갔다. 그렇게 하면서 그들은 교회 회원 자격을 더 이상 쉽게 취득할 수는 없게 하기로 결심했다. 그들은 교회의 회원 자격을 쉽게 얻으면 그만큼 쉽게 믿음도 저버린다는 것을 보았다.

오늘날 정부의 종교 제한은 어느 정도 완화되었고 교회 출석도 대부분의 경우 인정된다. 교회들이 급증하고 있는데 이는 교회 회원이 되는 것이 빠르고 쉬워서가 아니다. 대신 리카르도 목사와 다른 이들은 세례와 교회 회원 준비를 위한 52주간의 수업을 만들었다. 매주의 모임은 몇 시간 동안 이루어지고 성경 공부, 신학, 감리교 신앙, 교회의 중요성, 결혼 교육, 복음주의, 그리고 믿음을 위한 고난의 역할 등 많은 중요한 주제들을 다룬다. 흥미롭게도 세례자의 숫자가 제자도의 대가 지불에도 불구하고 급증했다.

각 교회는 세례 전의 적절한 교육 시간을 기도로써 신중하게 분별할 필요가 있을 것이다. 대부분의 교단들은 이에 대해 특정한 관점을 갖고 있다. 교단의 일원으로서 당신도 그 교단의 입장을 존중하는 것이 좋겠다. 세례식을 은혜의 수단으로 보는 교단들에서는 긴 훈련 기간이 필요 없다고 주장할 수도 있다(부모들이 자녀를 위해 서약하는 경우와 어른 지원자의 경우 모두). 은혜의 수단을 지연할 이유가 없기 때문이다.

그럼에도 불구하고, 세례식을 위해 준비하는 시간을 갖는 것에는 분명한 장점이 있다. 그 질문에 대하여 심지어는 하나의 공동체 안에서도 대답이 분분하다. 그러나 세례식을 할 때는 하나의 입장을 취하는 것이 중요하고 현명하다. 그렇게 하는 것이 대부분의 경우에 당신에게 도움이 될 것이다. 현재의 후-기독교 문화(post-Christian culture)는 초대 교회의 전-기독교 문화(pre-Christian culture)와 비슷하다. 그래서 신자들은 세례 받기 전의 훈련과 영적 형성을 위한 의미 있는 준비 기간이 있어야 한다고 본다. 훈련이 훌륭할수록, 교회 선교에 적극적이고 신실하게 참여할 가능성이 커진다. 예수님은 다음과 같이 말씀하셨다.

> 무릇 많이 받은 자에게는 많이 요구할 것이요 많이 맡은 자에게는 많이 달라 할 것이니라(눅 12:48).

5) 어디에서 세례를 베풀 것인가?

위의 '누가'에 대한 질문에서처럼 '어디'에 대한 질문도 답은 간단하다. 어디에서 세례를 베풀어야 하는가? (너무 뻔한 답변을 들을 준비하라.)

물이 있는 곳이다!

서구 사회에서는 물의 공급 가능성이 많기 때문에 사용할 수 있는 많은 대안들이 있다. 많은 교회들이 강단에 세례조를 만들어 놓는다. 따뜻한 기후를 가진 곳에서는 세례조를 교회 밖의 땅에 설치한다. 어떤 공동체들은 강이나 호수 가까이에서 세례를 베풀기도 한다. 어떤 이들은 수영장이 있는 집으로 간다.

많은 교회들은 침수를 위해 설계된 세례조가 아니라 세례반(baptismal fonts)을 갖고 있다(물을 담은 그릇이 위에 놓인 기둥). 이런 기구들은 침수를 위한 것이 아니라 뿌리거나 쏟는 용도이다.

침수를 하지만 예배당에 세례조를 갖고 있지 않은 어떤 공동체들은 근처 교회에서 세례식을 집행하는 특권을 얻는다. 교회 연합은 말할 것도 없고, 그것은 멋지고, 이웃다운 일이다.

초대 교회는 어디에서 세례식을 집행할 것인지에 대한 여러 의견들을 개진했었다. 초대 교회의 실천에 관해 현존하는 가장 오래된 문서 중 하나인 『디다케』(*Didache*)에는 흐르는 물(생수의 상징)이 있는 장소 그리고 따뜻한 물보다는 차가운 물이 더 좋다는 기록이 있다.

> 만약 흐르는 물이 없다면, 다른 물에서 세례식을 하라. 만약 차가운 물을 사용할 수 없다면, 따뜻한 물을 사용하라. 그리고 만약 둘 다 없다면, 성부와 성자와 성령의 이름으로 머리에 세 번 물을 부어라.[28]

---

[28] *The Didache or The Teaching of the Twelve Apostles*, trans. Tim Sauder, www.scrollpublishing.com/store/Didache-text.html, 7장.

그러나 '어디'에 대한 질문은 단지 물의 장소만을 언급하는 것은 아니다. 그 질문은 또한 공동체의 위치를 언급하고 있다.

어디에서 세례를 행하는가?

답은 공동체가 예배를 위해 모이는 모든 곳이다. 유아 세례와 신자의 세례 모두 언약의 본질을 가지고 있다. 그러므로 세례식이 예배를 위해 모인 언약의 사람들을 위해 집행되어야 한다는 것은 필수적인 일이다. 세례식은 항상 공동의 행위이다. 사실상, 종교개혁가들은 개인적인 세례를 가리켜 교회의 남용들 중 하나라고 했다.

하나님의 가족 구성원들이 함께 모여,

① 하나님께 영광을 돌리고,
② 새로 세례 받은 이들과 함께 언약 안으로 들어가기로 하나님 앞에서 서약한다.

이것은 하나님 공동체의 위대한 특권이고 기쁨이며 권한이다. 『공동기도서』(The Book of Common Prayer)의 초판은 세례에 대해서 다음과 같이 지시한다. 세례는 오직 일요일과 그 밖의 성일에 집행되어야 하는데, 그 이유는 가장 많은 숫자의 사람들이 모이는 날이기 때문이다. 즉 성일에 모두 모인 자리에서 새로 세례 받는 이들이 공동체의 일원으로 가입하는 것의 증인이 되어 주고 또 자신들의 세례도 새롭게 기억하기 위해서이다.[29] 그래서 존 웨슬리는 미국에서 예배 실천 운동을 할 때 개인 세례 예식을 제거했다.[30]

---

29 White, *Sacraments*, 46.
30 Ibid., 47.

세례식은 언제나 공동의 행사이기 때문에 친밀한 가족 구성원들의 모임을 위한 개인적 예배로는 적합하지 않다. 또 젖은 머리를 남에게 보이기 싫어하는 누군가를 위하여 편의를 봐주는 식의 예배로도 적합하지 않다.[31] 세례식은 공적인 행사이다. 그 행사의 공적인 본질이 중요하다. 예배로 모인 공동체(지역 교회 공동체)는 두 가지 이유에서 세례식이 필요하다.

첫째, 세례식은 선언의 성격을 지녔다. 세례식은 누군가의 믿음을 보일 수 있는 최고의 기회이다. 그리고 예수 그리스도의 진리에 대한 주장을 **다른 사람들 앞에서** 견고하게 하는 것이 된다. 예수님은 다음과 같이 말씀하셨다.

> 누구든지 사람 앞에서 나를 시인하면 나도 하늘에 계신 내 아버지 앞에서 그를 시인할 것이요 누구든지 사람 앞에서 나를 부인하면 나도 하늘에 계신 내 아버지 앞에서 그를 부인하리라
> (마 10:32-33).

새로운 회심자나 유아의 부모들이 자신의 기독교 신앙을 증명하는 것이 단지 교회에만 득이 되는 것은 아니다. 신자들이 보여주는 믿음의 강렬한 선언은 그 자리에 참석한 불신자들을 위한 기회이기도 하다. 증거의 좋은 기회이다. 세례 지원자들이 그 예배에 불신자 친척들을 초대하도록 격려해야 한다. 이 예식을 관찰하는 것은 예수 그리스도를 주로서 인식하게끔 하는 강력한 자극이 될 수 있다.

---

31 세례식을 예배와 따로 집례하도록 하는 극단적인 상황이 발생할 수도 있다. 그러나 그런 상황은 매우 드물기 때문에 가장 비정상적이고 위급한 상황을 결정의 근거로 삼아서는 안 된다.

둘째, 세례식은 공동의 본질을 지녔다. 즉, 목회자와 세례 지원자는 물론이고, 공동체도 그 행사에서 역할을 가지고 있다. 기뻐하고, 용기를 주고, 자신들의 세례도 기억하고, 사도적 믿음을 확증하고 새로 세례 받은 사람을 성도들의 친교 안으로 받아들이는 것이 교회 공동체의 일이다. 세례식은 교회의 정열적인 참여로 인해 풍성해진다. 각각의 구성원들이 그 순간의 성스러움을 더한다.

세례식은 항상 말씀의 선포가 있는 온전한 예배의 맥락에서 집행된다. 세례식은 '빨리 끝내 버리도록' 먼저 던져지지 않는다. 또한 하나의 부록으로 예배 끝에 달려있는 꼬리표 같은 것도 아니다. 세례식은 서둘러서 집행되어서는 안 된다. 세례식은 '예배 안의 예배'로서 설교에 대한 중요한 응답의 형태를 지니도록 잘 개발되어야 한다. 하나님께 영광을 돌리는 예배를 완성하기 위해서는 공동체가 필요하다.

세례식의 예배를 위해 모이는 가장 **최선의** 공동체는 세례 지원자가 소속되어 있는 지역 공동체의 구성원들이다. 때로는 사람들이 그들의 세례식을 위하여 다른 장소를 원한다. 예를 들어 교회의 야영 기간 같은 때이다. 이것이 그 자체로 잘못일 수는 없지만 절대로 그렇게 하지 않는 것이 좋다. 세례식은 교회의 성례전이다. 신자들은 어느 곳에서부터도 올 수 있고 이들은 우주적 교회의 구성원이 된다. 그리고 신자들은 우주적 교회 안에서 세례를 받는다.

그러나 우주적 교회의 대표는 지역 공동체이다. 공동체는 특정한 개인들로 구성되어 있고 세례 지원자는 그들과 역동적인 친교 가운데 있다. 그러므로 이 사람들은 세례식의 증인이 되는 회중을 이룬다. 그들은 세례 지원자와 함께 사역할 사람들이다. 그들은 세례 지원자가 진정한 제자의 삶을 살도록 가장 책임 있게 붙들어 줄 수 있는 사람들이다.

> 세례는 교회(*ecclesia*, 에클레시아)의 한 가운데에서 제대로 받아야 한다. 왜냐하면 교회 안에서만 그리고 교회를 통해서만 그리스도인은 그리스도와 연합하거나, 성령의 은사와 연합하기 때문이다.[32]

그렇다, 세례식은 공동의 행사이다. 세례식에 공동으로 참여하는 집단이 할 수 있는 최선의 역할에 대한 유명한 격언이 있다.

세계적으로 생각하라, 지역적으로 행동하라.

6) 어떻게 세례를 베풀 것인가?

어떻게 세례를 베풀 것인가에 대한 질문에 답하기 위해 나는 여기서 몇 가지 일반적인 주제들을 다룰 것이다. 그리고 이후 '환대하는 주인으로서 섬기기'에서 세례 예배에서의 목회자의 주재하기와 관련된 좀 더 특정한 주제들을 말할 것이다.

(1) 방식

물의 세례를 위한 세 가지 방식이 기독교 수 세기를 거쳐 널리 시행되어 왔다. 세례식을 위한 세 가지의 전통적인 방식은 다음과 같다.

- 침수(몸 전체를 물 속으로 담근다).
- 관수(상당한 양의 물을 머리에 붓는다).
- 살수(상대적으로 적은 양의 물을 머리에 뿌린다).

---

32 Dom Gregory Dix, *The Shape of the Liturgy*, new ed.(London: Continuum, 2005), 341.

이 세 가지의 방식은 모두 오랜 역사를 가지고 있다. 침수와 관수는 초대 교회의 최초 몇 세기 동안 일반적으로 실행된 방식이었던 것으로 보인다. 예전을 연구하는 역사가인 제임스 화이트는 고고학적 결과물을 바탕으로 다음과 같이 말했다.

> 남아있는 최초의 세례조는 … 어른 지원자는 머리 위로 물이 부어지는 동안 발목 깊이의 물 위에 서 있었다는 것을 보여준다.[33]

어떤 집단은 세례식을 올바르게 집례하기 위해 특정한 방식의 세례를 선호하기도 한다. 그리고 그런 방식의 필요성을 강력하게 느낀다. 예를 들어서 재세례파, 침례교단, 크리스천교회(Christian Churches)/그리스도의 교회(Churches of Christ), 그리고 다른 교단들(특히 자유교회 전통)의 회원들은 침수 방식을 **요구한다**.[34] 그들은 다음의 논거들이 완전한 침수가 있었다는 것을 의미한다고 수상한다.

① '세례하다'에 해당하는 그리스어 번역(그 번역어 중 하나가 '침수하다'이다).
② 요단 강에서의 예수님이 보인 모범에서 "물에서 나오다"라는 표현
  (비록 허리 높이의 물에 들어갔더라도 "물에서 나오다"라고 말할 수 있지만).

그러나 이 교단들은 침수와 함께 관수와 살수 방식도 사용한다. 즉 세례의 방식은 두 가지 범주로 나누어진다. 오직 침수만 하는 교단과 세

---

33 White, *Brief History*, 20.
34 동방정교회 역시 유아 세례에서 침수를 요구한다. 오늘날 로마가톨릭은 다른 방식과 함께 침수 방식도 사용한다.

가지 방식을 융통적으로 사용하는 교단이다. 대부분의 루터교, 개혁교회, 그리고 감리교 전통은 후자에 속한다.

(2) 물의 양

믿거나 말거나, 세례식에 사용되는 물의 양은 몇 년에 걸쳐 때때로 격렬한 논쟁의 주제가 되어 왔다. 확실히, 침수 방식을 사용하는 사람들은 몸 전체를 덮을 수 있는 매우 많은 양을 지지한다. 특히 처음 몇 세기 동안 물을 붓는 방식을 선호하는 사람들은 세례 지원자가 흠뻑 젖어야 한다고 주장했다. 이 경우에 세례 지원자가 실제로 물속에 잠기지는 않을지라도 전체적으로 물로 흠뻑 젖게 된다. 때로 이들은 물이 얕게 담겨 있는 세례조에 무릎을 꿇고 앉아 있기도 했다. 물이 적을수록 뿌리는 방식을 사용했다. 어떤 경우에는 물의 양에 있어서 정말 인색했다.

최근 20세기의 예배 갱신 운동에서는 어떤 방식의 세례식일지라도 상징으로서의 효과를 극대화할 수 있도록 물의 자유로운 사용을 옹호했다. 고유한 상징으로서 완전한 효과를 얻기 위해서는 많은 물이 필요하다. 다양한 세례식의 방식들에도 불구하고 어쨌든 세례 지원자들은 물에 젖는 걸 수줍어해서는 안 된다. 물은 많을수록 더 좋다. 이에 대해 아를로 듀바(Arlo Duba) 교수가 제임스 화이트의 말을 인용하여 한 마디로 정리했다.

> 세례식을 위해서는 얼만큼의 물이 필요할까?
> … 그 속에 빠져 죽을 만큼.[35]

---

35 White, *Sacraments*, 60.

(3) 삼위일체 공식

세례식은 하나님의 모든 위격의 이름으로 수행되어야 한다. 즉 아버지, 아들, 그리고 성령의 이름이다. 세례식에서 삼위일체 공식을 사용하는 이유는 명백하고 간단하다. 예수님이 그것을 명령하셨다. 예수님은 부활 후 승천하시기 전에 자신을 따르는 이들에게 제자를 만들라고 지시하셨다.

> … **아버지와 아들과 성령의 이름으로 세례를 베풀고**(마 28:19).

더욱이, 요단 강에서 예수님 자신의 세례는 세 위격 모두의 완전한 참여를 나타냈다. 아버지는 승인의 말씀을 하셨다("이는 나의 사랑하는 아들"). 성령은 비둘기처럼 내려왔고, 예수님은 그 자신이 세례 받음에 순종하셨다.

그렇다면 세례식에서 왜 삼위일체 공식이 필요한지를 좀 더 숙고해 보자. 세례의 방식에 대한 질문 이전에, 가장 중요한 질문은 삼위일체이신 '하나님은 **누구**이신가?'이다.

세례식이 아버지, 아들, 그리고 성령의 이름으로 수행될 때, 성례전적 행동은 바로 그 하나님의 정체성 안으로 집중된다. 세례를 통해서 우리의 정체성은 거룩하신 한 분의 정체성 안으로 깊이 빠져든다. 어떤 목회자는 세례식을 할 때 '창조자, 구원자, 유지자'라는 구절에 끌린다. 그러나 이 용어들이 하나님의 본성적인 **정체성**이 아니라 **역할들**을 언급한다고 생각해 보라. 우리는 삼위일체 하나님 안으로(into) 세례 받는다. 우리는 삼위일체 하나님의 **기능들** 안으로 세례 받는 것이 아니다.

아버지, 아들 그리고 성령의 이름으로 세례 받는, 버금가는 매우 중요한 이유는 우주적 교회의 통일성을 보존하기 위함이다. 삼위일체 공식은 모든 교회에 보편적으로 받아들여진다. 세례식에 다른 용어를 대체

하는 것은 전 세계 그리스도인 관계를 위태롭게 하고, 로마가톨릭과 동방정교회가 문제를 삼을 것이다. 기독교 세례식을 위해 규정된 삼위일체 공식은 깨어지지 않는 통합의 매우 분명한 유대의 표현이다.

(4) 예배의 맥락

세례식은 항상 말씀의 설교(the preaching of the Word)가 있는 예배의 맥락에서 집례된다. 세례식은 단독 예식이 아니다. 세례식은 잘 개발된 예배 예식의 생생한 한 부분이다. 이와 같이 세례식을 말씀(the Word)에 대한 응답으로 이해하는 것이 가장 좋다. 설교는 세례식 안에서 이루어진다. 세례식의 설교는 다년간 확실히 인정받아 온 실천이다.

주요 종교개혁가들 모두 설교와 성례전 사이의 연결성을 강조했다. 루터와 칼빈은 모두 세례식에서 설교되는 말씀의 필요성을 단호하게 주장했다. 그들은 세례식을 설교의 보완으로 보았다. 설교는 언어로 들려지는 말씀(the word spoken)이고 세례식은 눈에 보여지는 말씀(the word made visible)이다. 세례식의 상징적인 행동들로 복음이 묘사된다. (성찬식도 마찬가지이다.)

(5) 세례 지원자의 이름

세례식 때, 세례 지원자의 성(surname)을 사용하지 않고 첫째 이름(first name)과 중간 이름(middle name)을 사용하는 것이 일상적이다. 이런 관례는 긴 역사와 상징적인 이유가 있다. 우리가 세례 받을 때, 우리는 교회 안으로 들어가는 것이다. 과거, 현재 그리고 미래의 하나님이 통치하는 우주적 교회이다. 핵가족 단위에서 세례 받는 것이 아니다. 세례 지원자의 성을 사용하지 않는 행위는 세례 받는 사람이 이제 그리스도의 거룩한 교회의 일원이 되었음을 가리킨다. 그녀 또는 그의 정체성은 예수 그리스도의 교회를 구성하고 있는 모든 세례 받은 신자들의 공동체에 속했다. 그 공동체는 세례 받은 사람의 최우선적인 가족이 된다.

(6) 한 번이면 충분하다

세례의 성례전은 각 개인에게 한 번만 집행되고 되풀이 되어서는 안 된다.

첫째, 우리는 세례를 반복하라는 명령을 성경에서 찾을 수 없다. 반면에 신약성경은 성찬식의 경우 반복해서 거행하도록 권한다(고전 11:26). 이런 명령이 세례식에 대해서는 없다. 더 중요한 것은 만약 하나님의 은혜가 세례식에서 역사한다면, 이것이 나중에 더 개선될 수 있는 것이 아니다. 다시 말해서 만약 우리가 나중에 다시 세례를 받는다면 첫 번째 세례의 유효성을 신뢰하지 못하는 것으로 보일 수 있다. 사실 내가 아는 세례를 다시 받은 사람들은 (만약 정말 그런 것이 있다면) 다음의 두 가지 이유 중 하나로 인한 것이다.

① 그들은 자신들의 첫 번째 세례가 정당하지 않다는 이야기를 들었다("세례 지원자가 이해할 수 있는 충분한 나이가 아니었." 또는 교단적 우월의식이 작동하여 나중의 집단이 세례를 준 처음 집단을 인정하거나 존중하지 않는 것이다).
② 개인이 자신의 세례식의 순간을 느끼고 기억하는 경험을 원한다.

후자의 경우, 누군가가 그 개인에게 말하기를, 세례식을 생생하게 기억하고 세례식을 둘러싼 그 따뜻한 느낌을 회상하기 위해서 세례식을 느끼는 것이 중요하다고 했을 것이다.

그러나 누구의 세례가 더 우월한가에 대한 교단적인 논쟁은 '하나의 주, 하나의 믿음, 하나의 세례'라는 성경의 목표에 맞지 않는다는 것을 제발 알아라.

그리고 세례식을 생생하게 기억하는 것은 하나님 중심의 목표가 아니라 자기중심적인 목표이다. 나는 목회자들이 이스라엘 여행을 가면 요단 강에서 세례를 다시 받으라고 많이 권유한다는 것을 안다. 그런 제안을 하는 목회자도 걱정스럽고 이미 세례를 받은 신자들도 걱정스럽다. 이런 것은 그 사람이 **지금** 무엇을 느끼는가 하는 것을 중요하게 여기는 것이다. 그들은 요단 강에서 세례를 받는 것이 새로운 무엇을 줄 것이라고 느낀다. 그러나 세례의 의미는 한 사람이 그 순간에 느끼는 덧없는 격정에 있는 것이 아니다.

세례의 의미는 성령의 선물을 주시고 신자들을 교회 안으로 뿌리내리게 하시기까지 하나님이 행하시는 은혜에 있다. 세례는 주관적인 경험이 아니라 하나의 객관적인 경험이다(비록 감정도 중요하고 때때로 감정이 결과로서 나타나지만). 세례는 따뜻하고 어렴풋한 느낌을 추구하는 것이 아니라 존재의 한 상태, 즉 그리스도 안에서 우리의 신분이다.

최근 몇 십년간 '당신의 세례식을 기억하기' 예배가 많은 장소에서 늘어가고 있다.[36] 이 예배는 신자들이 자신의 세례식을 회상하도록 해준다. 세례식의 느낌과 감정을 모두 다시 **느낄** 수 있는 것이 아니고, 그 의미를 되새김으로써 자신들의 세례식을 **갖게 되는 것**이다. 이런 예배

---

36 교단 자료집이나 온라인에서 세례 갱신 예배를 위해 도움이 되는 많은 자료들을 발견할 수 있다. 나는 특히 *The Worship Sourcebook*(Grand Rapids: Calvin Institute of Christian Worship, Faith Alive Christian Resources, and Baker Books, 2004), 286-304을 추천한다.

에서 세례의 이미지, 성경 낭독, 노래들, 물, 그리고 간증들은 우리가 세례식의 결과로서 매일 "새로운 삶에서 걸어가야 한다"라는 사실을 되새겨준다(롬 6:4).

우리가 '우리의 세례식을 기억'을 하도록 권유받을 때, 기억하기는 특별한 행사의 구체적인 기억을 회상하는 것을 의미하지 않는다. 오히려, 아남네시스(*anamnesis*)의 방식으로 기억하는 것을 의미한다.37 우주적 실재로서 과거, 현재, 그리고 미래를 모두 한 번에 기억하는 것이다. '기억'에 대한 서구적 사고방식은 완전히 끝이 난 어떤 한 사건에 대한 회상이다.

> 성경적 의미에서, 기억한다는 것은 현재와 과거가 함께 오는 것이다. 하나님이 인간의 복을 위해서 과거에 행하신 것이 현재 이 순간에도 똑같이 활동적이고 유효하다는 것을 주장하는 것이다.38

그래서 당신의 세례식을 기억하는 것은 과거에 개인적으로 받은 세례식의 객관적인 사실을 **지금** 현재로 가지고 와서 그리스도를 인식하고, 성령의 능력을 인식하고, 그리스도의 몸의 지체된 신분을 인식하도록 하는 것이다.

세례의 서약을 갱신한다는 발상은 결혼 서약의 갱신과 비교할 수 있다. 때로 결혼한 두 사람은 자신들의 결혼 서약을 새롭게 하기를 결심하게 된다. 아마 결혼기념일이 중요한 계기가 될 것이다. 두 사람은 한 번만 결혼했다. 서약의 갱신을 할 때 그 두 사람이 다시 결혼하는 것은

37　아남네시스(*anamnesis*)는 '기억하다'는 그리스어 동사형에서 나온 명사이다.
38　Constance M. Cherry, *The Worship Architect: A Blueprint for Designing Culturally Relevant and Biblically Faithful Services*(Grand Rapids: Baker Academic, 2010), 208.

아니다. 그들은 현재 두 사람의 삶에 긍정적인 영향을 미치고 또 미래를 위해 격려하는 방식으로 과거 행사의 혜택을 기린다. 결혼은 한 번의 사건이다. 그 행사의 중요성을 기억하는 것은 평생 계속 일어난다. 기독교 세례식도 마찬가지이다.

3. 구조 세우기

아래에 두 개의 개별적인 예배를 제시하겠다. 첫 번째 예배는 유아 세례에 적합하고, 두 번째는 신자의 세례를 위한 것이다.

4. 기독교 유아 세례를 위한 순서

기본적인 윤곽만 간추린 것은 부록 2에 있다.

유아 세례를 시행하는 교단들은 대부분 예배에 대한 승인된 자료들에서 세례식 순서를 제공한다. 나는 인도자들이 자신의 교단에서 승인받은 예배 순서를 신실하게 따르기를 권유한다. 왜냐하면 그 순서들은 각 교단의 역사적, 신학적 그리고 성경적 기준들을 담지하고 있기 때문이다. 유아 세례를 위한 포괄적인 순서는 아래에 제시되었다.

독자들은 모임과 말씀으로 구성된 예배가 이미 시작되어, 방금 말씀이 끝났고, 말씀에 대한 응답으로서의 세례식으로 이어진다고 여기라. 이 예배는 파송으로 이어진다. 아래 제시한 순서는 융통성이 있다. 인도자는 아래의 요소들을 예배에 자유롭게 적용해야 한다. 페이지 왼쪽에 제목으로 된 예배 요소는 예배에 필수적인 것이다. 페이지 중앙에 있는 괄호〔 〕안의 요소는 선택 사항이다.

〔말씀(설교) 이후 노래〕

1) 여는 성경 구절들

적절한 몇몇 성경 구절들을 읽으라.

예배 시작에 대한 성경 구절의 예[39]

- 마태복음 28:18-20
- 마가복음 10:13-16
- 로마서 6:3-4

주의 하나 이상의 구절들을 연결할 수 있다. 시작을 길게 하지 말라. 짧은 구절을 읽으라. 말씀의 능력은 간결함 속에서 더욱 심오하게 느껴진다.

2) 목적 진술

세례식의 특별한 의미를 간단히 진술하라.

예문
- "하나님의 가족 여러분, 오늘은 큰 기쁨과 축하의 날입니다. 이 소중한 어린 생명이 세례식을 위해 하나님과 교회 앞에 나왔기 때문

---

39 다른 적절한 구절들은 본 장 후반부에서 찾아볼 수 있다. "문들과 창문들을 세우기"를 보라.

입니다. 하나님의 은혜로 [○ ○ ○]가 예수님의 사랑으로 키워줄 믿음의 부모에게서 태어났습니다. 또한 하나님의 은혜로 [○ ○ ○]은 영적인 가족인 우리들에게 둘러싸여 있습니다. 우리는 이 아이의 영적 성장을 지켜보고 돌볼 것입니다. 그래서 때가 되면, 이 아이는 구세주가 필요하다고 고백하게 될 것이고, 예수 그리스도에 대한 개인적인 믿음을 고백하게 될 것입니다."[40]

- "믿음의 가족 여러분, 우리가 이 자리에 모인 것은, 그리스도를 믿는 자녀들에게 세례를 주라는 주님의 명령을 따르기 위해서 입니다. '세례식은 하나님이 복음의 약속을 인증하시는(to seal) 은혜의 수단입니다.'[41] 세례 예식을 통해서 이 아이는 하나님 나라를 위해 헌신한 믿음의 부모들[또는 승인받은 다른 어른]에 의해 하나님께 드려질 것이고, 이렇게 드려진 모든 아이들이 받게 될 약속을 받게 될 것입니다. 우리가 이 순간을 함께 축하하는 것은 가장 기쁜 일입니다."[42]

3) 세례 지원자(들) 소개

세례를 받을 아이(들)의 이름(들)을 공표하라.

주의 세례식에 승인받았음을 공적으로 표현하는 방식 중 하나로서 공식적인 보조원(평신도 지도자, 장로, 또는 다른 지도자들)이 아이의 이름을 부르는 것이 좋다.

---

40 Constance M. Cherry, 2012.
41 이 문장은 출처는 다음과 같다. Worship Sourcebook, 249.
42 Constance M. Cherry, 2012

4) 기원

이 가장 중요한 행위에 하나님의 임재가 있음을 기억하라. (기도의 틀은 부록 1에 나와 있다.)

예문

"아브라함과 사라의 하나님, 요셉과 마리아의 하나님, 그리고 우리 주 예수 그리스도의 하나님!

모든 세대들을 통한 당신의 신실하심이 성경과 교회에 분명하게 나타납니다. 주님께서 이 자리 가운데 임재하심을 기쁘게 환영합니다. 마찬가지로 우리는 이 아이를 환영합니다. 주님께서는 이 아이를 주님의 영광을 위해 살도록 창조하셨습니다. 우리가 함께 그리스도와 그의 나라를 위해 이 아이를 공식적으로 주의 것이라 선포할 때 당신의 영을 통하여 당신의 임재와 능력을 우리가 알게 하소서. 성부 하나님의 영광을 위하여 그리고 [이 아이를] 구원하신 성자 하나님의 이름으로 기도드립니다. 아멘."[43]

5) 부모들[44]의 서약

(1) 소개

"사랑하는 여러분, 여러분은 하나님이 주신 이 아이들을 세례 받게 하기 위하여 데리고 왔습니다. 이것은 여러분이 그리스도를 믿는 자신의

---

43   Ibid.
44   또는 아이들을 위해 대답해도 좋다고 승인받은 어른들.

믿음을 증거하고, 하나님의 은혜가 이 어린 생명들 가운데 역사함을 확신하고 있다는 것을 증거합니다. 여러분에 의해서 이 아이들이 바쳐지는 것이므로, 이 아이들이 배울 수 있게 되면 곧 부모로서 이 아이들을 가르치는 것이 여러분의 의무가 될 것입니다. 그것이 이 예식의 본질이요, 의미입니다. 여러분의 믿음을 증거하기 위해서, 그리고 여러분의 아이들을 이 믿음으로 양육하고자 하는 여러분의 열망을 증거하기 위해서 이 질문들에 응답하시기 바랍니다."[45]

(2) 악의 포기

사탄과 모든 악에 대한 거절과 관련하여 부모들(또는 교회에 의해 승인받은 다른 어른들)에게 질문을 하고, 부모들은 응답을 하게 된다.[46]

예문

목회자: 전 교회를 대신해서 당신에게 묻습니다. 당신은 악한 영적인 영향력을 포기하겠습니까?
　　　이 세계의 악한 권세들을 거절하겠습니까?
　　　그리고 당신의 죄를 회개하겠습니까?
응　답: 네. 그렇습니다.
목회자: 당신은 어떤 모양의 악과 불의, 그리고 억압이라도 저항할 수 있도록 하나님이 당신에게 주시는 자유와 능력을 받아들이겠

45　*Wesleyan Pastor's Manual for Pastors and Local Churchs*, 5th ed. (Indianapolis: Wesleyan Publishing House, 2002), 18.
46　기독교 세례식이 시작되었던 가장 최초 기록에서 알 수 있듯이 세례 예식의 이 부분은 고대의 보물이다. 사탄 포기는 초대 교회 때 기독교 입문자들이 취했던 극적인 맹세의 부분이다. 최근 많은 교단들이 예배 갱신을 추구하기 위해 사탄 포기 예식을 재천명한다.

습니까?[47]

응 답: 네. 그렇습니다.

(3) 믿음의 확언
부모들 또는 다른 승인받은 어른들은 기독교 신앙을 확언한다.

예문 1

목회자: 당신은 예수 그리스도를 당신의 구세주로 고백하며, 예수님의 은혜를 전적으로 신뢰하고, 모든 세대와 모든 나라와 모든 인종의 사람들에게 열려진 그리스도의 교회와 연합하여 예수님을 당신의 주로 섬길 것을 약속합니까?

응 답: 네. 그렇습니다.

목회자: 당신은 성부와 성자와 성령, 삼위일체 하나님을 믿습니까? 예수 그리스도께서 당신과 모든 신자들을 하나님과 화해시키기 위해 십자가에서 고통당하시고, 죽으시고, 부활하셨음을 믿습니까?

응 답: 네. 그렇습니다.

목회자: 당신은 구약성경과 신약성경 둘 다를 하나님의 영감으로 기록된 거룩한 성경으로 믿습니까?

응 답: 네. 그렇습니다.

목회자: 당신은 신자들의 지역 교회로 표현되는 우주적 교회가 지금 이 세계 안에서 하나님 나라의 삶과 선교와 정의를 위하는 기

---

47 *The United Methodist Book of Worship*(Nashville:United Methodist Publishing House,1992),88.

관임을 믿습니까?

응 답: 네. 그렇습니다.[48]

목회자: 당신은 이 아이들을 그리스도의 거룩한 교회 안에서 양육하여 당신의 교육과 모범에 의해서 이 아이들이 스스로 하나님의 은혜를 받아들이고 자신들의 믿음을 공개적으로 나타내며 그리스도인의 삶을 따르게 하겠습니까?

응 답: 네. 그렇게 하겠습니다.[49]

예문 2

목회자: 세례는 그리스도의 속죄 사역을 통해 지금도 당신의 자녀들에게 임하는 하나님의 은혜의 표지입니다. 당신은 이 **자녀들**이 세례를 받게 하겠습니까?

그리고 **이들**을 하나님 가족의 일원으로서 선포합니까?

응 답: 네. 그렇습니다.

목회자: 당신은 하나님의 도우심으로 당신의 **자녀들**을 주의 교훈과 훈계로 양육할 것을 약속합니까?

그들과 함께 그리고 그들을 위해 기도하고, 당신의 삶이 이 아이들을 실족케 하지 않도록 당신 자신의 삶을 관리하는 데 모든 노력을 다 할 것을 약속합니까?

응 답: 네. 그렇습니다.

목회자: 당신은 자녀들이 자라서 믿음의 중요성을 이해하는 때가 되면, 곧 그들을 격려하여 주 예수 그리스도 안에서 그들 자신

48　Constance M. Cherry, 2012.
49　*United Methodist Book of Worship*, 88

의 믿음을 개인적으로 인정하게 하고 교회의 친교 안에서 하나님을 신실히 섬기게 하겠습니까?[50]

응 답: **하나님의 도우심으로 그렇게 하겠습니다.**

6) 공동체의 서약

지역 교회로 모인 회원들은 그리스도에 대한 충성과 세례자들의 양육에 대한 충성을 기도한다.

주의 회중은 기도하는 동안과 연합으로 드리는 믿음의 확언을 하는 동안 계속 서 있기를 권한다.

예문

목회자: 여러분은 그리스도의 몸과 교회로서 죄를 거절하고 그리스도에게만 헌신할 것을 다시 한 번 확실히 약속합니까?

응 답: **네, 그렇습니다.**

목회자: 여러분은 그리스도께 대한 믿음과 삶 가운데 서로를 돌보겠습니까?
그리고 지금 여러분의 돌봄을 받으며 여러분의 앞에 있는 이 사람들 돌보겠습니까?

응 답: **하나님의 도우심으로 우리는 복음을 선포하고 그리스도의 본을 따라 살겠습니다. 우리는 사랑과 용서의 공동체로서 이 사람들을 감쌀 것입니다. 그리하여 이들은 자신의 믿음을 키우**

50 *Wesleyan Pastor's Manual*, 18–19.

고, 다른 사람들에 대한 섬김 안에서 신실함을 배우게 될 것입니다. 우리는 이들이 생명의 길을 걷는 진정한 제자들이 되도록 이들을 위해 기도할 것입니다.[51]

7) 믿음의 공동 확언

회중은 다 함께 한 목소리로 사도신경을 고백하여 자신들의 믿음을 확언할 것이다. 사도신경을 일상적으로 사용하지 않는 회중들은 대안적인 믿음의 확언이나 신조 유형의 성경 구절을 함께 읽는 것을 선택할 수 있다.

8) 세례 지원자(들)를 위한 기도

세례 지원자(들)를 위해서 그들이 예수님을 주로서 섬기고 성령으로 충만하기를 요청하는 짧은 도고(intercession) 기도를 드릴 수 있다.

9) 세례

주의 세례의 방식에 따라 적절하게 물을 준비해 놓는다(예를 들어, 물 주전자에서 세례반으로 물을 따라 넣을 수도 있다). 물 주전자에서 세례반으로 물을 따르는 동안에는 물소리 외에 다른 소리는 들리지 않도록 한다.

---

51 *United Methodist Book of Worship*, 89.

(1) 물에 대한 감사 기도

물이라는 선물을 주신 하나님께 감사 기도를 드린다. 그리고 거룩한 사용을 위해서 물을 구별한다. (아래의 '문들과 창문들을 세우기'에 나온 예들을 보라.)

(2) 물과 말씀

물을 뿌림

목회자는 자신의 왼쪽 팔로 아이를 안고 오른 손으로 그릇에서 충분한 양의 물을 뜬다. 그리고 그 손을 유아의 머리 위에 얹는다. 아이의 얼굴을 바라보면서 말한다. "내가 [○ ○ ○]에게 성부와 성자와 성령의 이름으로 세례를 주노라. 아멘."

물을 따름

손으로 그릇에서 물을 뜨지 않는다는 것만 제외하고 순서는 동일하다. 목회자는 작은 물 주전자를 들어 올려서 유아의 머리 위로 부드럽게 따른다. 동일한 말씀을 사용한다.

물속으로 침수

물을 따르지 않는다는 것만 제외하고 순서는 동일하다. 목회자는 커다란 세례반이나 작은 세례조에 유아를 침수한다. 유아는 높이 들리며 물 속에서 나온다. 동일한 말씀을 사용한다.

주의 몇 년 전에 나는 유아를 위한 삼위일체 세례식 말씀으로 아름답게 인도하는 내용을 담고 있는 고대의 문건을 발견했다.

아기 마리아, 너를 위해 하나님은 무(無)로부터 세상을 만드셨단다.

아기 마리아, 너를 위해 하나님은 이집트에서 이스라엘을 불러내셨단다.

아기 마리아, 너를 위해 하나님은 이스라엘을 속박에서 풀려나게 하셨단다.

아기 마리아, 너를 위해 그리스도께서 아이들을 가르치러 이 세상에 오셨단다.

아기 마리아, 너를 위해 그리스도께서 십자가에서 죽으시고 다시 살아나셨단다.

아기 마리아, 너를 위해 하나님이 성령을 너에게 보내셔서 네가 살아야 하는 삶을 잘 살 수 있도록 힘을 주신단다.

아기 마리아, 너를 위해 그리스도께서 다시 오시고 우리를 하나님께 데리고 가실 거란다.

아기 마리아, 너는 이 모든 것을 모르겠지.

그러나 우리는 네가 이것을 스스로 알 때까지 너에게 이 이야기를 해 줄 것을 약속한다.

그래서 내가 성부와 성자와 성령의 이름으로 너에게 세례를 주노라. 아멘.[52]

〔기름을 바름〕

매우 오래전에 주교는 새로 세례를 받은 사람에게 성령의 임재를 확

---

[52] 17세기 위그노 세례 공식, William A. Dyrness, *A Primer on Christian Worship: Where We've Been, Where We Are, Where We Can Go*(Grand Rapids: Eerdmans, 2009), 117에서 재인용함.

증하는 행동으로서 기름을 발랐다(도유[chrismation]). 사실상, 물의 세례가 끝나자마자 많은 양의 기름을 머리에 부었다. 이런 관례는 구체적인 방식에 있어서는 다양했지만 여러 곳에서 유지되어 왔다.

주의 목회자는 세례 받은 유아의 이마에 적은 양의 올리브 기름을 사용하여 십자가의 표시를 하고 성령의 임재와 역사를 위해 기도한다. 만약 원한다면 많은 양의 기름을 사용해도 괜찮다.

선포되는 말씀의 예

"성령께서 너에게 역사함으로 말미암아, 물과 성령으로 태어난 네가 예수 그리스도의 신실한 제자가 되게 하시기를 원하노라. 아멘."[53]

10) 세례 지원자(들)를 축복함

새로 세례 받은 사람을 위해 축복의 기도를 드린다.

주의 성경의 축복이 가장 좋다. (예는 아래 '문들과 창문들을 세우기'에서 보라.)

〔증표의 수여〕

어떤 교회들은 장미 또는 작고 하얀 신약성경 같은 작은 증표나 선물을 준다. 부모에게 세례 증서를 주는 것은 세례식을 공적으로 기록해 놓는 것만큼이나 훌륭한 태도이다.

---

53 *United Methodist Book of Worship*, 91.

11) 공동체에 소개함

목회자는 아기를 여전히 팔에 안은 채, 아기를 보여 주면서 좀 더 회중에게 다가 간다(또는 가운데 복도를 따라 내려가는 방식을 선택할 수도 있다). 이 순서에서는 편안한 태도로 즉흥적인 소개의 말들을 한다. 이 순서의 목적은 회중들에게 이 아이가 생물학적인 가족과의 관계뿐 아니라 또한 하나님의 가족과도 관계있다는 것을 상기시키는 것이다.

12) 믿음의 노래

축하의 기쁜 노래와 사려 깊은 축복의 노래로 회중들을 초대하라.
예배는 파송(the Sending)과 함께 계속된다.

5. 신자들의 기독교 세례식의 순서

기본적인 윤곽만 간추린 것은 부록 2에 있다.
신자(충분히 나이가 들고 그들의 죄를 회개하기를 원하며 그리스도를 구세주와 주로 따르고자 하는 사람)를 위한 세례의 일반적인 순서는 아래 제시되어 있다. 세례 예식은 '예배 안의 예배'라는 것을 기억하라. 독자들은 모임과 말씀으로 구성된 예배가 이미 시작되어, 방금 말씀이 끝났고, 말씀에 대한 응답으로서의 세례식으로 이어진다고 여기라. 이 예배는 파송으로 이어진다. 아래 제시한 순서는 매우 융통성이 있다.
페이지 왼쪽에 제목으로 된 예배 요소는 예배에 필수적인 것이다. 페이지 중앙에 있는 괄호〔 〕안의 요소는 선택 사항이다. 인도자는 아래의 요소들을 예배에 자유롭게 적용해야 한다. 기도, 성경 봉독 등의 더 많은 예들은 아래의 '문들과 창문 세우기'에서 볼 수 있을 것이다. 이 예배는 말씀와 세례식을 연결하는 선택적인 회중 노래로 시작한다.

〔말씀(설교) 이후 노래〕

1) 여는 성경 구절들

적절한 몇몇 성경 구절들을 읽으라.

예배 시작에 대한 성경 구절의 예

- 마태복음 28:18-20   • 로마서 6:3-4   • 골로새서 2:8-15

2) 목적 진술

세례식이 갖는 영적인 목적을 간단히 진술하라.

예문
- "형제, 자매 여러분, 우리가 이 자리에 모인 것은, 그리스도를 믿는 자녀들에게 세례를 주라고 하신 주님의 명령을 따르기 위해서 입니다. 여러분 앞에 서 있는 이 사람들은 복음에 응답하여 그들의 죄를 회개하고 예수님을 개인적 구주와 주님으로 고백했습니다. 이들은 이들의 삶에 대한 주님의 부르심에 순종하여 거룩한 세례를 받

기 원하고 있습니다. 교회는 이들을 지켜보았고 이들의 믿음과 의도의 진실함을 보았습니다. 오늘은 우리가 이들의 영적인 여정에 있어서 중대한 행사를 축하하는 기쁜 날입니다."[54]

- "하나님의 가족 여러분! 오늘은 가장 기쁜 축하의 날입니다. 왜냐하면 이 믿음의 새로운 형제들과 자매들이 하나님 앞과 교회 앞에서 거룩한 세례를 받는 날이기 때문입니다. 하나님의 은혜로 인해, 이들은 구원받았습니다. 이들은 그리스도의 명령에 따라, 개인적으로 경험한 구원의 믿음을 증언하기 위해 세례를 받기 원하고 있습니다. 우리가 함께 열정으로 예배에 참여함으로써 이들의 영적인 여정에서의 이 걸음을 확증하기를 원합니다."

3) 세례 지원자(들) 소개

세례 받을 지원자(들)의 이름(들)을 공표하라.

주의 세례식이 승인되었음을 공식적으로 표현하는 방식 중 하나로 공식적인 보조원(평신도 지도자, 장로, 또는 다른 지도자들)이 후보들의 이름을 부르는 것이 좋다.

4) 기원

이 가장 중요한 행위에 하나님의 임재가 있음을 기억하라. (기도의 틀은 부록 1에 나와 있다.)

---

[54] 달리 명시되지 않는 한, 전체 예전의 내용은 콘스탄스 M. 체리(Constance M. Cherry)에 의해 구성되었다.

예문

"아버지 하나님, 하나님은 당신의 아들이 요단 강에서 세례 요한에게 세례를 받도록 하였습니다. 당신의 아들 역시 자신의 제자들이 복음을 선포하고 신자들에게 삼위일체 하나님의 이름으로 세례를 주도록 명하셨습니다. 우리는 세례를 받기 위해 나온 이들에게 복음이 선포되어 감사드립니다. 그리고 성령이 그들에게 믿음의 선물을 주시고 순종의 의지를 주심에 감사드립니다. 우리가 세례의 물에 들어가려는 이들의 삶에 나타난 당신의 신실하심을 기뻐하듯이, 여기 모인 공동체 안에 드러나는 당신의 임재를 기쁨으로 환영합니다. 우리가 함께 아버지 하나님께 영광을 돌리며 예수님을 주라고 선포할 때, 당신의 성령으로 말미암아 우리로 당신의 임재와 능력을 알게 하여 주옵소서. 아멘."

5) 세례 지원자(들)의 간증

　죄를 회개하고, 그리스도가 주시는 구원을 받아들이고, 그리고 땅 위의 삶에서 진정한 제자로서 예수님을 따르고자 하는 의지에 대해서 간증을 할 수 있는 짧은 시간을 각 세례 지원자들에게 준다.

　주의 말로 하는 증언은 세례식에서 중요한 부분이다. 이것은 세례 지원자들에게 그들 자신의 믿음을 다른 이들에게 말할 수 있는 기회를 준다. 또한 공동체는 세례 지원자의 삶 속에 역사하신 성령을 확신하게 된다. 이 순서는 세례식에서 매우 특별한 부분일 수 있다.

　개인 간증의 대안은 확인의 질문들을 하는 것이다. 이것은 기독교 교리의 기본 진술들에 대한 질문과 응답의 교환으로 이루어진다. 좀 더 교리문답 같은 형식이다. 일반적으로 나는 이런 문답을 세례식 전에 할 것을 추천한다.

세례 지원자의 간증에 접근하는 많은 방법들이 있다. 다음의 주제들에 대해서 섬세하게 고려하라.

- **시간**. 즉석에서 간증하는 세례 지원자들에게 시간 제한을 짧게 명시하라. 간증은 길어서는 안 된다.
- **수줍음**. 어떤 사람들은 집단 앞에서 말하는 것에 소심할 수 있다. 이런 어려움을 해결할 수 있는 두 가지 선택이 있다.

  첫째, 면접의 방법을 고려해 보라. 목회자는 세례 지원자가 간단하게 대답할 수 있는 몇 가지 특정한 질문들을 하게 된다. (연습과 준비가 중요하다. 지원자들에게 예상치 못한 질문을 해서는 안된다. 지원자들은 질문에 대한 대답을 미리 생각해 올 수 있게 해야 한다.)

  둘째, 짧은 비디오 영상을 찍어서 개인적인 세례 바로 전에 회중들에게 보여주는 것이다.
- **준비**. 그들의 증언에 포함되어야 하는 것이 무엇인지 세례 지원자들에게 지침을 주어라. 그 후 그들에게 그것을 글로 작성하게 하라. 원한다면 공동체에게 보내는 편지를 쓸 수도 있다. 목회자는 그 편지를 미리 읽어 보아야 한다. 이것은 세례를 위한 마지막 준비 단계에서 목회자와 세례 지원자 사이의 아주 좋은 개인적 토론의 시작점이 될 것이다. 그리고 이렇게 하는 것은 세례식에서 생길 수 있는 잠재적 당황스러움이나 불명확한 진술들을 예방하는 데도 도움이 된다.

6) 세례 지원자(들)의 서약

(1) 소개

"사랑하는 형제, 자매여, 당신은 하나님의 구원하시는 은혜에 대해 같은 믿음을 증언하는 당신의 형제들과 자매들 앞에 서 있습니다. 당신은 복음을 듣고 예수 그리스도에게 당신의 삶을 순종하기를 선택했습니다. 세례에 대한 준비로서, 당신은 예수 그리스도를 구주와 주로 따르기로 한 당신의 의지를 공적으로 선포하도록 초대받았습니다."

(2) 악의 포기

사탄과 모든 악에 대한 거절과 관련하여 질문과 응답이 이어진다.[55]

예문

목회자: 전 교회를 대신하여 내가 당신에게 묻습니다.
　　　　당신은 악한 영적인 영향력을 포기하겠습니까?
　　　　이 세계의 악한 권세들을 거절하겠습니까?
　　　　그리고 당신의 죄를 회개하겠습니까?

응　답: 네 그렇습니다.

목회자: 당신은 어떤 모양의 악과 불의, 그리고 억압이라도 저항할 수 있도록 하나님이 당신에게 주시는 자유와 능력을 받아들이겠습니까?[56]

---

[55] 기독교 세례식이 시작되었던 가장 최초 기록에서 알 수 있듯이 세례 예식의 이 부분은 고대의 보물이다. 사탄에 대한 포기는 초대 교회 때 기독교 입문자들이 취했던 극적인 맹세의 부분이다. 최근 많은 교단들이 예배 갱신을 추구하기 위해 사탄 포기 예식을 재천명한다.

[56] *United Methodist Book of Worship*, 88

응 답: 네 그렇습니다.

(3) 믿음의 확언

예문

목회자: 당신은 예수 그리스도를 당신의 구세주로 고백하며, 예수님의 은혜를 전적으로 신뢰하고, 모든 세대와 모든 나라와 모든 인종의 사람들에게 열려진 그리스도의 교회와 연합하여, 예수님을 당신의 주로 섬길 것을 약속합니까?

응 답: 네. 그렇습니다.[57]

목회자: 당신은 성부와 성자와 성령, 삼위일체 하나님을 믿습니까? 예수 그리스도께서 당신과 모든 신자들을 하나님과 화해시키기 위해 십자가에서 고통당하시고, 죽으시고, 부활하셨음을 믿습니까?

응 답: 네. 그렇습니다.

목회자: 당신은 구약성경과 신약성경 둘 다를 하나님의 영감으로 기록된 거룩한 성경으로 믿습니까?

응 답: 네. 그렇습니다.

목회자: 당신은 신자들의 지역 교회로 표현되는 우주적 교회가 지금 이 세계 안에서 하나님 나라의 삶과 선교와 정의를 위하는 기관임을 믿습니까?

응 답: 네. 그렇습니다.

---

57 Ibid.

7) 공동체의 서약

지역 교회로 모인 회원들은 그리스도께 대한 충성과 하나님의 나라를 위한 공동의 일꾼으로서 새로 세례 받은 사람들에 대한 충성을 위해 기도한다.

주의 회중이 기도하는 동안 그리고 연합으로 드리는 믿음의 확언 동안 계속 서 있도록 권한다.

예문

목회자: 여러분은 그리스도의 몸과 교회로서 죄를 거절하고 그리스도에게만 헌신할 것을 다시 한번 확실히 약속합니까?

응　답: 네. 그렇습니다.

목회자: 여러분들은 새로 세례 받은 형제들과 자매들을 그리스도께 대한 믿음 안에서 지지하고, 권고하고, 격려하여 그리스도를 닮아가고자 하는 이들의 결심을 더욱 굳어지게 하겠습니까?

응　답: 하나님의 도우심으로 우리는 이들에게 모든 선한 일을 격려하여 하나님이 영광을 받으시고 하나님의 나라가 하늘에서와 같이 이 땅에서도 이루어질 수 있도록 살겠습니다. 우리는 사랑과 용서의 공동체로서 이 사람들을 감쌀 것입니다. 그리하여 이들은 하나님을 믿는 자신의 믿음을 키우고, 다른 사람들에 대한 섬김 안에서 신실함을 배우게 될 것입니다. 우리는 이들이 생명의 길을 걷는 진정한 제자들이 되도록 기도할 것입니다.[58]

58　Ibid., 89(수정됨)

8) 믿음의 공동 확언

회중은 다 함께 한 목소리로 사도신경을 고백하여 자신들의 믿음을 확언할 것이다. 사도신경을 일상적으로 사용하지 않는 회중들은 대안적인 믿음의 확언이나 신조 유형의 성경 구절을 함께 읽는 것을 선택할 수 있다.

9) 세례 지원자(들)를 위한 기도

세례 지원자(들)를 위해서 그들이 예수님을 주로서 섬기고 성령으로 충만하기를 요청하는 짧은 도고 기도를 드릴 수 있다.

10) 세례

주의 세례의 방식에 따라 적절하게 물을 준비해 놓는다(예를 들어, 물 주전자에서 세례반으로 물을 따라 넣을 수도 있다). 물 주전자에서 세례반으로 물을 따르는 동안에는 물소리 외에 다른 소리는 들리지 않도록 한다.

(1) 물에 대한 감사 기도

물이라는 선물을 주신 하나님께 감사 기도를 드린다. 그리고 거룩한 사용을 위해서 물을 구별한다. (아래의 '문들과 창문들을 세우기'에 나온 예들을 보라.)

(2) 물과 말씀

침수

목회자와 보조원은 세례 지원자를 물의 중심부로 이끌고 간다.[59] 세례 지원자에게 다음의 말씀을 전한다.

"내가 [○○○]에게 성부와 성자와 성령의 이름으로 세례를 주노라. 아멘."

목회자는 세례 지원자를 물 가운데 침수시킨다.

(대안적 말씀): "나는 [○○○]의 삶에서 역사하시는 성령의 확증과 당신이 예수 그리스도를 주님으로 고백하는 것에 근거하여 당신에게 성부와 성자와 성령의 이름으로 세례를 주노라. 아멘."

물을 따름

목회사는 중간 크기의 유리 주전자를 들어 올려서 세례 지원자의 머리 위로 부드럽게 따른다. 동일한 말씀을 사용한다.

물을 뿌림

목회자는 자신의 오른 손으로 세례반이나 그릇에서 충분한 양의 물을 뜬다. 그리고 그 손을 세례 지원자의 머리 위에 얹는다. 세례의 말씀을 선포할 때 세례 지원자의 얼굴을 정면으로 바라본다.

〔기름을 바름〕

---

59 어른을 침수하는 자세한 지침은 본 장 마지막에 나와 있다.

매우 오래전에 주교는 새로 세례를 받은 사람에게 성령의 임재를 확증하는 행동으로서 기름을 발랐다(도유). 사실상, 물의 세례가 끝나자마자 많은 양의 기름을 머리에 뿌렸다. 이런 관례는 구체적인 방식에 있어서는 다양했지만 여러 곳에서 유지되어 왔다.

주의 목회자는 세례 받은 사람의 이마에 적은 양의 올리브 기름을 사용하여 십자가의 표시를 하고 성령의 임재와 사역을 기도한다. 만약 원한다면 많은 양의 기름을 사용해도 괜찮다.

선포되는 말씀 예문
"물과 성령으로 태어난 당신이 예수 그리스도의 신실한 제자가 될 수 있도록 성령께서 당신과 함께 일하십니다. 아멘."[60]

11) 새로 세례 받은 자을 축복함

새로 세례 받은 사람을 위해 축복의 기도를 드린다.
주의 성경의 축복이 가장 좋다. (예는 아래 '문들과 창문들을 세우기'에서 보라.)

〔증표의 수여〕
어떤 교회들은 성경이나 작은 십자가 같은 작은 증표나 선물을 준다. 개인에게 세례 증서를 주는 것은(기독교 서점이나 온라인을 통해서 구입할 수 있다) 세례식을 공적으로 기록해 놓는 것만큼이나 훌륭한 태도이다.

---

60 *United Methodist Book of Worship*, 91.

12) 공동체로 맞이함

목회자는 세례 받은 공동체 회원으로서 그들을 환영하도록 회중들에게 요청한다. 여기에서는 박수가 적절하다.

13) 믿음의 노래

회중들을 축하의 기쁜 노래와 사려 깊은 축복의 노래로 초대하라.
예배는 파송과 함께 다시 시작한다.
성찬식이 세례식 다음 순서로 집례될 수 있다. 세례식 참여와 성찬식 참여 간의 연결은 교회 역사의 매우 이른 시기에 발달되어서 초창기에는 일상적인 형태가 되었다. 세례 받지 않은 사람들에게는 빵과 잔을 주지 않았다. 세례 받기 전의 예비 신자들은 설교 이후에 이어지는 예배에 참여하지 않고 가도 되는 전통이 있었다. 그 예배에서는 세례 받은 신자들이 성찬식을 계속했다. 그리스도의 몸으로의 가입, 즉 세례식은 대부분의 전통에서 몇 백 년 동안 성찬식의 전제 조건이었다.
보다 최근에는 많은 복음주의와 오순절 교회에서 세례식을 성찬식에 참여하는 필수 조건으로 간주하지 않는다. 대신, 세례식이 아니라 개인적인 회개/회심이 성찬 참여를 위해 요구되었다. 당신의 전통이 세례식과 첫 번째 성찬을 연결하던지 안하던지 간에 세례식과 공동체적 성찬식 거행을 연결하는 것은 적합하고 놀라운 일이다.

6. 문들과 창문들을 세우기

예식 건축가는 세례식의 일반적인 순서를 배열한 후에, 예배에 참여할 수 있도록 적절한 노래들, 기도, 성경 구절, 그리고 다른 예배의 행위들 같은 보다 자세한 요소들이 필요하다. 이에 더해서, 세례식과 교회력과 연관된 적절한 상징들을 생각해야 한다. 이 모든 것들은 마치 문들과 창문들처럼 '빛이 들어오게 해 주는' 것이고, 하나님과 다른 사람들 모두와의 관계성을 가능하게 해 준다. 그 요소들은 모든 예배자들이 세례식을 진정으로 **경험**할 수 있게 돕는다.

1) 제안하는 노래들

여기에 적절한 세례 찬양/노래들을 위한 개시 목록이 있다. 이 노래들은 회중 찬양으로 다양한 형태의 것들이다. 각 노래의 운율에 주의를 기울여야 한다. 이 곡들 가운데서도 가장 적절한 곡을 선택해야 한다. 당신이 이 노래들을 찾는 데 도움이 되도록 작가들의 이름을 제목과 함께 첨부했다.[61]

- 나 맡은 본분은(A Charge to Keep I Have, 찰스 웨슬리[Charles Wesley], 새찬송가 595장)
- 전능하신 아버지, 언약의 하나님(Almighty Father, Covenant God, 마리 포스트[Marie J. Post])

---

61   새찬송가에 수록된 곡은 새찬송가의 곡명과 장수를 기재했다—역주.

- 물의 세례(Baptized in Water, 마이클 서워드[Michael Saward])
- 축복의 자녀, 약속의 자녀(Child of Blessing, Child of Promise, 로날드 콜-터너[Ronald S. Cole-Turner])
- 하늘 아버지의 자녀들(Children of the Heavenly Father, 캐롤라이나 샌델 버그[Carolina Sandell Berg])
- 와서 세례 받으라(Come, Be Baptized, 게리 앨런 스미스[Gary Alan Smith])
- 오소서, 비둘기 같이 거룩한 성령이여(Come, Holy Spirit, Dove Divine, 아도니람 저드슨[Adoniram Judson])
- 물가로 오라(Come to the Water, 존 폴리[John Foley])
- 우리를 모으시는 주님(Gather Us In, 마티 하우겐[Marty Haugen])
- 가서 제자 삼으라(Go, Make of All Disciples, 레온 애드킨스[Leon M. Adkins])
- 축복하노니, 가라 제자들이여(Go, My Children, with My Blessing, 야로슬라프 버이더[Jaroslav J. Vajda])
- 세상으로 나아가라(Go to the World!, 실비아 던스턴[Sylvia G. Dunstan])
- 주여, 제가 여기 있나이다(Here I Am, Lord, 다니엘 슈트[Daniel L. Schutte])
- 십자가를 높이 들라(Lift High the Cross, 조지 키친[George W. Kitchin])
- 사랑의 영(Loving Spirit, 셜리 아레나 머레이[Shirley Erena Murray])
- 다 감사드리세(Now Thank We All Our God, 마틴 링카르트[Martin Rinkart], 새찬송가 66장)
- 주의 말씀 받은 그날(O Happy Day, 필립 도드리지[Philip Doddridge], 새찬송가 285장)
- 오 주여, 약속합니다(O Jesus, I Have Promised, 존 보데[John E, Bode])

- 독수리 날개 위에(On Eagle's Wings, 마이클 존카스[Michael Joncas])
- 나를 물가로 인도하소서(Take Me to the Water, 아프리카–미국 영가[African American spiritual])
- 교회의 참된 터는(The Church's One Foundation, 사무엘 스톤[Samuel J. Stone], 새찬송가 600장)
- 오늘은 새로운 시작의 날(This Is the Day of New Beginnings, 브라이언 렌[Brian Wren])
- 이것은 성령의 역사(This Is the Spirit's Entry Now, 토마스 허브랜손[Thomas E. Herbranson])
- 물을 건너라(Wade in the Water, 아프리카–미국 영가[African American spiritual])
- 정한 물로 우리 죄를(Wash, O God, Our Sons and Daughters, 루스 덕[Ruth Duck], 새찬송가 224장)
- 우리는 교회(We Are the Church, 리차드 에이버리[Richard K. Avery])
- 예수님이 요단으로 오셨을 때(When Jesus Came to Jordan, 프레드 프랫 그린[Fred Pratt Green])
- 자유롭게 흐르는 물(With Water Freely Flowing, 래리 슐츠[Larry E. Schultz])

2) 성경 구절

세례식에 적용할 수 있는 성경 구절들을 모으기 시작하라. 여기에 당신의 목록을 시작할 몇 가지가 있다.

- 창세기 17:1–14
- 사도행전 2:37–42

- 이사야 43:1-2
- 예레미야 31:31-34
- 에스겔 35:25-28
- 마태복음 3:13-17
- 마태복음 28:18-20
- 마가복음 1:9-11
- 누가복음 3:21-22
- 요한복음 1:29-34
- 사도행전 8:26-39
- 로마서 6:3-11
- 로마서 8:14-17
- 갈라디아서 3:27-28
- 에베소서 4:4-6
- 골로새서 2:11-12
- 디도서 3:4-8
- 베드로전서 2:9-10

3) 기도들

세례식을 집행하기 위해 몇 가지 특별한 기도가 매우 도움이 된다. 이들 중 몇 가지가 설명과 함께 아래 제시되었다.

(1) 기원

성례전/정례예식에서 하나님의 임재의 필요성을 인정하는 것.[62]

(2) 물에 대한 감사

세례의 물에 대하여 하나님께 감사하는 것은 오랜 세월 동안 일상적인 관례였다. 성경을 통해 볼 때, 평범한 것들이 하나님의 목적을 위해 구별되어 사용되거나 특별한 의미가 부여된다(빵, 포도주, 물, 기름 등). 이런 의미에서 어떤 품목은 그것을 통해서 하나님이 자신의 거룩한 목적

---

62 기도의 전통적인 형태는 부록 1을 보라.

을 성취하는 거룩한 도구가 된다. 우리는 물을 축복할 때 물의 성질이 바뀐다고 믿지 않는다. 이런 기도를 드리는 것은 단지 이 기도를 통해서 우리를 씻기는 세례의 물을 감사로 받으려고 하는 것이다. 그리고 하나님께 이 물을 특별한 사용을 위해 구별하시도록 기도하는 것이다.

기도 예문

"오 하나님, 감사를 드립니다. 태초에 주님의 영이 수면 위를 운행하시고, 말씀으로 세상을 창조하셨으며, 생명을 불러내시고 이로인하여 즐거워하셨습니다. 주님은 홍수 가운데서 노아와 그의 가족을 구원하셨습니다. 주님의 백성 이스라엘을 노예 생활에서 해방되게 하실 때 이스라엘을 바다 가운데로 인도하셨습니다. 주님의 아들이 요단 강에서 세례 요한에 의해 세례 받으셨고 성령의 기름 부음을 받았습니다. 주님은 예수님의 죽음과 부활의 세례에 의해서 우리를 죄와 죽음의 권능에서 자유하게 하시고 주님 안에 살도록 일으켜 주셨습니다."

"주님의 성령과 주님의 살아있는 말씀의 능력을 부으셔서 세례의 물로 씻은 사람들이 새 삶을 살게 하소서. 우리의 주 예수 그리스도를 통해, 성령의 하나 되게 하심 안에서 지금부터 영원까지 주님께 영광과 찬양을 돌립니다. 아멘."[63]

주의 이 기도는 대 감사 기도(Great Thanksgiving, 성찬식 때 드리는 감사 기도이다. 제5장을 보라) 때 성령을 부르는 기도와 유사하다. 두 성례전을 위한 예식들은 몇 가지 중요한 측면에서 서로 닮았다.[64]

---

63 *Evangelical Lutheran Worship*(Mineapolis: Augsburg Fortress, 2006), 230.
64 이 기도의 또 다른 예는 *Book of Common Prayer*와 www.bit.ly/kiddbaptism.을 보라.

(3) 세례 지원자(들)를 위한 기도

세례 지원자(들)를 위해서 그들이 예수님을 주로 섬기고 성령으로 충만하기를 요청하는 짧은 도고 기도를 드릴 수 있다.

예문

"은혜의 하나님, 하늘에 계신 아버지, 오직 은혜로 우리를 예수 그리스도 안에서 새 사람으로 만들어 주심을 감사합니다. 우리는 [○○○]을 위해서 기도드립니다. 당신의 성령의 은사로써 [○○○]에게 매일 복을 주시고 강하게 하소서. 주의 사랑의 풍성함을 [○○○] 위로 펼쳐 주소서. [○○○]의 믿음을 깊게 하소서. [○○○]을 악의 권세로부터 지키소서. 당신의 나라가 임할 때까지 [○○○]이 거룩하고 흠 없는 삶을 살 수 있게 하소서."[65]

(4) 축도

축도는 사람들에게 선포되는 축복의 말씀이다. 축도는 하나님께 드리는 말이 아니라 다른 사람들에게 직접 전하는 말이기 때문에 기도는 아닙니다. 부록 1에서 축도의 전통적인 내용의 틀을 제시한다. 성경적인 축도는 항상 호의적인 것이고 특히 세례식에서는 더 그렇다. 여기에 고려할 만한 몇 가지의 예들이 있다. 어떤 내용은 글자 그대로 사용된다. 다른 것들은 약간의 수정을 가할 필요가 있다.

---

65 *Worship Sourcebook*, 279.

세례식의 축도를 위한 성경 구절들

- 로마서 15:13
- 빌립보서 4:4-7, 8-9
- 데살로니가전서 5:23-24
- 유다서 24-25

4) 상징들

세례식에서 사용되는 명백하게 기본적인 상징은 물이다. 물의 존재는 예배 공간에서 눈에 잘 띄어야 하는데, 다음의 내용들이 도움을 줄 수 있다.

- 깨끗한 유리 주전자와 그릇을 사용하여 물이 잘 보이게 한다.
- 그릇에서 그릇으로 물을 따를 때(즉 물 주전자에서 세례반으로 따를 때) 배경 음악 없이 완전한 침묵을 유지하여 물소리가 잘 들게 한다.
- 모든 예배자들이 약간씩은 젖을 수 있는 방법을 찾아서(!) 그들이 물을 느낄 수 있게 하라. 이것이 어울리는 순서는 개인의 세례식을 회고하는 순간이다(제8장을 보라).
- 세례반의 위치는 시각적으로 초점을 사로잡을 수 있는 곳이 좋다. 예배당 가운데 공간에 세례반을 놓아서 그 행동의 중요성을 나타내라. 또한 공동체가 물의 주변으로 모이는 것의 중요성을 나타내라.
- 흐르는 물이 있는 작은 연못을 사용한다. 이는 시각과 청각의 한두 가지 감각에만 의존하는 것이 아니라 살아있는 물의 이미지를 묘사해 주기 때문에 상징을 더욱 강화시켜준다.

이차적인 상징들도 기독교 세례식의 의미를 풍성하게 해 준다. 이 상징들은 예배자를 도와서 눈에 보이는 수단들을 통하여 하나님의 보이지 않는 행동들을 인지할 수 있게 해 준다. 아래 제시하는 일상적인 품목이나 표시들이 이런 상징으로 사용된다.

- 비둘기(성령의 상징)
- 무지개(노아의 언약 상징)
- 십자가(그리스도의 죽음을 상징)
- 세례반/물 주전자/세례조(물의 상징)
- 딱딱한 껍데기(초대 교회의 세례식에서 물을 따르는 데 사용했던 도구)[66]
- 흰색(성별, 순수, 그리고 거룩의 상징)
- 한 방향으로 세례의 물에 들어갔다가 다른 방향으로 나옴(새로운 여행을 시작했음의 상징. 이제까지 살아온 동일한 방식으로 돌아가지 않음)

5) 교회력

세례식과 관련하여 하나님의 이야기를 기억할 수 있게 하는, 의미 있는 교회력의 날들과 절기가 있다. 부활 주일의 이른 아침이 그 특별한 날들 중 하나이다. 준비 기간(years of preparation)을 성공적으로 마쳐서 준

---

[66] 고고학자들은 고대 교회인 카타콤에서 많은 예술 작품들을 발견했다. 그리고 일반 가정집에서도 세례식 때 물을 따르는 도구로서 조개껍질 같은 것을 묘사한 품목들을 발견했다. 초대 교회 때는 일반적으로 물을 붓는 세례 방식을 사용했다는 많은 증거가 있다. 예수님의 고향 나사렛에서 발굴된 것을 포함해서 초기의 세례장(baptistery)에서는 침수가 아니라 물을 따르는 시설이 발견되었다. 예술 작품은 세례조 안에 서 있거나 무릎 꿇고 있는 어른들을 묘사한다. 세례 주는 사람은 종종 껍질을 물에 넣어서 세례 지원자의 머리 위에 따르고 있다. 세례용 조개껍질의 전통적인 상징은 그 껍질에서 세 방울의 물이 떨어지는 것으로 묘사된다. 이는 삼위일체를 상징한다. www.christiananswers.net/dictionary/baptism.html,을 보라.

비가 된 세례 지원자들이 세례를 위해 선택받는다. 사순절의 마지막 삼일 동안(세족 목요일, 성 금요일, 성 토요일)에는 금식과 집중적인 개인 점검, 그리고 매일 축귀(exorcism)를 하게 된다.[67]

세례 지원자가 기꺼이 자신에 대해 죽고 하나님의 목적을 위해 살고자 하는 엄숙함을 표현하는 것은, 고난의 잔을 앞에 두고 하나님과 씨름했던 예수님의 마지막 몇 시간을 반영하는 것이다. 최종적으로 승인받은 세례 지원자가 화려한 많은 상징물들과 기뻐하는 공동체에 둘러싸여서 세례의 물로 들어가는 것은 이제 첫 부활 주일 새벽에 일어난 부활의 승리를 반영하고 있다.

이 초기의 예식은 사탄을 쫓아내는 것과 기름을 바르는 것, 세례 지원자를 발가벗겨서 세례 주는 것, 물속으로 들어가는 것, 신조적 진술(creedal statements)을 선포하는 것, 세례 지원자가 흰 가운을 입는 것, 감독의 안수 기도, 하나님의 은혜를 요청함, 세례 지원자의 머리에 기름을 좀 더 부음, 기도, 평화를 표시하는 입맞춤, 성찬식을 받기, 물 한 잔과 우유 한 잔과 꿀 먹기 등의 풍성한 말씀과 행위들로 이루어져 있었다.[68]

몇 세기 동안(그리고 심지어는 오늘날에도 어떤 전통에서는), 부활 주일 아침은 그리스도와 함께 죽고 사는 상징적인 이미지의 빛으로 인해서 세례식을 하기에 완벽한 날로 여겨졌다. 초대 교회에서 세례식을 위해 선호되었던 또 다른 절기는 오순절이다. 오순절은 성령의 오심과 관련하여 의미 있는 절기이다.[69] 베드로와 다른 제자들이 3,000여 명의 새로운 신자들에게 세례를 주었던 날이 오순절이었다. 이것은 교회가 오순절을

---

67 White, *Brief History*, 47.
68 Ibid.
69 Dix, *Shape of the Liturgy*, 341.

축하할 때 세례식을 집행할 훌륭한 근거가 된다.

예식 건축가로서 교회의 세례식을 준비하면서 어떤 날들과 절기가 성례의 특징을 나타낼 수 있는 의미 있는 날인지 고려하라. 다른 날에 세례를 집행하는 것이 옳지 않은 것은 아니다(그러나 주일을 강력하게 추천한다. 주일이 그 자체로 부활과 성령의 오심을 풍성하게 나타내는 연결을 가지고 있기 때문이다). 확실히 예식들은 예수님의 삶과 죽음 그리고 부활과의 연결성 속에 있을 때 가장 환히 빛난다. 이런 때 제자들이 그 주인과 자신을 동일시할 수 있다.

7. 환대하는 주인으로 섬기기

세례식의 직무를 행하는 것은 즐거운 특권이다. 또한 그것은 주인(host)으로서 커다란 가족 행사, 즉 하나님의 새로운 가족을 축하하는 일을 섬기는 위대한 기회이다. 우리는 세례식의 내용을 유아 세례와 신자의 세례라는 두 가지 측면에서 논의했다. 그러나 거기에는 그 예배를 생생하게 하면서, 열정과 민감함과 예의로서 인도하는 주인이 필요하다. 논의한 종교적 예식들의 경우처럼, 예식 건축가는 환대하는 주인이 되기 위해 특정한 임무들을 수행하고 어떤 속성을 소유할 필요가 있다.

1) 집례자의 자격

대부분의 교단들은 안수 받은 사람이 세례식을 집례하도록 요구한다.[70]

---

[70] 평신도를 강조하는 어떤 재세례파 공동체나 몇몇 교단들 같은 예외도 있다.

이것은 목회자가 설교와 성례전/정례예식 둘 다를 수행함으로서 하나님을 대신한다고 여겨지기 때문이다. 성례 집례에 대한 공식적인 목회 교육은 이런 거룩한 행사들을 집행할 수 있는 인도자로서 준비시킬 것이다. 더욱이, 목회자는 단지 지역 공동체의 대표로서만 기능하는 것이 아니라 우주적 교회의 대표자로서 기능한다. 왜냐하면 세례식은 신자들을 그리스도의 우주적 교회 안으로 안내하는 것이기 때문이다. 이런 저런 이유로 안수가 요구된다. 게다가 어떤 교단은 사도적 계승에 대하여 매우 엄격한 관점을 견지한다.

그러므로 교회에 의해서 구별된 그 사람들만(목회자/사제 또는 감독)이 세례식을 주재할 수 있다. 누가 세례식을 집행할 수 있는가에 대한 당신의 교회의 전통적인 입장이 무엇인지 확실히 인지하라.

2) 의무들

본 장을 읽으면서 알게 되었듯이 목회자는 세례와 관련된 많은 책임을 갖고 있다. 그것은 단지 세례식을 계획하고 자세한 사항들을 준비하는 것만이 아니다. 실제로 책임져야 하는 것은 **사람들**이다. 세례식의 책임들에는 세 가지 국면이 있는데 모두 사람들을 돌보는 문제이다. 세례식 전에 지도하는 것, 세례식을 위해 참여자들을 준비시키는 것, 그리고 계속적인 후속 조치이다. 이 모든 것은 성공적인 세례식 행사를 위해 중요하다. 여기에 주인으로서 양육과 돌봄의 이 세 가지 국면을 다룰 수 있는 지침이 있다.

(1) 세례식 전

- 세례식을 위해 준비된 세례 지원자들을 확인하라.
- 세례 지원자들(또는 그들의 부모/후원자)과 만나서 세례식의 의미를 토론하고 그들의 관심을 물어보라.
- 신자의 세례식을 위해서 일련의 교육 수업을 진행하여 기본적인 기독교 교리를 가르친다. 이 수업의 길이와 수는 장소마다 다양할 것이다.
- 세례 지원자들의 준비 기간 동안 후원이나 기도로써 동반자가 되어 줄 수 있는 공동체의 회원을 찾아 연결시킨다. 이것은 사람들을 좀 더 많이 참여시킴으로써 공동체 예식을 자라게 하고, 회중들로 세례 지원자의 영적 여정의 동반자로서 자신의 역할을 이해하게 하는 훌륭한 방법이다. 세례식은 진정한 가족 축하연이다!
- 세례 지원자들과의 최종 일대일 면접을 계획하라. 세례 지원자에게 용기를 주고 남아있는 질문들을 치리하고 그를 위해서 기도하라.
- 세례식에서 행해질 실제의 서약들을 검토하라. 세례 지원자가 미리 예상하지 못한 질문을 공적인 자리에서 받는 일이 있어서는 안 된다. 세례의 서약을 하게 될 누구라도 그들에게 무엇이 질문될지에 대해서 완전히 알고 미리 이해하고 있어야 한다.

(2) 예배 준비

- 세례식을 신중하게 계획하고 설교를 준비해 놓으라.
- 예식을 연습하라. 세례식을 연습하기 위한 구별된 시간에 모든 참여자들을 만날 수 있도록 계획하라. 유아 세례의 경우, 세례식이 있는 당일에 일찍 와서 연습을 한다. 이때 연습을 위한 충분한 시간을

확보해서 당사자들이 급히 쫓기지 않게 해야 한다. 신자의 세례 경우에는 세례식 하루 이틀 전에 연습하는 것을 추천한다. 이런 시간을 통해서 당사자들은 세례식의 순서에 익숙해지고, 어디에 서고 언제 참여하는지 알게 되고, 세례조나 세례반이 놓여 있는 것을 미리 보게 된다. 연습 때 기도하라. 실제 행사에서의 사용을 위해 연습에서는 물을 사용하지 말아라.

- 신자의 세례 참여자들에게 무엇을 입어야 하는지 조언하라.
  ◦ 세례 복장에 대한 두 가지 대안이 있다. (만약 원한다면 당신 교회의 방법을 따르도록 하라. 초대 교회 때는 세례 지원자가 나체로 세례를 받았으나 그것을 추천하지는 않는다!) 어떤 교회들은 하얀색 세례 예복을 사거나 빌린다. 여기에는 몇 가지 중요한 이점이 있다.

  ① 모든 사람이 똑같이 입는다.
  ② 이 예복은 옷이 물에 흠뻑 젖어서 몸에 밀착되는 것을 가려주는 추가적인 얇은 막이 된다.
  ③ 흰 예복은 순수/성별의 상징이고 요한계시록에 나와 있는 흰 옷 입은 순교자의 상징이다(계 6:11).

  세례 예복은 물에 들어갔을 때 떠오르지 않도록 옷단을 무겁게 만든다.

  ◦ 만약 예복을 입지 않는다면 여성과 남성 모두 어두운 바지와 윗도리를 입기를 권유하다. 치마는 물속에서 뜨기 때문에 입어서는 안 된다. 젖었을 때 몸매를 드러내는 얇은 소재도 사용해서는 안 된다. 모든 의복은 글씨나 그림이 없는 수수한 형태이어야

한다. 이런 옷이 모든 사람들에게 통일감을 주고 글씨나 모양에 정신을 빼앗기는 일을 방지할 것이다.

(3) 후속 조치

- 세례식 이후에는 세례 받은 사람에게 후속 조치해 주는 것이 중요하다.
- 세례 받은 유아의 가족과 함께 후속 가정 방문을 계획하라. 그 부모를 격려하고 그들과 함께 기도하라. 오랜 시간의 방문은 아니지만, 그 아이와 가족의 영적 형성에 대한 당신의 계속적인 관심을 전하게 될 것이다.
- 세례식 후 한 달 이내 세례 받은 신자와 개인적으로 만날 것을 계획하라. 차 한 잔의 편안한 만남 또는 가정 방문을 하라. 그들의 개인적 헌신과 기도 생활과 예배 경험 등이 어떠한지 물어보라. 그들에게 짧은 분량의 감화를 주는 책을 주라. 그들의 성장을 위한 영적 형성 수업이 있음을 상기시켜라. 그들을 격려하고 함께 기도하라.

3) 주재하기의 특성들

세례식을 주재하는 가장 중요한 특성은 당신 자신의 목회적 준비이다. 세례식을 계획할 뿐 아니라 말씀, 행동, 그리고 예배 공간에서 사용할 동작들을 연습하기 위해 충분한 시간을 할애하라. 인도자가 더 잘 준비되어 있을수록, 모든 참여자들이 세례식 동안 더 편안함을 느끼게 될 것이다. 당신의 지도력과 관련된 많은 측면들을 준비하라. 아래의 목록은 당신이 인도자로서 성숙시키고 개발해야 하는 특성들을 제시한다.

- **자연스럽고 목회적인 품행을 취하라.**

  모든 예식에서 흔한 일이지만, 주인의 태도 자체가 많은 말을 한다. 세례는 교회의 거룩한 성례전이기 때문에, 당신은 매우 진지하게 세례식에 접근해야 한다. 세례식에서 농담이나 '오락'은 삼가야 한다. 그러나 진지함과 엄격함을 혼동하지 말라. 어떻게든 냉담한 접근을 피하라. 세례식 내내 단지 자연스럽고, 기쁘고, 목회적인 태도를 유지하라. 당신의 편안함으로 사람들도 편안하게 하라. 세례식 안의 행사들을 하나씩 진행할 때 천천히 느린 속도를 유지하라. 웃어라. 품위를 보여라.

- **전문가다운 옷차림을 하라.**

  세례식에서 당신 자신을 전문적인 목회자로 보이게 하라. 당신은 확신하지 못할지 모르지만 평신도들은 자신들의 목회자가 전문가답게 보이기를 원한다. 당신이 무엇을 입을지는 상황에 따라 많이 달라진다. 어떤 교회들은 목회자가 세례식 동안 그리고 심지어 세례조에서도(침수 방식의 세례식 때) 예복을 입을 것을 기대한다. 다른 교회들은 남성 목회자의 경우에 정장과 윗도리를 입고 넥타이를 착용하도록 한다. 여성 목회자의 경우에는 전문가적인 치마나 정장을 입는다(비록 물속으로 들어가기 전에 옷을 갈아입게 되지만). 또 다른 사람들은 좀 더 편안한 복장을 입기도 한다. 당신 교회의 상황을 알아야 한다. 잘 모를 경우에는 되도록 격식을 차려서 입는 것이 더 낫다. 그러기를 잘 했다고 생각하게 될 것이다.

  ○ 만약 당신이 침수 방식의 세례를 주재한다면 당신에게 다음의 내용들을 추천한다.

① 세례 지원자가 예복을 입었다면 당신도 예복을 입으라.
② 또는 세례 지원자처럼 어두운 색상의 옷을 입으라.

어떤 목회자들은 실제로 방수 장화(waders, 낚시할 때 신는 허리까지 올라오는 긴 장화/바지)를 사용하기도 한다. 중요한 것은 눈에 잘 띄는 것이 아니라 세례 예배에 참여한 사람들이 입은 복장들과 비슷하게 입는 것이다. 또한 당신은 물속으로 들어가지는 않지만, 과정 중에 흠뻑 젖게 될 것이므로, 젖은 피부에 옷이 딱 달라붙어 있는 모습을 최소한으로 보여야 한다는 것을 기억하라.

- 하나님께 초점을 유지하라. 예배의 첫 번째 초점은 하나님이어야 한다. 그 다음이 세례 지원자이고 다른 회중들이 세 번째이며, 인도자인 당신 자신은 맨 나중이다. 나는 목회자들이 세례식에서 자신들에게로 관심을 끄는 것을 실제로 보았다. 좋은 인도자는 자신을 배경으로 물러내고, 기억되어야 하는 정말로 중요한 측면들이 전면으로 드러나도록 효과적으로 이끌 것이다.

4) 행정

세세한 것들을 신경 써야 한다는 것을 기억하라.

- 당신이 집행한 각각의 세례식을 기록하라.
세례 기록은 목회 보고서에 사용하기 위해서 뿐만 아니라 시민으로서 또는 가족으로서의 이유, 교회 회원권 변화 등을 위해서 필요한 경우가 많다.

- 세례 안내 책자를 개발하라.

  세례식에 대한 당신 교회의 관점을 설명한 자료들을 준비하는 것은 편리하다. 이 책자는 짧고, 간단하고, 매력적이어야 한다.

5) 예외적인 상황들

나는 목회자로서 봉사한 처음 교회에서 샐리(Shelly)를 만났다. 우리가 만났을 때 그녀는 약 14살 정도 되었다. 샐리는 육체와 정신에서 장애를 가지고 있었고 휠체어를 타고 있었다. 청소년들을 위한 활동을 계획하면서 나는 그녀의 부모와 샐리가 활동에 참여할 수 있는지에 대해 이야기를 나누었다.

그 대화에서 나는 샐리의 또래들이 세례 받을 때 샐리는 세례를 받지 않았음을 알게 되었다. 이전 목회자는 그녀가 그 의미를 이해할 수 없기 때문에 세례 받을 수 없거나 교회에 참여할 수 없을 것이라고 가정했다. 그 이야기를 들으면서 나는 샐리와 일대일 수업을 할 수 있을지 물어보았다. 나는 발달 문제를 가진 아이들을 위한 견신 교육 과정을 사용하여 몇 주 동안 샐리를 만났다. 우리는 정규적으로 함께 기도했다. 이후에 샐리에게 세례를 주고 그녀를 회원으로 받은 것이 나의 큰 기쁨이었다.

예수님께서 다음과 같이 말씀하셨다.

> 어린 아이들이 내게 오는 것을 용납하고 금하지 말라(막 10:14).

당신을 멈추게 하는 상황들이 사역 가운데 발생할 것이다.
정신 지체자들에게 세례를 주어야 하는가?

육체적 장애인에게 물속으로 들어가라고 해야 하는가?

물 공포증을 가지고 있는 사람들은 어떤가?

당신이 목회적 반응을 해야 할 필요가 있는 많은 상황들이 나타날 수 있다. 하나님이 당신을 인도하실 것이다. 기억하라. 만약 세례식이 하나님의 일이라면 우리는 누군가의 인생에서 하나님이 하시기 원하시는 그 일과 하나님 사이의 통로일 뿐이다. 그런 관점이 당신에게 지혜를 제공해 줄 것이다.

6) 제반 세부 사항들

목회자가 주의해야 하는 많은 항목들이 있다. 이들 중 어떤 것은 삶과 죽음의 문제이고 어떤 것은 실용적인 것들이다. 다음의 내용들을 참고하라.

- 물 주변 어느 곳에서도 절대 전류가 흐르고 있어서는 안 된다! 물 가까이 또는 물속에 있는 휴대용 마이크나 다른 물건들이 죽음을 초래할 수 있다.
- 모든 세례조들은 사용하지 않을 때는 반드시 물을 완전히 비우거나 안전하게 덮어두거나 잠가 놓아야 한다. 교회에서 아기들이 순진하게 물 주변을 돌아다니다가 익사할 수 있다.
- 충분한 시간을 들여서 세례조를 따뜻하게 데우라. 당신 교회의 장치에 따라 다르겠지만 24시간 이상 걸릴 수 있다.
- 매우 많은 사람들을 침수하기 위해 당신과 함께 물에 들어갈 보조원들을 훈련시키라.

- 침수할 때는,
    - 당신의 무릎을 굽혀라.
    - 당신의 왼쪽 팔을 세례 지원자의 등에 가로질러 놓으라.
    - 세례 지원자들이 그들의 팔을 가슴에 "엑스(X)" 모양으로 포개어 놓도록 요청하라.
    - 흰 손수건이나 천으로 세례 지원자의 입과 코를 덮으라.
    - 삼위일체 공식을 말하라("내가 당신에게 성부와 성자와 성령의 이름으로 세례를 주노라").
    - 침수와 일으킴을 한 동작(one down/up motion)으로해서 세례 지원자를 물속에 완전히 넣었다가 바로 일으킨다.
    - 세례 받은 사람들이 발을 잘 디디고 방향을 잡게 한다.
    - 세례 받은 사람들이 물 밖으로 나갈 수 있도록 도와줄 보조원들에게 이것들을 안내한다.
- 보조원들이 사람들을 물속으로 넣는 것과 끌어올리는 것을 잘 할 수 있도록 훈련한다.
- 세례 받은 사람들이 물 밖으로 나오면 바로 커다란 수건을 준비해 준다. 세례반에는 세례식에서 편리하게 사용할 수 있도록 하얀 손수건을 준비해 놓는다.
- 세례조 가까이에 옷 방을 마련하고 거기에서 세례 받은 사람들이 옷을 갈아입도록 준비해 놓는다.
- 개인적인 필요들에 주의를 기울여라. 젊은 여성들은 한 달 중 특정한 때에는 침수를 불편해 할 수도 있다.

8. 결론

세례 후에 메건(Megan)은 그날 저녁에 세례 받은 다른 사람들을 따라 예배당으로 다시 들어갔다. 그녀는 열려져 있는 예배당의 문을 통해 들려오는 회중들의 노래 소리가 좋았다. 세례 받은 사람들은 걸어가서 함께 맨 앞줄 의자에 앉았다. 또한 그녀는 하나님을 사랑하고 그녀를 사랑하는 사람들에게 둘러싸여 있는 것이 얼마나 좋은 느낌인지를 알았다. 이것은 특별한 예배였고, 그녀는 거기에 자신도 포함되어 있다는 것이 기뻤다.

핵심 용어들

- **관수**(affusion): 세례식에서 물을 붓는 방식.
- **살수**(asperges): 세례식에서 물을 뿌리는 방식.
- **세례조**(baptistery): 침수를 위한 세례용 욕조.
- **교리문답서**(catechism): 세례 전에 배우는 기독교에 대한 교리 지도서.
- **세례 지원자**(catechumen): 세례받는 과정에 입문한 새로운 기독교 회심자. 기독교 신앙에 대해 지도받는 학습자. 그리스어로 '반복하기'(to echo)라는 의미에서 유래한 용어.
- **권면**(charge): 서약을 하는 사람들에게 주어지는 도전.
- **성유**(chrism): 세례식에서 사용하는 기름.
- **도유**(chrismation): 세례식에서 기름을 바름(역사적으로는 동방정교회에서 주교에 의해 수행됨).
- **견신, 견진성사**(confirmation) 역사적으로 로마가톨릭에서 유아 세례

를 받은 사람의 세례를 확인해 주는 예식. 아이를 대신하여 세례의 서약을 확증하는 어른의 믿음의 선언으로 교회의 완전한 회원이 되도록 이끄는 예식.

- **세례반**(font): 세례식 집행을 위한 물이 담긴 그릇. 라틴어 폰스(fons)에서 왔고 그 의미는 "샘물"이다.
- **대부**(godparents): ① 부모가 아이를 영적으로 양육할 책임이 있음에 동의하고, ② 부모가 무능력한 상황에서 세례 받은 아이의 영적 성장을 지도하는데 동의한 성인(Adults)이다. 이것은 법적인 책임은 아니다.
- **개시**(initiation): 세례식(그리스도의 거룩한 교회로 들어감).
- **유아 세례론자**(pedobaptist): 아이 세례를 찬성하는 사람.

앞으로의 공부를 위한 참고 자료

Armstrong, John H., ed., and Paul E. Engle, series ed. *Understanding Four Views on Baptism*. Grand Rapids: Zondervan, 2007.

Baptism, *Eucharist and Ministry*. Geneva: World Council of Churches, 1982.

Webber, Robert E. *Journey to Jesus: The Worship, Evangelism, and Nurture Mission of the Church*. Nashville: Abingdon, 2001.

White, James F. *The Sacraments in Protestant Practice and Faith*. Nashville: Abingdon, 1999.

적극적인 참여

기독교 세례식의 의미에 대한 당신의 이해를 확장한 후에, 두 가지 연습을 하면서 예식 건축가로서의 당신의 기술을 날카롭게 다듬기 시작하라.

1. 당신 교회의 세례의 신학과 일관성을 유지하면서 세례식에 대한 짧은 입장 성명서를 작성하라.
2. 당신이 지도하는 청소년 집단들에게 보여줄 수 있도록, 세례식에 대한 교회 입장을 소개하는 간단한 안내서를 만들어 보라.

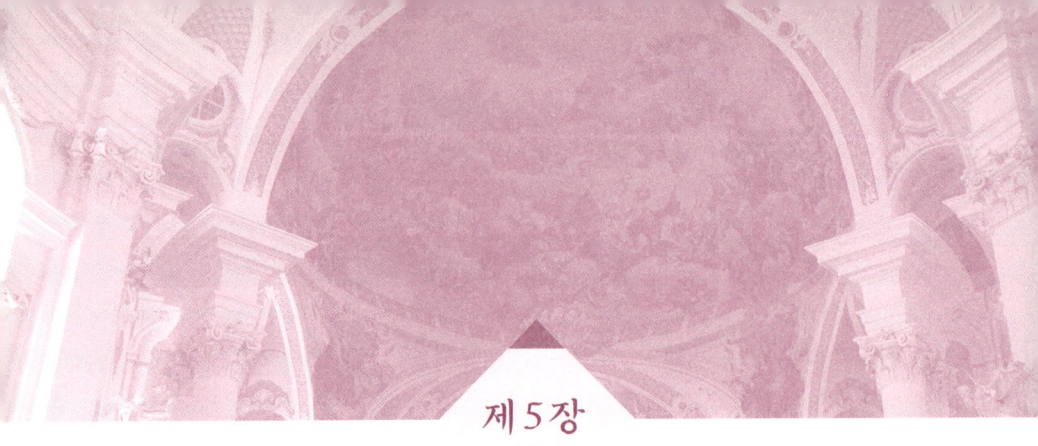

제 5 장

성찬식

탐구

제5장을 읽기 전에 당신 자신의 성찬식 경험을 회상해 보라.

- 당신이 처음 성찬식에 참여했을 때를 기억하는가?
  몇 살 때였는가?
  어느 곳이었는가?
  누가 당신과 함께 있었는가?
  그때의 기억에서 인상에 남아 있는 것이 있는가?
  만약 있다면, 무엇이었는가?
  당신 교회나 교실의 지인에게 당신의 경험을 묘사해 보라. 또는 가족에게 그 경험을 묘사해 보라.
- 당신은 성찬식 경험을 정말로 당신에게 중요한 가치가 있는 두드러지는 경험으로 생각할 수 있는가?(어떤 이유에서든지)
  만약 그렇다면, 다른 사람과도 이 경험을 나누어 보라.

- 누군가 당신에게 성찬식의 의미에 대해서 개인적으로 설명해 준 적이 있는가?(공식적인 기독교 교육 상황에서가 아닌)
  만약 그렇다면, 그 사람은 누구였는가?
- 성찬식을 했던 그 교회를 회상해 보라.
  그 예배의 주된 주제나 분위기는 무엇이었는가?

이제 성찬식에 대한 성찰을 시작했으니, 제5장을 읽으면서 당신의 사고를 확장하라.

1. 확장

매튜는 이번 일요일 저녁은 특별할 것임을 알고 있었다. 왜냐하면 토요일 저녁에 식당 식탁이 아름답게 장식된 것을 보았기 때문이다. 매튜의 엄마는 세 자녀들에게 교회 갈 채비를 시켜주느라 아침에 다른 별도의 일을 할 여유가 없다. 식탁보는 말끔하게 다려져서 식탁 구석마다에 완벽하고 아름다운 주름을 늘어뜨리고 있었다. 도자기가 장식장 밖으로 나와 있었고, 포크 아래에는 천으로 만든 냅킨이 깔려 있었다. 나무로 만든 촛대가 식탁 한가운데 놓여 있었다. 석양의 마지막 빛살이 유리 그릇에 부딪혀 아름다운 반짝임을 만들어낼 때, 매튜는 방으로 들어 왔다.

그는 내일의 즐겁고 기쁜 식사를 기대하면서 출입문을 지나 점점 어두워지는 빛 속으로 말없이 걸어갔다. 그것은 보통의 식사가 아닐 것이다. 그것은 엄마가 할 수 있는 최선의, 최고의 맛있는 음식일 것이다.

매튜의 큰 형이 이른 아침 군복무로부터 돌아오고 있는 중이었다. 그는 오랫동안 집을 떠나 있었다. 그는 생각했다.

'**이번** 식사는 특별할 거야. 식탁에는 사랑이 넘칠거야. 우리는 추억을 나누고 감사할 거야.'

얇은 미소가 매튜의 얼굴을 스쳤다. 그는 그의 가족이 다른 어떤 곳에서보다도 식당에 모여 있을 때 얼마나 더 친밀했는지 생각했다.

음식과 음료는 인간 존재를 위한 필수품이다. 하나님은 우리를 매일의 영양과 원기회복이 필요한 존재로 창조했다. 만약 우리의 육체가 이런 영양을 오랫동안 거부하게 되면 죽어갈 것이다. 우리는 먹어야 되기 때문에 먹는다.

동시에 하나님은 생물학적으로만 음식에 의존하도록 우리를 만드시지는 않았다. 우리는 음식 자체의 가치에 대해 신비로운 긴장감을 느낀다. 식사는 사회적 행사이다. 어떤 사람들은 필요에 의해서 혼자 식사하고, 어떤 사람들은 혼자 먹는 것을 즐기기도 한다. 그러나 대부분의 사람들은 친구나 가족들과 동반하여 식사를 즐긴다. 매우 평범한 문구인 '함께 식사하라'는 말에는 많은 의미가 담겨있다. 식사 시간은 함께 음식을 나누기만 하는 것이 아니라 우리의 삶, 생각들, 아이디어, 근심들, 즐거움, 매일의 경험을 나누는 공동의 친밀함의 시간이다. 함께 먹는다는 것은 모든 문화권에서 큰 중요성을 가진 사회적 현상이다.

성경에서, 식사는 사회적 중요성뿐 아니라 예전의 중요성도 가지고 있다. 성경에는 성찬의 의미를 가지고 있는 식사에 대한 이야기가 많이 있다. 아브라함과 살렘 왕 멜기세덱이 함께 나눈 빵과 포도주의 식사(창 14:17-24), 유월절 식사(출 12:1-28), 군중을 먹이는 이야기(마 14:13-21), 엠마오의 제자들과 빵을 떼는 이야기(눅 24:28-35), 예수님이 해변에서 물고기를 요리하신 일(요 21:9-14), 어린 양의 결혼 잔치(계 19:9).

식사 중의 최고의 식사는 예수 그리스도께서 자신의 모든 제자들에게 종종(고전 11:25), 그리고 언제나(마 26:29) 참여하도록 제정한 식사이다. 그 식사는 다른 식사들과는 다른 특별한 것이다. 식탁은 빵 접시와 포도주 잔으로 간단하게 차려져 있었다. **몸과 영혼**에 영양을 주는 음식과 음료이다. 그리스도의 몸에게 이 거룩한 음식은 세대에서 세대로 이어지는 하나님의 선물이다(고전 11:23a). 이와 같이 우리는 이 음식을 감사와 놀라움으로 받는다.

이 식사는 여러 이름으로 불리어진다. 어떤 이름들은 성경에서 나오기도 하고 어떤 이름들은 교회의 역사 속에서 출현하기도 했다. 나는 '성찬식'(the Table, the Lord's Table, the Table of the Lord)[1]라는 말을 사용할 것이다. 이 말들은 이 거룩한 행사를 지칭하는 데 사용되는 모든 특정한 단어들을 아우르는 언급이기 때문이다.

본 상에서 나는 세례식을 설명하는 데 사용했던 동일한 틀을 따를 것이다(제4장을 보라). 나는 성찬식의 '무엇을, 왜, 누가, 언제, 어디서, 어떻게'에 대한 질문들을 설명하려고 할 것이다. 개신교 사상과 실천의 범위를 다시 대충 살펴보는 것이 필요할 것이다. 나는 당신이 사역을 위한 참고로 신학적인 어떤 부분을 적용할 때 당신과는 다른 관점을 가지고 있는 그리스도인들이 있다는 것을 이해했으면 한다. 그들도 당신처럼 예수 그리스도를 열정적으로 사랑하는 것은 동일하기 때문이다. 이제 나는 당신을 식당으로 초대한다. 여기에서 당신은 모든 기독교 예식 중에 가장 오래된 예식인 손님을 위한 식탁, 즉 우리 주님 자신이 우리

---

1 저자는 성찬식을 세 가지 용어로 사용하지만, 특별한 경우를 제외하곤 일관되게 '성찬식'으로 번역한다-역주.

에게 주시는 식사를 보게 될 것이다.

2. 토대 놓기

1) 성찬식이란 무엇인가?

세례식에 대한 토론과 비슷하게, 이 질문에 대답하기 위해 고려해야 하는 많은 사항들이 있다. 본 장에서 나는 돋보기를 들여다보듯이 성찬식에 대해서 많은 것들을 설명할 것이다. 우리는 다양한 각도에서 이 예식을 천천히 살펴봄으로써 하나님이 이 놀라운 선물을 우리에게 주시면서 어떤 마음이셨는지에 대한 이해를 시작할 수 있다. 그러나 결국 우리는 성찬식에 대해 이 인생에서는 결코 이해할 수 없는 많은 부분들이 있음을 인정해야만 할 것이다. 성찬식은 신비이다.

(1) 성찬식은 성례전/정례예식이다

성찬식은 교회의 성례전 또는 정례예식 중에서 특별한 위치를 차지하고 있다. 교회의 생생하고 중요한 실천이고 기독교 예배의 중심이다. 약간의 예외는 있지만 모든 그리스도인들은 성찬식 때 예배를 드린다.[2] 교단들마다 성찬식에 대한 접근에서 차이는 있지만, 대부분의 기독교 교단들이 성찬식을 실천하고 있다는 **사실**은 이것이 우리의 믿음에 있어서 중요하다는 것을 나타낸다.

---

2 예를 들어서, 구세군, 퀘이커교(Friends)은 일반적으로 성찬식을 지키지 않는다.

이전 논의에서 개신교는 성찬식에 대한 두 가지의 접근 중 하나를 가지고 있다고 말했다(제1장과 제4장을 보라). 두 가지 접근은 성례전적 접근과 정례예식적 접근이다. 여기서 우리는 성례전에 두 가지 접근을 모두 적용할 것이다. 많은 부분에서 이 접근에 대한 설명은 너무 단순화되었다. 만약 더 알아보기를 원한다면, 본 장의 마지막에 제시된 도움을 줄 수 있는 약간의 자료들을 참고하라('앞으로의 공부를 위한 참고 자료'를 보라).

성례전으로서의 성찬식

성찬식에 대한 기본적인 질문부터 시작하자.

누가 이 예식을 처음 만들었는가?

하나님으로부터 시작했는가?

아니면 인간으로부터 시작했는가?

그 행위의 주된 행위자(primary agent)는 하나님인가?

아니넌 개인들인가?

넓은 범위의 개신교 교단들은 성찬식을 교회의 성례전으로 간주한다. 그들이 어떻게 성찬식을 성례전으로 해석하는지에 대해서는 의견이 꽤 다를 수 있지만, 다음의 관점은 공통으로 가지고 있다. 성찬식에서 그 음식을 성찬식이 되게 하는 주요한 힘의 원천은 바로 하나님이다. 인간은 하나님의 신적 행위에 **책임**을 가지고 있다기보다는(그것이 가능하기라도 하듯이) 중요한 참여자이다. 즉 인간은 하나님의 신적 행위로부터 큰 **수혜**를 받는다. 이것은 모두 성찬식의 행위에서 누가 행위자(agent)인가에 대한 것이다.

세례식에 대해 토의할 때 말했듯이, 성찬식을 성례전으로 보는 사람들에게 그 행사는 바람직스러운 것(advisable)**이기도 하고 원인이 되는**

것(causative)이기도 하다. 즉 우리는 마땅히 성찬식을 해야 하니까 실천한다. 우리 주님이 명령하셨고 우리는 주님에게 순종하기를 원한다(그렇기 때문에 성찬식은 바람직한 것이다). 그러나 또한 우리는 성찬식의 은혜를 받기 위해서 참여한다.

성찬식은 성령에 의한 복된 예식이다. 빵과 잔을 받을 때 영적인 자양분을 공급받는다. 이미 부분적으로 이 땅에 임한 하나님의 왕국, 그 왕국의 시민으로서 살아갈 힘을 얻는다. 성령이 그 만찬에 초대될 때, 빵과 포도주의 땅의 속성은 새로운 의미와 기능을 얻게 된다. 그래서 우리를 채우고 활기찬 그리스도인의 삶을 위한 영양분이 된다. 이런 방식으로 볼 때 성찬식도 세례식처럼 은혜의 수단이다. 성찬식은 하나님의 은혜가 열렬한 수령자인 우리에게로 흘러들어오는 수단이다. 그래서 성찬식은 신적인 행위가 발생하는 원인이 되는 것이다.

여기에서 우리는 세례식과 비슷한 당혹스러움에 처했다.

성찬식의 은혜는 어떤 종류의 은혜인가?

어떤 개신교 교단들은 성찬식의 신실한 참여는 용서의 은혜를 준다고 주장한다. 그런 관점에서 이 예식은 구원적 의미가 있다.

그러나 성찬식은 성례전이고 구원의 일차적인 수단이 아니라는 주장도 있다는 것을 기억하라. 개신교는 빵과 잔이 그 자체로 구원을 제공하는 것이라고 주장하지 않는다. 믿음, 참회, 그리고 진정한 회심(그리고 많은 경우에는 세례식)이 성찬식에 참여하는 전제 조건이다. 성찬식에서 무슨 일이 일어나는가에 대한 다양한 이해가 있지만, 회개하지 않은 죄인이 성찬식에 참여한다고 보는 사람은 없다. 믿음과 회개가 성찬식에 참여하는 필수 조건이다.

존 웨슬리와 찰스 웨슬리(John and Charles Wesley)는 성찬식을 '회개의 정례예식'으로 언급했다. 여기에서 그들이 의미하는 것은 다음의 두 가지로 보인다.

① 성찬식은 믿음이 약한 사람들을 도와줄 수 있다.
② 성찬식은 성령이 구원으로 부르신다는 것을 확신하게 한다.

후자의 의미는 찰스 웨슬리의 찬송가 "오라, 죄인이여, 복음의 만찬으로"(Come Sinners, to the Gospel feast)에 나타나 있다.

> 오라, 죄인이여, 복음의 만찬으로,
> 모든 죄인이 예수님의 손님이 되게 하십시오.
> 당신이 뒤에 남을 필요가 없습니다.
> 하나님이 모든 인류의 값을 치르셨습니다.
>
> 변명하지 마십시오.
> 아! 그의 은혜를 거절하지 마십시오.
> 당신의 세상 걱정과 즐거움을 버리고,
> 예수님이 주시는 것을 받으십시오
>
> 당신이 그의 말을 믿으면
> 그와 함께 먹고 그는 당신과 함께할 것입니다.
> 만찬으로 오십시오, 죄에서 구원 받으십시오.

예수님이 당신을 데리고 들어가려고 기다리십니다.[3]

성찬식에 대한 웨슬리의 관점은 더 나아간다. 그들은 하나님이 믿음으로 오는 사람에게는 그들에게 필요한 어떤 은혜든지 준다고 믿었다. 칭의, 성화, 또는 완성의 은혜. 그들에게 있어서 거룩한 식사는 어떤 수준에 있든지 모든 수혜자의 영적 배고픔을 진정으로 만족시키는 것이다.

정례예식으로서의 성찬식

성찬식을 정례예식으로 보는 사람들은 예수님이 제자들에게 명령했기 때문에 성찬식을 실천한다. 그들은 이 행사를 우선 그리스도의 명령에 대한 순종으로 본다. (정례예식[ordinance]이라는 말은 '제정된'[ordained]과 관련 있다. 즉 예수님이 이 거룩한 식사를 제정하셨다.) 위에서 본 것처럼 성례전의 관점을 갖고 있는 사람들도 예수님의 명령을 받들어 성찬식에 오지만, 정례예식으로 보는 사람들은 예수님의 명령을 주되고 유일한 이유로 성찬식을 거행한다.

따라서 정례예식의 관점에서는 성찬식에서 하나님의 행위의 중요성이 적다. 그 대신에 성찬식에 적절하게 접근하고 그리스도의 죽으심을 신실하게 기억하여 하나님을 기쁘게 하려는 개인들의 경험이 강조된다. 이런 관점에서 볼 때 **사람들이** 성찬식의 성패에 좀 더 책임이 있다. 성찬식을 정례예식으로 보는 사람들은 성찬식을 기본적으로 영적 진실을 위한 상징이라고 본다. 즉 그리스도가 우리의 죄를 용서하시기 위해 고난당하고, 죽으시고, 장사되신 것의 상징이라는 것이다.

---

3 Charles Wesley, *Come, Sinners, to the Gospel Feast*, 1747(stanza 1,2,5). Public domain.

이러한 관점에서는 빵과 잔을 **단지** 상징으로 본다. 그 이상의 것으로 보지 않는다. 그리고 우리는 하나님이 과거에 행하신 일을 기억하고 감사하기 위한 이유만으로 성찬식에 온다고 주장한다. 이런 입장의 형제들과 자매들에게 있어서, 빵과 잔은 이미 완료된 과거의 사건으로서 예배자인 우리는 그 사건을 회상한다. 이것은 때로 성찬식의 회고적 시각으로 언급된다(과거형의 기억을 강조한다). 이런 시각은 16세기의 초기 종교개혁가 중 하나인 울리히 츠빙글리(Ulrich Zwingli)에게 큰 영향을 미쳤다.

관점의 유형들(성례전 또는 정례예식)은 성찬식의 정신과 성찬식의 빈도수에 매우 크게 영향을 미친다. 정례예식으로 보는 예배자들은 회고주의적 관점을 좋아한다. 이는 그리스도의 죽으심과 인간의 무가치함에 초점을 맞추기 때문에 우울한 분위기에서 이루어진다. 성례전으로 보는 시각에서는 성찬식에서 성령의 공급하심이 이루어진다고 본다. 그래서 좀 더 축하의 정신이 있고 부활에 초점을 맞춘다.[4]

실행의 빈도수의 면에서 보면, 만약 그 행사를 '단지 상징'으로 본다면, 빵과 잔에 참여하는 것이 굶주린 영혼에 하늘의 만나를 내리는 것으로 보는 교단에 비해서 훨씬 긴박성이 낮을 것이다. 성례전으로 보는 사람들은 하나님의 은혜를 받기 위해서 더 자주 성찬식의 자리로 올 것이다. 이렇게 나란히 대조하는 것은 너무 삭막하다. 왜냐하면 분명히 겹치는 부분들이 있기 때문이다. 그럼에도 불구하고 기본적인 이해를 북돋기 위해 특징에 따라 과감하게 일반화시켰다.

---

[4] 축하의 의미는 정례예식이나 성례전적 관점에서 상호 배타적인 것이 아니다. 내가 말하고자 하는 것은, 단지 각각의 관점이 예배드리는 데 있어서 다른 방식보다는 자신의 방식과 분위기에 좀 더 자연스럽게 집중하는 경향을 말하는 것이다.

성례전적 관점과 정례예식적 관점을 분리하는 중요한 차이점이 무엇인가?

평범한 예배의 측면에서 볼 때 두 가지 행위가 있다.

첫째, 제정(institution)의 말씀들, 즉 마지막 유월절 식사에서 우리 주님이 하신 말씀, 그리고 바울에게서 되풀이된 말씀, 그리고 결과적으로 끊임없이 실천되기 위해서 모든 세대에게 전해진 말씀을 볼 때, 그 행사가 무엇을 위한 것인지를 알 수 있다.

> 내가 너희에게 전한 것은 주께 받은 것이니 곧 주 예수께서 잡히시던 밤에 떡을 가지사 축사하시고 떼어 이르시되 이것은 너희를 위한 내 몸이니 이것을 행하여 나를 기념하라 하시고 식후에 또한 그와 같이 잔을 가지시고 이르시되 이 잔은 내 피로 세운 새 언약이니 이것을 행하여 마실 때마다 나를 기념하라 하셨으니(고전 11:23-25).

둘째, 음식을 놓고 성령을 기원함으로써 음식이 하나님의 백성을 위한 하나님의 선물로서 구별되는 것이다. 이 기도는 성별의 기도이다. 평범한 물건이 비범한 목적을 위해서 쓰이도록 하는 기도이다. 성별의 기도의 결과로 정확히 어떤 일이 생기는지에 대한 논쟁은 여러 세기 동안 전 세계 그리스도인들을 분리시켜왔던 주제이다. 논쟁이 일어나는 것이 바로 이 부분이다. 본서에서 이 주제에 대해 얼마나 다양한 의견들이 그동안 펼쳐져 왔는지를 자세하게 다루는 것은 불가능하다(그리고 불필요하다).

과도하게 단순화시키는 위험은 있지만, 어떤 전통은 성령의 임재가 성찬식의 요소들(elements)에 직접적으로 작용하여서 빵과 포도주를 실제 예수님의 몸과 피로 변화시키는 물질적인 변화를 일으킨다고 믿는다(화체설[transubstantiation]).[5] 또 다른 사람들은 빵과 잔이 물질적인 변화 없이도 정말 그리스도의 몸과 살이라고 믿는다.[6]

그러나 또 다른 전통의 그리스도인들은 그 요소들에 그리스도가 영적으로 임재하고 있다고 믿는다. 그리스도의 임재는 사실이지만 추상적인(nonobjective) 방식을 통해서이다.[7] 대부분의 자유교회 전통의 교회들은 성찬식 때 그리스도의 임재를 조금도 주장하지 않는다. 그러므로 그들은 성별의 실제적인 기도를 하지 않는다. 그들은 용서를 구하는 즉석의 기도를 드리거나 또는 그리스도와 그의 사역에 대한 감사의 기도를 드리거나 또는 사람들이 더욱 헌신하도록 기도한다. 그러나 성찬식의 요소들에 관련해서 성령을 부르지는 않는다.

(2) 성찬식은 예배의 대화적인 부분이다

기독교 예배는 공동체와 하나님 사이의 대화이다. 예배 공동체가 모일 때, 그들은 하나님과의 거룩한 대화 속으로 들어간다. 예배의 다양한 행위들이 가장 중요한 주일의 대화를 고양시킨다. 노래, 기도, 성경 말씀, 봉헌 등 예배의 많은 요소들이 우리의 대화를 위한 언어를 제공해 준다. 그러나 예배의 전체적인 순서는 대화를 위한 틀을 준다. 제1장에서 나는 4중의 순서의 중요성을 설명했다(모임, 말씀, 성찬식, 파송). 이 4중의 순서

---

5 로마가톨릭의 관점이다.
6 때로 공재설(consubstantiation)로 언급되는 루터파의 관점은 너무 혼란스러워져 이제 많은 루터주의자들이 이 용어를 피하고 있다. John H. Armstrong, ed. *Understanding Four Views on the Lord's Supper*(Grand Rapids: Zondervan, 2007) 3장을 보라.
7 서로 분위기가 다르긴 하지만, 이 관점은 종교개혁가들, 성공회, 그리고 웨슬리 전통이 받아들였다.

속에 대화를 위한 2중의 중심 항목이 있다. 즉 말씀과 성찬식이다.

말씀 안에서 하나님은 말씀하신다. 성찬식에서 우리는 우리의 마음을 찬양의 형식과 간구의 형식과 하나님과 타인을 섬기는 일에 헌신하는 형식으로 응답한다.[8] 이처럼 말씀과 성찬식은 계시와 응답으로 구성된다. 예배에서 특히 이 두 가지 행위는 기독교 예배의 핵심을 형성한다.

예배에서 일어나는 규범적이고 중요한 행위들이 있는데, 성찬식을 그 중 하나로 이해하면 가장 좋다. 특히 성찬식은 **말씀에 대한 응답으로서 기능한다**. 예배에서 하나님의 말씀이 설교되고 이 설교에 대해 회중들은 성찬식을 통해 응답한다. 교회 역사 1,500년 동안 이 형태가 규범적이었다. 대부분의 종교개혁가들이 말씀과 성찬식 형태를 옹호했다.

그러나 그들에게 실망스럽게도 이 형태는 종교개혁 이후 바뀌었다. 설교와 성찬식이 함께 가는 것이 매우 중요하지만 개신교의 많은 전통에서는 주일에 설교와 성찬식을 점점 더 분리해 갔다. 그 결과 예배에서 성찬식이 점점 더 사라져 갔다. 그리고 성찬식을 명백하게 다른, 독특하거나 특별한 것으로 보게 되었다. 성찬식을 이렇게 다루는 것은 원래의 실천과 의도에서 심각하게 멀어지는 것이다. 솔직히 말하면 어떤 교회들은 성찬식을 너무 실천하지 않은 나머지 어쩌다 성찬식을 행할 때 너무 어색하게 된다.

당신은 어떤 사람이 이렇게 말하는 것을 들어 보았는가?

"성찬식을 너무 자주 실천하지 않는다고, 그것의 의미를 잃어버리는 것은 아니지 않는가?"

---

8 그리스도 안에서 하나님이 성찬식 때 우리를 섬겨주는 것이 아니라는 말이 아니다. 단지 성찬식은 역사적으로 예배에 대한 응답 중심으로 이루어졌음을 말한다. 이것이 본 장 전체에서 말하고 있는 바이다.

이렇게 생각하는 것은 그 지도자의 관점을 드러낸다. 그러나 성찬식은 너무 드물게 시행되어서는 안 된다. 그렇게 되면 사람들은 '평범한 것'이 일어날 때도 무엇인가 매우 다르다는 인상을 받게 된다.

(3) 성찬식은 동시에 몇 가지 주제를 나타낸다

예수님이 성찬식을 행하라고 요청하신 것은 성경에 나타나는 몇 가지 주요 주제들에 기초한다. 이것은 우리 기독교 신앙에서 중심적인 것들이다. 성찬식은 매우 방대하고 다중 차원으로서 몇 가지 진리를 한 번에 드러낸다. 이것에 대하여 분광기(prism)의 이미지를 떠올리기 바란다. 다양한 이 주제들의 표현을 보기 위해서 분광기를 천천히 돌려본다.

또한 우리는 어떤 표지(sign)를 보면서 이것이 '무엇 또는 어떤 사람'을 의미한다고 말할 때가 있다. 이때 단지 우리는 그 표지가 그 이상의 진실, 무엇인가 더 위대한 것을 가리키고 있다는 것을 안다. 표지란 눈에 보이지 않는 진실을 눈에 보이는 것으로 묘사하는 것이나, 눈에 보이지 않는 것이 표지 덕분에 보이게 된다.

이런 면에서 신자들이 나누는 음식은 한 가지 이상의 의미를 가리키고 있다. 당신의 전통에 따라서, 이러한 주제들은 숫자나 용어 면에서 다양할 것이다. 나는 더 넓은 교회 공동체 차원에서 광범위한 일치를 얻고 있는 6가지의 주요 주제들을 짧게 살펴보고자 한다.

성찬식에서 우리는 기억한다

성찬식은 인류 역사를 통해 자신의 백성을 많은 방식으로 구원하신 하나님의 선함을 기억하는 행사이다. 하나님은 구원하시는 하나님이다. 성경은 하나님의 완벽한 창조가 사악한 죽음의 손에 의해 어긋나는 이야기를 길고 믿을만하게 기록하고 있다. 그러나 인간은 부패된 상태로 그저 남겨지진 않았다. 시간이 지나 다시 하나님의 구원의 크신 팔이 그 백성의 삶으로 뻗친다. 그리고 그들을 구원하신다. 하나님의 이야기는 구원이 특징이다.

그러므로 성찬식에서 우리는 어떻게 처음에 아담이 존재하기 시작했고, 하나님이 깨어진 관계를 어떻게 복구하셨는지를 기억한다. 하나님이 주시는 가장 위대한 구원의 행위는 둘째 아담인 하나님의 아들 예수 그리스도 안에서 가능해진다. 하나님은 **모든** 시간을 통해 찬양을 받으셔야만 한다. 창조-죄-재창조라는 이 순환은 우리의 조상들과 오늘날 우리를 향한 하나님의 신실하심을 드러낸다. 이것을 기억하는 것은 매우 중요하다.

그래서 성찬식에서 우리는 하나님이 자신의 언약 백성들을 위해 그때와 지금 무엇을 했는지를 기억한다. 특히 하나님이 자신의 아들을 우리에게 선물로 주셨다는 것을 기억한다. 성찬식에서 우리는 예수님의 성육신, 지상 사역, 고난, 죽음, 부활, 승천, 그리고 재림의 기대를 기억한다. 이것은 예수님 자신의 말로 요약된다.

> **이것을 행하여 나를 기념하라**(눅 22:19; 고전 11:24).

성찬식에서의 기억은 매우 특별한 방식으로 일어난다. 기억에 대한 서구적 관점은 주로 과거를 회상하는 것이다. 한 사건이 발생했고, 끝났다. 그리고 우리는 회상을 통해 그 사건을 되돌아본다. 그러나 신약성경에서 기억하다는 의미로 사용된 그리스어는 **아남네시스**(*anamnesis*)이다. 이 말은 과거, 현재 그리고 미래를 함께 가져오는 적극적인 의미이다. 다시 말해서 행사의 기억은 오늘의 경험과 역동적으로 관련 있고 또한 무엇이 이루어질 것인가를 기대하게 된다.

기억이라는 생각은 결혼식을 축하하는 방식으로 묘사할 수 있다. 결혼한 부부가 자신들의 결혼식 기념일을 축하하기 원할 때 그들은 그 행사의 자세한 부분들을 서로 회고하면서 기억한다. 결혼식 장소, 주례자, 참석한 가족과 친구들, 입은 옷, 그날의 예상치 못한 사건들 등. 그러나 그렇게 함으로써 부부는 결혼식 행사에 대해 기뻐하는 것뿐 아니라 과거의 결과인 오늘날 그들의 결혼의 현실을 즐거워하고 있는 것이다. 또한 미래에 있을 일들도 즐거워한다. 과거, 현재, 그리고 미래는 진정한 축하를 위해 융합된다.

성찬식에서도 마찬가지이다. 우리는 하나님이 우리를 구원하신 많은 방식들을 시연한다. 특히 그 행사에서 그리스도의 생애와 죽음 그리고 부활을 회고한다. 또한 우리는 성찬식의 방식 안에서 하나님의 계속적이고 깨지지 않는 자비의 또 다른 구원 역사도 기억한다.

성찬식에서 우리는 감사를 드린다

감사는 성찬식의 심장이고 영혼이다. 사실상, 바울이 사용한 그리스어 중의 하나가 **유카리스테사스**(*eucharistesas*)인데 번역하면 '감사'이다. 우리는 하나님의 아들 안에 구현된 구원 계획으로 인해서 하나님께 감사드린다. 성찬식에서 드려지는 본질적인 기도는 '대 감사'(Great Thanksgiving) 또는 '대 감사의 기도'(Great Prayer of Thanksgiving)로 불린다. 왜냐하면 감사를 드리는 것이 행사의 핵심이기 때문이다.

초기 기독교에서 식탁에 둘러앉아 드리는 기도가 '베라카'(*berakhah*)의 형태를 모방하고 있다는 것은 흥미로운 사실이다. 베라카는 하나님을 찬양하고 하나님의 백성에 대한 돌보심과 공급하심을 감사하는 고대 유대교의 기도이다. 베라카는 신약성경에서 감사(*eucharistia*, 유카리스티아) 또는 축복(*eulogia*, 율로지아)으로 번역되었다. 이 기도 형태는 유대 예식과 영성에서 기본적인 기도의 형태로 실천되어 왔고 지금도 남아있다. 감사(*berakhah*)는 찬양과 놀라움의 기분을 담지한다.

이윽고 기도의 형태가 세 가지의 필수적인 행위로 규격화되었다. 즉 찬양, 하나님의 구원 행위의 암송, 그리고 탄원이다. 성경에는 예수님이 기도한 축복의 기도를 포함해서 이러한 기도의 형태가 많다.[9] 그래서 성찬식에서 우리는 하나님을 경배하고, 그의 강한 구원의 힘으로 인해 하나님을 찬양한다. 그리고 우리의 필요와 세상의 필요를 따라 간청을 드린다. 우리는 감사함으로 가득 찬다.

성찬식에서 우리는 교제를 나눈다

여느 식사 시간과 마찬가지로 성찬식에서 우리는 하나님과 또 서로 간의 따스한 친교를 나눌 기회를 얻는다. '교감'(commune)은 다양한 의미를 갖고 있다. 그 의미는 '공동체'(community), '일치'(unity), '하나임'(oneness) 같이 성찬식과 관련된 다른 중요한 말들과 같은 어원을 갖고 있다. 친교는 성찬식에서 한 번에 두 방향으로 일어난다. 수직적 방향과 수평적 방향이다. 우리는 인간 사이의 친교와 하나님과의 친교를 경험한다. 그리스도의 몸 안에서 사람 대 사람의 친교를 경험한다.

성찬식에 사람들이 모이는 것은 그리스도가 기도한 것처럼, 일치의 거대한 상징이다(요 17:20-22). 이는 그리스도의 몸이 무엇을 의미하는

---

[9] Carmine Di Sante, "The Berakhah or Blessing," in *The Complete Library of Christian Worship*, ed. Robert E. Webber(Nashville: StarSong, 1993), 1:41-42를 보라.

가에 대한 물리적인 표현이다. 모여든 몸은 단지 친교를 **표현하기만** 하는 것은 아니다. 모여든 몸 **자체가** 친교이다. 친교는 성령의 능력을 통해 거룩한 음식을 먹는 결과로 일어난다. 이것은 사실이다! '공동체'는 명사가 아니다. 동사이다. 성별된 빵을 먹고 성별된 포도주를 마시는 행위에 함께 참여할 때 그 행위가 우리를 하나로 통합시킨다. 성령이 우리와 하나님 간의, 그리고 우리 서로 간의 하나가 되게 하여 하나님의 백성으로 불리게 하신다. 그것은 믿을 수 없는 축복이다.

성찬식에서 우리는 하나님 나라의 도래를 기대한다

하나님의 나라는 '여기' 있지만 '아직 임하지 않은' 나라이기도 하다. 이 나라는 그리스도가 이 땅에 첫 번째 오셨을 때 시작되었지만(막 1:15), 그리스도가 두 번째 오실 때까지는 아직 완성되지 않은 나라이다. 하늘의 잔치에서 '먹는 것'은 천국에서 중요한 역할을 한다. 그러므로 성찬식은 커다란 종말론적인 차원을 갖고 있다. 지금 나누는 거룩한 음식들은 장차 올 그 무엇을 미리 맛보는 것이다. 예수님이 성찬식을 제정하셨을 때 그는 이 음식의 영원성에 대한 실마리를 주셨다.

> 그러나 너희에게 이로노니 내가 포도나무에서 난 것을 이제부터 내 아버지의 나라에서 새것으로 너희와 함께 마시는 날까지 마시지 아니하리라(마 26:29; 또한 막 14:25; 눅 22:16을 보라).

예수님은 자신의 헌신된 제자들에게 장래의 왕국에서 예수님과 함께 나눌 축복 중 하나가 함께 먹는 것이라고 말씀하셨다.

너희로 내 나라에 있어 내 상에서 먹고 마시며(눅 22:30).

이것은 예수님이 "사람들이 동서남북으로부터 와서 하나님의 나라 잔치에 참여하리니"(눅 13:29)라고 말한 종말의 때에 신자들이 참석할 즐거운 축제가 될 것이다. 예수님은 그를 따르는 이들이 지속적으로 지켜나가도록 제정한 성찬식과, 마침내 천국이 도래했을 때 다시 나누게 될 음식을 강력하게 연결시켰다. 지금 즐기는 빵과 잔은 하나님의 미래의 통치를 예견한다.

성찬식에서 우리는 하나님과의 언약을 갱신한다

두 가지의 성례전(세례식과 성찬식)은 하나님이 그의 백성들과 맺은 언약의 표지이다. 오래전 하나님은 시내산 기슭에서 모세와 이스라엘과의 언약의 예배를 제정하셨다. 백성들은 "여호와의 모든 말씀과 그의 모든 율례"(출 24:3)를 받으면서 하나님께로의 완전한 복종을 서약하였다(출 24:3, 7). 그리고 하나님은 백성에게 서약하셨다(출 34:6-7, 10). 고대 근동 문화에서 볼 수 있듯이, 상징적인 행동이 그 서약을 인증했다. 모세는 희생물로부터 피의 반을 취해서 봉헌하고 그것을 제단과 백성 앞에서 언약에 대한 인증(seal)의 의미로 뿌렸다.

제1장에서 언급한 대로, '성례전'이라는 말은 라틴어 **사크라멘툼**(*sacramentum*)에서 왔는데 그 의미는 '거룩한 맹세'를 의미한다.[10] 이 용어의 뿌리에는 군인의 맹세 같은 군대식 어법이 있다. 예배자가 빵과 잔을 받을 때, 그것은 그리스도에 대한 우리의 맹세, 즉 신실한 제자 됨을 갱신하

---

10   *Webster's New Universal Unabridged Dictionary*, 2nd ed., s.v. "sacrament."

고 하나님의 왕국을 섬기는 데 우리 자신을 다시 헌신할 수 있는 완벽한 상황이다. 고대 이스라엘 백성들처럼 우리는 하나님께 맹세한다.

여호와의 모든 말씀을 우리가 준행하겠나이다(출 24:7).

우리는 우리에 대한 신실함을 서약한 주님을 모시고 있다. 우리의 서약을 지키는 것은 성찬식에서 일어나는 중요한 부분이다. 또한 우리는 죄로부터의 구원, 죄로부터의 승리, 그리고 다시 오겠다는 예수님의 계속적인 서약을 받는다. 구약성경의 예식과 비슷하게, 상징적인 행동이 서약을 승인한다. 성찬식에서 상징적인 행동은 빵을 먹고 포도주를 마시는 것이다.

이런 방식으로 우리가 성찬식에 모일 때마다 두 방향의 언약은 갱신된다. 언약을 갱신하는 것은 성령을 통해 그리스도 안에서 하나님께 우리 사신을 다시 드리는 것이다. 이것은 하나님이 먼저 성령을 통해 그리스도를 우리에게 보내준 것에 대한 응답이다.

성찬식에서 우리는 그리스도의 승리를 축하한다

우리 주님에 의해 제정된 이 거룩한 식사는 예수님을 따르는 사람들에게 많은 것을 의미한다. 그러나 이 모든 의미들을 포괄적이고 강력하게 통합하는 말은 바로 **승리자 그리스도**(*Christus Victor*, 크리스투스 빅토르)라는 말이다. 이 라틴어는 교부들의 초기 저서에 나오는 말인데, 예수님을 승리자로 선포한다!

이 은혜로운 제목 뒤에 풀어낼 많은 이야기들이 있다. 그러나 핵심은 이것이다. 그리스도께서 십자가 형을 당하시고, 부활하시고, 그리고 승천하셨을 때, 그는 잃어버린 개인들을 위하여 개인 구원 이상의 것을 완성하셨다. 예수님의 성육신에 따른 이런 최고의 사건들은 그리스도 안에서 믿는 이들에게 구원을 주는 것뿐 아니라(요 3:16) 사탄의 궁극적 능력을 완전하고 당당하게 한 번에 손상시켰다(계 20:10).[11] 하나님의 적에게서 오는 악, 죄, 그리고 죽음의 속박은 그리스도 사건을 통해서 깨졌다. 너무나 강력해 보이는 죄의 사슬은 삼손의 팔을 묶고 있던 밧줄처럼 힘을 잃고 땅에 떨어졌다

팔 위의 줄 끊기를 실을 끊음 같이 하였고(삿 16:12).

엄청난 사실은 그리스도가 **전 우주**에 대한 승리자라는 것이다!

승리자 그리스도는 예수 그리스도가 단지 죄인들의 구원자일 뿐 아니라 우리의 세상을 아버지 하나님과 함께 창조하신 분이고(요 1:1-3), 그렇기 때문에 마침내 천국이 임할 때(계 21:1-2) 전체 창조 질서를 재창조하실 분이라는 것이다. 부활을 통해 효과적이고 실제적으로 일어난 승리는 사탄에 대한 승리이다. 그래서 신자들은 죄로부터만 **구원**받았을 뿐 아니라 오랜 동안 우리를 통치했던 죄의 노예가 되는 것으로부터도 이제 **구원**받았다.

우리가 여전히 고통 받고 있는 시간은 우리 세계의 악의 결과이다. 바울이 말한 것처럼 "피조물이 고대하는 바"는 "피조물도 썩어짐의 종노릇 한 데서 해방되어 하나님의 자녀들의 영광의 자유에 이르는 것"(롬 8:19, 21)이다. 그러나 아버지가 신호를 보내는 순간, 궁극적인 승리는 **승리자 그**

---

[11] 사탄의 멸망하게 하는 힘은 마지막 날까지 지상에서 어느 정도 자격을 허용될지라도, 그 궁극적인 힘은 파괴됐다.

리스도에게 속할 것이다. 사탄과 악마는 영원히 갇힐 것이고, 고통의 구덩이의 형벌을 받아 다시는 살아나지 못할 것이다.

그들은 영원히 힘을 잃게 될 것이다(계 20:1-3a, 10)!

그날에는 악한 이에게 무릎 꿇는 자는 없을 것이고, 모든 무릎이 오직 왕 중의 왕이요 주 중의 주이신 예수님에게 꿇게 될 것이다(빌 2:19)!

역사신학자인 로버트 웨버(Robert Webber)의 글을 상세히 인용하겠다.

> 성육신에서 창조자는 피조물이 되셨다. 그리고 그 자신을 사람 뿐 아니라 자연의 모든 구석구석과 모든 사회 제도를 왜곡시킨 죄 가운데로 던져 넣으셨다. 창조자로서 그는 죽음을 통하여 죽음과 죄의 권세를 파괴하셨다. 창조자로서 그는 부활을 통하여 재창조의 능력을 보여주셨다.
>
> 결국, 성육신과 죽음과 부활의 능력으로 인해, 그리스도는 죄에 대해 승리하셨다. 그리고 두 번째 오실 때, 그는 피조물에 미치는 죄의 힘을 완전히 무찌르실 것이다. 그리고 지금의 '썩어짐의 종 노릇'하는 상태로부터 해방시키실 것이다.
>
> 이런 관점에서 교부들은 그리스도께서 죽으신 것은 단순히 의를 만족시키기 위해서가 아니라 자신의 세계를 오염시킨 죄에 대한 승리를 얻기 위해서였다고 가르쳤다. 십자가에서의 그리스도의 사역은 모든 생명에게 뻗어나가는 힘이었고, 악의 힘을 무너뜨리는 것이었다. 악의 힘이 모든 창조 질서에 초래한 대혼란은 우세할 수 없고, 우세하지도 않을 것이다. 왜냐하면 악에 대한 예수

님의 승리는 궁극적인 창조 복구의 약속이기 때문이다.[12]

우리가 성찬식에 참여할 때, 우리는 십자가의 피로 인해 개인의 죄를 용서받는 것 이상의 선포에 참여하는 것이다. 우리는 우주적 선포에 참여하고 있다. 예수님은 사탄에 대해 승리하셨다. 그는 죄와 죽음의 힘을 이기셨다. 그는 언젠가 모든 창조, 즉 땅, 창조 질서, 거룩한 것들을 복원하고 예전에 자신의 손으로 처음 만들어졌을 때처럼 완전하고 빛나고 굉장한 모습으로 되돌리실 것이다. 그렇다. 우리는 개인적 구원을 위해서 감사할 것이다. 그러나 하나님이 승리자 예수님을 통해서 **모든 것**들을 새롭게 만드신다는 사실(계 21:5)의 빛 아래서 감사하는 것이다. 다음에 당신이 성찬식을 축하할 때, 그리스도의 우주적 승리라는 보다 큰 맥락 안에 개인 구원에 대한 감사를 놓고 생각해 보라. 만약 그렇게 한다면, 당신은 하나님의 위대함에 대한 새롭고 신선한 놀라움을 경험하게 될 것이다.

(4) 성찬식의 다양한 접근법

이제까지 당신은 '성찬식'이라고 불러 온 한 행사를 언급하는 데 사용되어 온 보편적인 용어들을 추론해 왔다. 그것들 중 몇 가지는 이미 마주쳤다. 성찬식을 언급하는 성경에 나오는 용어들을 살펴보자. 유카리스트(Eucharist), 주의 만찬(the Lord's Supper), 교제(Communion), 빵을 뗌(breaking of bread). 대부분의 교회에서 이 용어들이 주로 사용되어 왔지만 시간이 지나면서 발달되어 온 다른 용어들도 있다. '신적인 예전'(Divine

---

12 Robert E. Webber, *The Majestic Tapestry: How the Power of Early Christian Tradition Can Enrich Contemporary Faith*(Nashville: Thomas Nelson, 1986), 30.

Liturgy, 동방정교회) 그리고 '미사'(Mass, 로마가톨릭교회)이다. 이 용어들이 가리키는 행사도 동일하다.[13] 성찬식이다. 그렇다면 거룩한 식사를 표현하는 데 사용된 성경의 네 가지의 기본적인 용어들을 짧게 설명하겠다.[14]

다시 한 번 말하는데, 여기 제시하는 것보다 훨씬 많은 내용들이 있으므로 각각의 주제들에 대해서 더 풍성하게 탐구하기 바란다. 성찬식의 많은 측면들을 성찰할 때, 분광기(prism)를 천천히 돌려야 한다. 그러면 여러 각도로 응시하면서 성찬식에 대해 훨씬 완전하게 볼 수 있을 것이다.

유카리스트

영어로 '유카리스트'(Eucharist)라는 단어는 그리스어 '유카리스토스'(eucharistos)에서 왔는데 '감사'라는 의미이다. 마가(막 14:22-23)와 사도 바울(고전 11:24) 모두 빵과 잔을 받을 때 축하할 이유가 있다고 말하면서 이 단어를 사용했다! 실제로 축하할 이유가 많다. 성찬식(Eucharist)의 강조점은 부활에 있다. 십자가의 죽음이 빈 무덤의 기쁨으로 승화한 것이다. 성찬식에서 우리는 구원자의 죽음만을 기억하는 것이 아니라 그리스도를 죽은 자 가운데서 살리신 하나님의 능력을 기뻐한다.

우리는 **승리자 그리스도** 안에서 즐거워한다. 승리자 주님은 사탄과 모든 악의 힘들에게 승리하셨다. 우리는 모든 믿는 자들을 거룩하게 살게 하시고 승리의 삶을 살게 하시는 성령의 능력 안에서 마치 우리가 악

---

13 신적인 예전과 미사는 예배의 전체 신적 예식을 가리키는데, 그 중앙의 가장 중심부는 성찬식이다. 성찬식은 중심으로서의 역할이 너무나 확실하기 때문에 전체 예배와 성찬식을 분리할 수 없다.

14 이 부분은 Constance M. Cherry, *The Worship Architect: A Blueprint for Designing Culturally Relevant and Biblically Faithful Services*(Grand Rapids: Baker Academic, 2010), 87-89; 『예배 건축가』(CLC 刊), 174-180에서 발췌했다.

한 자에게 승리한 것처럼 즐거워한다.

역사가들은 초기 기독교도들에게 있어서, 성찬식이 즐거운 시간이었다고 확증한다.

왜 그렇지 않겠는가?

부활이 그들의 마음을 새롭게 했기 때문이다. 그들은 부활하신 주님과 개인적으로 교통했다. 빵과 잔은 그들에게 예수님이 진정으로 살아나셨고 성령을 통해 그들과 함께 계시다는 사실을 되새겨 주었다. 그래서 성찬식에 대한 성경적이고 역사적인 하나의 접근은 '감사'(Eucharist)이다. 기쁨에 찬 감사요, 축하요, 찬양이다.

주의 만찬

아마 '주의 만찬'(The Lord's Supper)이라는 용어는 개신교 사이에서 가장 보편적일 것이다. 이 용어는 예수님이 죽으시기 바로 전날 제자들과 갖으셨던 마지막 만찬과 직접적인 연관이 있다. 예수님이 유월절 식사를 제자들과 함께 축하하셨다는 이야기는 모든 복음서에 공통으로 나온다. 저녁 식사 동안, 예수님은 그 식사를 새 언약으로 제정하고, 자신의 제자들에게 예수님을 기억하면서 빵(그의 몸)과 음료(그의 피)를 먹고 마시라는 명령을 내렸다.

몇 년 후 바울이 예수님이 제정한 그 식사를 회상하면서 그 행사를 주의 만찬(the Lord's Supper)으로 언급하였다(*kuriakos deipnon*, 큐리아코스 데이프논, 고전 11:20). 이 용어에서의 강조점은 예수님의 고통과 죽음에 대한 회상이다. 예수님을 기리면서 기억하는 것이다(회고주의적 관점).

이 성찬식(the Lord's Supper)에는 다소 음울한 분위기와 십자가의 추억이 일반적이다. 참여자들의 무가치함에 강조점이 있기 때문에 이 예배에서는 회개가 주요 부분이 된다. 예식 건축가가 만약 주의 만찬(the Lord's Supper) 방식을 주된 수단으로 삼는다면 빵과 잔을 대함에 있어 좀 더 어두운 형태의 예식을 창조하게 될 것이다.

교제

영어 '커뮤니온'(communion)은 그리스어 코이노니아(*koinonia*)에서 유래했다. 이 말은 '참여,' '나눔,' 또는 '교제'로 번역된다. 바울과 누가는 식사의 친교적 본성을 강조하면서 이 말을 사용했다. 누가는 코이노니아라는 단어를 빵을 뗀다는 말을 하면서 사용했다(행 2:42). 바울은 고린도인들에게 빵과 잔에 **함께** 참여하는 것의 중요성을 설명할 때 동일한 단어를 사용했다(고전 10:16-17).

'교제'(communion)의 진정한 강조점은 그리스도를 통한 몸의 일치, 믿는 자들이 나누는 특별한 친교이다. 이런 하나 됨의 감각은 식탁 주위에 물리적으로 모이는 시억석인 친교를 초월한다. 우리는 현재의 교회 구성원들만을 볼 뿐이지만, 하나님의 성령이 우주적 교회 안에서 우리를 하나로 만들고 계심을 기억한다. 모든 족속과 나라, 과거와 현재, 그리고 미래의 신자들이 예수님의 이름으로 하나가 되는 것이다. 하나 됨은 성찬식을 인정하시고 환영하시는 하나님으로부터 오는 선물이다.

그래서 이러한 거룩한 교제(Holy Communion)의 분위기에서는 지역적, 세계적 심지어는 영원함 속에서 모인 우리의 형제들과 자매들에 대한 사랑과 감사의 영이 함께한다. 이 접근에는 따뜻함, 환대, 관계성, 사려 깊음이 있을 것이다. 이 접근의 특징은 하나 됨의 표현과 위로부터의 선물이다. 다정한 성찬식이며, 거룩한 친교이다.

빵을 뗌

초기 기독교 공동체는 빵을 떼는 일에 헌신했다(행 2:42). 그들은 자주, 아마도 매일 음식을 나누며 이 실천에 헌신했다.

> 날마다 마음을 같이하여 성전에 모이기를 힘쓰고 집에서 떡을 떼며 기쁨과 순전한 마음으로 음식을 먹고 하나님을 찬미하며 또 온 백성에게 칭송을 받으니 주께서 구원받는 사람을 날마다 더하게 하시니라(행 2:46-47).

역사가들은 빵을 뗀다는 것이 매일의 정기적인 식사에서 빵과 잔을 축하했음을 의미하는 것이라고 믿는다.

성찬식의 두 가지 측면이 합해졌다.

> 기독교 친교 안에 식사와 성찬식을 축하하는 행사가 종종 함께 일어났다는 것을 자연스럽게 추론할 수 있다.[15]

아마도 유다서 12절에서 언급된 애찬식은 이런 식사에 대한 언급이었을 것이다.[16] 많은 재세례파, 모라비안, 그리고 감리교도들은 역사적으로 빵과 잔을 포함한 간단한 음식의 애찬식의 형태로 빵을 떼었다. (애찬식 부분을 보라.)

성찬식은 지역 교회의 교인들에 의해서 빵과 잔이 포함된 일상적인

---

15 Francis Foulkes, "The Lord's Supper," in *Baker Encyclopedia of the Bible*, ed. Walter A. Elwell(Grand Rapids: Baker Books, 1988), 1355.

16 Ibid.

음식으로 시행되었는데, 전형적으로는 식사를 마칠 무렵에 시행되었다. 물론 식사 시간 중 어느 시간이라도 가능하기는 했다. 이런 예식은 친교(교제[Communion]와 유사)와 비슷한 분위기에서 조화롭게 진행됐지만 좀 더 편안하고, 자발적인 분위기에서 진행됐다.

당신이 본대로, 우리 주님의 "이것을 행하라"고 하신 명령을 따르는 방식은 풍부하다. 이 모든 용어들은 성찬식에 대한 다양한 방식의 선호도를 보여준다. 때로 우리는 즐거움을 위해서 성찬식에 온다. 때로 우리는 그리스도의 고난에 대한 슬픔으로 온다. 때로 우리의 마음은 공동체 안에 다른 신자들과 함께 있음으로 인해서 따뜻해진다. 때로 우리는 일상적인 식사를 하기 위해 모인 가족들과 같은 분위기를 느낀다.

교회력을 따른 절기 설교(아래에서 좀 더 살펴볼 것이다)뿐 아니라 매일의 기본적인 설교 본문들에서도 당신이 선택한 성찬식의 분위기가 풍겨나게 하라. 또한 성찬식의 다양한 접근들을 모두 사용해도 괜찮다. 그렇게 함으로써 성찬식의 완전한 경험의 유익을 얻고, 그리스도가 빵과 잔으로 우리에게 다가오시는 많은 방식들을 존중할 수 있게 된다. 이런 점에서 앞으로 본서에서는 '성찬식'(the Table)에 대한 성경의 다양한 용어들을 상호 교환적으로 적절한 수준에서 보다 자유롭게 사용하고자 한다. 분광기(prism)를 돌려보자.

(5) 성찬식은 본질에 있어서 관계적이다

성찬식은 본질적으로 관계적이다. 먼저는 그리스도 안에서 하나님과의 관계이고, 또한 동료 신자들과의 관계성이다. 성찬식의 관계적 본성의 토대는 영원한 삼위일체 성부, 성자, 성령의 관계에서 찾아볼 수 있다. 상호적인 사랑과 자신을 주는 상호관계성은 교부들에 의해 페리

코레시스(*perichoresis*)라는 말로 묘사되었다. 이 말은 '함께 노래하면서 둥글게 춤추기'[17]를 의미하는 그리스어 조합에서 유래되었다. 윌리엄 디어니즈(William Dyrness)는 다음과 같이 말했다.

> 이 이미지는 기독교 하나님의 특징에 대해서 가장 근본적으로 묘사한다. 하나님의 본성은 사랑과 아름다움의 역동적인 움직임이다.[18]

그리고 하나님의 사람들이 갖는 이 영원하고 상호적이고 사랑스러운 친교는 모든 신자들이 초대받은 궁극적인 친교를 향한다. 삼위일체 하나님의 친교가 우리 하나 됨의 진정한 토대이다. 이것이 성찬식에서의 진실이다. 우리는 그리스도와 하나이고 예수 그리스도의 모든 진실한 제자들과 하나이다.

그러므로 성찬식(Communion)은 심오한 **연합**의 행위이다. 그것은 한 장소에 모인 전체 신자 공동체에 의해 공유되는 행위이다. 세 사람이 모일 수도 있고(엠마오의 제자 두 명이 도상에서 예수님을 만나 함께 빵과 잔을 나누었다. 눅 24:30을 보라) 또는 큰 숫자가 모일 수도 있다(어린 양의 잔치. 계 19:6-9을 보라). 그러나 한 가지 사실은 분명하다. 성찬식은 하나님의 모든 사람들이 **함께** 참여하도록 계획된 것이다. 특별한 환경에서의 특권을 고집하는 특정 개인만 받는 것이 아니다.

이것이 중세 종교개혁가들의 불만 중 하나였다. 예배자들은 교회에 와서 목회자가 성찬을 받는 것을 지켜볼 뿐, 성찬에 참여할 수는 없

17　William A.Dyrness, *A Primer on Christian Worship: Where We've Been, Where We Are, Where We Can Go*(Grand Rapids: Eerdmans, 2009), 82.
18　Ibid.

었다. 오늘날에는 대부분 바로잡혔지만, 다른 방식으로 되살아나고 있다. 결혼식에서 신부와 신랑만 성찬을 받고 다른 신자들은 단지 바라보기만 하는 것처럼 말이다(저지된 실천. 자세한 사항은 제2장을 보라).

성찬식의 주제와 동기들을 검토해 볼 때, 초점은 이 음식이 표현하고 있는 것들에 있다는 것이 확실하다. 기억, 감사, 연합, 기대, 언약, 그리고 승리. 성찬식에 참여하면서, 우리는 믿음의 확실한 확증을 주장하고 있다. 그리고 우리는 이 확증을 공동체 안에서 보여준다. 이러한 동기들과 성찬식의 연합의 본질을 강조한다고 해서, 개인적인 신앙을 무시하거나 간과하는 것은 아니다. 이것은 축소시킬 수 있는 문제가 아니다. 왜냐하면 결국 식탁 둘레에 모인 공동체는 복음의 선포를 개인적으로 수용하여 구원받은 개인들로 이루어져 있기 때문이다. 이들은 믿음을 통하여 구원의 선물을 받고 예수 그리스도를 주로 부르는 사람들이다.

2) 왜 우리는 성찬식을 거행하는가?

우리는 성찬식을 단순한 이유에서 거행한다. 예수님이 우리에게 그렇게 하라고 명령하셨기 때문이다. 처음에 예수님과 그의 제자들이 나눈 빵과 포도주에 대해 예수님의 지시가 있었다.

> 너희가 이를 행하여 나를 기념하라(눅 22:19).

최초의 제자들은 그들 주인의 명령을 심각하게 받아들여서 매주 심지어 어떤 경우에는 매일 이것을 행하며 예수님을 기억했다. 그리스도의 명령이 우리가 계속적으로 이 예식에 참여하는 근본적인 근거로서 작용한다. 또한 사도적 전통도 성찬식 참여를 지지하고 있다. 바울은 고린도 교인들에게 신실한 식사를 행하는 것의 필요성에 대해 많은 말을 했다. 바울은 성찬식을 완전히 수용했다. 그는 다른 사람들에게 전해 주라는 목적으로 주께 **직접** 받은 것에 대해서 예수님 자신의 말을 인용하고 있다(고전 11:23-25). 우리가 성찬을 위해 모일 때,

① 우리는 그리스도의 특별한 명령에 순종하는 것이고
② 2000년 이상 이 예식을 실천해 온 신실한 증인들의 긴 행렬에 참여하는 것이다.

"왜 성찬식을 교제(Communion)라고 부르는가?"
이런 질문에 대해서 고려할 수 있는 한두 가지 사실이 있다. 우리가 성찬식으로 초대 받을 때, 우리는 우리 자신만을 위해서 참여하는 것이 아니다. 세상을 위해서도 참여하는 것이다. 성찬식은 신자들이 영적으로 새로워지는 장소이기도 하지만 단지 그것만은 아니다. 성찬식에서 우리가 얻는 많은 것은 우리 자신을 위한 것이 아니고 다른 사람들을 위한 것들이다. 우리가 어떤 능력을 얻든지 그것은 우리의 영광을 위해서가 아니다. 우리가 좀 더 '영적'으로 느끼기 위해서가 아니다. 오히려 우리가 힘을 얻어서 하나님의 은혜가 필요한 사람들을 위한 사랑과 화해의 대리자가 되기 위함이다.

왜 우리는 성찬식을 거행하는가?
공급받아서 다른 사람들에게 공급하기 위해서이다. 우리의 실제로서의 하나임(the oneness), 그리스도가 원하고 기도했던 하나임, 성찬식에서 진정으로 표현되는 하나임은 "아버지께서 나[예수]를 보내신 것

과 또 나를 사랑하심같이 그들도 사랑하신 것을 세상으로 알게 하려 함"(요 17:23)이다. 성찬식에서 심오하게 표현되는 그리스도인의 하나 됨의 목적은 세상을 위함이다. 이것이 초기 기독교 공동체 삶의 분명한 그림이다. 매일 빵을 떼는 행위의 맥락은 다른 사람을 위한 희생의 삶이었다. 그리고 이런 종류의 삶은 모든 사람들에게 큰 유익을 가져왔다(행 2:43-47).

3) 누가 먹을 수 있는가?

예수님이 자신의 삶, 죽음 그리고 부활을 자신이 올 때까지 기억하도록 제정한 성찬식은 빵과 포도주에만 관심이 있는 그런 사람에게는 제공되지 않는다. 그것은 특정 집단의 사람들을 위해 제정되었다. 제4장에서 "누가 세례 받는가?"라는 질문에 간단하게 답변했다. 예수 그리스도의 제자들이다. 누가 성찬식에 참여할 수 있는가를 고려할 때도 답은 같다. 교회의 두 가지 성례전/정례예식은 분명한 집단의 사람들을 위한 하나님의 선물이다. 이 예식들은 자신들을 예수 그리스도의 주권에 헌신한 사람들에게만 열려있다. 성경은 빵을 떼는 것이 이미 하나님 나라의 시민이 된 사람들을 위한 것임을 매우 분명하게 명시한다.

성찬식의 뿌리가 고대 유대교의 유월절 축제에 뿌리를 두고 있음을 기억하라. 아브라함의 자손들과 하나님 간의 언약 관계가 유월절 식사의 중심이었다. 오직 언약의 자손들만 그 음식을 먹을 수 있었다.[19] 예수님은 제자들과 함께 마지막 유월절 식사를 축하하던 밤에 자신의 살과 피

---

19 유월절도 유대인들과의 공적인 관계 덕분에 받아들여진 이방인 가정들을 중심으로 이방인에게로 확장되어 나갔다.

로서 새 언약을 세웠다. 또한 그는 이 행동을 통해 새 언약의 백성을 세웠다. 그 백성은 예수님이 자신의 첫 잔치에 손님으로 초대하는 제자들이며 그 예식을 계속하도록 위임받은 제자들이다. 예수님은 이 예식을 그의 제자들과 새 언약 백성으로서 앞으로 올 제자들에게 맡겼다. 사도 베드로는 자신의 서신에서 이 제자들에 대해서 다음과 같이 언급한다.

> 그러나 너희는 택하신 족속이요 왕 같은 제사장들이요 거룩한 나라요 그의 소유가 된 백성이니 … 너희가 전에는 백성이 아니더니 이제는 하나님의 백성이요 전에는 너희가 긍휼을 얻지 못하였더니 이제는 긍휼을 얻은 자니라(벧전 2:9-10).

시작에서부터 성찬식은 예수님 안에서 하나님과 언약 관계에 있는 사람들을 위해서 제정되었다.

비슷한 맥락에서 사도 바울은 고린도 교인들에게 자신들의 성찬에 대해 염려하는 서신을 썼다. 이 서신에서 바울은 성찬식을 신자들을 위한 것으로 가정하고 있다. 바울은 성찬식에 대해서 그들을 꾸짖으면서 단도직입적으로 자신이 고린도 신자들의 모임인 교회에게 말하고 있음을 진술한다(고전 11:18). 바울이 문제 삼은 것은 예수님을 따르는 자들이 성찬식을 잘못 행한 점이었다. 바울은 불신자에게 말하고 있는 것이 아니었다.

결국 우리가 말해 온대로, 빵을 떼는 것은 예수님을 주로 믿는 모든 자들을 위하여 천국에서 벌어질 하늘 잔치의 전조이다. 이런 모든 근거들을 볼 때, 성찬식은 그리스도를 믿고 진실한 제자 됨으로 그를 따르는 이들만을 위해서 제공된다는 것이 분명하다. 이것이 성찬식 초창기부터 교회의 입장이었다.

역사를 통해 볼 때, 교회는 성찬식의 온전성을 보호하기 위해 극히 조심해 왔다. 성찬에 참여하는 사람에 대한 기준도 매우 심각하게 고려했다. 성찬식을 보호하는 것은 교회 역사 전반에서 여러 형태로 존재했다. 어떤 전통에서는 '성찬식 울타리'(fencing the table)를 제정했다. 이 문구는 하나님과 다른 사람들과의 관계에서 올바르게 서지 않은 사람은 성찬 참여를 거절한다는 것을 의미한다.

처음에 '울타리' 제도는 성찬식 전에 장로들이 교구 성도들의 가정을 일일이 찾아가서 얼굴을 마주보며 그들의 성찬식 참여 적격성을 점검하는 것을 의미했다. 존 칼빈은 이렇게 성도들의 집을 미리 순회하는 것을 지지했다. 그렇게 함으로써 죄를 고백하고 용서받을 수 있었고, 공동체의 일원들 사이에 올바른 관계성이 선한 질서 가운데 세워지게 되었다. 금식과 기도가 격려되었다. 교회 역사의 어느 기간 동안에는 성찬식 참여에 승인받은 이들에게 표 또는 입장권이 배부되기도 했다. 그 사람들은 성찬을 받기 전에 표를 제출하도록 요구받았다.

물론 성찬식 울타리라는 발상 자체는 종교개혁가들이 볼 때 독창적인 것이 아니었다. 그것은 이미 중세의 절정기 동안에 울타리를 제단 앞에 실제의 나무 구조(칸막이 벽으로 불리워짐)로 세우면서 불행하고 이단적인 형태를 취하게 되었다. 성찬식에 참여할 가치가 있는 사람들(목회자들)과 자격이 없는 대중들(백성) 사이에 물리적인 칸막이가 세워지는 것으로 변질된 것이다.

가치 없는 태도로 주의 빵과 잔에 참여해서는 안 된다는 바울의 경고는 영적인 준비성에 대한 많은 염려를 낳았다(고전 11:27). 이것을 어길 경우의 벌은 심각하다. 병 그리고 심지어는 죽음의 벌이 내려졌다(고전 11:29-30). 불행하게도 존경받는 사도의 이 훈계는 잘못 해석되었다. 많은 사람들이 이 구절의 의미가 개인적으로 자격이 안되면, 성찬에 참여하지 못한다는 것으로 잘못 알고 있다. 그들은 아마 최근에 하나님께 저항했던 것이나 단순히 죄책감을 느끼는 것들 때문에 그들 자신이 자격이 없다고 여긴다.

나는 최근에 한 지역 교회 목회자에게 성찬식 주일에 어떤 교인들은 교회에 오지 않는다는 말을 들었다. 왜냐하면 그들 스스로 성찬을 받을 정도로 충분히 선하다고 느끼지 못하고 있기에 성찬을 받을 자격이 없다는 말을 들을까 봐 두려워한다는 것이다.

그러나 이런 걱정은 바울이 서신에서 말하고 있는 것과는 다르다. 바울이 성찬에 참여할 자격이 없다고 한 말은, 성찬에 참여한 교인들이 보여준 그리스도의 지체에 대한 이기심과 배려 없음을 꾸짖는 말이었다. 벤 위더링턴(Ben Witherington)은 다음과 같이 말했다.

> '자격 없음'에 대해서 바울은 무가치한 태도로 참여하는 사람들을 가리키고 있는 것이지, 스스로 자격이 없다고 여기는 사람들을 말하는 것이 아니다. 28절을 검토해 보면 성찬에 참여하기에 얼마나 적절한가에 대한 것이지, 참여할 자격에 대한 내적인 평가가 아니다.[20]

자격 없음에 대한 개인적인 감정(우리 모두 가지고 있는)과 그 행사나 공동체의 일원을 무시하는 태도는 엄연히 다르다는 것을 교인들에게 확실히 알려주기 바란다.

---

20 Ben Witherington III, *Conflict &Community in Corinth: A Socio-Rhetorical Commentary on 1 and 2 Corinthians*(Grand Rapids: Eerdmans, 1995), 251.

오늘날의 회중은 누가 성찬에 참여할 수 있고, 누가 참여할 수 없는지에 대해 그들 자신의 경계선이 있다. 이 경계에 따라 '닫힌 성찬식'도 있고 '열려진 성찬식'도 있다. '열려진 성찬식'은 많은 회중들이 실천하고 있는데, 모든 세례 받은 신자들(어떤 경우에는 심지어 세례 받지 않은 신자들에게도)에게 열려있는 성찬식이다. 같은 교단인지 어떤지에 관계없이 성찬식에서 환영받는다. 그리스도를 구원자와 주로서 고백하는 것이 선행조건이다. '닫힌 성찬식'은 특정 교단의 온전한 경로로 세례 받은 사람들에게만 열려있는 성찬식이다. 특정한 승인된 조건 아래서 성찬식을 진행하는 '제한된 친교'이다.

그래서 만약 성찬식이 예수님의 제자들을 위한 음식이라면, 우리는 세례식에 대해 던진 질문으로 다시 돌아간다.

누가 제자로서 합당한가?

당신이 상상하듯이, 여러 대답이 있다. 자유교회(Free Church) 전통에 속한 많은 교회에서는 그리스도를 구원자로 신실하게 의지하고 그를 따르기로 헌신해서 성찬에 참여할 자격이 있는 그 누구라도 제자이다. 개인적인 회개가 자격의 표지이다. 전형적으로 이런 교회에서는 아이들이 그들 자신의 믿음의 고백이 있을 때까지 성찬식에 참여하지 못하도록 금지된다. 다른 교회에서는 세례식을 성찬식을 위한 문지방으로 여긴다.

이런 실천에서는 초대 교회의 세례 입문 교육(catechumenate) 제도에 귀 기울인다. 세례 지원자(catechumens)은 말씀 후 바로 흩어지고 오직 세례 받은 사람만 남아서 성찬에 참여하게 된다. 부활 주일 아침에 세례를 받은 후 세례 지원자들도 다른 신자들과 함께 성찬을 받도록 즉각 초대된다. 교회에서 유아 세례로 초점이 옮겨감에 따라 유아 세례를 받은 아이들도 성찬에 참여할 수 있게 되었다. 오늘날 많은 교단에서는 세례 받은 아이들을 포함하여 모든 세례 받은 사람들이 성찬을 받을 수 있다고 제시한다. 여전히 다른 교회들은 처음 성찬식에 참여할 때 믿음의 확증이 중요한 기준이라고 말한다.

각 기독교 지도자들은 자신들의 교단 지침을 따르도록 권유한다. 교단에서 지침이 만들어지지 않았다면, 이 질문에 대한 당신 교회의 대답에 대해 생각하고 기도해 보라. 어떤 경우에서든지 그리스도께서는 그리스도를 주라 부르는 이들에 의해서 성찬식 가운데 영화롭게 되어야 한다.

4) 언제 성찬식이 거행되어야 하는가?

교회가 예배를 위해 모이고 말씀이 선포되는 어느 때라도 성찬식은 거행될 수 있다. 대부분 주의 날에 성찬을 받는 것이 가장 적절하다. 왜냐하면 일요일은 그 자체로 부활의 상징이기 때문이다. 초기 기독교에서는 매 주일 성찬식을 하는 것이 일상적이었다. 1,500년 이상 동안 교회는 성찬식을 주일에 시행했던 것이다. 매주 성찬식을 하던 관습은 종교개혁을 즈음해서 방해받게 되었다. 이에 대한 몇 가지 이유가 있다.[21]

가장 기본적인 이유는 평신도들이 성직자들에게 압력을 가하여 성찬식 횟수를 줄인 것이다. 종교개혁 전에 성직자들의 거대한 권력 남용이 있었기 때문에 이로 인해 평신도들은 몇 년간이나 성찬식 참여를 하지 못했다. 그래서 평신도들은 매주 성찬식을 거행하는 것에 대해 열의가 없었다. 대부분의 종교개혁가들도(츠빙글리는 확실히 제외이다) 매주 성찬식을 하는 것은 불필요한 일이라고 주장했다.

---

21 계몽주의는 결국 초자연적인 것들은 약화시키고 보다 이성적인 것들을 수용하는 결과를 가져와서, 자주 성찬식을 하는 것을 어렵게 만들었다.

그러나 성경적으로나 역사적으로 볼 때, 오늘날 예배에 대한 최선의 이해는 말씀과 성찬식이 함께 있는 예배가 표준적인 예배의 형태라는 것이다. 나도 이런 형태를 신학적 이유로 인해서 강력하게 추천한다.

이 형태는 계시/응답이라는 예배의 대화적 본성을 유지하고 있다. 다시 말하자면, 성찬식을 얼마나 자주 시행하는가에 대한 지도자들의 결정은 각자의 전통과 역사적 뿌리에 크게 의존하고 있다. 그러나 그 전통과 역사에는 성찬식을 더 늘일 수 있는 즐거운 가능성이 있다. 교회가 얼마나 자주 성찬식을 거행하느냐에 상관없이, 성찬식은 지역 교회의 기본적인 예배에서 시행되어야 한다는 점이 중요하다. 이것은 성찬식을 위한 부가적인 기회를 갖는 것이 부적절하다고 말하는 것이 아니다. 전 교회가 모이는 시간 외의 다른 때에 성찬식을 하는 것은 성찬식의 역할을 축소시키는 것이 된다는 의미이다.

어떤 교회는 아침 예배의 일반적으로 힘이 넘치는 분위기에 성찬식의 장례식 같은 분위기를 너하는 것을 원치 않는다. 또는 일요일 아침 예배에 다른 시간을 내는 것을 원치 않아서 성찬식 계획을 일요일 저녁 시간으로 잡기도 한다. 나는 몇몇 교회가 원하는 사람들에 한해서 대안적인 경험으로 성찬식에 참여하도록 하는 것을 보았다.

어떤 교회는 성찬의 요소들(빵과 잔—역주)을 앞에 진열해 놓고 찬양 시간 등 여유 시간 동안에 원하는 사람들은 누구든지 참여하도록 하고, 성찬식과 관련된 그 어떤 제정의 말이나 회개나 기도도 드려지지 않는다. 성찬의 요소들이 그저 거기에 원하는 사람들을 위해서 진열되어 있을 뿐이다.

또 다른 교회는 교회의 양 옆 복도에 성찬 구획을 마련하고 예배 후에 사람들이 그곳에서 빵과 잔을 원하는 대로 취할 수 있도록 해 놓았다. 아마 지금쯤 당신은 이런 실천들에 얼마나 문제가 많은지 이미 알 것이다. 성찬식은 주님 안에서 정다운 친교의 행위이다. 교회에 모인 모든 신자들이 참여해야 한고, 만약 그렇게 하지 않을 것이라면, 시행되어서는 안 된다. 성찬식은 근본적으로 공동체적인 행위이다.

교회의 목회자는 신도들에게 성찬식을 실천하는 것의 의미를 부지런히 가르쳐야 한다. 성찬식의 중요성에 대한 회중의 관점은 성찬식을 언제, 어디에서 그리고 어떻게 거행하느냐에 달려있다. 만약 옆에서 부수적으로 성찬식을 시행하거나, 덧붙이는 것 또는 그날의 몇 가지 대안 중 하나로서 시행된다면, 성찬식이 성도들의 삶에 온전히 기여할 수 없다. 그것은 성찬식이 의도하는 바가 아니다.

목회자들은 반드시 성찬식의 목적에 대하여 정규적으로 가르쳐야 한다. 그리고 무가치한 태도로 성찬식을 받는 것이 무엇을 의미하는지를 가르쳐야 한다. 건전한 가르침을 통해 성찬식에 대한 많은 오해들을 교정할 수 있다.

5) 어디에서 성찬식을 축하하는가?

성찬식은 매우 다양한 상황에서 시행될 수 있다. 피정(retreats), 회합, 교실, 야영, 초교파 예배, 병원 병실, 감옥 등. 그러나 성찬식 거행을 위한 기본적인 시간과 장소는 지역 교회의 주일 예배이다(주재하는 공인된 목회자가 있어야 한다). 교회의 정규적 예배에 최고 우선순위가 있다. 다른 환경들은 아무리 의미 있다 하더라도 부차적이다. 일반적으로 성찬식은 사적으로 시행되지 않는다는 점을 아는 것이 중요하다.

6) 빵과 잔을 어떻게 받는가?

이 질문에 대해서 여기서는 우선 일반적인 논점들만 제시하겠다. '환대하는 주인으로서 섬기기' 부분에서 목회자의 성찬식 주재하기와 관련된 좀 더 특정한 논점들을 다룰 것이다.

방식

성찬의 요소들을 받는 적절한 방식이 많이 있다. 완전한 목록은 아니지만, 여기에 빵과 포도주를 분배하는 일반적인 방식들이 있다.

- **좌석에 앉은 채 분배 받기.** 안내원들/집사들이 빵(네모로 자른)과 포도주/주스(작은 잔에 담긴)를 담은 쟁반을 나르는 동안, 사람들은 좌석에 앉아있다.
- **성찬의 빵을 포도주에 적시기**(intinction). 사람들이 앞으로 나와서 빵 한 조각을 포도주/주스의 잔에 넣어서 적신다.
- **공동의 잔.** 사람들이 앞으로 나와서 한 조각의 빵을 먹고, 공동의 포도주/주스 잔을 마신다.
- **식탁에 앉기.** 식탁이 친교 음식을 위해서 차려진다. 예배자들이 한 번에 몇 사람씩 앞으로 나와서 식탁 둘레의 자리를 채운다. 성찬 요소가 식사처럼 식탁의 자리를 따라 전달된다. 순서가 끝난 사람은 식탁을 떠나고 다른 사람들이 온다.
- **식탁 둘레에 선다.** 많은 수의 예배자들이 앞으로 나와서 식탁 둘레에 편안하게 선다. 각 사람은 옆에 있는 다른 사람에게 성찬의 요소를 제공하여 성찬의 요소가 이어서 전달되게 한다.

- **무릎 꿇기**. 성찬 요소들을 받는 또 다른 방식은 앞에 있는 낮은 의자에 무릎을 굽히는 것이다. 이것은 겸손한 태도이다. 제공하는 사람들은 빵과 잔을 제공할 때, 작은 조각의 빵과 작은 잔을 주거나 또는 빵을 포도주에 적시거나 일반적인 잔에 담아서 준다.

각각의 방식들은(다른 방식들도 마찬가지이다) 빵과 포도주/주스의 요소들을 받는 적절하고 의미 있는 방식들이다. 당신은 각각의 방식의 상징적 의미를 상상할 수 있을 것이다. 좌석에서 분배받는 방식은 일종의 공동체 느낌이다. 공동체의 구성원에 의해서 분배되는 동안 모든 사람들이 동시에 받는다. 빵을 포도주에 적셔서 받는 방식은 성찬식 그 자체를 강조한다. 우울함보다는 즐거움을 강조한다. 식탁 주위에 모이는 것은 참여자들에게 주님의 마지막 만찬 이미지를 묘사해 준다. 무릎을 꿇는 방식은 좀 더 회개적 접근이다.

당신이 성찬식이 포함된 예배를 계획할 때는,

① 성찬의 방식을 다양하게 하라.
② 당신의 선택에 대해서 심사숙고하라. 왜 당신이 그 방식을 그날 선택하였는지에 대해서 인식하라.

3. 구조 세우기

신자들 한 무리가 예배하기 위해 모였다. 그들은 예수 그리스도 안에서 하나님의 임재를 기뻐하고 찬양과 감사를 드렸다. 성경을 읽고 말씀이 선포되었다. 이제 성찬을 베풀 시간이다. 하나님이 우리에게 양분을 공급하시고 우리를 강하게 하여 하나님의 아들을 위한 진정한 제자로 살도록 축제로 초대하신다. 성찬식은 예배의 4중 순서 중에서 세 번째 순서이다. 이것은 신자들의 공동체가 설교 말씀을 통해 선포된 하나님의 계시에 대해 응답할 수 있는 기회이다.

아래 제시된 순서에서 성찬식는 설교 다음에 시작된다. 그리고 예배의 네 번째 순서인 파송으로 이어진다. 만약 당신의 교단이 공인된 성찬 예식을 제공한다면 교단과 의논하고 교단을 따르는 것이 좋다. (어떤 교단은 승인된 성찬 예전들을 사용하기를 요구한다.) 대부분의 경우 똑같은 순서를 경직되게 따를 필요는 없다.

그러나 오랜 시간 동안 역사적이고 신학적으로 검증된 신학적 관점을 포함하고 있는 당신의 교단의 예전에 이 성찬의 순서를 너무 쉽게 흡수하지는 말기 바란다. 이 '예배 안의 예배'의 순서는 세례식의 '예배 안의 예배' 순서만큼 융통성이 있는 것은 아니다. 왜냐하면 예전적 이야기로서 묘사되는 이야기들이 보다 연속적으로 펼쳐지기 때문이다.

그러나 약간의 자유와 창조성의 여지는 있다. 단지 중요한 것을 중요하게 유지해야 한다는 것을 기억하라. 본래적인 부분이 초점이 된다는 것을 명심하라. 성찬식에서 가장 중요한 말씀과 행동들을 주목하지 않으면 안 된다.

4. 성찬식의 순서

기본적인 윤곽만 간추린 것은 부록 2에 있다. 과도하게 단순화시키는 위험은 있지만, 개신교의 성찬식 관련 두 가지 광범위한 접근은 다음과 같다.[22]

첫 번째 접근은 '보증 형식'(the warrant form)이라고 불리는데, 성찬식을 정례예식으로 보는 사람들에게 일반적이다. 보증 형식은 성찬식을 다루고 있는 복음서에 나온 예수님의 제정의 말씀(또는 고전 11:23-27의 바울의 말씀)에 초점을 둔다. 성찬의 행위는 그리스도가 "이것을 행하라"고 하신 명령에 뿌리를 두고 있다(보증 받고 있다). 전형적으로 예전은 짧다. 회개와 제정의 말씀으로 구성되어 있고, 목적에 따라 다를 수 있는, 자발적으로 드려지는 기도가 뒤따른다.

두 번째 접근은 '이야기 형식'(narrative form)이다. 이것은 역사 속에 나타난 하나님의 행위에 대한 상당히 포괄적인 줄거리를 회상하는 것이다. 보다 정교하고 연속적인 특성을 가지고 있다. (나는 이 이야기 접근을 추천하는데, '대 감사'라는 주제로 아래에서 더 자세하게 설명할 것이다.)

여기에 제시되는 예배 틀은 이 두 가지 접근을 혼합했다. 성찬식은 다양한 이유로 인한 다양한 경우에 어떤 요소를 포함하느냐에 따라 소요 시간에 차이가 생긴다. 당신이 성찬식을 준비할 때 두 가지 질문을 염두에 두어야 한다.

첫째, 예수 그리스도 안에서 하나님의 구원의 줄거리를 명확하게 하는 결정적인 요소는 무엇인가?

---

22 John Weborg, "Guidelines for Preparing Communion Prayers," in *The Complete Library of Christian Worship*, ed. Robert E. Webber(Nashville: StarSong, 1993), 5:28.

둘째, 행사의 순서를 어떻게 구성하는 것이 신자들이 하나님에 대해 가장 잘 응답하게 할 것인가?

그래서 여기 가능한 예배 순서 하나가 있다. 즉 말씀의 예배와 성찬식 사이에 다리가 되어 줄 회중 찬양으로 성찬식을 시작하는 것이다.

주의 이사야 55장의 다양한 부분들이 이 예배 모범의 예문들로 사용된다. 페이지 왼쪽에 제목으로 된 예배 요소는 예배에 필수적인 것이다. 페이지 중앙에 있는 괄호〔〕안의 요소는 선택 사항이지만, 만약 예배에 포함된다면 훨씬 좋을 것들이다.

〔말씀의 예배를 마무리하는 설교 다음에
즉각 사도신경/믿음의 확언이 뒤따르는 것이 적절하다.〕

〔말씀(설교) 이후 노래〕

1) 성찬식으로 초대

회중을 성찬식으로 초대하라.

주의 초대는 성경 구절 읽기, 노래 부르기, 호칭(呼稱) 기도[23], 잘 준비된 말하기 등 다양한 방식으로 확장될 수 있다.

성찬식 초대에 대한 성경 구절의 예[24]

• "오호라 너희 모든 목마른 자들아 물로 나아오라 돈 없는 자도 오라

---

23 일련의 탄원 기도로서, 목회자 · 성가대 등이 선창하고 신자들이 응답하는 형태이다—역주.
24 다른 적절한 구절들은 본 장 후반부에서 찾아볼 수 있다. '문들과 창문들을 세우기'를 보라.

너희는 와서 사 먹되 돈 없이 값 없이 와서 포도주와 젖을 사라 너희가 어찌하여 양식이 아닌 것을 아닌 것을 위하여 은을 달아주며 배부르게 하지 못할 것을 위하여 수고하느냐 내게 듣고 들을지어다 그리하면 너희가 좋은 것을 먹을 것이며 너희 자신들이 기름진 것으로 즐거움을 얻으리라 너희는 귀를 기울이고 내게로 나아와 들으라 그리하면 너희의 영혼이 살리라"(사 55:1-3a).

2) 죄 고백

회중을 죄 고백으로 초대하라. (고백의 기도의 틀은 부록 1를 보라.)

죄 고백에 대한 성경적 초대의 예

- "너희는 여호와를 만날 만한 때에 찾으라 가까이 계실 때에 그를 부르라 악인은 그의 길을, 불의한 자는 그의 생각을 버리고 여호와께로 돌아오라"(사 55:6-7a).

주의 고백의 기도는 말하는 기도, 연합(unison) 기도, 침묵 기도, 노래, 성경 말씀 등 다양한 방식들을 통해서 행해질 수 있다.

3) 용서의 확신(부록 1 참고)

용서의 확신 예문

- "여러분, 하나님께로부터 온 좋은 소식을 들으십시오. '여호와께로 돌아오라 그리하면 그가 긍휼히 여기시리라 우리 하나님께로 돌아

오라 그가 너그럽게 용서하시리라'"(사 55:7b).

〔**평화의 전달**(The Passing of the Peace)〕

주의 예배에서 이 요소는 고대 교회로부터의 매우 오랜 전통을 갖고 있다. 화해와 그리스도인의 사랑을 표현하는 말들을 교환하는 전통이다 (때로는 포옹, 거룩한 입맞춤, 또는 악수 같은 행동도 있다). 이것은 공동체의 관계성에 대한 예수님의 교훈에 토대를 둔다.

> 그러므로 네 예물을 제단에 드리려다가 거기서 네 형제에게 원망들을 만한 일이 있는 것이 생각나거든 예물을 제단 앞에 두고 먼저 가서 형제와 화목하고 그 후에 와서 예물을 드리라(마 5:23-24).

다른 사람들과의 올바른 관계가 진정한 예배의 선행 조건이다.

예문

목회자: 그리스도의 평화가 여러분 모두에게 있기를 원합니다.
사람들: 당신에게도 평화가 있기를 원합니다.
목회자: 우리가 예수 그리스도를 통해 하나님과 화해한 것처럼 또한 서로서로 평화를 누립시다.

〔**봉헌**〕

여기에서 십일조와 헌금을 드리는 것이 적당하다. 이 봉헌물들이 헌신을 위해 앞으로 드려지고, 빵과 잔도 평신도에 의해서 앞으로 드려져서 헌금과 함께 식탁에 놓여진다. 봉헌의 시간 동안 찬양을 부르는 것도 좋다.

4) 감사 기도[25]

하나님이 구원의 역사(history) 가운데 행하셨던 사랑과 구원의 많은 사역들로 인하여 감사를 드린다. 특히 잃어버린 인간들을 위해서 구원자이신 독생자, 예수 그리스도를 주신 가장 위대한 사랑의 행위에 대해 감사를 드린다.

주의 이 기도는 성찬 예전에서 중심이기 때문에 아래에서 좀 더 자세하게 다루도록 한다. ('문들과 창문들을 세우기'를 보라.)

5) 제정의 말씀

주의 성경에서 나온 이 말씀들은 이 행사를 권위 있게 세우는 것이기 때문에 이 예배에서 매우 중요한 부분이다. 예수님의 마지막 만찬을 차례로 인용한 바울서신의 다음 구절들을 암송하라.

> 내가 너희에게 전한 것은 주께 받은 것이니 곧 주 예수께서 잡히시던 밤에 떡을 가지사 축사하시고 떼어 이르시되 이것은 너희를 위하는 내 몸이니 이것을 행하여 나를 기념하라 하시고 식후에 또한 그와 같이 잔을 가지시고 이르시되 이 잔은 내 피로 세운 새 언약이니 이것을 행하여 마실 때마다 나를 기념하라 하셨으니(고전 11:23-25).

---

25 이 예배 순서의 목적을 위해 나는 '대 감사 기도'의 짧고 수정된 형식을 제공하기로 했다. 그래서 이 예전을 자유교회 전통을 갖고 있는 사람들을 포함하여 넓고 다양한 배경의 교회 가족들이 좀 더 편안하게 이 예배에 접근할 수 있도록 했다.

6) 성찬의 요소를 성별하기

성찬의 요소들(빵과 잔-역주)에 대하여 감사하는 기도를 드리라.

주의 많은 교단들에서 이 기도는 빵과 포도주/주스에 성령이 임재하시기를 간구하는 기도이다.

성별의 기도 예문

- "모든 능력의 하나님, 주님의 성령을 우리에게 보내소서. 우리가 빵을 나눌 때 그리스도의 몸으로서 나누게 하소서. 우리가 잔을 나눌 때 그리스도의 피로서 나누게 하소서. 그리스도 예수 안에서 하나로 연합하도록 허락하시어, 우리가 믿음 안에서 하나 되게 하시고 모든 일에 있어서 우리의 머리 되신 그리스도 안에 자라게 하소서."[26]
- "주님의 성령을 여기 모인 우리와 빵과 잔의 은사 위에 부으소서. 이 빵과 잔이 우리를 위한 그리스도의 몸과 피가 되어 우리가 세상을 위한, 그리스도의 피로 구속된 그리스도의 몸이게 하소서. 우리를 그리스도와 하나 되게 하소서. 우리가 서로 하나 되게 하소서. 그리스도께서 최후의 승리로 오실 때까지 그리고 우리가 그리스도의 하늘 잔치에서 먹을 때까지 세상을 향한 사역에서 하나가 되게 하소서."[27]

〔주님의 기도〕

---

26 *The Worship Sourcebook*(Grand Rapids: Calvin Institute of Christian Worship, Faith Alive Christian Resources, and Baker Books, 2004), 324.

27 *The United Methodist Book of Worship*(Nashville: United Methodist Publishing House, 1992), 38.

〔빵을 떼기〕

주의 취하고(take), 축복하고(bless), 떼고(break), 주는(give) 4중 행위에 있어서 처음에 빵 한 덩어리를 두 조각으로 떼어 지는 것이 일반적이다. 만약 성찬식의 참여자들이 단순히 빵을 떼기를 원한다면, 미리 빵을 떼어 놓지 말고 그 행동을 성찬식 때 하는 것도 좋다.

7) 분배와 참여

그날을 위해 결정된 형식에 따라서 요소들을 분배하라.
주의 분배의 말씀은 요소들을 받기 전 또는 받는 동안에 할 것을 추천한다.

분배의 말씀 예문

① (성찬의 요소를 모든 사람들이 받은 후에) "여러분을 위해 주신 우리 주 예수 그리스도의 몸이 여러분의 영혼과 몸을 영생에 이르도록 보존하십니다. 그리스도께서 여러분을 위해 죽으심을 기억하면서 이것을 받아먹으십시오. 마음으로 그리스도를 먹되, 믿음과 감사함으로 그리하십시오."

"우리 주 예수 그리스도께서 당신을 위해 흘리신 피가 당신의 영혼과 몸을 영생에 이르도록 보존합니다. 당신을 위해 흘린 그리스도의 피를 기억하며 이 잔을 마시십시오. 그리고 감사합시다."[28]

② (빵을 포도주에 적셔서 주는 것처럼, 일일이 개인들에게 줄 때) "당신을 위해 주

---

28 *The Wesleyan Pastor's Manual for Pastors and Local Churches*, 5th ed.(Indianapolis: Wesleyan Publishing House, 2002), 46-47.

신 그리스도의 몸입니다. 당신을 위해 흘리신 그리스도의 피입니다."

8-1) 마무리하는 기도

모든 사람이 성찬을 받고 성찬식이 끝나게 되면 하나님의 목적에 우리 자신을 재헌신하는 감사의 짧은 마무리 기도를 드린다. 또는,

8-2) 축도

사람들을 축복한다.

예문

- "주 예수 그리스도의 은혜와 하나님의 사랑과 성령의 교통하심이 너희 무리와 함께 있을지어다. 아멘."

〔찬양의 노래〕

성찬식에서 받은 하나님의 선물을 축하하는 기쁜 노래로 회중을 초대한다.

예배가 이제 파송과 함께 다시 시작한다. 성찬식 전체에서 이사야 55장의 말씀을 계속 사용하는 가운데 이사야 55:12-13을 마무리에서 사용하라.

너희는 기쁨으로 나아가며 평안히 인도함을 받을 것이요 산들과 언덕들이 너희 앞에서 노래를 발하고 들의 모든 나무가 손뼉을

칠 것이며 잣나무는 가시나무를 대신하며 나며 화석류는 찔레를 대신하여 날 것이라 이것이 여호와의 기념이 되며 영영한 표징이 되어 끊어지지 아니하리라(사 55:12-13).

성찬식의 순서가 어떻게 줄거리를 제공하고 있는지 보라. 성찬식의 순서를 다시 살펴보라. 그러면 예배가 성찬에의 초대에서부터 성찬을 받음, 감사함, 성찬의 중요성에 대한 지도, 성찬의 성별, 성찬을 먹음, 그리고 우리가 성찬에 의해 힘을 얻은 결과로 하나님을 섬기는데 헌신케 하는 마무리 기도로 나아가고 있음을 알게 될 것이다. 연속된 행사는 복음을 묘사한다. 즉 우리는 하나님에 의해 초청받고, 의로워지고, 하나님의 구원의 행위를 기뻐하고, 교훈을 받고, 섬김을 위해 구별되고, 섬김을 위해 양육받고, 우리 자신을 하나님의 목적을 위해 새롭게 헌신한다. 성찬식은 말씀, 행위, 그리고 상징을 통해 하나님의 이야기를 묘사하고 있다!

5. 문들과 창문들을 세우기

예식 건축가가 성찬식의 순서를 배열한 후에는 적당한 노래들, 기도들, 읽을 성경 구절들, 그리고 다른 예배 행위들을 보다 구체적으로 선택해서 공동체가 예전의 이 흐름에 완전히 참여할 수 있도록 한다. 또한 성찬식과 교회력에 연관된 적절한 상징들에 대해 고민해야 한다. 이런 예배 행위는 문들과 창문들처럼 기능한다. 이러한 행위들은 빛이 들어보게 하고 하나님과 다른 사람들과의 관계를 격려한다. 예식 건축가는 이 예식을 경험하는 예배자들이 하나님과 다른 사람들을 대면할 수 있도록 돕는 수단들을 발견해야 한다.

1) 제안하는 노래들

교회는 성찬식을 교통케하고 촉진하는 많은 노래들을 전수해 왔다. 또한 더 많은 노래들이 언제나 만들어지고 있다. 아래 제안하는 노래들은 작가의 이름을 포함한 다양한 형식의 회중 노래이다.[29]

- 우리 주의 예비하신 다락방(An Upper Room Did Our Lord Prepare, 프레드 프랫 그린[Fred Pratt Green])
- 우리가 당신의 식탁에 모일 때(As We Gather at Your Table, 칼 도[Carl P. Daw])
- 자비로 그 몸 찢기시고(Bread of the World, 레지널드 히버[Reginald Heber], 새찬송가 233장)
- 오라, 축제로(Come, Share the Feast, 브라이언 제프리 리치[Bryan Jeffery Leech])
- 죄인이여, 오라 복음의 잔치로(Come, Sinners, to the Gospel Feast, 찰스 웨슬리[Charles Wesley])
- 이 빵을 먹으라(Eat This Bread, 테제 공동체와 로버트 바타스티니로부터[From the Community of Taize and Robert Batastini])
- 당신이 떼어 주신 빵에 참여하기 위해(For the Bread Which You Have Broken, 루이스 벤슨[Louis F. Benson])

---

29 새찬송가에 수록된 곡은 새찬송가의 곡명과 장수를 기재했다―역주.

- 우리 함께 모여(Gather Us In, 마티 하우겐[Marty Haugen])
- 오 주여, 여기서 제가 당신을 직접 봅니다(Here, O My Lord, I See You Face to Face, 호타티우스 보나르[Horatius Bonar])
- 기쁨으로 나아갑니다(I Come with Joy, 브라이언 렌[Brian Wren])
- 나를 기억하소서(In Remembrance of Me, 라간 코트니[Ragan Courtney])
- 우리 다 같이 무릎 꿇고서(Let Us Break Bread Together, 아프리카–미국 영가[African American spiritual], 새찬송가 231장)
- 이제 세상으로 나아가자(Now Let Us from This Table Rise, 프레드 칸[Fred Kaan])
- 하나의 빵, 하나의 몸(One Bread, One Body, 존 폴리[John B. Foley])
- 풍성한 식탁(Table of Plenty, 다니엘 쇼테[Daniel L. Schutte])
- 3중 진리(This Is the Threefold Truth, 프레드 프랫 그린[Fred Pratt Green])
- 당신을 기억합니다(We Remember You, 월트 하라[Walt Harrah])
- 주린 영혼을 만족케 하시는 주님 (You Satisfy the Hungry Heart, 오메르 웨스트덴도르프[Omer Westendorf])

2) 성경 구절

성찬식과 관련 있는 성경 구절들을 모으기 시작하라. 여기에 적힌 예들을 포함하여 당신의 목록을 시작해 보라.

출애굽기 12:1–20	누가복음 22:14–20	요한복음 6:30–58
시편 103:1–12	누가복음 24:28–35	고린도전서 11:23–26
마태복음 11:28–29	요한복음 3:16–17	요한계시록 5:11–14

3) 기도

성찬식은 성찬에서의 사람과 하나님 간의 대화를 촉진하기 위해 다양한 표준이 되는 기도를 사용한다. 위의 예로 든 예배에서는 고백의 기도, 감사의 기도, 성별의 기도 등을 포함했다. 이러한 개인적 기도들은 본서 다른 부분에서도 나오기 때문에 이 형태들을 탐구하기보다는 교회를 위해 큰 중요성을 가진 기도, 즉 '대 감사'(Great Thanksgiving)[30]로 알려진 기도에 집중해 보자.

대 감사는 세대를 거쳐 내려온 고대에 뿌리를 둔 성찬식 기도이다. 이 기도는 현재도 널리 사용되는 기도이다. 이 기도는 전체가 모두 감사 주제이기 때문에 대 감사로 불리워진다. 이 기도는 세상을 행한 하나님의 모든 것들에 대한 진정한 찬양의 기도이다. 창조, 타락 이후의 신실하심, 언약의 은혜, 애굽에서의 구원, 율법의 제정, 선지자를 보내심 등. 이 기도는 예수 그리스도의 우주적 사역을 찬양하는 데서 절정에 이른다. 즉 예수님의 인생, 죽음, 부활, 승천, 그리고 다시 오심이다. 또한 성령과 교회를 세우심에 대한 감사가 있다.

이처럼 이 기도는 모든 측면을 아우르고 있고 신학적인 밑받침이 매우 풍성하다. 또한 내용 면에서는 매우 성경적이다. 왜냐하면 이 기도는 성경의 이야기들을 사용해서 창조에서부터 재창조까지의 하나님의 이야기를 따라가고 있기 때문이다. 기억해야 할 주된 사실은 이 위대한 기도가 드려질 때, 전체 성찬식이 하나의 거대한 기도가 된다는 점이다.

우리가 알다시피, 이 성찬식 기도를 사용했던 초기 예배 공동체는 로

---

30 이 기도의 또 다른 용어는 감사의 위대한 기도, 성찬식 기도, 동방 교회의 봉헌 기도(anaphora), 캐논(canon)이 있다.

마, 알렉산드리아, 그리고 안디옥 교회였다.[31] 대 감사 기도의 현존하는 가장 초기 형태는 A.D. 215년 시작되었다.[32] 이 성찬식 기도는 로마교회의 장로 히폴리투스(A.D. 170-235)의 초기 예전에 관한 논문인 『사도적 전통』(*Apostolic Tradition*)에 나온다. 이 논문에서 더 놀라운 것이 있다. 이 기도와 A.D. 155년 순교자 유스티누스(Justin Martyr)의 저술에서 발견되는 예전에 관한 자료들 간의 비교이다.[33] 이 비교를 통해 대 감사의 형태와 내용이 초기 사도 시절에 뿌리를 두고 있다고 주장한다. 사실상, 위대한 기도의 구조는 "신약성경의 정경이 결정되기 이전에 씌어진 문서들에서 나타나고 있는 것으로 보아서, 적어도 다른 신조들만큼이나 오래된 것이다."[34]

역사적으로 이 기도의 일반적인 틀은 상대적으로 안정감 있게 유지되었다. 그러나 "그 내용은 끊임없이 발달되고 개정되었다. 그래서 이 기도는 교회들마다 그리고 시대마다 심지어는 집례자마다 제각각 상당히 다양했다."[35] 세대를 이어져 내려오면서 전수될 만한 보편적인 형태의 하나의 대 감사 기도 같은 것은 없다. 이 기도는 기독교 내에서 동일한 방식으로 따라야만 하는 엄격한 형태로 간주되지는 않았던 것이다. 오히려 융통성있게 문화적으로 표현되었다.

몇 세기에 걸쳐서 다양한 형태의 성찬식 기도가 나타났다. 20세기 예전을 연구하는 역사가들의 주요 업무는 근대 개신교 예배자들의 풍부한

---

[31] Dom Gregory Dix, *The Shape of the Liturgy*, new ed.(London: Continuum, 2005), 156.
[32] Ibid., 158.
[33] Ibid., 159.
[34] *At the Lord's Table: A Communion Service Book for Use by the Minister*, Supplemental Worship Resources 9(Nashville: Abingdon, 1981), 11.
[35] Dix, *Shape of the Liturgy*, 156.

기도에 정통하는 것이었다. 오늘날 많은 교단들은 자신들의 교회에서 사용하기 위해 승인된 기도문 형식을 갖추었다. 늘 그렇듯이, 성찬식에서 '옳은' 기도를 사용하는 것이 더 중요한 게 아니고 감사가 중요하다. 특히 예수 그리스도의 인격과 사역 안에서 드러나는 하나님의 모든 구원의 역사를 감사하는 것이 중요한 것이다. 이 기도를 큰 틀에서 따르는 것만으로도 우리의 감사가 이해할 만하고 진실하다는 것을 확증한다.

오늘날 많은 성찬식 기도를 사용한다. 어느 하나로 통일한다는 것은 가능하지 않고 바람직하지도 않다. 그럼에도 불구하고 형식에 있어서 주목할 만한 강력한 일치점이 있다.[36]

(1) 여는 대화: 참여자들 사이의 교환 기도(목회자와 성도들)

여기에 기도가 갖고 있는 공동체적인 그리고 대화적인 특성이 있다. '기도 상대자' 사이의 하나의 일반적인 대화 교환은 아래와 같다.

목회자: 주님이 당신과 함께 계십니다.
사람들: 또한 당신과도 함께 계십니다.
목회자: 당신의 마음을 높이 드십시오
사람들: 우리는 주님께로 마음을 들어 올립니다.[37]
목회자: 주 우리 하나님께 감사를 드립시다.
사람들: 그에게 감사하고 찬양하는 것은 옳은 일입니다.

---

36 이 부분의 요소들은 *At the Lord's Table*, 11을 요약했다. 이 틀을 대체할 수 있는 많은 자료들이 있다. 또한 Keith Warkins, *The Great Thanksgiving* (St. Louis: Chalice, 1995), 134-46을 보라.
37 수르숨 꼬르다(*sursum corda*, '너의 마음을 들어 올리라')로 알려져 있다

(2) 시작의 말: 구원 역사의 일반적인 이야기, 또는 특별한 절기나 상황과 관련하여 그리스도 안에서의 하나님의 특별한 사역 전반을 아우르는 감사와 찬양

기도의 주제는 에베소서 1:3에 아름답게 표현되었다.

> 찬송하리로다 하나님 곧 우리 주 예수 그리스도의 아버지께서
> 그리스도 안에서 하늘에 속한 모든 신령한 복을 우리에게 주시되(엡 1:3).[38]

(3) 회중의 찬양: 하나님이 그리스도 안에서 행한 것들에 대한 찬양의 응답이 성도들에 의해서 드려진다

회중은 함께 이사야 6:3과 시편 118:25-26a의 다음의 찬송을 낭송한다.

> 거룩하다[39] 거룩하다 거룩하다 만군의 여호와여
> 그의 영광이 온 땅에 충만하도다(사 6:3).

> 여호와여 구하옵나니 이제 구원하소서
> 여호와여 우리가 구하옵나니 이제 형통하게 하소서
> 여호와의 이름으로 오는 자가 복이 있음이여(시 118:25-26a).

---

38 Watkins, *Great Thanksgiving*, 136.
39 라틴어로는 '상투스'(*sanctus*, 거룩한)로 알려져 있다.

(4) 제정의 말씀: 예수님이 성찬식을 제정하기 위해 사용하신 권위 있는 말씀을 암송한다

목회자는 다음의 구절을 진술한다.

> 그들이 먹을 때에 예수께서 떡을 가지사 축복하시고 떼어 제자들에게 주시며 이르시되 받아서 먹으라 이것은 내 몸이니라 하시고 또 잔을 가지사 감사 기도 하시고 그들에게 주시며 이르시되 너희가 다 이것을 마시라 이것은 죄 사함을 얻게 하려고 많은 사람을 위하여 흘리는 바 곧 언약의 피니라(마 26:26-28).

(5) 회중의 믿음 확증: 간단한 신조문을 함께 말한다

모든 사람이 함께 말한다.

"그리스도가 죽으셨고, 그리스도가 부활하셨고, 그리스도가 다시 오실 것입니다."[40]

(6) 예수 그리스도의 일을 기억하기: 이 기도를 드리면서 우리는 그리스도가 우리를 위해 행하신 일들을 기억하고, 하나님을 섬기도록 우리를 새롭게 하신 모든 것을 기억한다

"우리는 예수 그리스도의 생명, 죽음, 부활, 승천, 그리고 재림을 기억합니다. 그리고 그분의 과거와 현재와 미래의 사역을 기억합니다."[41]

---

40 기념의 갈채(the Memorial Acclamation)로 알려져 있다.
41 그리스어 아남네시스(*anamnesis*)는 '기억하다'는 의미이다. 이 용어는 완전히 끝난 과거의 사건을 회상하는 것이 아니라, 과거와 현재와 미래가 하나의 영역에서 한 번에 회상되는 것이다.

(7) 성령을 구하는 기도[42]: 하나님의 은사와 교회에 성령을 보내실 것을 기도한다[43]

성령의 임재는 우리로 하여금 공동체에서 유익을 얻도록 하는 원인이 된다.

예문

"주 우리 하나님, 주님의 성령을 보내셔서, 이 빵과 잔이 우리를 위한 우리 주 예수 그리스도의 몸과 피이게 하소서. 우리와 주님의 모든 성도가 그리스도와 연합되게 하시고, 소망과 사랑 안에서 계속 신실하게 하소서. 오 주여, 주님의 모든 교회를 주님 나라의 영광 안으로 모으소서."[44]

(8) 삼위일체적 송영과 아멘: 삼위일체 하나님을 위한 찬양의 말씀(노래)

삼위일체를 찬양하는 선언으로 기도를 마무리한다.

예문

"성자를 통해서, 성자와 함께, 성자 안에서, 성령의 하나 되게 하심으로, 모든 존귀와 영광이 이제로부터 영원까지 권능의 아버지, 주님의 것입니다. 아멘."[45]

(때로 추가적인 공동 마무리를 위해서 주님의 기도를 하기도 한다).

대 감사의 중요한 네 가지 측면을 참고하라.

---

42 에피클레시스(*epiclesis*)로 알려져 있다. 하나님의 임재, 성령의 임재를 요청의 의미이다.
43 덜 성례전적인 기도 유형은 성찬의 요소보다는 회중 위에 성령의 임재를 요청할 것이다.
44 *Worship Sourcebook*, 325.
45 Ibid.

① 형식에 있어서 삼위일체적이다(아버지 하나님께 대한 감사로 시작한다. 그리스도의 구원 사역이 중심부에 있다. 성령의 임재를 간구한다).
② 성경적인 이야기이다.
③ 구조면에서 매우 참여적인, 공동의 기도이다.
④ 성격상 신조적(creedal)이다.

4) 상징들

식탁 위에서 일어나는 그리스도의 사건을 표현하는 기본적인 상징은 빵 한 덩어리(그리스도의 몸을 상징한다)와 포도주 잔(그리스도의 피를 상징한다)이다. 이런 상징들은 예수님이 죽으시기 전 제자들과 함께하신 유월절 식사 때 예수 자신에 의해서 제정된 것이므로 특히 중요하다(막 14:22-24). 그리스도인 사이에서 보편적으로 빵 덩어리와 포도주 성배(chalice)는 그리스도의 몸과 피의 상징물로 알려져 있다. 이것은 제자들을 위해 예수님이 제정한 새 언약의 상징이다.

십자가 같은 다른 상징물들도 성찬식의 의미를 표현하는 데 유용할 수 있다. 그러나 빵 덩어리와 성배가 성찬식의 의미를 가장 잘 표현한다.

5) 교회력

교회력은 시간의 교차점을 축하한다. 하나님의 시간과 우리의 시간. 카이로스(*kairos*, 그리스어로서 행동에 대한 하나님의 중대한 시간)가 크로노스(*chronos*, 그리스어로서 연대기적으로[chronically] 표시하는 사회적 시간)를 만날 때, 우리는 시간 밖의 하나님이 우리와 관계를 맺기 위하여 우리 시간 **안**

으로 들어와 우리를 만나주시는 것을 경험한다. 교회력의 행사들을 축하할 때, 우리는 하나님이 역사(history, *kairos*)를 통해 구원의 일들을 완수하기 위하여 어떻게 인간의 시간으로 들어 오셨는지를 생각하면서 연대기적 시간(*chronos*)에 표시한다.

일요일에서 일요일까지(주일에서 주일까지)는 교회력에서 시간의 기본적인 순환 구조이다. 초기 그리스도인들에게 시간은 더 이상 안식일을 되풀이하는 것으로 표시되지 않고, 주의 날을 중심으로 반복되었다. 왜냐하면 예수님이 일주일의 첫째 날(일요일)에 무덤에서 살아나셨기 때문이다. 초창기 제자들은 예배로 모였을 때 매주 부활을 기뻐했다. 매주 성찬식을 하는 것이 주일 예배의 중심 특징이 되었다. 모든 일요일은 부활 주일(Easter Sunday)이다. 그러므로 모든 일요일마다 성찬식을 하는 것이 적절하다.

하나님이 그리스도를 죽음에서 살리신 것은 카이로스의 순간이었다. 우리가 일요일에 모든 구원 사건 중에서 가장 위대한 그 사건을 기뻐하는 것은 크로노스의 순간이다. 매주 성찬식을 거행하는 것은 교회력의 가장 기본적인 축하이다. 성찬식에서 가장 중심이 되는 부분은 하나님의 이야기이다. 간단히 말해서 모든 시간이 성찬을 위한 시간이다.

성찬식을 거행하는 것이 모든 주일 예배에서 적절하지만, 교회력의 다른 날들이나 절기에 해도 괜찮다. 매주 성찬식을 하지 않는 많은 교회들이 매달 또는 분기별로 정기적인 시행을 한다. 이러한 접근은 성찬식을 중요하게 다루는 것으로 보이지 않는다. 단지 '알아서 하라'는 식으로 보인다. 교회력과 연관하여 성찬을 시행할 수 있는 매우 많은 매력적인 절기들이 있다.

어째서 그 가능성들을 고려하지 않는가?

여기에 성찬식을 거행하기에 특히 적절한 몇몇 절기들을 제안한다.

- 대림절 첫 번째 주일(The first Sunday of Advent, 주의 재림을 기다리는 절기)
- 성탄 주일(Christmas Sunday, 성육신을 축하함)
- 주현절(Epiphany, 그리스도가 이방인들에게 자신을 드러냄)
- 재의 수요일(Ash Wednesday, 엄숙한 묵상)
- 사순절 기간(Throughout the Lenten season, 그리스도의 고난을 묵상)
- 세족 목요일(Maundy Thursday, 성찬식을 제정함)
- 성 금요일(Good Friday, 그리스도의 죽음을 기억함)
- 부활 주일(Easter Sunday, 부활을 기억함)
- 그리스도 승천일(Ascension Day, 앞으로 올 하늘 잔치의 예시)
- 성령 강림 주일(Pentecost Sunday, 성령 강림의 결과로 생긴 공동체가 [아마도 매일같이] 자주 모여서 빵을 떼었던 것을 회상함)
- 세계 성찬 주일(World Communion Sunday, 전 세계의 교회가 그리스도 안에서 하나임을 축하함)[46]
- 그리스도 왕 주일(Christ the King Sunday, 예수 그리스도의 승귀를 축하함)

교회력의 이처럼 많은 날들과 절기가 성찬 경험의 진정한 의미를 내포한다는 것을 생각하는 것은 신나는 일이다. 빵과 잔의 많은 차원들을 하나님 이야기와 연결시켜라. 그러면 그것은 더 이상 힘들여 '계획을 짜야 하는 성찬식'이 되지 않을 것이다. 대신, 성찬에 참여함을 통해 하나님 이야기를 그 자리에서 직접 경험하게 될 것이다.

---

46 엄밀하게 볼 때, 세계 성찬 주일은 교회력의 일부가 아니다. 하나님 이야기의 진정한 부분은 아니다. 그럼에도 불구하고, 주목할 가치가 있는 중요한 영적 진실을 보여주고 있다.

6. 환대하는 주인으로서 섬기기

성찬식을 주재하는 것은 믿을 수 없는 특권이고 기쁨이다. 그것은 또한 하나님 앞에 모인 공동체를 섬길 수 있는 놀라운 기회이다. 주 예수 그리스도가 성찬의 진정한 주인이다. 그러나 하나님은 사람을 사용하여 그리스도의 손과 목소리를 대신하게 하신다. 그 사람을 사용하여 빵을 떼며 공동체를 섬기게 하신다. 주재하는 사람의 물리적이고 정서적인 참여는 매우 중요하다.

성찬식에서의 행동과 말들은 거룩한 행위를 손상시키지 않으면서 예식에 기여하여야 한다. 효과적으로 인도하기 위한 기법들이 개발되어야 한다. 효율적인 집행자는 성찬식의 이야기를 자신의 극적인 현존(dramatic presence)과 잘 훈련된 행동들을 통해서 전달할 것이다. 당신이 성찬식을 주재하는 경험과 기술을 얻으려면, 기본적인 역할을 마음에 새겨라. 당신은 그리스도를 대신하여 성찬식의 주인이 된 것이다.

1) 집례자의 자격

세례식의 경우와 같이, 대부분의 교단들은 성찬식을 주재하기 위해서 안수받은 목회자를 요구한다.[47] 안수받은 목회자는 성례전/정례예식을 집행할 때 제사장적 역할을 수행하게 된다. 당신 교회에서는 정확히 어떤 사람에게 성찬식 주재를 맡기는지를 확인하라. 그리고 그 지위를

---

[47] 크리스천교회 또는 그리스도의 제자들(Christian Church or Disciples of Christ, 이러한 교단에서는 장로들이 성찬을 주재할 수 있다), 대부분의 재세례파 집단, 플리머스 형제단(Plymouth Brethren groups) 등의 많은 예외들이 있다.

존중하라. 성찬식에서 사용하는 말들과 행동은 중요한 의미를 갖는다. 인도자가 안수를 받았던지 안 받았던지, 신학적 준비, 목회적 인도, 그리고 예배를 시행하고 인도하는 데 필요한 기술들이 결정적으로 중요하다. 그 성례전에 대한 하나님의 기대를 충족시키기 위해서 말이다.

2) 의무들

성찬식의 주재를 준비할 때, 당신에게는 몇 가지 중요한 의무들이 있다. 이 임무들을 잘 완수하게 되면 당신은 예배에 순전함을 제공할 것이고, 주재자로서의 자신감도 서서히 생길 것이다.

(1) 성찬 전 임무: 성찬대와 요소들의 준비

- 성찬대를 강단 중심에 놓는다. 성찬을 주재할 때 성찬대 뒤에 서서 회중을 쳐다 볼 수 있는 충분한 공간이 있는지 확인하라. 또한 필요시 봉사자들을 돕기 위해 성찬대 주위에 걸어 다닐 수 있는 공간을 확보하라.
- 성찬대를 흰 천이나 혹은 예배 절기에 맞는 색깔의 천으로 씌우라. 성찬대에서 성찬식과 직접 연관된 요소들 외에 다른 것은 치우라. (원한다면 두 개의 초를 세워 놓아도 된다.)
- 빵 한 덩어리가 놓인 성반(plate, paten)을 성찬대 위에 배열하라. 빵 한 덩어리의 이미지는 하나님의 사람들 사이의 연합을 상징한다. 빵을 천으로 덮지 말라. 상징을 숨길 필요는 없다.
- 성반 옆에 커다란 성배를 놓아라. 원한다면 포도 주스나 포도주를 담은 주전자(큰 병)를 놓아서 성배에 따를 수 있도록 하라. 주전자를

놓을 경우에는 성반과 성배 뒤에 놓으라.
- 전통적으로 그릇들의 배치를 보면 (회중들이 볼 때) 성반은 왼쪽에, 성배는 오른쪽에 놓는다.
- 쟁반, 접시 또는 컵을 흰 천으로 덮지 말라. 천으로 덮는 행동은 예전에는 성찬에 참여하기 전에 먼저 식사를 하던 관습이 있었기 때문에, 그동안 성찬에 벌레가 꼬이는 것을 막으려고 생긴 행동이다. 그러나 성찬 요소를 덮는 것은 신학적, 예전적으로 어떤 목적도 없다. 게다가, 빵과 잔이 보여주는 강력한 상징적 전달의 힘을 감소시킨다.
- 성찬을 받기 위해서 당신이 결정한 방식에 따라서 요소들을 준비하라.

주의
- 만약 빵과 잔의 개인 분배를 사용한다면, 몸의 연합의 상징으로서 빵과 성배를 성찬대 위에 놓으라.
- 봉사자들(servers)이 빵을 들고 있을 것이라면, 위생 상 흰 천이나 종이 냅킨으로 빵을 싸라. 위생상의 염려를 경감시키기 위해 봉사자들이 빵을 조각으로 떼서 전달자(communicant)에게 넘겨 주라(이것은 많은 사람들이 빵에 손을 대는 것과 반대이다). 또한 성찬의 빵을 포도주에 적시기에 알맞은 크기로 자르도록 주의하라.
- 발효된 빵을 사용할지 무교병을 사용할지는 당신이 결정할 문제이다. 둘 다 괜찮다.
- 어떤 공동체는 성찬의 요소에 건강 문제를 가지고 있는 사람들을 위한 편의를 제공한다. 당신도 글루텐(gluten)을 함유하지 않은 빵을 고려하게 될 수 있다.

- 대부분의 개신교는 포도주 대신에 포도 주스를 사용한다. 그러나 만약 포도주를 제공한다면 원하는 사람이나 필요로 하는 사람을 위하여 알콜이 들어있지 않은 포도주를 대용으로 제공하라.

이런 고려점들은 성찬식에서의 환대를 위한 논점들이다.

(2) 봉사자들과 소통하기

목회자는 성찬식에서 봉사하는 사람들을 정기적으로 교육시켜야만 한다. 교인에게 뒤에서 성찬을 돕도록 하거나 성찬의 중요성을 교육시키는 것은 훌륭한 제자도 교육 중 하나이다. 그들은 성찬을 어떻게 조력하는지만 배우는 것이 아니다. 성찬식이 그들에게는 전체적으로 새로운 의미로 다가올 것이다. 참여자를 선택할 때는 나이, 국적, 그리고 성별에 있어서 다양함을 유지하도록 주의하라. 가능하다면 비교적 나이가 있는 아이들이나 젊은이들도 성찬을 돕도록 잊지 말고 초대하라.

다음의 사항들에 대해서 봉사자들과 소통하라.

① 언제 앞으로 나오는가?
② 어디에 서 있는가?
③ 무엇을 입을 것인가?
④ 무엇을 말할 것인가("이것은 그리스도의 몸입니다." "이것은 그리스도의 피입니다").
⑤ 성찬의 빵과 잔을 받는 사람의 눈을 바라보기.
⑥ 미소 짓기.
⑦ 다른 봉사자들보다 먼저 끝났을 때 어떻게 할 것인가?

⑧ 봉사자들은 언제 성찬에 참여할 것인가?

⑨ 성찬식 동안에 음악을 연주하는 사람들에게는 어떻게 성찬을 제공할 것인가?

⑩ 아이들에게는 어떻게 성찬을 제공할 것인가?

⑪ 남은 요소들을 어떻게 할 것인가?

(3) 성찬 이후 임무: 당신의 환대는 확장된다

- 만약 모든 사람들이 성찬에 참여한 후 빵이나 주스/포도주가 남아 있다면?

  우선 예배가 끝날 때까지 성찬대로 다시 가지고 온다. 그때 남은 요소들을 처리하는 두 가지의 선택이 있다. 둘 다 괜찮다.

  선택 1: 일반적으로 집례자가 요소들을 직접 섭취한다.

  선택 2: 땅에 묻는다.

  남아있는 성찬의 요소들을 아무 생각 없이 쓰레기통에 버려서는 안 된다. 그 요소들은 성별된 것들이다. 성별 이후의 요소들이 어떻게 된다는 당신의 관점이 어떻든, 거룩한 목적을 위해서 구별된 것들이기 때문에 성화된 요소들은 적절한 방식으로 다루어져야 한다.[48]

- 병으로 인해 집이나 요양원에 있거나 감옥에 있는 사람 등 물리적으로 교회에 나올 수 없어서 성찬에 참여하지 못한 사람들을 위한 성찬을 계획하라. 물리적으로 성찬에 참여할 수 없는 사람들에게도 성찬을 제공하는 것이 교회의 임무이다. 성찬식을 행할 때 공동체 감

---

[48] 최근에 어떤 목회자가 나에게 들려준 이야기가 있다. 그는 성찬식의 빵을 집에 가져가서 푸딩과 함께 구운 후, 힘든 이혼 과정에 있는 교회 구성원 두 사람과 함께 먹고 기도했다. 그것은 그에게 고대의 애찬식을 되새기게 해 주었다.

수성이 강화될 수 있도록 최소한 교인 몇 사람을 동행하도록 노력하라. 이런 상황에서 성찬을 한다는 것은 두 가지 방식에서 다르다.

첫째, 성찬식이 적절하게 제정되었고, 요소들도 이미 예배를 통해서 축복된 것이기 때문에, 이 예전에서 이 부분을 되풀이할 필요는 없다. 성경을 읽고, 기도하고, 노래하고, 주님의 기도를 외우고, 성도들에게 하나님의 사랑과 예수 그리스도를 통한 용서를 상기시켜주라.

둘째, 대부분의 교단들은 성찬의 요소들이 적절하게 설치되었다면, 꼭 안수받은 목회자가 주재할 것을 요구하지 않는다. 안수받은 목회자의 성찬식 주재가 성찬식 참여자들에게는 감사한 일이고, 보다 개인적 접촉과 목회적 돌봄을 제공할지라도 말이다. 집사, 장로 또는 다른 지명된 구성원이 이 생명력 넘치는 사명을 감당하게 되는데, 이는 적절할 뿐 아니라 특별하기까지 한 일이다.

3) 주재하기의 특성들

유능한 주인(host)은 뛰어난 환대의 기술을 배우려고 할 것이다. 어떤 목회자들은 처음에는 이런 역할을 적절하거나 편안하게 느끼지 못할 것이다. 괜찮다. 시간이 지나면서 배우게 된다. 어떤 지도자들은 본성적으로 잘 한다. 그러나 아무리 그렇다 해도, 언제나 개선의 여지는 있다. 여기에 성찬을 주재할 때 당신이 점점 더 익숙하게 배워야만 하는 특성들이 있다.

(1) 태도

다음의 측면들을 고려하면서 성찬식에서 환영하는 자신의 태도를 상상해 보라.

- 당신의 표정에서는 즐거움이 물씬 풍겨야 한다. 당신이 회고주의적 관점을 가지고 있다 할지라도 십자가는 좋은 소식이다!
- 무기력함이 아닌 편안한 태도를 보이라.
- 근엄함이나 냉정한 태도를 보이지 말라. 당신은 사람들을 식사에 초대하는 것이다. 즐거움으로 하라.
- 진실한 열정과 설득력을 가지고 인도하라. 무감각하고 무관심한 태도를 보이지 말라. 그 행사에 완전히 몰입하라. 그렇게 하는 것이 다른 사람들에게 그 행사가 중요하다는 것을 확신시키는 것이다.
- 인간적인 매력을 풍기라. 당신이 개인에게 성찬을 제공할 때 개인적으로 소통하고, 그들의 눈을 직접 쳐다보고, 그들의 이름을 부르라.

(2) 복장

성찬식에서 무엇을 입을 것인가?

어떤 목회자들은 가운을 입는다. 옷에 신경 쓰는 것을 덜어 주므로 가운을 입는 것은 유익이 있다. 또한 그 행사를 좀 더 예전으로 보이게 하는 데 도움이 된다. 만약 가운이 여의치가 않다면, 남성 목회자는 정장 바지와 셔츠, 넥타이, 그리고 평상 재킷이나 정장을 입어야 한다. 여성 목회자는 전문가다운 인상을 보이는 정장이나 옷을 입어야 한다. 각 지역 회중들은 다른 기대들을 가지고 있다. 그럼에도 불구하고, 주재자는 아무리 격식을 차리지 않는 교회일지라도, 정중하고 전문적으로 보이는 옷을 입어야 한다.

(3) 초점

당신이 성찬식을 주재할 때 가능한 한 당신의 초점을 예수 그리스도에게로 맞추어라. 그렇게 할 수 있는 가장 좋은 방법은 당신이 그 예전에 완전히 몰입하는 것이다. 기도와 노래와 말씀과 태도에 전적으로 몰입하라. 그 예전이 사람들을 위한 **당신의** 기도가 되게 하라. 이것이 그 행사에서 진정 중요한 것에 당신이 집중할 수 있도록 도울 것이다.

(4) 행정

성찬식을 할 때마다 기록으로 남기는 것은 항상 좋다. 교회에서 성찬을 수행했던 모든 시간과 날짜를 기록하라(매주 성찬식을 한다면 이 방식이 쉽다). 당신이 사용했던 방식을 기록하라. 누가 당신을 도왔는지, 어떤 성경 구절을 낭독했는지 등을 기록으로 남겨라. 이런 식으로 기록하는 것은 당신이 충분히 성찬식을 거행하고 있는지, 성찬을 위한 성경의 다양한 말씀들에 의해 제시되는 것처럼 다양한 접근을 하고 있는지를 확인시켜 줄 것이다.

(5) 기술

유능한 주인으로서 성찬식을 주재하는 것은 때로 특별한 기술을 요구한다. 말씀과 태도들이 함께 녹아져 하나님과 만나는 극적인 순간이 되어간다. 이런 기술을 연마하는 것은 시간이 걸린다. 인내하라. 그리고 그 기술들을 기술이라기보다는 **기도**라고 생각하라. 성찬식을 이끌 때 당신은 **정말로** 회중을 기도 가운데로 이끌고 있는 것이다. 만약 당신이 **일련의 기술**을 개선시키는 것과는 반대로 **기도**에 있어서의 당신의 지도력 개선을 생각할 수 있다면, 이 임무가 갖고 있는 정신을 훨씬 더 잘 이해하게 될 것이다.

성찬식을 인도함에 있어서 어떤 기술들은, 성경적인 4중 행동을 인도하는 것, 말씀을 선포하는 것, 기억하는 것, 그리고 기도하는 예전과 관계가 있다.

성경적인 4중 행동은 성찬식에서의 행동들을 포함한다. 받고, 축복하고, 떼고, 준다. 예수님은 죽기 전날 유월절 만찬에서 이 모든 행동들의 모범을 보였다. 이 행동들은 공관복음의 진술에 매우 명확하게 나타나고 있다.

> 또 떡을 가져 감사 기도 하시고 떼어 그들에게 주시며 …
> (눅 22:19에는 강조되어 있다. 마 26:26; 막 14:22를 보라).

첫째, 예수님은 **취하셨다**(took). 그는 자신의 목적을 위해 선택한다는 의미에서 자신의 손을 특정 요소 위에 얹었다(빵과 포도주).

둘째, 그는 특정 요소를 **축복**하는 기도를 드렸다. 그는 감사 기도를 드렸다.[49]

셋째, 빵을 나누기 위해서 **떼었다**.

넷째, 먹기 위해 그곳에 모인 사람들에게 빵을 **주었다**.

예수님이 승천하기 전에 주재했던 다른 식사에서도 동일한 4중 행동을 했다는 것은 사소하게 넘어갈 일이 아니다. 예수님이 5,000여 명의 군중을 먹였던 이야기에서도 이런 동일한 행동들을 볼 수 있다.

> 무리를 명하여 잔디 위에 앉히시고 떡 다섯 개와 물고기 두 마리

---

[49] 이들 구절에서 사용된 감사 기도(*eucharistia*)는 본 장의 처음에 언급한 베라카(*berakhah*)의 특징이다.

를 가지사 하늘을 우러러 축사하시고 떡을 떼어 제자들에게 주시매 제자들이 무리에게 주니(마 14:19; 또한 막 6:41; 눅 9:16을 보라).

인상적이게도, 부활 후 저녁에 엠마오의 제자들과 함께 한 식탁에서도 동일한 태도가 발견된다(눅 24:30). 성경에 나오는 계속적인 반복 덕분에 이 4중 행동은 우리가 주재할 때 따를 수 있는 명확한 유형이 된다. 이것이 예수님이 했던 것처럼 교회의 성찬을 주재할 때 우리의 말과 행동의 핵심을 이룬다.

이 중요한 행동들을 최대한 활용하라. 예전에서 이 네 가지가 뚜렷하고 극적인 행동으로 나타나게 하라. 제정의 말을 하는 동안에, 성찬대 뒤에 서서 사람들을 마주 보면서 각각을 물리적으로 표현하라.

"**예수님이 우리를 위해 그 자신을 주셨던 그날 밤에,**[50]

- **예수님은 빵을 가져다가**[빵을 한 덩어리 집어서 그것을 어깨 높이로 들어올린다],
- **감사 기도를 하셨습니다**[사람들 앞에서 빵을 높이 든다. 그리고 하늘을 올려다본다].
- **그리고 빵을 떼시고**[빵을 어깨 높이로 다시 내려서 자른다],
- **그것을 제자들에게 주셨습니다**[당신의 팔을 주는 행동을 하기에 자연스러운 높이에서 펼친다. 가슴으로부터 점잖고 느리게 회중을 향하여 왼쪽에서 오른쪽으로 마치 한 사람씩 모두에게 상징적으로 나누어 주는 듯이 팔을 움직인다. 그동안 눈으로는 회중을 보면서 제정의 말을 계속한다]. **그리고 말씀하셨습니다. '받아서 먹으라. 이것**

---

50 *The United Methodist Book of Worship*, 52.

은 너희를 위하여 주는 내 몸이라 너희가 이를 행하여 나를 기념하
라'"[빵을 접시 위에 놓는다].

"저녁 식사가 끝나자,
- **예수님은 잔을 가져다가**[양손으로 성배를 집어 들고 그것을 어깨 높이로 올린다],
- **감사 기도를 하시고**[잔을 높이 들고 하늘을 쳐다본다],
- **제자들에게 주시면서**[잔을 어깨 높이로 내리고 가슴으로부터 점잖고 느리게 왼쪽에서 오른쪽으로 상징적으로 모든 사람에게 잔을 돌리듯이 회중을 훑으면서 움직인다. 이때 눈은 회중을 쳐다보고 있고 제정의 말씀을 계속한다], **말씀하셨습니다. '너희가 다 이것을 마시라. 이것은 죄 사함을 얻게 하려고 많은 사람을 위하여 흘리는 바 나의 피 곧 언약의 피니라. 이것을 행하여 마실 때마다 나를 기념하라**[잔을 성찬대 위에 놓는다].'"

이 예식을 인도하는 데 도움이 되는 조언이 있다.

① 시간을 넉넉히 가지라. 천천히 움직이라. 각 행위 사이에 멈추는 시간을 가져라. 의미 있는 행동에는 더 천천히 하라.
② 빵에 미리 작업해두라. 빵 덩어리를 부분적으로 잘라 놓아서 성찬식 때 자르기 쉽게 준비해놓도록 요청하라. 미리 조금씩 잘라 놓는 것이 성찬식 때 빵을 떼는 데 어려움이 없게 해 준다.
③ 손을 산만하게 움직이지 말라. 초보자가 하는 가장 일상적인 실수 중 하나가 빵을 잡고 있는 동안 손을 말의 리듬에 따라 아래위로 움

직이는 것이다. 말하는 동안 손을 가만히 두라.

나는 성찬식에서의 성경적인 4중 행동들을 어느 정도 자세하게 설명했다. 너무 중요하기 때문이다. 이 행동들이 역사적으로 오랫동안 사용되어 왔다는 것 외에, 이 4중 행동은 좀 더 심오한 의미를 담지하고 있다. 이 행동들은 예수님의 수난을 상징적으로 묘사한다. 이 행동들은 단지 음식과 음료에 대한 것이 아니다. 그것들은 복음 자체의 거대하고 전면적인 움직임을 반영한다. 이 4중 행동 안에 복음이 들어있다.

예수님은 아버지 하나님에 의해 **취해지셔서** 세상에 보내졌고(요 17:3,8), 예수님은 세례를 받을 때 아버지에 의해 **복을 받았고**(마 3:17). 예수님은 아버지에 의해서 희생제물이 되어 **찢기셨고**(사 53:10), 예수님은 구원자로서 세상으로 **주어지셨다**(요 3:16). 인도자들이 받고, 축복하고, 떼고, 주는 4중의 행위를 수행할 때 이는 단지 식사에서의 예수 자신의 행동을 모방하는 것이 아니다. 예수 그리스도 안에 드러난 하나님의 보다 중요한 사역을 선포하는 것이다. 이 4중 행동은 모두 복음을 향하고 있다.

4) 성찬식에서 말해지는 말씀들

어떤 행사에서든지 환대하는 주인은 그 행사에 있는 사람들이 온전히 참여할 수 있도록 돕는 올바른 말을 알고 또 사용할 것이다. 환대의 은사를 가진 어떤 사람을 떠올려 보라. 그 사람은 보통 그 모임을 의미 있는 것으로 만드는 말을 한다.

예를 들어 당신이 저녁 파티에 참석하기 위해 그들의 집에 도착했을 때, 당신은 따뜻하게 환영받을 것이고 안으로 들여보내질 것이며 다른 사람들에게 소개될 것이다. 그리고 식사가 어떻게 제공될 것인지, 어디에 앉게 될 것인지 등을 전해 듣게 될 것이다. 정확히 **어떤** 말을 사용하고 **어떻게** 그 말을 하는가 하는 것은 그 식사의 성공을 위해 매우 중요하다.

성찬식에서 효율적인 인도자는 무엇을 말할 것인지 그리고 어떤 방식으로 말할 것인지를 주의 깊게 준비할 것이다. 그래서 그 모임의 진정한 주인이신 그리스도가 존귀하게 되는 방식 안에서 모두가 성찬에 완전히 참여할 수 있도록 할 것이다. 자유교회 전통의 많은 교회들은 성찬식에서의 말들을 즉흥적으로 하는 경향이 있다. 성찬 제정의 말씀은 대부분 그렇게 하지는 않지만 말이다. 이와 비슷하게, 기도도 즉흥적으로 드려진다.

만약 당신이 이런 배경에서 성찬식을 주재한다면, 무엇을 말할 것인지에 대해서 이제부터는 진지하게 생각해 보고 공동체를 향한 말(수평 방향)과 하나님을 향한 말(수직 방향) 모두를 순서에 맞게 준비해 놓기를 권유한다. 준비하는 것은 어느 전통에서든지 강력하게 권유하는 사항이다. 준비는 성찬식이 보다 성경적이고, 역사적인 요구들와 어울리게 해 주고, 당신의 회중에게 성찬식의 희망과 즐거움을 증가시켜준다.

만약 당신의 전통이 성찬식을 주재할 때 사용하는 말들을 성경에서 창의적으로 찾아 왔다면, 이런 창조적인 말들의 이점을 최대로 이용하라. 그 말들은 예배에 풍부함과 깊이를 더할 것이다. 그리고 당신이 인도자로서 행하는 것들이 성경적이고 역사적인 용어들이라는 것에 더욱 큰 확신을 줄 것이다.

당신이 할 말들을 암기하라!

성찬식 동안에 자유롭게 움직이고 표현하기를 원한다면 암기하는 것이 중요하다. 간단하든지 복잡하든지, 그것이 무엇이든지, 당신이 말할 것들을 암기하라. 암기에는 시간이 걸린다는 것을 이해하고 인내하라.

필요한 부분만 조금씩 암기하여 말하면서 천천히 가라. 성찬 제정의 말씀부터 암기하기 시작하라. 거기에서부터 앞으로 나아가라. 암기의 열쇠는 반복이다. 나는 매일의 산책이나 일상적인 일에 몰두하는 동안에 '대 감사'의 기도를 반복하는 습관이 있다. 이것은 그 기도를 기억하게 해 주고 또한 하나님과의 시간을 풍성하게 해 준다.

당신이 사랑하는 성찬식에 모인 사람들을 위해 그리스도를 대신하여 그들에게 좀 더 잘 집중하고 예배의 말들을 선택하고 준비하라. 회중은 당신이 사용하는 준비된 말들 속에 들어있는 사려 깊음에 대해 매우 감사할 것이다.

당신의 지도력은 기도라는 것을 기억하라. 지도자로서 발전시킬 필요가 있는 기술 중 하나는 성찬식에서 당신이 행하는 **모든** 말들과 행동들이 기도라는 것을 기억하는 것이다. 이 한 가지가 성찬을 주재할 때의 당신의 지도력을 변화시킬 수 있다. 모인 사람들을 위해서 기도하는 사람으로서 당신 자신을 보라. 난지 예배의 한 부분을 고양시키려고 노력하는 사람이 아니다. **당신이 예전을 위해서 정말로 기도하면 할수록**, 참여자들은 무엇이 진행되고 있는지 더욱더 잘 알게 될 것이다.

물론 성찬식에서는 공동의 대명사가 사용될 것이다. 그래서 회중들은 말해지고 있는 것이 당신의 목소리지만, 그것은 정말로 공동체를 위해 하나님께 드려지는 기도라는 것을 이해할 것이다.

또한 성찬식에서 당신이 하는 어떤 기도라도 당신 자신의 일상적인 기도 생활로 끌어오기를 바란다(반대의 경우는 안 된다). 예를 들어서, 주일예배에서 사용할 탄원의 기도를 당신의 매일의 기도 시간에 드리라. 이것은 당신의 지도력을 하나님의 영광과 다른 사람의 유익을 위한 방향으로 변화시킬 것이다.

5) 그 밖의 고려점들

성찬 요소들을 다른 종류로 대체하지 말라. 영리하고 창의적인 어떤 지도자들은 때로 성찬식에서의 성찬 요소들을 빵이나 포도주/주스 외의 다른 것으로 사용하려고 한다. 이러한 행동은 해서는 안 된다.[51] 사실, 어떤 지도자들은 빵과 포도나무의 열매 외의 것을 성찬에 사용하는 것은 상징과 관련하여 예수님의 명확한 지침에 대한 '불순종의 행동'[52]이라고 믿었다. 예수님은 빵을 '나의 몸'으로서 그리고 포도주를 '나의 피'로서 매우 직접적으로 말했다. 다른 요소들로 대체하는 것에 대해서, 데이비드 스캐어(David P. Scaer)는 다음과 같이 말했다.

> 그런 예식도 성례전일 수는 있다. … 그러나 예수님에 의해서 제정된 것은 아니다.[53]

그리스도는 성찬식의 음식과 음료가 각각 어떤 진리를 표현하는지 그 관계성을 제정하셨다.

> 성례전에서 눈에 보이는 요소들은 성례전이 무엇인가와 무엇을 행하는가의 사실에 상응하는 표지(sign)이다. 세례식에서의 물처

---

51 빵과 포도주를 사용하기 어려운 극단적인 상황들이 있다. 그것은 다른 문제이고, 그럴 때도 사려 깊은 대안이 마련되어야 한다. 여기서 말하는 것은, 성찬식을 동시대적으로 만들기 위한 것이지만, 거부될 만하고 임의적인 성찬 요소의 대치물에 대한 것이다. 이런 생각은 우리가 그리스도의 명령인 "이것을 행하여 나를 기억하라"는 말씀을 따를 때 진정으로 무슨 일이 일어나는가에 대해 얼마나 정보가 없고 쉽게 생각하는지를 보여준다.
52 Armstrong, *Understanding Four Views on the Lord's Supper*, 93.
53 Ibid.

럼, 빵과 포도주도 아무렇게나 선택된 것이 아니다. 그것들의 외적인 형태는 그것들이 담지하고 있는 하늘의 것들을 전달하고 있고, 그 하늘의 것들과 일치하고 있다. … 예수님은 정확하게 그 자신을 '빵'(요 6:33, 35, 48, 51)과 포도주의 원료가 되는 '포도나무'(요 15:1)로 묘사하셨다."[54]

우리 주님이 성찬식을 제정하시면서 세우신 상징들을 진지하게 다루도록 주의하라.

6) 기름을 바름

성찬식과 기름을 바르는 행위 사이에 특별히 강력한 역사적 연결점은 없다. 이 둘을 연결시킨 가장 가까운 선례는 초대 교회의 세례식이다. 세례 직후 기름을 바르는 경우(도유[chrismation])와 세례 직후 성찬식을 거행하는 경우이다. 이것 외에 예배에서 두 가지의 예식이 결합된 것을 보기는 어렵다.

그러나 20세기 중반에 은사적 갱신 운동(the charismatic renewal movement)이 활발해지면서 양상이 달라졌다. 치유와 온전함을 위한 기도를 하면서 기름을 바르는 것이 은사가 넘치는 교회의 일상적인 모습이 된 것이다. 이런 실천이 널리 퍼져서 지금은 다양한 교단에서 깊은 감사(great appreciation)와 함께 사용되고 있다.

성찬식과 기름을 바르는 행위를 결합하는 것이 단지 성경적이고 역사적인 근거가 없다는 이유로 실천이 불가능하지는 않다. 그것은 하나님

---

54 Ibid.

을 경험하는 매우 의미 있는 시간이 될 수 있다.

성찬식에 뒤따르는 기름 바름의 행사를 '성직의 시간'(ministry time)으로 칭한다. 이 행사는 전형적으로 다음과 같은 방식으로 다루어진다.

- 개인들이 빵과 잔을 받은 후에 만약 원한다면 그들은 자유롭게 기도의 장소로 간다. 거기에는 한두 명의 인도자들이 기름 바를 준비를 하고 있다. 이들은 성찬식이 진행될 때 각 사람들을 위해서 기도한다. (회중의 크기에 따라서, 좌석을 둘러싼 서로 다른 지점에 하나 이상의 기도 장소를 마련하는 것이 도움이 된다.)
- 이 장소의 인도자들은 성실하고 기도하는 사람으로 알려진 사람이어야 한다.
- 인도자들은 목회자에 의해서 미리 준비되어야 한다.
- 인도자들은 다가오는 사람들에게 어떤 방식으로 기도하기 원하는지 묻는다.
- 올리브 기름(기독교 용품점에서 작은 유리 올리브 병을 구입하라)을 사용하라. 엄지손가락에 적은 양을 적시고 기도를 요청하는 사람의 이마에 십자 모양을 그으라. 다음과 같은 축복의 말을 천천히 말하라. "성부, 성자, 성령께서 당신의 몸과 마음과 정신과 마음에 평화를 주시기를 원합니다. 아멘."
- 개인을 위하여 즉흥적인 도고(intercession) 기도를 드리라.

성찬식 이후에 기름을 바르는 것은 성찬식의 확장으로 기능한다. 또한 사람들에게는 하나님의 거룩한 접촉을 경험하는 무척 상징적이고 감각적인 상황을 제공한다. 예배에서 이 부분은 자발적이라는 것을 기억하라. 목회자는 사람들에게 이 예식에 참여하도록 압력을 가해서는 안 된다. 원하는 사람들만을 위한 선택으로 간단히 제공하라. 성찬식과 기름 바르기의 시간 동안에 회중이 함께 찬양을 하면 그 감동이 더할 것이다.

7) 도전이 되는 상황들

때로 성찬식과 관련하여 당황스럽고 도전이 되는 상황들이 있다. 준비해야 한다.

(1) 아이들

성찬에 완전히 참여할 수 있는 나이에 대하여 개신교 안에는 서로 다른 의견이 있다. 아이들과 성찬식에 대한 당신 교회의 입장을 확실히 숙지하라. 많은 전통에서 세례식은 성찬 자격의 문지방이다. 만약 유아 세례가 있다면, 그땐 유아 세례를 받은 어린 아이들도 성찬에 참여할 수 있다. 다른 전통에서는 세례식을 위한 기준으로서 개인적인 회심을 지적한다. 이런 경우 아이의 나이는 다양하게 된다. 또 다른 전통들에서는 젊은이가 구원의 확신이 있으면 그들의 첫 성찬을 받을 수 있게 한다. 아이들과 성찬에 대한 당신 교회의 입장을 회중들에게 가르치라(특히 아이들의 부모들에게 가르치라).

만약 당신 교회의 특별한 신학적 입장으로 인해서 아이들이 성찬을 받지 못한다면, 그럼에도 불구하고 아이들이 축복을 받기 위해 앞으로 나오도록 초청하기를 강력하게 권유한다. 이것은 아이들로 하여금 이 성찬식 경험에 자신들이 환영받고 포함되었다는 것을 느끼게 할 것이다. 이런 경우에 목회자는 아이들의 얼굴까지 몸을 굽히고, 손을 아이의 이마에 얹은 채 아이들에 대한 하나님의 사랑을 되새기면서 축복의 말을 해 준다. 이것은 그 아이의 인생에서 매우 특별한 순간이 될 것이다. 그리고 실제로 전 공동체에게도 특별한 순간일 것이다.

(2) 결혼하는 두 사람에게만 단독으로 시행하지 말라

성찬식이 교회 공동체의 연합 행사로서 시행되는 경우가 있다. 빵과 잔을 다른 사람에게는 주지 않고 특정 구성원에게만 제공하는 것은 비성경적이다. 어떤 교단에서는 결혼식 순서 중 하나로서 결혼하는 두 사람에게 성찬식을 행하는 것이 유행이었다. 이런 실천은 성찬식의 본질에 대한 신약성경의 구절들이나 역사적 이해에 직접적으로 반대되는 것이다. 이것은 허락되어서는 안 된다. 그러나 기독교 결혼식이 예배임을 고려하면, 성찬식을 참여한 모든 그리스도인들에게 제공하는 것이 맞다. 신랑과 신부에게 의미 있는 경험을 제공하는 동시에 성찬식의 공동성도 유지해야만 한다(성찬식의 목적이 의미 있는 경험을 제공하는 것은 아니지만).

만약 결혼하는 두 사람이 성찬식을 선택한다면, 약간의 장애물과 필상세한 고려점들이 극복되고 다루어질 필요가 있다.

어떻게 진행할 것인가?

비신자들에게 성찬의 요소들을 받지 말라고 어떻게 설득할 것인가?

어떤 방식으로 성찬식과 결혼식을 융합할 것인가? 등등.

이런 질문들에 대한 해결점은 있을 테지만 생각하고 준비할 시간이 필요할 것이다.

8) 윤리적 고려점들

때로 성찬식과 관련된 윤리적 고려점들이 생겨난다.

(1) 성찬을 받으려는 사람을 거절하기

성찬식을 원하는 누군가를 거절해야만 하는 경우가 있을까?

이제 성찬식에 울타리를 치는 것과 관련된 주제로 돌아가 보자. 16세기 존 칼빈은 성찬식 전에 고백이 이루어져서 사람들이 성찬의 요소에 참여하기 전에 하나님과 사람들과 올바른 관계가 되는 기회를 얻기를 주장했다. 문제가 있는 사람은 성찬식에 오기 전에 이미 중요한 사건으로 다루어지고 성찬을 거절당하게 된다.

그러나 오늘날에는 성찬 요소가 제공되는 동시에 고백의 기도가 이루어진다. 이런 경우에 목회자가 성찬을 받으러 나오는 사람들의 마음을 아는 것은 거의 불가능하다. 나는 어떤 사람이라도 극한 상황을 제외하고는[55] 현장에서 빵과 잔을 거절당하는 것을 추천하지는 않는다.

만약 목회자가 어떤 사람에 대해서 믿음 없는 삶에 대한 명확한 근거를 가지고 그 사람이 성찬을 받을 만하지 않다고 여기는 경우는 어떻게 할 것인가?

그런 경우 나는 다음번 성찬을 받기 전에 그 개인과 대화를 시작하도록 권유한다. 그래서 빵과 잔을 받는 것과 관련해서, 그들의 영적 상태에 대하여 그들과 의논하라. 그러한 대화는 놀라운 구원의 기회가 될 가능성을 내포하고 있다. 일반적으로 사람들은 그런 배려와 책임에 감사

---

55 예를 들어, 혹시 떠들썩한 불신자가 거룩한 예식을 어떤 방식으로 모독하려고 하는 경우.

해한다. 그들을 고소하거나 비난하는 식의 접근을 하지 말라. 그들을 초대하여 그들의 믿음의 삶의 상태가 어디에 있는지를 나누라. 다른 사람의 삶에서 영적 형성을 촉진하기 위해 대화를 개방하라.

(2) 포도주 또는 주스

진짜 포도주 또는 포도 주스 중 어떤 것으로 사용할지를 결정하는 것은 큰 문제는 아니다. 당신의 교단은 성찬에서 어떤 것을 사용하는지에 대한 구체적 지침이 있을 것이다. 당신의 교단의 입장을 확인하라. 그러나 만약 포도주가 사용된다면 알콜이 들어있지 않은 음료만을 마셔야 하는 사람들을 위해서 무알콜 포도주를 추천한다.

7. 결론

매튜가 옳았다. 가족의 일요일 저녁 식사는 매우 특별했다. 아름다운 식탁이나 맛있는 음식 때문이 아니라 그날 함께 나누는 사랑이 모든 사람의 마음을 따뜻하게 해 주었다. 가족으로서 모든 사람이 한 식탁에 다시 한번 함께하는 것이 좋았다. 그는 앞으로 앞으로 오랫동안 이 행사를 기억할 것이다.

핵심 용어들

- **봉헌 기도**(anaphora): 대 감사/성찬식 기도의 다른 용어.
- **규범**(canon): 대 감사/성찬식 기도의 다른 용어.

- **집례자**(celebrant): 성찬식을 인도하는("축하하는") 개인.
- **성배**(chalice): 주스/포도주를 담은 받침이 달린 잔.
- **폐쇄 성찬식**(closed Communion): 특정 교단의 교회 구성원에게만 허용되는 성찬식.
- **공동의 잔**(common cup): 성찬를 받는 사람들이 하나의 성배로 마시는 것.
- **교제**(Communion): 빵과 잔에 참여함에 있어서 신자들의 친교를 강조하는 표현.
- **요소들**(elements): 성례전에 사용되는 빵, 포도주, 그리고 물.
- **높임**(elevation): 빵과 잔을 높이 드는 것.
- **성령 임재 요청 기도**(epiclesis): 성령이 성찬의 요소들에 임재하기를 구함.
- **유카리스트**(Eucharist): '감사.' 성찬식에서 즐거움의 축하를 암시함.
- **성찬식 기도**(eucharistic prayer): 대 감사의 또 다른 이름.
- **부분**(fraction): 빵/제병을 자른 물리적인 조각
- **대 감사**(Great Thanksgiving): 성찬식에서 기본적인 기도로서 ① 하나님을 찬양하고, ② 하나님의 구원 행위를 시연하고, ③ 성찬 요소와 우리에게 축복이 임하기를 기도한다.
- **성찬식 빵**(host): 라틴어 호스티아(*hostia*, '희생자')에서 유래함. 성찬식에서 사용된 효모균을 넣지 않은 커다란 제병(wafer). 그리스도의 몸을 의미한다.
- **제정**(Institution): 새 언약을 인가한 다락방 식사에서의 예수님의 말씀을 낭독하는 것.
- **빵을 포도주에 적심**(intinction): 빵/제병을 주스/포도주의 성배에 담근다. '나는 담근다'라는 의미의 라틴어 인팅고(*intingo*)에서 유래했다.
- **회고주의적 관점**(Memorialist view): 성찬식을 과거 사건, 그리스도의

죽음에 대한 기념으로 받아들임. "주님의 식사"라는 용어와 관련이 있다. 가끔 성찬식에 대한 츠빙글리의 비성례전적 관점과 관련 있다.
- **개방 성찬식**(open Communion): 예수 그리스도의 제자라면 누구에게라도 허용된 성찬식.
- **성반**(paten): 빵/제병을 담은 접시.
- **페도커뮤니언**(pedocommunion): 아이들에게 성찬을 주는 것.
- **상투스**(sanctus): 라틴어로 '거룩한'의 의미한다. 성찬식 동안에 응답하는 노래. '거룩하다 거룩하다 거룩하다 만군의 여호와여.'
- **화체설**(transubstantiation): 빵과 포도주의 물질적인 요소들이 예수 그리스도의 진짜 몸과 진짜 피로 기적적으로 변한다는 믿음.

앞으로의 공부를 위한 참고 자료

Armstrong, John H., ed., and Paul E. Engle, series ed. *Understanding Four Views on the Lord's Supper*. Grand Rapids: Zondervan, 2007.

Baptism, Eucharist and Ministry. Geneva: World Council of Churches, 1982.

Galbreath, Paul. *Leading from the Table*. Herndon, VA: Alban Institute, 2008.

Watkins, Keith. *The Great Thanksgiving*. St. Louis: Chalice, 1995.

White, James F. *The Sacraments in Protestant Practice and Faith*. Nashville: Abingdon, 1999.

Wright, Tom. *The Meal Jesus Gave Us: Understanding Holy Communion*. Louisville: Westminster John Knox, 1999.

적극적인 참여

성찬식의 의미에 대한 당신의 이해를 확장한 후에, 개인적으로 또는 다른 사람들과 함께 당신의 현재 성찬식의 실천을 평가하라. 여기에 당신이 취할 수 있는 몇 가지 접근이 있다.

1. 당신의 교회가 시행한 최근 여섯 번의 성찬식의 순서를 검토하라.
   성찬식에서 사용한 노래들을 조사하라.
   어떤 음조의 노래가 당신의 성찬식에서 사용되었는가?
2. 예전의 기도들과 다른 부분들을 검토하라.
   만약 당신이 당신의 성찬식의 현재 초점을 한 단어로 묘사할 수 있다면 무엇이겠는가?
3. 성찬식을 위한 4가지의 성경 용어(Eucharist, Communion, Lord's Supper, breaking of bread) 중에서 어떤 것이 당신 교회의 성찬에 대한 접근을 표현하는가?
   만약 당신이 나은 접근을 원한다면 어떤 용어를 선택하겠는가?
   그 이유는?
4. 당신의 회중에게 잘 맞을만한 성찬식 초대장을 작성하라.

제6장

치유 예배

탐구

제6장을 읽기 전, 치유를 위한 당신 자신의 기도 경험을 회상해 보라.

- 예수님의 치유 이야기 중 당신이 가장 좋아하는 이야기는 무엇인가? 그 이유는?
- 치유 예배(healing service)로 알려진 예배에 참여한 적이 있는가? 당신을 기자라고 상상하면서 그 예식을 묘사해 보라. 무슨 일이 일어났는가? 또한, 일기를 쓴다고 생각하면서 그 행사에 대한 당신의 인상이나 생각을 묘사해 보라.
- 신유자(faith healer)가 나오는 텔레비전 장면을 본 적이 있는가? 만약 있다면, 어떤 질문이 마음 속에 떠올랐는가?
- 마가복음 5:25-34을 읽어 보라. 이 기적 이야기와 관련하여 다섯 가지 정도의 관찰 일지를 써 보라.

이제 당신은 치유 예배에 대하여 성찰할 준비가 되었다. 제6장을 읽으면서 당신의 사고를 확장시켜 보라.

1. 확장

라우라의 아버지인 론은 몇 달 동안 병석에 있었다. 그는 10월에 지독한 감기에 걸렸으나 점점 나아지고 있다고 생각했다. 11월에 폐충혈 증세가 폐렴으로 악화되면서 상황이 나빠졌다. 병원에 짧게 입원하는 동안 폐의 체액은 안정이 되었으나, 호흡은 아직 정상으로 돌아오지 않았다. 그는 일에 복귀했으나 여전히 가슴에 통증을 느꼈고 피곤해했다. 이제 12월이 되어서 론은 약간의 휴식을 더 가지기를 간절히 원했다. 그러나 몸이 좋건 안 좋건, 더 이상 일을 미룰 수는 없었다. 그의 현장 감독은 이미 론이 입원으로 인해 일을 빠진 것에 대해서 언짢아하고 있었다. 이제 론은 어려운 결정을 앞두고 있었다. 즉 월요일에 직장으로 돌아가느냐 아니면 그의 직업을 잃느냐 하는 것이었다.

라우라는 자신의 아버지를 염려했다. 라우라의 친구 앨리슨은 자기 교회에서 열리는 일요일 저녁 치유 예배에 론을 초대했다. 라우라는 그런 치유 예배에 대해서 들은 적이 없었다. 앨리슨은 자신의 교회 목사님이 한 달에 두 차례씩, 일요일 저녁 작은 예배당에서 이러한 예배를 연다고 설명했다. 앨리슨이 말하기를 이 예배는 그들이 어느 날 밤에 텔레비전에서 본 적이 있는, 대형 무대에서 벌어졌던 치유 집회와는 전혀 다른 것이라고 했다. 심지어 앨리슨은 그녀의 어머니와 함께 한두 번 참석하기도 했다. 앨리슨은 자기 교회의 수십 명의 교인들이 해리스 목사와 함께 단순한 찬양과 조용한 기도가 포함된 짧은 예배에 참여하는 거라고 설명했다.

해리스 목사는 어떤 이유에서건 고통을 당하고 있는 사람들을 위해서 기도하고 기름을 발라주었다. 라우라는 이 예식에 대해서 확신을 가질 수 없었다. 그녀는 앨리슨에게 사람들이 치유되는지 어떤지를 물었다. 앨리슨은 대답했다.

"확신할 수는 없어, 그러나 사람들이 떠나갈 때 평안해 보인다는 것은 알아."

라우라는 이 모든 것이 약간은 정신 나간 일로 들린다고 생각했다. 그러나 그녀는 아버지에 대해 매우 걱정하고 있었다.

나쁠 게 뭐가 있을 것인가?

그녀는 그날 저녁에 아버지에게 이 일을 말했고 그가 이에 대해 어떻게 생각하는지를 지켜보았다. 그녀는 하나님이 아버지의 건강을 회복시켜주시기를 원했다. 그래서 아버지가 직업을 유지하기를 바랐다. 어쨌든 이것은 그렇게 나쁜 생각은 아닐 것이다.

치유를 위한 기도는 수천 년 동안 유대 기독교 전통의 일부분이었다. 구약성경과 신약성경 모두 하나님의 기적의 손길을 요청하는 연약한 사람들에 대해 수많은 사례를 보여준다. 때로는 히스기야(왕하 20:1-6)의 경우처럼 당사자들이 직접 하나님의 개입을 요청하기도 한다. 또 다른 경우에는 나아만 장군이 그러했듯이(왕하 5:1-5), 병자가 자기를 위해서 기도를 대신 올려 줄 중재자를 찾기도 한다. 치유를 위한 기도는 기독교에서 새로운 것이 아니다.

상대적으로 최근 치유 예배의 현황은 몸, 마음 또는 영혼의 질병을 가진 사람들을 위해서 드리는 기도가 신체 질병을 위한 기도보다 더 중점이 되고 있다. 병자들을 위해 모여서 기도하는 최근의 예식들은 야고보서 5:13-16에 근거한다(이 내용은 아래에서 상세하게 다루게 된다). 구약성경에서는 치유를 위한 기도가 대부분 개인이 하나님께 호소하거나 치유의 권위를 부여받은 거룩한 사람에게 호소하는 것으로 나타난다. 이에 비해서 야고보서의 치유는 정확하게 공동체, 특히 장로들의 지도력의 맥락에서 이루어지고 있다. 이후 치유 예배의 역사는 일관되지 않다. 그러나 지난 반세기 동안 주류 기독교 교단들 사이에서 치유 예배를 평범한 예배 중 하나로서 갱신하려는 노력이 있었다. 그 결과 승인된 예배 규정들의 최근판[1]에는 많은 치유 예배 사례들이 실릴 수 있었다.

알아두어야 할 것은, 오늘날 치유 예배 맥락에서 사용되는 치유라는 의미는, 인생의 어떤 측면에서든지 전인성을 망가뜨려서 부족함을 만드는 모든 질병의 형태들을 포함하는 광범위한 개념이라는 점이다. 육체적인 질병을 가진 이들을 위한 기도뿐 아니라 불안으로 고통당하는 사람들, 마음이 심란한 사람들, 나쁜 기억으로 괴로운 사람들, 두려움에 사로잡혀있는 사람들, 괴로움과 투쟁하고 있는 사람들, 깨어진 관계로 인해 상심한 사람들을 위한 기도가 모두 포함된다. 복음서를 얼핏 읽기만 해도 예수님의 치유 사역의 범위가 매우 넓었다는 것을 확인할 수 있다. 즉 예수님의 치유 예식은 몸, 마음, 정신 그리고 영혼의 전인성을 위한 기도를 지향하고 있었다.

본 장에서 우리는 교회, 병원, 집 또는 다른 적당한 현장에서 이루어지는 치유 예배들의 내용, 순서 그리고 인도하는 방법에 대해서 논의하게 될 것이다. 우리는 사람들의 치유를 위한 기도에 일차적인 목적을 두고 있는 예배들에 초점을 맞추게 될 것이다. 치유 예배의 목적은 신자들로 하여금 고통당하는 이들을 위하여 도고하게 하는 것이다. 그리하여 그리스도 안에서 한 형제 또는 한 자매로서 강건함(wholeness)을 경험하게 하는 것이다. 결과적으로 이 예배는 예수 그리스도에 대한 사랑과 봉

---

[1] 두서너 가지 예만 들면, 미국복음주의루터파교회(Evangelical Lutheran Church of America), 미국장로교회(PCUSA), 그리고 연합감리교회(United Methodist Church) 등의 교단들이 최근 공식적 예배 규정에 치유 예배의 모범들과 전례법규들을 포함해 왔다.

사 가운데 믿는 자들을 새롭게 하고 더 강하게 한다.

2. 토대 놓기

1) 성경적 토대들

치유에 관한 많은 성경 이야기들은 병자를 위한 기도의 선례들을 보여준다. 그러나 교회가 병자들의 치유를 위해 기도하도록 명백하게 호소하는 구절은 수적으로는 매우 적다. 병자를 위한 기도를 목적으로 하는 구절은 야고보서 5:13-16이다. 이 구절에서는 치유 기도를 위해 교회 회중을 모으라고 가장 직접적으로 권고하고 있다. 따라서 이 구절이 오늘날 치유를 위한 기본적인 근거로 사용된다.

> 너희 중에 고난당하는 자가 있느냐 그는 기도할 것이요 즐거워하는 자가 있느냐 그는 찬송할지니라 너희 중에 병든 자가 있느냐 그는 교회의 장로들을 청할 것이요 그들은 주의 이름으로 기름을 바르며 그를 위하여 기도할지니라 믿음의 기도는 병든 자를 구원하리니 주께서 그를 일으키시리라 혹시 죄를 범하였을지라도 사하심을 받으리라 그러므로 너희 죄를 서로 고백하며 병이 낫기를 위하여 서로 기도하라 의인의 간구는 역사하는 힘이 큼이니라(약 5:13-16).

위의 이야기에서 핵심적인 측면을 검토해 보자.

- 고통당하는 사람/병든 사람과 기도 간에 간단한 연결이 존재한다.

  당신은 고통당하고 있는가?

  당신은 기도하여야 한다.

  당신은 병들었는가?

  당신은 기도 요청을 하여야 한다.
- 치유를 위한 기도는 병든 자에게서 촉발된다. 선의를 가진 제3자에 의해서 시작되는 것이 아니다.
- 이런 기도 사역에 부르심을 받은 사람은 교회의 지도자들이다.
- 기름 바르기는 성례적 방식으로 사용된다. 물질적인 실재는 하나님의 능력이 실현되는 수단이 된다.
- 믿음은 치유의 중심이다.
- 자백과 용서는 치유의 문을 연다.

이 여섯 가지 원리를 짧게 검토해 보자.

첫째, 병은 간구로 이끈다.

병이 났을 때 당신은 누구를 바라보겠는가?

우리는 이미 우리를 창조하였기 때문에 쉽게 우리를 새로 창조하고 만들 수 있는 분을 찾게 된다. 히스기야 왕이 병으로 죽음에 이르게 되었을 때, 그는 비통함으로 눈물을 흘리며 치유를 위해 기도했다. 주님은 다음과 같이 대답하셨다.

> 내가 네 기도를 들었고 네 눈물을 보았노라 내가 네 수한에 십오 년을 더 하겠다(사 38:5).

예수님의 치유의 손길을 바라는 수많은 사람들이 낫기를 간청하며 소리 높여 기도했다. 바디메오는 다음과 같이 간청했다.

> 다윗의 자손 예수여 나를 불쌍히 여기소서(막 10:47).

그의 요청은 간단했다.

> 나를 다시 보게 하소서(막 10:51).

예수님은 다음과 같이 대답하셨다.

> 가라 네 믿음이 너를 구원 하였느니라(막 10:52).

시편 기자는 육체적, 영적으로 절망에 빠졌을 때의 하나님께 호소하는 자연적인 성향을 드러냈다.

> 여호와여 내가 수척하였사오니 내게 은혜를 베푸소서 여호와여 나의 뼈가 떨리오니 나를 고치소서 나의 영혼도 매우 떨리나이다. 여호와여 어느 때까지니이까(시 6:2-3).

병에 걸렸을 때 기도는 본능적인 반응이다. 비종교인들이 병에 걸려서 죽음에 직면하게 되면 갑자기 신자가 되는 많은 경우를 목격할 수 있다.

둘째, 치유를 위한 기도는 치유를 원하는 사람에 의해서 대답을 얻는다. 하나님의 치유의 손길에 대한 개인적인 추구는 가장 필수적인 인간적 반응이다. 야고보서의 구절은 병든 이의 전적인 참여를 강조하고 있다. 당사자가 아닌 사람들은 그 의도가 아무리 신실한 것이라 할지라도 의지가 없거나, 믿지 않거나, 회개하지 않는 사람을 억지로 참여시킬 수 없다. 예수님은 종종 자신의 신적인 중재에 선행하여 병자들이 스스로 낫기를 원하는지 물어보았다. 사건에 있어서 병자들의 적극성은 필수적이었다. 복음서에서 예수님은 실제로 매우 간절한 요청과 소원들에 대해서 응답했다.[2] 기도자의 책임은 믿음과 신실함에 완전히 참여하는 것이다.

셋째, 교회 지도자들은 이러한 기도 사역에 부르심을 받았다. 야고보서가 초대 교회의 직무를 맡은 자들을 장로로 구별하고 있음을 주목하라. 추측하건대 이 사람들은 지역 교회 목회자로서 다른 사람들보다 영적으로 성숙되고 숙련된 사람들이었을 것이다. 또한 이들이 개인적인 치유 은사에 기반하여 구별된 것이 아님을 참고하라. 오히려, 그들은 직무(office)에 의해서 구별되고 있다.

치유는 사도 바울에 의하면 영적인 은사로서 언급되었다(고전 12:9). 그러나 이 은사가 병자들을 위하여 기도하도록 요청받은 이들의 필수 항목으로 보이지는 않는다. 치유의 은사를 가진 사람들뿐 아니라 믿음을 가진 모든 지도자들은 자신들이 병자들을 위해 기도하도록 소명 받고 구별되었다고 간주해야 한다. 이 기도 사역은 시급한 사역이다.

> 병에 걸리거나 죽는 것은 죄가 아니다. 그러나 기도하는 사람이
> 없어서, 병과 죽음이 문제시되지 않는 것이 죄이다.[3]

---

2 마 9:18에 예외적인 것이 기록되어 있다. 그 본문에서 회당장은 방금 죽은 자신의 딸을 살려주시도록 예수님에게 요청한다. 성경에 나오는 또 다른 예외 구절은 로마 백부장이 자신의 종의 치유를 요청하는 장면이다(마 8:5-13).

3 Robert G. Tuttle, Jr., "John Wesly and the Gifts of the Holy Spirit," The Unofficial

넷째, 기름은 치유를 지원하는 것으로서 고안되었다. 구약성경와 신약성경 둘 다 기름의 치유적 기능을 보편적으로 언급한다. 하나님은 분명히 기름이 없이도 치유하시겠지만, 하나님의 새롭게 하는 치유의 손길을 전달하기 위해 기름을 사용하는 것은 고대로부터 보편적으로 받아들여진 실천이었다. 예수님이 자신의 치유 사역에서 때때로 다양한 물질들을 사용했지만(예를 들어 진흙과 침), 기름을 사용했다는 성경 구절은 없다. 그러나 예수님의 제자들은 가르침과 치유를 위한 선교 여행 중에 병자에게 기름을 발랐다(막 6:13).

다섯째, 믿음은 치유의 열쇠가 되는 요소이다. 얼마나 많은 믿음인지는 확실하지 않다. 겨자씨만한 믿음이면 될 것이다(눅 17:6). 예수님은 종종 믿음과 치유를 연결시켰다. 그는 치유를 위해 칭찬할 만한 미덕으로서 믿음을 언급했다. 로마 백부장이 자신의 종을 고쳐달라고 하면서 예수님이 직접 오실 필요는 없고 단지 멀리서 말만 하여도 종이 치유될 것이라고 말했을 때, 예수님은 놀라며 말했다.

> 내가 진실로 너희에게 이르노니 이스라엘 중 아무에게도 이만한 믿음을 보지 못하였노라(마 8:10).

바울은 "주목하여 구원 받을 만한 믿음이 그에게 있는 것을 보고"(행 14:9) 태어나서 한 번도 걸어 보지 못한 사람을 고쳤다. 치유를 위한 기도에서 믿음의 역할이 무엇인가에 대한 많은 신학적 혼동이 있었다. 이 혼동이 잘못된 결론을 이끌어 왔다(이에 대해서는 이후에 더 다룬다). 그러나 어려운 신학적 주제들은 잠시 미루고, 일단은 다음과 같이 말할 수

Confessing Movement Page, ucmpage.org/articles/rtuttle1.html(accessed April 22, 2012).

있다. 믿음과 기도는 병자를 위한 치유에 있어 서로 연관되어 있다는 것이다. 야고보는 확실히 말했다.

믿음의 기도는 병든 자를 구원하리니(약 5:15).

여섯째, 죄 고백(그리고 용서)도 치유와 연관되어 있다. 여기에서 다시 한번 야고보서 5:16의 잘못된 번역이 잘못된 결론으로 이끈 것을 보자. 잘못된 결론이란 삶에 죄가 있으면 치유되지 않는다는 것이다. 그러나,

① 죄가 치유를 위한 기도를 실패하게 하는 단 한 가지 원인이라고 말하고 있지 않다.
② 야고보가 여기에서 말하고 있는 죄는 매일의 일반적이고 다양한 위반들이 아니라 회칠한 무덤 같은 본성을 가진 사람들이 저지르는 도덕적인 죄를 말한다.[4]

사도 야고보에 의해 쓰여진 이 편지의 짧은 몇 개의 구절들은 치유 예배에 대한 통찰력 있는 원리를 제공한다. 다행스럽게도, 치유 사역의 논리적 근거를 위해서 이 글귀에만 전적으로 기대지 않아도 된다. 예수님은 확실히 자신의 제자들이 치유 사역을 이어갈 것이라는 기대하셨다. 물론 제자들의 치유 사역은 예수님의 치유 사역에 근거하고 있다. 예수님은 치유를 강조했다. 이것은 복음서 전체에 만연하다.

---

[4] Jeffrey John. "Anointing in the New Testment" in *the Oil of Gladness:Anointing in the Christian Tradition*, ed. Martin Dudley and Goeffrey Rowell(Collegeville, MN: Liturgical Press, 1993), 56-57.

> 예수께서 온 갈릴리에 두루 다니사 … 모든 병과 모든 약한 것을 고치시니 그의 소문이 온 수리아에 퍼진지라 사람들이 모든 앓는 자 곧 각종 병에 걸려서 고통 당하는 자, 귀신 들린 자, 간질하는 자, 중풍병자들을 데려오니 그들을 고치시더라(마 4:23-24).

그리고 오래지 않아,

> 예수께서 그의 열두 제자를 부르사 더러운 귀신을 쫓아내며 모든 병과 모든 약한 것을 고치는 권능을 주시니라(마 10:1).

예수님은 자신의 제자들이 가르침과 치유 사역을 통해서 하나님의 나라를 선포하는 자신의 사역을 이어서 행하기를 원했다. 더 나아가서 더욱 확장하도록(요 14:12) 준비시켰다. 예수님은 "보내신 자의 완전한 권위를 담지한 대리자"[5]로서 제자들에게 사역을 위임하여 파송하셨다. 사도행전은 예수님이 이를 위해 훈련시킨 바로 그 사역들을 제자들이 대단히 멋지게 수행하는 이야기이다. 베드로와 요한이 성전 문에 누워있는 앉은뱅이를 고쳤을 때는 오순절의 불의 혀가 거의 사라지지 않았다. 치유의 기적은 사도행전을 통해서 계속된다.

신약성경은 믿는 자들이 병자를 위한 기도에 참여해야 하는 풍부한 기초를 제공한다.

그러나 어떻게 이것이 이루어지는가?

이제 치유 기도를 둘러싼 역사적 실천들을 잠깐 살펴보자.

---

[5] Ibid., 49.

2) 역사적 토대들

초대 교회 실천들의 역사적 증거를 보면 "평범한 그리스도인들은 자신들이나 다른 사람들이 병에 걸린 경우 성별된 기름을 발랐다"[6]라는 것을 알 수 있다. 그러나 처음 몇 세기의 기록들에는 대중적, 공동체적 예배 맥락에서의 공적인 치유 예배 자료는 없다. 이런 공적인 예배는 훨씬 이후에 발달했다.

성공회 학자인 존 핼리버튼(John Halliburton)은 "오리겐(그리고 그 후 존 크리소스톰)은 야고보서 5장을 죄의 용서를 위한 그들의 신학을 서술하는 데 사용하였지만, 병자들을 위한 기름 바르기의 실천을 보증해 주는 것으로 사용하지는 않았다"[7]라고 말했다. 사람들은 자신들의 기름을 가져와서 주교에게 축복을 받고 나서 사적인 용도로 사용하기 위해 가져갔다. 핼리버튼은 "사적인 사용을 위해서 기름을 집으로 가져가는 행동은 광범위하게 퍼져 있었다"라고 결론 내렸다.[8] 그는 교회 역사의 초기 몇 세기 동안에는 야고보서 5장에서 직접적으로 말하는 어떤 치유 예식도 공개적으로 말하기를 꺼리는 '흥미로운 주저함'이 있었다고 말한다.

> 치유에 관한 성경적 보증이 우리에게는 명백하게 보인다. 그러나 교부들은 기름 바르기와 치유에 대한 자신들의 신학에 이 성

---

[6] Geoffrey Wainwright and Karen B. Westerfield Tucker, eds. *The Oxford History of Christian Worship*(New York: Oxford University Press, 2006). 121.

[7] John Halliburton, "Anointing in the Early Church," in The *Oil of Gladness:Anointing in the Christian Tradition*, ed. Martin Dudley and Goeffrey Rowell(Collegeville, MN: Liturgical Press, 1993), 78.

[8] Ibid., 86.

경적 보증들을 사용하지 않았다.⁹

실제로 "교부 시대가 끝날 때까지 장로들이 모여 병자의 침대를 둘러싸고 그들을 위해서 성경 말씀을 전하는 그 어떤 실제적인 예식이나 형태도 우리에게 알려진 것이 없다."¹⁰ 반면 그리스도인들은 병자들을 위하여 기도하기 위해 모였지만 이는 형식화되거나 공적 예배로서 확정된 것이 아니었던 것 같다. 즉 "니케아 이전 시대 교회에서는 그 흔적을 찾아볼 수 없다."¹¹

한편 병든 자를 위한 기도 예식, 전례법규 또는 예배 구조의 견지에서 볼 때 초대 교회에서 얻을 정보는 거의 없지만, 병든 자를 위해 기름이 사용되었다는 중요한 정보가 있다. 기름을 바르는 것은 가장 오래된 인류의 예식 중 하나이고 이는 성경에 매우 자주 언급되고 있다. 구약성경에서 볼 수 있는 고대 예식들은 올리브 기름이 사용되는 몇 가지 방식들을 묘사한다.

첫째, 올리브 기름은 의학적 용도를 갖는다. 치유를 위한 도구로서 고찰된다(사 1:6).

둘째, 올리브 기름은 성별하는 목적을 갖는다. 왕, 예언자 그리고 제사장들이 거룩한 임무를 위해서 올리브 기름에 의해 성별(consecration)되었다(레 8:30; 삼상 10:1; 삼하 2:4). 지도자들은 '주의 기름 부음 받은 자'로서 언급되었다(삼상 12:3; 24:6).

셋째, 올리브 기름은 남자나 여자를 위한 미용의 목적을 갖는다

---

9   Ibid., 89.
10 Ibid.
11 Ibid., 78.

(룻 3:3; 삼하 12:20). 신약성경에서 올리브 기름은 육체의 치유와 끊임없이 연관이 되고 있다. 사마리아인은 강도당하고 매 맞아 거의 죽을 지경이 되어 거리에 버려진 이의 상처에 술과 기름을 부었다(눅 10:34). 예수님의 제자들은 병자들을 고치기 위해 기름을 사용하였다(막 6:13). 우리가 보아 온대로, 야고보는 병자들을 위해 기도하고 기름을 바르도록 교회의 지도자들에게 충고하였다(약 5:14).

신약성경은 기름 부음의 두 가지 유형을 나타내기 위해 두 가지의 다른 그리스어 동사를 사용한다.

하나는 **알레이포**(*aleiphō*)로 기름으로 씻거나 붓는 행위를 가리킨다. 이 동사는 복음서에서 예수님의 장사지낸 몸에 기름을 붓는 장면에서 사용되었다. 또한 야고보서 5:14에서 병자에게 기름을 바르는 것을 언급할 때 사용되었다.

다른 하나는 **크리오**(*chriō*, 그리고 이것의 동사 형태)로서, 그리스도의 인격과 예수님에 기름 부음에 대해 언급한다. 그리스도 명칭은 '기름 부음을 받은 사람,' '메시아'로 해석된다. 또한 이 동사는 세례에서 성령의 부으심을 의미한다(이 동사로부터 도유[chrismation]라는 단어가 유래하였다).[12]

첫 번째 동사 유형이 본 장의 논의와 관련이 있다. 오래되고 구별된 견진 실천이 4장 세례식 부분에서 논의되었다(4장을 보라). 그러나 두 가지 동사 유형 모두 매우 연관성이 깊다. 교회가 새로 생겨나는 초창기에, 세례식에서 기름을 바르는 행동은 성령의 임재를 상징했다. 야고보 교회의 구성원들은 세례식의 기름과 병든 자를 위한 기름 사이의 연관성을 가지고 있었을지 모른다.[13]

---

12 John, "Anointing in the New Testament," 59.
13 Thomas G. Long, *Accompany Them with Singing: The Christian Funeral*(Louisville:

토마스 롱(Thomas Long)은 이 점을 잘 포착했다.

> 병들었을 때 기름을 바르는 것은 그 사람의 세례를 기억하는 것
> 이고 궁극적으로 하나님께 속해 있음을 기억하는 것이다.[14]

어떤 이들은 예수님의 제자들이 병자들을 위해 기도할 때 기름을 사용한 이유가 바로 이것이라고 가정한다. 기름의 사용은 그들이 그들 자신의 것이 아닌 능력과 함께 보내심을 받았다는 표지이다.[15]

기름의 거룩한 사용과는 별도로, 축복하는 기름의 사용은 꽤 초창기부터 발전되어 왔다.

> 병든 자를 위한 치료를 위해 정식으로 축복된 기름을 사용하는
> 조항은 3세기부터 다소 보편화됐다.[16]

때로 장로들이나 사막의 교부들도 가능하였으나 주로 주교같이 권위적인 인물들이 기름을 발라 축복하는 행위를 할 수 있도록 구별되었다.[17] 예루살렘의 키릴(Cyril of Jerusalem)은 기름을 바를 때 성령의 임재를 구하는 기도로 인해 그 기름이 단순한 약에서 "그분의 신격이 임하는 그리스도와 성령의 은혜로운 선물"[18]로 변한다고 믿었다. 『사도적 헌장』

Westminster John Knox, 2009), 115; 『기독교 장례: 찬송하며 동행하라』(CLC 刊), 241.
14 Ibid.
15 John, "Anointing in the New Testament," 51.
16 Halliburton, "Anointing in the Early Church," 89.
17 Ibid., 87-88.
18 Ibid., 86.

(*Apostolic Constitutions*, 4세기)의 축복 기도는 언급할 만한 가치가 있다.

> 이제 그리스도의 이름으로 인하여 이 물과 기름을 거룩하게 하시고, 그에게 바르소서. 질병을 쫓아내고 건강을 산출하는 힘을, 그리고 우리의 희망이신 그리스도를 통하여 마귀를 쫓아내고 모든 덫을 흩어지게 하는 힘을 이 물과 기름에 주소서.[19]

『사도적 전통』(*The Apostolic Tradition*, 3세기)에서 히폴리투스(Hippolytus)는 "만약 누구든지 기름을 바를 때는 주교로 하여금 빵과 포도주를 나눌 때 감사하는 것과 같은 방식으로 감사하도록 하라"[20]라고 가르쳤다. 기름으로 축복하면 그 예식을 거룩한 것으로 간주했다.

12세기에 병자를 위한 기름 바르기와 기도는 "'종부성사'(extreme unction)라고 새로 이름이 붙여졌고 마지막 죄 씻임을 통해 죽음을 준비하는 마지막 단계가 되었다."[21] 결과적으로 종부성사는 로마교회에서 공적인 예식에 이름을 올리게 되었다. 그러나 오늘날 종부성사는 성례전으로 남아있으나, 이 용어가 가톨릭에서 광범위하게 사용되지는 않는다. 지금은 죽어가는 사람뿐 아니라 심각하게 아픈 이들을 위해서도 사용된다. 개신교에서는 치유를 위해 기름을 바르는 것을 성례전이나 정례 예식으로 인정하지 않는다.

19　Ibid.
20　Ibid., 85.
21　Wainwright and Tucker, *Oxford History of Christian Worship*, 813.

3) 신학적 토대들

고대에서 현대에 이르기까지 어떻게 기름 바르기와 치유가 실천되어 왔는지를 관찰해 보면 한 가지 사실에 도달하게 된다. 즉 치유에 관한 확실한 신학적 입장은 매우 다르다는 것이다. 교회 지도자들은 병과 치유에 대해 무엇을 주장할 수 있느냐에 따라 극적인 차이를 보인다.

어떤 그리스도인들은 치유의 기적을 일축한다. 치유 기적은 하나님의 특정한 목표를 위해 특정한 때에만 허용된 과거의 사건이라는 것이다(일종의 경륜적[dispensational] 관점이다). 다른 그리스도인들은 하나님이 오늘날도 여전히 치유하고 있으시며 우리는 대담하게 은혜의 보좌로 나아가 다른 사람들의 삶 속에 강건함을 주시도록 은혜에 호소해야 한다고 믿는다. 더 나아가서 어떤 사람들은 우리의 믿음이 충분히 강하다면 하나님이 **언제나 치유하실 것**이라고 주장한다.

치유에 관한 전체적인 신학적 토의는 본서의 범위를 벗어난다. 그럼에도 불구하고 나는 당신이 지역 교회에서 치유 사역을 행할 때 실천의 토대로 삼을 만한 건전한 신학적 원리들을 제시하겠다. 나는 하나님이 여전히 오늘날에도 치유를 행하시고 우리는 하나님의 치유를 간청해야 한다는 '중도의 길'을 선호한다. 나는 우리가 오늘날에도 병든 자를 위해서 기름을 바르고 우리의 형제들과 자매들의 복지(well-being)를 위해서 기도하도록 부르심 받았다고 믿는 이들을 위해 몇 가지 원리들을 제공할 것이다.

(1) 하나님은 치유와 강건함을 위해 기도하는 것을 환영하신다

위에서 설명한 것처럼, 야고보서 5장에는 치유 기도를 위한 성경적인 증거가 있다. 이 구절 외의 다른 많은 구절들에서, 하나님은 우리가 기도 중에 우리의 관심을 하나님께로 가져오도록 사랑스레 초대하신다. 몇몇의 예들을 살펴보자.

- "네 짐을 여호와께 맡기라 그가 너를 붙드시고 의인의 요동함을 영원히 허락하지 아니하시리로다"(시 55:22).
- "수고하고 무거운 짐 진 자들아 다 내게로 오라 내가 너희를 쉬게 하리라"(마 11:28).
- "너희 염려를 다 주께 맡겨라 이는 그가 너희를 돌보심이라"(벧전 5:7).

하나님은 우리를 붙드시고, 고치시고 그리고 우리의 짐을 함께 지시는 분이시다. 와서 우리의 염려를 맡기라고 손을 벌려 초대 하신다.

(2) 하나님은 궁극적으로 치유하신다

창조의 각 부분을 "좋다"라고 선포하심으로써 모든 사물을 완벽하게 창조하신 하나님은 우리의 선함을 위해서 모든 일을 계속하신다(롬 8:28). 악한 자는 죽이고 멸망시키려고 오지만, 하나님은 생명과 평화를 가져오신다. 우리는 하나님이 항상 우리의 복리를 마음에 두고 계시다고 믿지만, 많은 경우에 치유를 위한 우리의 기도는 우리가 바라는 결과를 낳지 못한다. 그리고 우리의 기도를 받는 사람들은 몸, 마음 혹은 영혼의 개선을 경험하지 못한다. 때로 그들의 상황이 안 좋아지고 우리 입장에서 볼 때는 심지어 때가 되기 전에 죽기도 한다. 성경 전반에 걸쳐 치유의 많은 사례들이 있지만 성경은 치유를 위한 모든 기도가 기대하는 결과를 낳을 것이라는 약속을 주지는 않는다.

더 큰 그림은 하나님은 **궁극적으로** 치유하신다는 것이다. 우리가 원하는 시간의 틀에서 일어날 수도 아닐 수도 있다. 어떤 사람이 현명하게도 기도 응답에는 세 가지의 가능성이 있다고 말했다. 즉 그렇게 하겠다(yes), 그렇게 하지 않겠다(no), 기다려라(wait). 우리는 이 세 가지 모두 기도의 응답이라는 것을 알아야만 한다.

야고보서 5:14에서 '병든'(astheneō, 아스테네오)로 번역된 단어는 그 분위기에 있어서 중립적이다. 신약성경에서는 일반적으로 병든 것을 지칭하기도 하고 죽을 병(나사로의 사례 같이)을 지칭하기도 한다. 15절에서 '일으키다'(egeirō, 에게이로)로 번역된 단어도 역시 유동적이다. 이는 단순히 병석에서 일어남을 의미할 수 있다(즉각적인 치유). 그러나 이 단어는 신약성경에서 꾸준하게 죽은 이의 부활을 의미하는 데 사용되었다(궁극적인 치유). 제프리 존(Jeffrey John)은 다음과 같이 말한다.

> 문맥상 가장 자연스럽게 맞는다면 '믿음의 기도는 병든 자를 고칠(heal) 것이다. 그리고 하나님은 그를 치료(cure)하실 것이다'를 의미할 수 있으나 이는 또한 '믿음의 기도는 치명적으로 병든 이/죽은 이를 구하고(save) 하나님은 그를 살리실(resurrect) 것이다'를 의미할 수도 있다"[22]

존(John)은 첫 번째 의미가 의도된 것으로 보인다고 계속해서 말했다.

> 단어 자체가 현저하게 구조적으로 애매모호해서, 우리는 저자가

---

22 John, "Anointing in the New Testament", 58.

의도적으로 그런 단어를 사용한 것이 아닌가 하고 생각할 수 밖에 없다.[23]

사도 바울은 빌립보 교인들에게 그리스도는 생명이나 죽음을 통해서 찬양받으신다고 가르쳤다.

> 나의 간절한 기대와 소망을 따라 아무 일에든지 부끄러워하지 아니하고 지금도 전과 같이 온전히 담대하여 살든지 죽든지 내 몸에서 그리스도가 존귀하게 되게 하려 하나니 이는 내게 사는 것이 그리스도니 죽는 것도 유익함이라(빌 1:20-21).

요점은 단순하다. 하나님은 멸망시키지 않으시고, 하나님의 관점에서 적절한 방식으로 치유하신다. 욥이 매우 유창하게 이를 지적했다.

> 내 가죽이 벗김을 당한 뒤에도 내가 육체 밖에서 하나님을 보리라(욥 19:26).

그리스도인에게 치유는 하나님의 방식으로 하나님의 때에 일어난다.

(3) 하나님은 주권자이시다

하나님이 주권자임을 믿는 것은 하나님이 모든 인간과 사물에 대해서 궁극적인 지식, 힘, 그리고 권위를 가지고 통제하고 계신다는 것을 믿는

---

23 Ibid., 59.

것이다. 인간의 육체는 하나님의 주권 아래에 있다. 간단히 말하면, 하나님은 우리의 쇠약해지는 상황을 조절하고 계신다. 우리가 예수님을 우리의 주님이요 주권자로 부른다는 것은, 우리 자신을 주권자의 의지에 복종하는 하나님 나라 시민으로서 보는 것이다.

하나님은 우리 각자를 위한 계획을 마음에 가지고 계시다. 우리가 태어나기도 전에 우리의 날이 계수되었다. 우리가 치유를 위한 믿음의 기도를 드릴 때(그렇다. 우리는 담대하게 그렇게 한다), 하나님이 이 상황을 통제하고 계시다는 더 큰 진리를 마음에 두어야 한다. 우리는 하나님의 뜻을 따라 구해야 한다. 그리고 기쁘게 따라야 한다.

우리 상황 가운데, 평화는 하나님의 주권에 대한 인식을 따라 온다. 어떤 사람들은 치유 기도를 드릴 때 "만약 당신의 뜻이거든"(하나님을 부르면서)이라는 말을 넣는 것에 의기소침해진다. 이 말을 넣는 것은 믿음의 부족이나 치유가 일어나지 않았을 경우의 도피 조항으로 본다. 그러나 이 문구는 하나님이 주권자임을 믿는 모든 사람들에게 수용되어야 한다. 큰 소리로 말하건 아니건 하나님의 뜻이 우리의 단 하나의 바람이기 때문에 이 문구는 저변의 가정이 된다. 예수님도 죽음에서 구해 달라고 아버지에게 기도드릴 때 바로 이 문구를 넣으셨다(눅 22:42).

치유를 위해 기도할 때는, 담대함과 권위로 기도하는 것과 모든 상황에서 하나님의 뜻에 굴복하는 것 간의 긴장이 항상 생긴다. 그러나 이 두 접근은 갈등이 아니다. 이 둘은 대화 관계이다. 우리는 담대함과 믿음을 가지고 기도한다. 동시에 하나님의 주권적인 목적에 궁극적으로는 굴복한다. 때로는 이 긴장 안에 동시에 거하는 것이 필요하다. 우리는 믿음의 기도를 드리고(막 11:24) 동시에 우리의 통제 위에 있는 아버지의 위대한 목적에 복종한다고 말한다(고후 12:9-10). 이것은 '이것/혹은 저

것'이 아니다. '둘 다/그리고'이다.

(4) 고통은 목표를 위해 봉사한다

치유의 건전한 신학은 고통에 대한 건전한 신학과 직접적으로 연관된다. 하나님은 우리 삶의 선한 것을 이루기 위해 고통을 사용하신다. 성경에 묘사된 선한 유익들은 아래와 같다.

- 고통은 우리로 하여금 고통 중에 있는 다른 사람들을 위로하게 해 준다(고후 1:3-7).
- 고통은 변하여 예수님의 영광과 명예를 찬양하게 하는 순전한 믿음을 낳는다(벧전 1:6-7).
- 고통은 그리스도의 고통에 동참시킨다(벧전 2:20-21).
- 고통은 하나님을 영화롭게 하는 기회가 된다(벧전 4:16).
- 고통은 영원한 삶으로 가는 길이다(계 2:10).

우리는 치유를 원하고 이를 위해 기도하지만, 하나님이 오랜 고통을 통해서 종종 이루시는 목적을 간과하지는 않는다. 바울은 오랜 고통을 겪으면서 하나님께 자신의 몸의 연약한 부분을 고쳐주시도록 기도했다. 그러나 하나님은 바울의 인격 성장을 위한 수단으로서 이 고통을 사용하시기로 선택했다. 바울은 자신의 약함에 만족하였고 결과적으로 그리스도의 능력이 분명해졌다(고후 12:7-10).

베드로는 우리에게 건전한 충고를 준다.

> 그러므로 하나님의 뜻대로 고난을 받는 자들은 또한 선을 행하는 가운데에 그 영혼을 미쁘신 창조주께 의탁할지어다(벧전 4:19).

(5) 지혜와 분별을 위해 성령에게 의지하라

치유를 둘러싸고 많은 잘못된 가르침들이 있어 왔다. 그중 한 가지가 응답받지 못한 기도는 믿음의 부족 때문이라는 것이다. 치유의 방정식에서 믿음은 절대적인 부분이긴 하지만, 성경은 치유가 믿음의 양에 달려 있다고 주장하지 않는다. 치유가 일어나지 않았을 때, 때로 지도자들은 믿음의 부족을 치유의 부족과 연관 지으면서 개인에게 비난을 돌린다. 그러나 치유가 일어나지 않은 수많은 이유들이 있다고 보는 것이 맞다. 그렇기 때문에 이미 충분히 절박한 개인에게 죄책감까지 주어서는 안 된다.

또 다른 잘못된 가르침은 '공동체 안에 있는 죄' 때문에 치유가 일어나지 않는다는 가르침이다. 그리고 그 근거를 구약성경에서 하나님이 공동체의 어떤 구성원의 죄로 인해서 이스라엘 공동체 전체를 벌하셨던 사건으로 거슬러 올라가서 찾는다(삼하 24장을 보라). 공동체의 구성원들이 하나님의 뜻에 대하여 명백하고도 계속되는 불복종을 자행할 때 하나님의 축복이 최소화되는 것이 사실일지도 모른다. 그러나 하나님은 공동체 안에서 죄악의 삶을 사는 다른 사람들 때문에 신실한 구성원의 치유를 거두지는 않으신다.

만연하게 퍼져 있지만 잘못된 것인 줄 모르는 가르침이 또 있다. 누구나 단순히 병자의 병이 낫기를 선포하기만 하면 된다는 것이다. 이것은 때로 "부르라. 그리고 선포하라"라는 말로 언급된다. 이 관점은 마가복음 11:24에 대한 빈약한 해석에 근거한다.

> (예수님이 그들에게 대답하셨다.) 무엇이든지 기도하고 구하는 것은 받은 줄로 믿으라 그리하면 너희에게 그대로 되리라(막 11:24).

저명한 치유자들이 기도 중에 선포하고 바라면 그대로 될 것이라는 가르침으로 많은 사람들을 잘못 인도해 왔다. 실제로 이 구절의 맥락을 보아야 한다.

본문의 맥락은 예수님이 고통을 받고 죽기 위해 예루살렘으로 가는 더 위대한 이야기 속에 놓여있다. 배경은 고난주간의 월요일, 성전 정화의 날이다. 예수님은 이 말씀들을 치유 기적의 문맥에서 말씀하지 않으셨다. 치유는 부르고 선포하면 마법과도 같이 일어나는 것이 아니다. 우리는 언어를 조작하거나 잘 되기를 요구하지 않는다. 치유가 일어날 때 그것은 육체적 안위를 목적으로 하는 누군가의 요구에 대한 반응이 아니라, 아버지의 목적을 이루기 위해 주어지는 선물이다.

미지막으로 인기 있는 치유자들을 주의하라. 신망 있는 치유자의 능력으로 가득한 태도와 그 마법적인 결과에 매혹되기는 쉽다. 그러나 심지어 예수님도 치유자로서 알려지는 것을 추구하지 않으셨다. 복음서에는 예수님이 사람들에게 누가 그들을 고쳤는지 광고하지 말 것을 훈계하시는 장면이 많이 등장한다.

자신에게 관심을 모으고자 하는 사람은 아마도 자신들의 보상을 충분히 받았다. 관심은 다음의 말씀이 가리키고 있는 예수님에게로 돌려야만 한다.

> 친히 나무에 달려 그 몸으로 우리 죄를 담당하셨으니 이는 우리로 죄에 대하여 죽고 의에 대하여 살게 하려 하심이라 그가 채찍

에 맞음으로 너희는 나음을 얻었나니(벧전 2:24).

우리는 병든 자를 위해 기도할 때 다가오는 수많은 미지의 것들을 수용해야 한다. 그러나 우리가 확신할 수 있는 것들이 있다. 하나님은 치유를 위한 기도를 환영하신다. 하나님은 궁극적으로 치유하신다. 하나님은 주권자이시다. 고통은 목적을 위해 기여한다. 그리고 성령이 이 모든 것에 지혜와 분별을 주신다.

3. 구조 세우기

치유 예배의 형태로 다음의 두 가지 방식이 있다.
첫째, 치유를 위한 기도가 중심인 독자적인 예배 형식.
둘째, 교회의 원래 예배 안에 평범하게 계획된 말씀에 대한 응답으로서 '예배 안의 예배' 형식.
어떤 교회들은 규칙적인 치유 예배를 계획한다. 아마도 한 달에 한 번 또는 연중 네 번으로 계획하고 보통 주일 저녁에 이루어진다. 어떤 교회들은 원래의 예배에 치유 예배를 계획해서 적당히 포함시킨다. 아래에 제안된 구조는 두 가지 방식 모두에 사용될 수 있다. 이 구조는 짧은 독자적인 치유 예배로서 충분히 기능하도록 개발되었다. 또한 짧기 때문에 일반적인 예배 순서 안으로 들어가서 말씀에 대한 보조적인 응답으로서 사용할 수도 있다.
치유 예배의 구조는 매우 단순하다. 세 개의 기본적인 부분으로 이루어졌다. 죄 고백, 기름 바르기, 그리고 믿음의 기도(야고보서 5장을 따른다). 이 순서들은 선택적이지만 예배에 들어간다면 예배를 보다 아름답게 장식해 줄 요소들이다. 아래 제공된 치유 예배의 순서는 다음과 같은 방식이다. 페이지 왼쪽에 제목으로 된 예배 요소는 치유 예배의 본질적인 부분들이고 말씀에 대한 응답이다(규칙적으로 수행되는 예배 안에서). 페이지 중앙에 있는 괄호 〔 〕 안의 요소는 독립적인 치유 예배에서 사용할 수 있는 첨가 요소들이다.

과도기적인 회중 노래 그리고/또는 지도자에 의해서 선포되는 말씀은 말씀의 예배로부터 말씀에 대한 응답(치유 예배)로 넘어가는 연결 다리이다. 왼쪽에 나열된 기본 요소들은 지도자의 분별에 따라 병원, 가정, 또는 교회 아닌 다른 장소들에서 적절하게 첨가하면 된다.

4. 치유 예배의 순서

기본적인 윤곽은 부록 2에 수록되었다.

〔**예배 전 음악**〕

(도구, 목소리, 또는 회중 찬양)

또는

〔**침묵으로 들어가기**〕

(완전한 침묵은 치유 예배를 위한 가장 효과적인 배경이 될 수 있다.)

〔**인사/환영**〕

(이 순서는 내용은 성경적으로, 음조는 목회적으로 해야 한다.)

1) 성경 봉독/예배로의 부름

성경 구절 읽으라. 내용은 자연스러운 초대와 예배를 위한 배경이 될 수 있는 것으로 한다. 직접적으로 치유에 대한 구절은 아니지만 최소한 하나님이 우리의 탄원을 환영하시고 우리의 근심을 돌보시는 내용으로 한다.

성경읽기의 예들/예배로의 부름[24]

- "내 영혼아 여호와를 송축하라 내 속에 있는 것들아 다 그의 거룩한 이름을 송축하라 내 영혼아 여호와를 송축하며 그의 모든 은택을 잊지 말지어다 그가 네 모든 죄악을 사하시며 네 모든 병을 고치시며 네 생명을 파멸에서 속량하시고 인자와 긍휼로 관을 씌우시며 좋은 것으로 네 소원을 만족하게 하사 네 청춘을 독수리 같이 새롭게 하시는도다"(시 103:1-5).

이 구절은 특히 용서와 치유에 적절하다. 매우 포괄적으로 치유를 묘사하고 있다.

2) 기원

우리가 다른 사람들을 위해 기도할 때 하나님의 삼위일체적 임재를 환영하는 짧은 기도를 한다.

주의 이것은 긴 기도가 아니다. 그리고 아직 치유를 위한 기도도 아

---

[24] 다른 적절한 구절들은 본 장의 끝부분에 나온다. '문들과 창문을 세우기'를 보라.

니다. 이 기도는 특히 성령께서 예배 중의 확신, 위로, 그리고 능력을 주시도록 간청하는 기도이다. 표준화된 기도의 전통적인 부분들은 부록 1에서 볼 수 있다.

〔회중의 노래〕

(하나님의 임재 앞으로 회중을 모으는 데 적절한 노래를 선택하라.)

3) 죄 고백[25]

회중을 죄 고백으로 초대한다. 회개의 기도를 한다.

주의 이 부분은 집단적인 요소와 개인적인 요소를 결합할 수 있다. 치유를 위해 기도를 요청한 사람들이 있다면 예배 안에 개인 회개 시간을 포함하라(약 5:16을 보라).

4) 용서의 확신(부록 1 참고)

〔평화의 전달〕

(이것은 특히 치유에서 화해의 중요성을 부여하고, 예배 안에 고유한 우정과 친밀성에 대한 강한 느낌을 주는데 적합하다.)

〔치유에 대한 성경 구절을 읽기〕

(실제적인 치유를 묘사하는 이야기를 선택하는 것이 도움이 된다.)

---

25 설교를 할 예정이라면 회개에 대한 내용이 들어간 설교를 하고 그 후 죄 고백과 용서의 확신으로 넘어가는 것도 적절하다.

〔설교〕

(여기에서는 짧은 성찰/묵상이 최선이다. 또한 설교는 아래와 같이 '치유와 지침을 위한 짧은 성경적 근거'를 다룬다. 그러므로 만약 설교를 한다면 아래의 2가지 유형의 지침을 직접 적용하라.)

5) 치유와 지침을 위한 짧은 성경적 근거

어떻게 진행될 것인가에 대한 간단한 지침을 주면서, 이 예배를 위하여 매우 짧은 근거를 제공하라. 다음 사항들에 주의하라.

① 치유의 성경적 관점에 대한 광범위한 교육 시간이 아니다.
첫째, 치유에 대한 교육은 시리즈 설교, 주일학교, 소규모 모임 등 다른 회중적인 현장에서 제공하도록 하라.
둘째, 예배**에 대해서 배우는 것**보다는 예배를 **경험하는 것**이 훨씬 더 힘이 있다.
예배를 경험을 하는 것은, 성경이 치유를 강조한다는 것과 교회가 항상 성경을 근거로 치유를 행해 왔다는 것을 단순하고도 강력하게 주장하는 순간이다.
② 예배가 어떻게 논리적으로 전개될 것인가에 대해 명확하고 짧게 진술하는 것이 중요하다. 이것은 회중들이 느끼는 잠재적 불확실성을 제거하여, 안심하고 참여할 수 있도록 해 준다.

6) 기름에 대한 감사

기름을 사용하는 것에 대하여 감사와 간구를 담은 짧은 기도를 드려라.
주의 이 짧고 간단한 기도는 두 가지의 목적을 갖는다.

① 치유와 강건함의 상징으로 사용되는 기름의 선물에 대해 하나님께 감사드리는 것.
② 하나님의 치유를 위한 거룩한 사용을 위해 기름을 구별하는 것(거룩하게 하는 것).

〔회중의 노래〕

(하나님을 신적 치유자로 확신하는 노래를 선택하라. 또는 기도자로 나서고자 하는 사람들을 초대하라.)

7) 장로들(목회자 또는 다른 지도자들)을 부르라

병든 자를 위하여 기름을 바르고 기도에 참여하고자 하는 이들을 앞으로 초청하라. 적은 수(둘 또는 셋)의 사람들이 예배의 이 사역을 위해 부름 받아야 한다. 다음 사항들에 주의하라.

① '장로'라는 성경의 용어는 보통은 지역 교회의 목회자들을 가리켰을 것이다. 그러나 장로들이 병자를 위해 기도하는 사람들이라고 믿지 못할 이유가 없다. 또한 예수님은 자신의 제자들을 치유 원정단으로서 보냈다. 이 예배를 이끄는 것은 목회자들에게 적합한 것

과 마찬가지로 성숙한 다른 지도자들이 치유 사역을 위해 훈련받이 허용된다.
② 더 많은 사람들이 이들 지도자들의 기도에 참여하기 위해 잠시 앞으로 나오도록 초대될 수 있다.
③ 병자에게 기름을 바르고 손을 얹을 지도자들은 이 예배에 참여하기 전에 이 사역에 대해서 잘 훈련받아야 한다.

8) 치유를 위한 기도를 받도록 초청

어떤 종류의 치유이건(몸, 마음, 정신, 영혼, 관계 등) 기도를 받기 원하는 사람을 청하여 앞으로 나오도록 하라. 다음 사항들에 주의하라.

① 그들을 초대하여 무릎을 꿇도록 하는 것이 매우 유익하다. 만약 어떤 사람이 신체적으로 무릎을 꿇는 것이 어렵다면, 서 있거나 앉아 있도록 하라. 회중의 크기에 따라서, 사람들은 무릎을 꿇거나 예배당 앞에 가로질러서 줄을 서 있거나 성찬식에 참여하는 것처럼 '기도를 받기 위해서' 줄을 서서 기다릴 수도 있다. 또 다른 대안은 예배당 앞으로 나와서 보조 의자에 앉아 기도를 기다리도록 하는 것이다.
② 그들이 앞으로 나온 후에, 다른 회중들도 앞으로 나와서 그들을 둘러싸고 기도하도록 초청하는 것이 좋다.

9) 기름을 바름

목회자 또는 다른 임명된 평신도들은 엄지손가락을 이용하여 이마에 십자가의 표시를 하면서 기름을 바른다. 이때 다음과 같이 말한다.

"내가 성부와 성자와 성령의 이름으로 [○○○]에게 기름을 바르노라. 아멘."

다음 사항들에 주의하라.

① 기름 그 자체는 핵심 요소가 아니다. 기름은 그 이상을 상징한다. 그리고 기름을 바르는 이들도 삼위일체 하나님의 적극적인 임재를 상징한다. 치유의 근원으로서의 아버지, 치유의 대리자로서의 그리스도, 치유와 평화를 가져오는 성령의 부으심을 상징하는 것이다.
② 전통적으로 올리브 기름이 사용되었으나, 다른 적절한 기름도 사용될 수 있다. 기름을 작은 그릇이나 병에 담아 두라.[26]

10) 치유를 위한 기도

목회자나 다른 임명받은 평신도들은,

① 기도를 바라는 개인에게 그들의 기도 제목을 크게 말하도록 조용히 요청한다. 그 다음엔,
② 기도를 바라는 개인의 머리에 손을 올리고 치유를 위한 즉흥적인 기도를 올린다.[27]

---

26 대부분의 기독교 용품 가게는 이 용도를 위해서 비싸지 않은 올리브 기름 병을 판다. 또한 인터넷 사이트에서 구입할 수도 있다.
27 글로 적거나 암기에 의한 치유 기도는 어떤 의미에서는 적절하다. 그러나 이 예배의 친밀감은 보다 개인적이고 즉흥적인 기도에서 온다. 그럼에도 불구하고 아무리 즉흥 기도라

예문

치유를 위한 아래의 기도 모범을 참고하라.

"이 거룩한 기름이 겉에 발라진 것 같이, 우리의 하늘 아버지께서 성령의 기름으로 [○○○]의 내면에도 발라 주소서. 아버지의 위대한 자비하심으로 [○○○]의 죄를 용서하시고, [○○○]를 고통으로부터 자유하게 하시며, 강건함과 능력으로 새롭게 하소서. [○○○]를 모든 악에서 구원하시고, 모든 선함으로 보호하시며, [○○○]에게 영원한 생명을 주소서. 우리 주 예수 그리스도의 이름으로 기도드립니다. 아멘."[28]

주의 회중은 침묵 기도를 하거나 또는 선포된 성경 구절에 대하여 묵상을 하도록 초대받는다. 악기로 연주하는 조용한 음악, 독창, 또는 조용한 회중 찬양도 이 시간에 적절하다. 그러나 음악이 원래의 예식인 치유 기도에 비해 너무 크거나 압도적이지 않도록 주의해야 한다.

11) 감사의 기도

목회자나 임명된 평신도는 하나님이 우리의 기도를 들으시는 것에 대한 감사 기도와, 예수 그리스도 안에서의 하나님의 선함, 자비, 그리고

할지라도 나는 지도자들이 이 예배 전에 어떻게 기도할 것인가에 대해서 미리 생각의 준비를 하기 바란다. 일반적으로 볼 때 준비된 기도보다 즉흥적인 기도가 신학적 실수의 위험이 훨씬 더 크기 때문이다. 매우 주의하여, 치유에 대하여 교회가 진리로 인정한 진술을 기도 중에 말할 수 있도록 한다.

28 *The Book of Common Prayer*(New York: Oxford University Press), 456.

사랑을 강조하는 기도를 드린다.

주의 이 기도는 아래의 예와 같이 축복의 형태를 취할 수 있다.

"당신을 의지하는 모든 이에게 강한 산성이 되시는 위대하신 하나님, 당신에게 하늘과 땅과 땅 아래 있는 모든 것들이 엎드려 복종합니다. [○○○]을 지금부터 영원까지 보호하소서. 그리고 치유와 구원을 위한 하늘 아래 단 하나의 이름은 우리 주 예수 그리스도뿐임을 알고 느끼게 하옵소서. 아멘."[29]

〔간증/비공식적인 나눔〕

(기도를 받은 이들이 하나님의 선함과 그들이 이 예배를 통해서 경험한 것의 증인이 되도록 초대받는다. 다른 이들도 여기에서 나눌 수 있다.)

12) 소망의 노래

회중은 소망, 치유, 용서, 승리 등의 노래를 부르면서 성령의 사역을 확증한다.

13) 축도

치유 예배에 뒤이어 성경적 축도가 주어지는 것은 특히 의미가 있다. 왜냐하면 이 기도는 이들이 떠나갈 때 하나님의 평화와 평안을 확증해

---

29 Ibid., 456-57.

주기 때문이다.

  성찬식과 함께 치유 예배를 수행하는 것이 일상적이고 적절하다. 실제로 이런 사례가 많다. 때로 성찬식을 위해서 필요했던 예전적 공간에서 치유 예배를 할 수도 있다. 성찬을 받기 위해서, 그리고 치유를 위한 기도를 받기 위해 무릎 꿇거나 서 있기 위해서 성찬 배령대(Communion rails)를 사용하는 것이 하나의 예이다.[30] 어떤 전통에서는 빵과 잔을 분배한 직후에 치유 예배를 수행하도록 권유한다.[31] 한편 다른 이들은 성찬식이 치유 예배 후에 오도록 권유한다.[32] 당신의 예배에 가장 적합하게 순서를 정하라.

5. 문들과 창문들을 세우기

  치유 예배에 적합한 많은 노래들, 성경 구절들, 기도들, 그리고 상징들이 있다. 많은 찬양곡들이 일반적으로 적합하지만 상대적으로 볼 때 치유를 직접적인 주제로 하는 찬송이나 노래들은 거의 없다. 아마도 이것은 몇 세기에 걸쳐 치유 예배가 드물었던 역사 때문이다.

  노래들과 기도들, 그리고 상징들이 예배 순서를 따라 움직일 때 예배자로 하여금 하나님과 상호 작용할 수 있도록 돕는다는 것을 기억하라. 이것들은 하나님께 우리 자신을 표현하고 하나님의 말씀을 듣는 방식으로 대화를 촉진한다. 또 이와 같이 하나님도 우리에게 자신을 표현하고

---

30 Wainwright and Tucker, *Oxford History of Christian Worship*, 814.
31 Dennis G. Michno, *A Priest's Handbook: The Ceremonies of the Church*, 3rd ed. (Harrisburg, NY: Morehouse, 1998), 237.
32 "A Service of Healing I," in *The United Methodist Book of Worship* (Nashville: United Methodist Publishing House, 1992), 615–21을 보라.

우리의 이야기를 들으신다. 이들은 전적인 참여를 가능하게 하는 수단으로 기능하면서 치유 예배의 협력적인 본성을 격려한다.

1) 노래들

치유 예배와 관계 있는 몇몇 찬양/노래들이 아래에 제시되었다.[33] 대부분의 노래는 일반적으로 유용한 것이고, 직접적으로 치유를 다루는 노래는 약간에 불과하다.

- 예수님이 말씀하시길(And Jesus Said, 셜리 아레나 머레이[Shirley Erena Murray])
- 잠잠하여 주의 영을 바라라(Be Still, For the Spirit of the Lord, 데이비드 에반스[David Evans])
- 내 영혼아 늘 평안하여라(Be Still, My Soul, 카타리나 폰 슈레겔[Katherina von Schlegel])
- 내 영혼아 주를 찬양하라(Bless the Lord, My Soul, 떼제 공동체[the Community of Taizé])
- 물가로 오라(Come to the Water, 존 폴리[John Foley])
- 정결한 맘 주시옵소서(Create in Me a Clean Heart, 미상)
- 우리를 자유케 하신 그리스도(For Freedom Christ Has Set Us Free!, 실비아 던스틴[Sylvia G. Dunstan])

---

33 찬양이나 노래를 사용할 때 도움이 될 수 있도록 작가, 작곡가의 성 또는 다른 참조 내용들이 괄호 안에 제시되었다. 이 노래들이 수록되어 있는 가장 유용한 웹사이트 주소는 www.hymnary.org이다(한국 교회에 익히 잘 알려진 곡은 알려진 한글 곡명으로, 새찬송가에 수록된 곡은 새찬송가 곡명과 장수를 기재하였다-역주).

- 거룩하신 하나님 주께 감사드리세(Give Thanks with a Grateful Heart, 헨리 스미스[Henry Smith])
- 축복하노니 가라, 자녀들이여(Go, My Children, with My Blessing, 야로슬라프 버이더[Jaroslav J. Vajda])
- 너 근심 걱정 말아라(God Will Take Care of You, 시빌라 마틴[Civilla D. Martin], 새찬송가 382장)
- 주님의 뜻을 이루소서(Have Thine Own Way, Lord, 애들레이드 폴라드[Adelaide A. Pollard], 새찬송가 425장)
- 그의 능력(He is Able, 로리 놀런드 & 그레그 퍼거슨[Rory Noland and Greg Ferguson])
- 주의 손으로 나를 고치소서(Heal Me, Hands of Jesus, 마이클 페리[Michael Perry])
- 내 영혼의 치료자(Healer of My Soul, 존 마이클 탈봇[John Michael Talbot])
- 나의 모든 고통의 치료자(Healer of Our Every Ill, 마티 하우겐[Marty Haugen])
- 완전하신 그의 능력(His Strength Is Perfect, 스티븐 커티스 채프먼 & 제리 샐리[Steven Curtis Chapman and Jerry Salley])
- 내가 산 향해 눈을 들리라(I Lift My Eyes Up, 브라이언 덕슨[Brian Doerkson])
- 만약 당신과 내가 주를 믿는다면(If You and I Believe in Christ, 짐바브웨 합창[Zimbabwe chorus])
- 너 하나님께 이끌리어(If You Will Trust in God to Guide You, 게오르그 노이마르크[Georg Neumark], 새찬송가 312장)
- 자비로우신 예수님이 들으셨네(Jesus Heard with Deep Compassion,

조이 패터슨[Joy F. Patterson])
- 예수, 내 영혼의 사랑(Jesus, Lover of My Soul, 찰스 웨슬리[Charles Wesley])
- 예수, 당신의 이름(Jesus, Your Name, 클레어 클로닌저[Claire Cloninger])
- 예수님의 친절한 손(Jesus's Hands Were Kind Hands, 마거릿 크로퍼[Margaret Cropper])
- 큰 죄에 빠진 날 위해(Just as I Am without One Plea, 샬럿 엘리엇[Charlotte Elliott], 새찬송가 282장)
- 못 박혀 죽으신(My Faith Looks up to Thee, 레이 파머[Ray Palmer])
- 잠잠한 내 영혼(My Soul in Stillness Waits, 마티 하우겐)
- 아무것도 방해할 수 없네(Nothing Can Trouble, 떼제 공동체)
- 지유자 그리스도여, 우리가 왔습니다(O Christ, the Healer, We Have Come, 프레드 프랫 그린[Fred Pratt Green])
- 주여, 내 기도를 들으소서(O Lord, Hear My Prayer, 떼제 공동체)
- 독수리 날개 위(On Eagle's Wings, 마이클 존카스[Michael Joncas])
- 살아계신 주의 성령(Spirit of the Living God, 다니엘 아이버슨[Daniel Iverson])
- 오 나의 자비로운 주여(Spirit Song, 존 윔버[John Wimber])
- 길르앗의 향유(There Is a Balm in Gilead, 전통 영가[traditional spiritual])
- 이 모든 것을 통해(Through It All, 안드레 크라우치[André Crouch])
- 주를 기다리라(Wait for the Lord, 떼제 공동체)
- 주의 치료를 측량할 길 없네(We Cannot Measure How You Heal, 존 벨[John Bell])
- 우리는 이기리라(We Shall Overcome, 전통 영가)
- 죄짐 맡은 우리 구주(What a Friend We Have in Jesus, 조셉 스크리븐

[Joseph M. Scriven], 새찬송가 369장)
- 치료자 예수님이 갈릴리를 지날 때(When Jesus the Healer Passed through Galilee, 피터 스미스[Peter D. Smith])
- 내 평생에 가는 길(When Peace like a River, 호레이쇼 스태포드[Horatio G. Spafford], 새찬송가 413장)
- 인생의 폭풍이 몰아칠 때(When the Storms of Life Are Raging, 찰스 틴들리[Charles A. Tindley])
- 주 나의 피난처(You Are My Hiding Place, 마이클 레드너[Michael Ledner])

2) 성경 구절들

하나님이 자신의 자녀들을 치유하는 데 관심 있다는 것을 확증하는 많은 성경 구절들이 있다. 여기에서는 약간의 보기들만 제시한다. 이 목록들에 더해서 치유 예배를 위한 당신 자신의 성경 구절 목록을 만들기 시작하라.

욥기 7:11-21	시편 103:1-5	마태복음 5:1-12
전도서 3:1-15	시편 146:5-9	마태복음 10:1-8
시편 23편	이사야 35:1-10	마태복음 11:28-30
시편 30편	이사야 38장	마가복음 6:7-13
시편 41편	이사야 40:1-11	사도행전 5:12-16
시편 46:1-7	이사야 40:28-31	로마서 8:15-27
시편 91편	이사야 53장	로마서 8:28-39
고린도후서 1:3-11	히브리서 2:14-18	요한계시록 21:1-4
빌립보서 4:6-9	히브리서 5:7-10	
골로새서 1:8-14	야고보서 5:13-16	

3) 기도들

치유 예배에 특히 적절한 몇 개의 기도가 있다. 기도, 고백의 기도, 기름에 대한 감사와 간구, 치유를 위한 기도이다.[34] 교단의 예배 지침서들은 이런 기도들의 보물 창고이다. 그 기도문 그대로 해도 되고 또는 개작해도 된다. 당신 자신의 기도문을 만들기 위한 모범으로 사용할 수도 있다. 그 기도문들 중에는 아픈 아동을 위한 기도, 정서적 고통, 불안, 에이즈(AIDS) 환자들을 위한 기도, 알츠하이머 환자들을 위한 기도 등 특정한 치유를 위한 기도들도 많다.

고백의 기도는 앞에서 논의되었다. 그 유형들은 부록 1에서 찾아볼 수 있다. 아래에서는 독특한 두 개의 기도 예문을 제시한다. 기름에 대한 감사/탄원 그리고 병자를 위한 도고(intercession) 기도이다. 이 기도의 예문을 살펴보면 각 기도의 본질에 대해서 느낌을 얻을 수 있을 것이다.

(1) 기름으로 인한 감사/탄원 기도

① "건강과 구원을 주시는 주님, 거룩하신 아버지여, 주님의 성령을 보내어 이 기름을 거룩하게 하소서. 주님의 거룩한 사도들이 병자들에게 기름을 발라 그들을 치유하였던 것처럼 믿음과 회개로 이 거룩한 기름을 받는 이들을 강건하게 하소서. 아버지와 성령과 함께 살며 다스리시는 우리 주 예수 그리스도, 한 분 하나님으로 말미암아 영원토록 아멘."[35]

② "건강과 구원을 주시는 하나님, 기름의 선물을 인하여 주님께 감사

---

34 기술적으로 볼 때 기도는 아닐지라도 '축복' 역시 이 예배에서 중요하다.
35 *Book of Common Prayer*, 455.

드립니다. 주님의 거룩한 사도들이 아픈 이들에게 기름을 발라 그들을 치유하였던 것처럼, 주님의 성령을 우리와 이 선물 위에 부으사 믿음과 회개로 이 기름을 받는 이들을 강건하게 하소서. 우리 주 예수 그리스도의 이름으로 기도드립니다. 아멘."[36]

(2) 치유를 위한 기도

① "자비로우신 하나님, 주님은 세상의 고통을 안으십니다. 병든 이들(특히 [이름])을 불쌍히 여기소서. 주님의 말씀으로 이들을 일으키소서. 그리고 그 징표로서 건강을 주소서. 주님의 약속의 나라에서 더 이상의 고통이나 눈물은 없을 것입니다. 우리 주 예수 그리스도의 이름으로 기도드립니다. 아멘."[37]

② "하나님의 임재하시는 능력이 이들의 몸, 마음, 영혼 그리고 관계의 모든 병을 치유하시어서 이들이 사랑스러운 마음으로 하나님을 섬기게 하옵소서. 아멘."[38]

4) 상징들

사람들을 우리의 치유하시는 하나님과 연결하도록 도울 몇 가지 상징들이 있다.

- 기름병
- 무릎 의자(kneeling bench)

---

[36] *United Methodist Book of Worship*, 620.
[37] *The Worshipbook:Services and Hymns*(Philadelphia: Westminster Press, 1972), 32-33.
[38] *United Methodist Book of Worship*, 621.

• 십자가 표시(이마에 긋는)　　• 다양한 삼위일체 상징들

5) 교회력

치유 예배는 기독교 절기 중 어느 때도 가능하다. 필요성이 생겨날 때 실천하는 것이 가장 좋다. 결국, 질병은 교회력을 고려해서 오는 것이 아니기 때문이다. 그럼에도 불구하고, 치유 예배를 수행하기에 특히 적당해 보이는 두 절기가 있다. 주현절은 하나님의 아들로서 그리스도의 현현을 축하하고 그의 지상 사역을 인정하는 절기이다. 치유는 그의 사역의 필수적인 측면이기 때문에 이 절기에 특별 치유 예배를 드리는 것이 적합하다.

치유 예배에 매우 적합한 또 다른 절기는 성령 강림 주일이다. 이 시기에 우리는 교회의 확장을 축하한다. 그리스도는 자신의 제자들이 치유 사역을 견지하여 자신의 발자취를 따르도록 권한을 위임하셨다. 우리는 성령 강림이라는 관점에서 복음의 전파를 추구하면서, 예수님이 그러했듯이 교육, 설교, 그리고 치유의 동일한 사역들에 참여한다.

6. 환대하는 주인으로서 섬기기

치유 예배를 주재하는 것은 목회자를 비롯한 교회 지도자들에게 매우 특별한 책임이다. 성령의 임재가 보다 명백하게 인식될 때 경이로움을 경험하는 순간들이 온다. 치유 예배는 목회적 돌봄을 위한 위대한 길이다. 이 예배들은 지역 교회의 프로그램들 속에서 잊히지거나 간과되

거나 덜 중요한 것으로 간주되어서는 안 된다. 목회자들은 다른 목회적 돌봄의 책임들을 위해 수련받는 것처럼 치유 사역을 위해서도 훈련받아야 한다. 교회의 모든 예식들의 경우처럼, 의미 있는 치유 예배를 위해서는 지도자의 돌봄과 더불어 어떤 의무들, 특성들, 그리고 기술들이 필요하다.

1) 의무들

목회자/지도자들이 책임을 가져야 하는 몇 가지 일반적인 의무들이 있다.

첫째, 모든 목회자들은 회중들에게 성경이 치유에 대해 무엇이라고 말하고 있는지 가르쳐야 한다. 치유와 기적에 대해 너무 많은 오해들이 있다. 심지어 제대로 교육 받은 오래된 신자들 사이에서도 그렇다. 당신의 첫 번째 치유 예배를 제공하기 전에 섬세한 돌봄으로써 치유에 관한 견고하고 성경적인 관점을 가르쳐라.

둘째, 치유를 위한 **정규적인** 기도회를 제공하는 것이다. 어떤 교회는 일 년에 네 번 혹은 한 달에 한 번 이런 기회를 제공한다. 얼마나 자주 치유를 위한 도고 기도 예배를 제공하느냐에 상관없이 지속적으로 진행하는 것이 중요하다. 얼마나 자주 할지, 언제 이런 예배를 활용할지를 결정하고 교회 달력에 표시하여 이 예배에 헌신하라.

셋째, 반드시 몇몇 핵심적인 지도자들을 치유 기도 사역을 위한 제자로 훈련하라. 누가 이 사역에 효과적으로 봉사할 수 있을지 기도하며 분별하라. 그 다음 그들을 초대하여 치유 주제에 관한 성경적인 관점에서부터 역사적인 관점에 이르기까지 함께 공부하라. 예배에서의 그들의 역할을 지도하라. 공적으로 어떻게 기도하는지 가르치고 그들을 격려하라. 그들의 사역은 예배당 안에서의 치유 예배로만 한정되어서는 안 된다. 그들을 격려하여 병원, 요양원, 감옥 등 억압되어 있으나 여전히 하나님의 치유의 손길을 원하는 어떤 곳이라도 가도록 하라.

2) 주재하기의 특성들

당신이 치유 예배를 주재하기 위해 준비할 때, 당신에게 효과적인 특성들이 무엇일지 생각하라.

- 회중들에 대한 지식.
  당신의 회중이 어떤 사람들인지에 대한 날카로운 감각을 가져라. 그런 감각은 예배의 분위기와 더불어 효과를 유지하는 데 큰 도움이 될 것이다. 어떤 사람은 치유를 위한 기도를 요청하도록 격려해 주어야 한다. 또 어떤 사람들은 그런 경우 자신에게 관심을 끌려고 하기도 한다. 회중에 대하여 알기 위해 더 많은 시간을 보낼수록, 치유 예배에서 사람들에게 좀 더 효과적이 될 것이다.
- 태도.
  당신의 부드러운 측면을 보이라. 약해 보일까 봐 두려워하지 말라. 치유를 위한 기도는 때로 정서적이 될 수 있다. 안정적인 태도와 자기 조절을 유지하려고 노력하는 한편, 진솔해지라. 우는 자들과 함께 울라. 웃는 자들과 함께 웃으라.
- 인내.
  예배를 주재할 때 속도에 있어 세심하게 이끌라. 급해지지 말라. 조용한 기도, 묵상, 침묵의 시간을 허용하라. 간단히 말해서, 예배에서 '비어있는 공간들'을 걱정하지 말라. 편안해져라. 모든 순간을 활동이나 소리로 채워야 한다는 강박을 갖지 말라.

3) 관리

치유 예배를 정규적으로 하게 되면 관리할 것이 매우 적다. 그러나 일들이 부드럽게 진행되도록 몇 가지 제안을 하겠다.

- 손에 닿는 곳에 작은 기름병을 보관하라.
  항상 강대상이나 사무실에 한 손에 들어오는 작은 병을 두어서 필요시에는 기도하고 기름 바를 준비가 되어 있도록 하라. 당신의 자동차에도 역시 하나를 비치하라. 때때로 집, 요양원, 또는 병원 등에서 병자의 요청을 받는 경우에 자동차에 기름병이 있는 것을 다행스럽게 여길 것이다.
- 가능하다면, 기도를 받도록 계획되어 있는 사람과 먼저 치유 예배 준비 모임을 가져라.
  이 모임의 목적은 치유에 대해 설명하고 죄 고백을 허락하는 것이다. 만약 당신이 이 방법을 선택한다면 예배에 선행하여 이런 모임이 있을 것이라고 미리 알려라.
- 교회에서 당신을 도와줄 지도자들을 훈련시켜라.
  이 사역을 위해 훈련받은 지도자들과 잠재적 미래의 지도자들의 기록을 보관하라. 참여자들에게 고마움을 표시하는 것을 잊지 말라.
- 치유 기도를 받은 이들과의 후속 모임을 가지라.

그들에게 전화하여, 격려하고, 그들이 묻는 어떤 질문에도 대답하고, 그들을 위해 계속적인 기도를 제공하라.
- 정규 예배 안에서의 기도이든지, 독자적인 치유 예배이든지, 치유를 위해 당신이 제공한 모든 내용들을 기록해 두라. 이 기록들은 정규적인 치유 기회를 계획할 때 도움이 될 만한 자료들이다.

4) 특별한 고려점들

(1) 예외적으로 곤란한 상황들

우리가 병자들을 위한 기도를 할 때 대답하기 어려운 질문들이 생기기 마련이다. 그러나 우리가 이해할 수 없는 것들이 있다는 이유로 주님의 발자취를 따르는 데 있어서 위축되어서는 안 된다. 주님을 따라 치유 사역을 하려는 지도자들을 도전하는 몇 가지 내용이 아래 언급되어 있다. 이 당황스러운 주제들은 당신이 최선의 능력으로 (그리고 성령의 도움으로) 숙고하고 풀어내야 하는 주제들이다.

(2) 말기 질병

생명을 위협하는 질병과의 싸움에서 명백하게 지고 있는 사람을 위해서는 어떻게 기도해야 하는가?

하나님의 은혜로운 목적을 위한 기적은 분명히 일어난다. 그러나 우리 모두가 알다시피, 어떤 사람은 극심하게 쇠약해지는 질병에서 치유되지 못한다는 것도 알고 있다. 기도는 여전히 고통당하는 이를 위해서 환영할 만한 것이다. 육체적인 치유를 위한 기도를 계속하는 것이 적절할 수도 있다. 당신의 목회 경험과 성령의 인도는 언제 이런 기도를 멈추어야 하는지 알려줄 것이다.

힘, 용기, 소망 그리고 무엇보다도 상황 속에서의 평화를 위한 기도는 **항상** 유용하다. 또한 이런 유형의 기도는 하나님이 고통당하는 자에게 마음과 영혼에 강건함을 가져다주셔서 무엇이 자신 앞에 있는지 믿음으로 받아들이게 해 준다. 그리고 그 고통당하는 자가 사랑의 하나님의 손 안에서 쉬도록 하는 치유의 기도가 된다.

종종 기독교 지도자들은 이런 비슷한 경우에 어떻게 기도해야 하는지 잘 모른다. 나는 지도자들에게 자신이 **무엇을 기도해야만 하는지에 대해서 알려달라고 기도하도록** 촉구한다. 하나님의 관점을 구하는 기도의 신실한 시간을 보내라. 다른 이들을 위해 기도할 때, 하나님과 함께 하는 시간을 갖은 후에 기도하라. 하나님을 기쁘시게 하는 이런 방식을 통해서 기도할 때 당신은 훨씬 더 큰 확신을 갖게 될 것이다.

(3) 아이들

매우 어린 아이들은 치유를 위한 기도를 요청하기가 어렵다. 부모나 보호자가 아이들을 위하여 치유 기도와 기름을 발라 달라고 '교회 장로들에게 요청'해야 한다. 복음서는 축복과 치유를 구하며 아이들을 데려오라고 명백하게 격려한다(마 9:18-26; 막 10:13-14). 치유를 위해서 아이들을 데려오라. 만약 당신이 교회에서 치유를 신실하게 가르쳐 왔다면 이런 일들이 자연스럽게 일어날 것이다. 부모, 보호자, 목회자, 또는 교회 지도자들은 이들 어린 생명들에게 강건함을 제공해 달라고 하나님의 이 능력을 요청해야 한다. 이처럼 목소리 없는 이들(스스로 표현하지 못하는 이들)에게 목소리를 주는 것은 적절하다.

(4) 축귀

악마를 쫓아내는 것(축귀[exorcisms])에 대한 혼란이 많다. 불행하게도, 악마에 사로잡힌 것과 정신적인 질병이나 우울증이 같은 것이라는 잘못된 이야기들이 있다. 사탄과 그의 악마 군대는 실재하지만(엡 6:12), 그들은 일반적인 질병의 원인이 아니다. 치유 사역은 상식적으로 어떤 종류의 질병이라도 악마에 사로잡힌 것과 연관시켜서는 안 된다. 악마에 사로잡힌 경우에는 아마도 악마를 쫓아내는 형식의 치유 기도가 필요할 것이다. 그러나 나는 프레드릭 가이서(Frederick Gaiser)의 말에 동의한다.

> 성경에서 악마는 현실이다. 그러나 두 번째 현실, 즉 빛이 아닌 어둠이다. 그들은 어둠으로서 심각하게 다루어져야 한다. 그러나 단지 어둠이 심각한 정도로만 심각하게 다루어지는 것이다. 악마에 대해서 너무 많은 시간을 생각하면서 보내는 것, 즉 그들에 대해서 글을 쓰고 설교를 하면서 악마 연구 문화에 그 자신을 함몰시키는 것은 악마의 현실보다 더 큰 힘을 악마에게 주는 것이다. 신명기의 훈계를 대적하는 것은 죄이고 질병을 초래한다. 이것은 명백하게 신학적 죄이지만 육체적 질병이기도 하다. 구약성경과 신약성경의 증거는 명백하다. 악마는 위험하긴 하지만 쫓겨났다. 하나님의 얼굴 앞에서 그리고 그리스도의 빛 안에서 그들은 추방되었다. 그리고 일단 쫓겨난 존재라면, 그들에 대해 덜 말하면 말할수록 더 좋은 것이다.[39]

---

39 Frederick J. Gaiser, *Healing in the Bibel: Theological Insight for Christian Ministry*(Grand Rapids: Baker Academic, 2010), 149.

고대 교회에서 축귀는 질병의 치료로서가 아니라 세례식을 준비하는 단계에서 행해졌다. 여기에서 축귀는 질병과는 상관이 없었다. 오히려 악마를 그의 장소에 잡아 두는 것과 관련이 있었다. 초기 세례식에서 사용한 축귀에 대한 언어들이 오늘날의 세례식에서도 사용된다. 가이서가 이것을 잘 요약했다.

> 그리스도인들은 질병에 맞서기 위해서 너무 빨리 축귀로 방향을 돌려서는 안 된다. 그런 행동은 어둠의 세계에 너무 많은 신용을 보여주는 것일 뿐 아니라, 훨씬 더 많은 효과적인 치료들을 간과하는 것이 된다. 대부분의 그리스도인들에게 있어서, 세례식에서의 근본적인 축귀 정도면 인생에서 충분할 것이다.
> "당신은 하나님을 대항하는 악마와 모든 영향력들을 포기하십니까?"[40]

(5) 치유를 원하지 않을 때

성경에 명백하게 나타난 치유 조건이 하나 있다. 아픈 사람이 치유 사건에 기꺼이 참여하는 것이다. 치유 예배 상황에서 공적인 기도를 드릴 때 만약 아픈 사람이 자신의 치유를 위한 기도를 원치 않는다면 그 사람을 위해서는 기도하지 않아야 한다. 이런 공적인 치유 기도의 상황에서는 아픈 사람이 할 수 있는 한 자발적으로 과정에 참여해야 한다(교회, 병원, 요양원 등). 누구도 강요당해서는 안 된다.

물론 공적 치유 예배가 아니라면 당신은 아픈 사람이 원치 않는다고 할지라도 그 또는 그녀를 위해 마음껏 치유 기도를 할 수 있다. 그러나

---

40 Ibid., 150.

복음서에서 예수님이 그 자신의 치유를 원치 않는 사람을 위해서 치유하였거나 그 문제에 대해서 그와 협력했다는 어떤 기록도 없음을 주목하라. 거룩한 힘, 즉 신적인 기름 부음은 오직 어느 정도의 믿음을 가진 이들에게만 부여되는 심오한 선물이다.

(6) 치유가 일어나지 않을 때

아마도 전 우주적으로 가장 어려운 질문은 이것이다.
"어째서 안되나요?"
성경의 지침을 따르고 믿음으로 기도를 드렸는데, 왜 개인의 치유가 일어나지 않는가?
대답을 원하는 것은 당연한 일이다. 또한 왜 어떤 사람들은 치유되고 어떤 사람들은 그렇지 않은가를 설명하라는 무언의 압력이 있다. 어떤 문제가 간단하게 설명될 수 없을 때 비합리적이고 비성경적인 논거를 찾지 말라. "나는 모릅니다"라고 대답하기를 두려워하지 말라. 왜냐하면 이것이 정직한 진실이기 때문이다. 치유는 말씀의 지도를 따르는 것의 결과가 아니다. 치유는 하나님의 선물로 온다. 다음을 기억하라.

① 치유는 여러 가지 모양으로 온다.
② 치유는 하나님의 시간에 온다.
③ 하나님의 관점에서의 치유는 우리 관점과는 매우 다를 수 있다.
④ 치유는 하나님의 특권이다.

'왜'라는 질문에 대한 우리의 무능력 때문에 치유 사역에 참여하는 것에 용기를 잃어서는 안 된다. 하나님은 우리를 치유 기도로 초대하신다.

우리는 단순히 결과를 하나님께 맡겨야 한다. 그 결과는 선하신 하나님(사 55:8)에게 속해 있다. 그분의 길이 우리의 길과 다르고 그분의 생각이 우리의 것과 다르다.

5) 윤리적 고려점들

병자를 위한 기도 사역이 빈약한 신학을 가진 위법 행위들과 연관될 수 있다. 치유 은사를 가졌다고 선전하는 거짓 선지자들은 어느 시대에든 있다(행 13:6-10; 19:13-17). 이 사역의 목회적 돌봄을 위한 순전성을 유지하기 위해서 매우 조심해야 한다. 당신 자신과 교회를 위해서(또한 당연히 하나님을 위해서) 명예로운 평판을 추구하라. 다음의 것들을 고려하라.

- 약속을 하지 말라.
  특정 인물과 그들의 상황에 대해서 어떤 공개적인 선포도 해서는 안 된다. 어려운 문제들에 대해서는 침묵을 유지하라(잠 29:11).
- 대리인을 통한 치유를 하지 말라.
  다른 사람의 치유 기도를 위해서 '대역'을 세우지 말라. 이에 대한 어떤 성경의 선례도 없다.[41] 그리고 그런 식으로 예배를 진행할 어떤 이유도 없다. 만약 기도를 요청한 사람이 교회의 치유 예배에 참석

---

41 대리인에 의한 치유와 비슷한 약간의 사례가 복음서에 나온다. 그러나 이들은 원리상 매우 다르다. 자녀(스스로 치유를 청하기에는 너무 어린)를 위해 부모가 치유를 청하는 경우 또는 백부장이 종(스스로 예수에게 오기 어려운)의 치유를 청하는 경우이다. 그러나 예수님이 아픈 사람을 위해서 '전달'을 요청하면서 중재자를 만지는 경우는 없었다. 만지면 치유를 가져왔던 옷(바울의 피부에 닿았던)에 대한 기이한 언급이 하나 있다(행 19:11-12). 그러나 나는 이것을 '특별한 기적'이라고 본다. 나는 이 기사들을 대리인에 의한 치유의 논거로 고려하지 않는다.

할 수 없다면 그 사람에게 직접 가거나 다른 누군가가 가도록 조정하라. 병자가 거주하는 곳이 어디든 몇몇 신자들을 모아서 진행하라.

- 절대로 돈을 받지 말라.

목회자나 다른 기독교 지도자들은 치유 기도를 제공한 데 대해서 돈이나 어떤 종류의 선물이라도 받아서는 안 된다. 특히 이것은 복음에 대한 무서운 위반이다. 그리고 일반적인 목회 윤리에 대한 심각한 위반이다. 하나님으로부터 온 선물은 공짜로 제공되고 공짜로 받는 것이다.

7. 결론

라우라는 친구 앨리슨의 교회에서 열리는 치유 예배에 가자고 아버지에게 요청했다. 전반적으로 치유 예배란 것이 두 사람 모두에게 생소한 것이었다. 그런데 이상하게도 치유 예배가 어떤 것인지 궁금하고 가보고 싶은 느낌이 들었다. 앨리슨이 묘사한 그대로였다. 상대적으로 적은 집단의 사람들이 성경 말씀을 듣기 위해서 경건하게 모여 있었다. 그들은 노래하고, 병자들을 위해서 기도했다. 론은 낯선 환경이었음에도 불구하고 편안함을 느꼈다. 그래서 목회자가 그에게 기름을 바르고 손을 들어 믿음의 기도를 드릴 수 있도록 앞으로 나갔다. 그는 보다 건강해지기를 기대했다.

그러나 육체적 건강이 오기 전 평화가 먼저 왔다. 평안한 기분이 그에게 뿐만 아니라 그의 딸 라우라에게도 임했다. 그들은 단지 육체뿐 아니라 정서적으로나 영적으로도 매우 고무되어서 교회를 떠났다. 그들은 이 예배에 다음에 다시 참여하기로 약속했다.

핵심 용어들

- **성유식**(chrism): 기름을 발라 축복함.
- **축귀**(exorcism): 악한 영들을 내쫓음. 초대 교회에서 기름을 바르는 행위를 수반함.
- **종부성사**(extreme unction): 죽음을 준비하며 기름을 바르고 죄를 고백하는 로마가톨릭교회의 예식. 극도의 말기 질병이나 죽음이 임박했을 때 수행됨.
- **도유**(unction): 종교적 예식으로서 기름을 바르는 것을 의미하는 라틴어에서 유래함. 특히 성령을 받아들이는 것과 관련 있음.

앞으로의 공부를 위한 참고 자료

Dudley, Martin, and Geoffrey Rowell, eds. *The Oil of Gladness: Anointing in the Christian Tradition*. Collegevill, MN: Liturgical Press, 1990.

Gaiser, Frederick J. *Healing in the Bible: Theological Insight for Christian Ministry*. Grand Rapids: Baker Academic, 2010.

Wagner, James K. *Just in Time! Healing Services*. Nashville: Abingdon, 2007.

적극적인 참여

치유 사역에서 독특한 두 가지 유형의 기도를 복습하라. 또한 기원과 축도의 형식과 내용을 복습하라. (이 형식들을 복습하기 위해서 부록 1를 보라.) 당신 교회의 치유 예배에서 사용할 수 있는 세 편의 기도문과 한 편의 축도를 써 보라.

- 탄원의 기도문
- 기름에 대한 감사 기도문
- 치유를 위한 일반적인 기도문
- 축도

기억해야 하는 기도의 특징들(4S):

- **짧은**(short) 기도
- **간단한**(simple) 기도
- **성경적인**(scriptural) 내용의 기도
- 신학적으로 **건전한**(sound) 기도

제 7 장

세족식과 애찬식

탐구

제7장을 읽기 전에 세족식에 대한 당신 자신의 경험을 회상해 보라.

- 당신은 이제까지 세족식에 참여한 적이 있는가? 만약 있다면, 자세히 묘사해 보라.
- 상상해 볼 때 누군가의 발을 씻어 주는 것과 당신의 발을 누군가가 씻어 주는 것 중 어떤 것이 더 어렵겠는가? 왜 그런가?
- 개인적 경험상 또는 상상해 볼 때, 특히 발을 씻어 주기 어려운 누군가가 있는가?
- **당신에게 있어** 세족식에 참여하는 것의 유익은 무엇인가 또는 무엇일 것 같은가?(정직하게 자세히 기술하라.)
- 만약 그리스도가 자신의 제자들에게 서로 발을 씻어 주라고 명령하셨다면, 왜 그리스도인들 사이에서 보편적으로 실천되지 않는 것 같은가?

이제 세족식에 대한 당신의 성찰을 시작하였으니, 제7장을 읽으면서 당신의 사고를 확장하라.

1. 확장

타일러는 저녁 조깅을 하면서 오래된 교회 옆을 지나고 있었다. 그는 지하실 창문에서 빛이 새어나오는 것을 보여서 그쪽을 가볍게 흘끗 보며 지나갔다. 그러나 그가 본 것이 그를 뒤돌아 와서 다시 보게 했다. 그는 멈춰 서서 자신의 호기심이 시키는 대로 안쪽을 쳐다보았다.

왜 사람들이 커다란 물통 옆에서 무릎을 꿇고 있을까?

더러운 창문 때문에 잘못 본 것일까?

아니면 정말로 저 사람들이 발을 씻고 있는 것일까?

모두들 편안해 보였다.

그러나 저렇게 이상한 자세를 하고서 어느 누가 편안할 수 있을까?

그는 좀 더 머물면서 그 장면을 바라보았다. 어쨌든 숨을 죽일 필요가 있었다. 웃음과 포옹, 노래와 책을 읽는 소리들이 있었다.

저 안의 세상에서 무슨 일이 일어나고 있는 것일까?

약간 이상한 광신 집단 같은 것인가?

그는 알 수가 없었다. 타일러는 무슨 이야기들을 하고 있는지 들을 수 있기를 바라면서 창문에 좀 더 가까이 기대었다. 그러나 창문 유리가 두꺼워 밖에서는 한마디도 들을 수 없었다.

그는 대충 보고 넘어가려고 했으나 그가 본 것이 너무나 괴상했다!

그는 자신이 되돌아 왔을 때도 여전히 이 집단이 여기 있는지 어떤지 두고 보자고 다짐하면서 다시 달리기 시작했다. 만약 누군가가 주변에 있었다면, 그는 이 수수께끼 같은 장면에 대해 물어보았을 것이다.

타일러가 목격한 장면이 오늘날 많은 교회에서도 일어나고 있을 것이다. 그 교회들의 예를 들자면, '형제교회'(Church of the Brethren, the

Brethren Church), '메노파'(Mennonite), '그리스도 안의 형제단'(Brethren in Christ), 또는 '하나님의 총회 교회'(Church of God General Conference)이다. 모두 합하면 오늘날 100개 이상의 교단에서 의미 있는 예식으로서 세족식을 실천한다.[1] 세족식을 정규적으로 실천하지 않는 교회라 할지라도 때때로 세족식을 한다. 그러나 오랜 세기에 걸쳐서 수많은 그리스도인들이 세족식을 해 왔고 지금도 계속되고 있지만, 사실 기독교 신앙 안에서 보편화되어 있지는 않다. 어떤 사람들은 세족식이 현대 문화에는 부적절하거나 완전히 별스러운 것이라고 말한다. 그러나 세족식은 여전히 현대 공동체에게 매력을 끌 수 있는 특징들을 소유한 채 교회의 중요한 예식으로 남아있다.

이 예식의 용어는 다양하다. 주된 두 가지 용어는 '풋 와싱'(foot washing)과 '핏 와싱'(feet washing)이다.[2] 어떤 교단은 양 발(feet)을 모두 씻는 것을 중요하게 여긴다. 또 어떤 교단은 한 발(foot)이면 충분하며 상징적인 의미가 중요한 것이지 발의 숫자가 중요한 것은 아니라고 믿는다! 이상하게도 사용된 언어가 몇 개의 발이 포함되느냐를 필연적으로 가리키고 있지는 않다. '풋 와싱'이라는 말을 사용하는 집단도 사실은 양 발 모두 씻는다. 우리는 본 장에서 '풋 와싱'이라는 용어를 사용할 것이다('foot washing'을 일관되게 세례식으로 번역한다-역주). 이 용어는 한쪽 발 씻기 또는 양쪽 발 씻기를 모두 칭한다. 참여자들이 그것을 결정한다.

역사적으로 볼 때 세족식(foot washing)을 표준적인 예식으로 수용하고

---

1 Keith Graber Miller, "Historical Developments and Origins of Footwashing," in *the Complete Library of Christian Worship*, ed. Robert E. Webber(Nashville: Star Song, 1993), 6:341.
2 이 용어는 다양한 역사적 문헌들에게 최소한 다섯 가지 형태로 나타난다. foot washing, foot-washing, feetwashing, feet washing, 그리고 feet-washing.

있는 개신교 교단들은 전형적으로 삼중 행사(a threefold event)를 실천한다(순서는 다양하다).[3] 세족식, 성찬식 그리고 애찬식(뒤에서 더 다루게 된다)이다. 한 행사의 세 가지 측면은 다음과 같은 공통점이 있다.

① 각 행사가 어떤 면에서는 물질적인 것들을 포함한다(물, 발, 수건; 빵, 포도주; 간단한 케익, 물).
② 각 행사가 특정 용어를 포함한다("그리스도의 평화가 당신과 함께 있기를," "취하여 먹으라," 그리고 "너희가 이것을 알고 행하면 복이 있으리라").
③ 각 행사마다 독특한 자세가 있다(무릎 꿇기와 엄숙한 포옹; 취하고, 축복하고, 떼고, 나눈다; 간단한 식사를 위해 음식과 음료를 전달한다).

물질적 품목들, 말씀, 그리고 행동들이 예식에서 융합되었을 때 이것은 강력한 경험을 형성한다. 엘레노어 크레이더(Eleanor Kreider)는 다음과 같이 말했다.

> 물질, 말씀, 그리고 행동들은 삶을 지도하거나 변화시킬 수 있는 내적인 의지와 성향에 밀접한 영향을 준다.[4]

세족식의 성경의 근거로 가장 유명한 것은 바로 예수님이 죽기 전 날 밤 제자들과 유월절을 보내며 그들의 발을 씻어 주었던 이야기이다(요 13:1-17). 세족식의 목적은 서로서로 섬기는 겸손함으로 예수님의 모

---

[3] 예를 들어서, 메노파는 세족식을 성찬식 다음에 한다. 은혜의 형제단(the Grace Brethren)은 성찬식을 세족식 다음에 한다. 또한 이 실천들에 대한 예외 상황들이 있다.
[4] Eleanor Kreider, *Communion Shapes Character* (Scottdale, PA: Herald, 1997), 158.

범을 따르도록 신자들을 격려하는 것이다. 오늘날 세족식은 평등한 관계성을 표현한다는 점에서 그리스도와 닮았다.

> 종이 주인보다 크지 못하고, 보냄을 받은 자가 보낸 자보다 크지 못하다(요 13:16).

2. 토대 놓기

1) 성경적 토대들

우선 세족식을 언급하고 있는 신약성경 구절들을 잠깐 보자. 앞서 말한 대로, 세족식에 대한 대표적인 구절인 요한복음 13:1-7은 세족식의 실천을 위한 토대이다. 이 사건의 배경은 예수님이 십자가 형을 당하기 전날 밤 제자들과 함께 유월절 만찬을 축하하는 자리이다. 요한은 예수님이 저녁 만찬 자리에서 제자들의 발을 씻겼다고 묘사한다. 이 저녁 만찬은 공관복음에서 예수님이 빵과 술의 새로운 의미를 부여함으로써 새 언약을 제정하셨던 만찬과 똑같은 자리이다. 흥미롭게도, 세족식 사건은 주의 만찬을 언급하는 공관복음에는 없다. 주의 만찬도 요한복음 13장에는 나오지 않는다. 그러나 이 두 사건이 함께 그날 저녁의 전체 이야기를 비추어준다.

요한복음 13장에서 우리는 몇 가지 중요한 점들을 성찰한다.

- 예수님은 아버지에게 돌아가기 전 그의 마지막 행위들 중 하나로서

제자들의 발을 씻기셨다(3절).
- 예수님을 배신한 제자(2, 21절)와 저항하는 제자(8-9절)도 포함하여 모든 제자들의 발을 씻기셨다.
- 예수님은 자신이 주와 선생임에도 불구하고 그들의 발을 씻겼다면 그 제자들도 서로의 발을 씻어 주어야 한다고 가르치셨다(14, 16절).
- 예수님은 자신의 행동을 제자들이 반드시 따라야 하는 본보기라고 말씀하셨다(14, 16절).
- 예수님은 발을 씻기는 이들에게 축복이 임할 것을 약속하셨다(17절).

당시 지중해 문화에서는 발을 씻는 일은 일상적이었다. 요한복음 13장의 이야기는 그리스도가 그 일상적 행동에 영적인 의미를 가득 담아 끌어올렸다는 점은 중요하다. 10절에서 예수님이 베드로에게 말씀하는 것 같이 이 세족식은 청결 이상의 더 위대한 목적을 보여준다. 일상적인 행위에 이제 새로운 의미가 부여되었고 미래의 신자들을 위한 예식이 되었다. 예수님은 기독교 공동체의 본질에 관한 심오한 진리를 나누기 원하셨다. 그 목적을 위해서 서로의 발을 씻기는 예식을 제정하셨다. 그리고 예수님은 제자들과의 마지막 활동 중 하나로서(그래서 명백하게 중요한) 그 예식을 행하셨다.

예수님 시대에 발을 씻어준다는 것은 환대와 봉사의 행위였다. 이 두 가지 의미는 별개의 것이 아니다. 예수님은 제자들의 발을 씻어줌으로써 그 자신을 주인과 종으로 동시에 묘사하셨다. 예수님은 자신의 승천 이후 교회를 인도할 이들에게 이 놀랍고도 역설적인 이미지를 주입시키고자 한 것이다.

이 모든 것 이상으로 중요한 세족식의 진정한 요점은 제자들이 현재

뿐 아니라 장래에도 예수님의 삶에 "참여"(share)한다는 것이다.[5] 그러므로 주님과의 임박한 이별에 대한 기대로서의 상호적 예식들을 묘사하는 예루살렘에서의 구체적인 행동은 하나의 종말론적인 행위들이다. 즉 예수님의 제자들이 아버지의 집에서 갖게 될 참여를 미리 보여주는 것이다(요 14:2).

> 그러므로 예수님에게 참여한다는 것 자체는 예수님와의 완전한 관계성의 선물이다. 이 선물을 예수님이 세례식에서 제공하신다. 이 관계성은 신자로 영생에 관한 예수님의 종말적 선물에 열리게 한다.[6]

신약성경에서 세족식에 대해 언급하는 두 가지 구절을 보자. 누가복음 7:36-50은 이 이야기를 다른 식사 장면에서 언급한다. 그 이야기에서는 죄 많은 여인이 예수님의 두 발에 기름을 붓고 입을 맞추면서 눈물로 예수님의 발을 씻기고 머리카락으로 발을 닦는다. 어느 정도 이 사건은 개인적인 헌신의 이야기이다. 예수님은 다른 수준에서 이 사건을 보고 있다. 예수님은 어떤 평범한 행동이 믿음과 진실한 헌신으로 이루어질 때 죄의 용서와 평화의 선포를 위한 사건이 될 수 있다는 것을 모인 손님들에게 가르치신다. 하나의 평범한 예식이 비범한 결과를 낳는다.

이 아름다운 이야기의 의미가 크지만 여기에서의 세족식은 미래의 제자들이 따를 행위로서 예수에 의해 제정되지는 않았다. 그럼에도 불구하고, 이 이야기는 매일의 일상적인 예식들을 삶을 변화시키는 사건이

---

5 *The New Interpreter's Bible*, vol.11(Nashville:Abingdon,2000),723.
6 Ibid.

되도록 하는 예수님의 능력을 증거한다.

신약성경에서 세족식에 대한 또 다른 언급은 디모데전서 5:9-10에 있다. 여기에는 공동체로부터 돌봄과 지원을 받아야 하는 과부들의 자격 목록이 있다. 1세기 팔레스타인에서 대부분의 결혼하지 않은 여자들은 상대적으로 무능력하다고 여겨졌다. 이들의 기본적인 필요를 채워주는 것은 유대 기독교의 공동체적 돌봄의 가치관에 있어서 당연했다. 돌봄은 혈연 가족과 지역 회중 공동체에 의해서 제공되었다. 바울은 다른 가족이 없어서 "그들의 소망을 하나님께 둔"(딤전 5:5) 과부들은 믿음의 공동체에 의해서 돌봄을 받아야만 한다고 가르쳤다.

그러나 이들 과부들에 대한 기준이 세워졌고 이 목록에 '성도들의 발을 씻은 사람'이라는 내용이 들어있다. 이 행동이 "사회적 예절이었는지 또는 예전적 행동에 준하는 것이었는지"는 분명하지 않다.[7] 각각의 경우, 이 행동은 예수님의 이름으로 행하는 사심 없는 환대와 봉사를 의미한다. 위의 구절들을 근거로 어떤 학자들은 세족식이 최소한 에베소와 요한 공동체에서 1세기 동안 행해졌다고 추론한다.[8]

나는 세족식을 살펴보기 위해서 신약성경의 구절들로부터 시작했다. 그 이유는 교회의 예식적 표현들이 대부분 신약성경(특히 요 13장)에 직접 나타나 있기 때문이다. 그러나 구약성경에도 연관성 있는 구절들이 있다. 세족식이 일반적인 환대의 표준화된 문화적 수행으로서 나타나는 구절들이다(창 18:4; 19:2; 24:32; 삿 19:21; 삼상 25:41을 보라). 그러나 **예식**으로서의 세족식에 대한 언급은 미미하다. 제사장들은 들어가기 전에

---

7 Ibid., 820.
8 Keith Graber Miller, "Mennonite Footwashing: Identity Reflections and Altered Meanings"(www.anabaptistnetwork.com/book/export/html/311).

회막 앞에 있는 물두멍에서 손과 발을 씻도록 요구받았다(출 30:17-21; 40:30-32). 이러한 사례는 회중을 위해 제정된 행위가 아니라 제사장을 위한 의식이었다.

2) 역사적 토대

비록 교회 역사에 세족식이 보편적인 행위는 아니었지만 문화적인 연속성은 있다. 세족의 관습은 고대 지중해 연안의 유대와 그리스 로마 문화의 한 부분이었다.[9] 이 관습은 세 가지의 주된 기능을 했다.

개인 위생, 환대의 표현, 그리고 제의적 행위.[10] 세족 관습은 어떤 집에 방문한 손님이 스스로 씻거나 종이나 노예들이 주인 대신에 손님을 씻겨 주는 방식이었다.[11] 이런 목적을 위해서 주인은 물을 담은 대야를 놓아 두었다.

세족 관습에 대한 자세한 기술은 없지만, 교부들 사이에 주목할 만한 언급들이 있다. 이레니우스(Irenaeus), 키프리안(Cyprian), 터툴리안(Tertullian), 그리고 알렉산드리아의 클레멘트(Clements of Alexandria)의 초기 저술에 세족 관습에 대한 미미한 언급들이 있다.[12] 아타나시우스(Athanasius)

---

9   *New Interperter's Bible*, 722
10 Ibid.
11 Ibid.
12 Irenaeus, "Against Heresies," trans. Alexander Roberts and William Rambaut, *Ante-Necene Fathers1*, ed. Alexander Roberts, James Donaldson, and A. Cleveland Coxe(Buffalo, NY: Christian Literature, 1885), IV.23.1; Clement of Alexnder, "The Stromata," trans. William Wilson, *Ante-Nicene Fathers* 2, IV.22; Tertullian, "The Chapter," trans. S. Thelwall, *Ante-Nicene Fathers* 3, XIII; Cyprian, "The Epostles of Cyprian," trans. Ernest Wallis, *Ante-Nicene Fathers* 5, V.2; and "Three Books of Testimonies Against the Jews," trans. Ernest Wallis *Ante-Nicene Fathers* 5, XII.2.39.

는 일 년에 세 번씩, 즉 부활 주일, 오순절, 그리고 세례식이 있는 날에 사제들로 하여금 '병약한 사제들'의 발을 씻기도록 했다.[13] 한편 밀란의 암브로스(Ambrose of Milan)는 세족식이 로마교회의 관행은 아니라고 언급하였지만, 후기 세례 의식(postbaptismal rites)과의 연관성을 말하였고 '성화의 수단이요 상징'이라고 주장했다[14] 세례식과 세족식의 연관성은 세대를 이어져 왔다. 나단 미첼(Nathan Mitchell)은 다음과 같이 말한다.

> 요한복음에서의 그리스도의 행동을 회상하는 권고들은 세례적 세족식(baptismal foot washing)에 대한 보증으로서 8세기 갈리아, 프랑크, 스페인, 그리고 이탈리아의 많은 성사집들(sacramentaries)에서 발견된다.[15]

또한 그는 이어서 다음과 같이 말한다.

> 사심 없는 봉사의 상징으로서 발 씻기는 요한복음의 주의 만찬 이야기에 들어 있을 뿐 아니라 많은 서방 교회 안에서 기독교 세례식의 예전을 형성했다.[16]

---

13 Athanasius, *The Canons of Athanasius of Alexandria*, ed. and trans. Wilhelm Riedel and W. E. Crum(London: Williams and Norgate, 1904), Canon 66.
14 James F. White, *A Brief History of Christian Worship*(Nashville: Abingdon, 1993), 48.
15 Nathan D. Mitchell, *Meeting Mystery: Liturgy, Worship, Sacraments* (Maryknoll, NY: Orbis Books), 245-46.
16 Ibid., 245.

세족식을 언급하는 또 다른 교부들은 어거스틴(Augustine)과 크리소스톰(Chrysostom)이다.17 9세기에 이르러 후기 세례적 세족식(postbaptismal foot washing)은 지역 교회에서 사라져 갔다. 그러나 세족식은 성 베네딕트의 규칙(St. Benedict's Rule)18과 클레르보의 버나드(Bernard of Clairvaux)의 저서들19이 증명하고 있듯이 중세 수도원 안에 살아남아 유지되고 있었다.

위에 언급한 다양한 세족식 외에도 왕과 황제의 대관식을 위한 교회와 세속 법정 예식이 있었다.20 교황을 세우는 대관식에서도 교회의 수장이 겸손의 표시로서 12명의 나이 들고 가난한 평신도나 신부들의 발을 씻는 예식이 있었다.21 로마교회 시대에는 예수님이 제정한 세족 목요일 예배에서만 세족식을 했다. 오늘날 세족 관습은 로마가톨릭교회, 성공회, 그리고 주요 교단들과 재세례파 공동체 등 많은 전통 속에서 주로 세족 목요일에 수행된다.

마틴 루터 같은 또 다른 종교개혁가들은 세족 관습에 반대했다.22 개혁주의 국가교회는 세족 관습을 채택하지 않았다.23 그러나 주요 개혁

---

17 Augustine, "Book II of Replies to Questions of Januarius," trans. J. G. Cunningham, *Nicene and Post-Nicene Fathers*, First Series, vol. 5, ed. Philip Schaff(Buffalo, NY: Christian Literature, 1887), XVIII.33. and "Homilies on the Gospel of John," trans. John Gibb and James Innes, *Nicene and Post-Nicene Fathers*, First Series, vol. 7, LVIII; John Chrysostom, "Homilies on Saint John," trans. Philip Schaff, *Nicene and Post-Nicene Fathers*, First Series, vol. 14, LXX-LXXI.
18 Harold S. Bender, "Footwashing," in *The Mennonite Encyclopedia*(Scottdale, PA: Mennonite Publishing House, 1956), 2:348에 성 베네딕트의 규칙이 언급되었다.
19 Daniel Webster Kurtz, "Washing of Feet,"NET Bible Learning Environment, classic. net.bible.org/dictionary.php?word=Washing%20Of%20Feet(accessed October 22, 2012)에 클레르보 버나드가 언급되었다.
20 Bernard, "Footwashing," 348.
21 Kurtz, "washing of Feet."
22 *The Encyclopedia of Christianity*, ed. Erwin Fahlbusch et al.(Grand Rapids: Eerdmans, 2001), 2:322.
23 Bender, "Footwashing," 348.

운동 중 하나인 재세례파 전통이 초기 16세기에 나타났는데 이 전통에서는 세족식을 중요한 예식의 표현으로 재빨리 확증했다. 그리고 오늘날까지도 그 관습을 지켜오고 있다.[24] 재세례파 세족 관습에 대한 풍성한 기록들이 1525년 초창기 남부 독일의 발트슈트(Waldshut)에서 발견된다.[25] 세족 관습이 모든 재세례파에서 보편적으로 발견되는 것은 아닐 수도 있지만 지난 500년 전통을 갖고 있다는 것에 역사적으로 매우 큰 중요성이 있다. 재세례파 역사가인 헤롤드 벤더(Harold Bender)는 다음과 같이 말했다.

> 세족식은 그 공동체성, 성경적 근본주의, 그리고 은밀한 평등주의의 특징을 가지고 공동체 속에 자리를 잘 잡았다.[26]

흥미롭게도 재세례파 개혁가인 메노 시몬스(Menno Simons)는 자신의 저술에서 세족식을 거의 언급하지 않고 있다. 그러나 필그램 마펙(Pilgram Marpeck)과 더크 필립스(Dirk Philips)같은 다른 초창기 지도자들은 세족식을 강조했다. 마펙은 다음과 같이 주장했다.

> 세족식을 다른 기독교 정례예식들과 동일한 기독교 정례예식으

---

24 '재세례파'(Anabaptist)는 '세례를 다시 주자고 주장하는 사람'을 의미한다. 이들은 유아세례를 인정하지 않는다. 이들은 유아 세례를 받았다고 해서 기독교 공동체 일원이 될 수 없다고 본다. 따라서 성인이 된 후 스스로의 믿음의 확신을 기반으로 다시 세례를 받아야만 한다고 주장한다. 이 주장은 이 시기에 매우 논란이 되었다. 세족식은 재세례론자들에게 있어 '진정한 교회'임을 확인시켜주는 한 가지 실천이었다.

25 Henry C. Vedder, *Baldthasar Hubmaier: The Leader of the Anabaptists* (New York: AMS Press, 1971), 108-12.

26 Bender, "Footwashing," 348.

로 보아야 한다.[27]

실제로 "내가 너희에게 행한 것 같이 너희도 행하게 하려 하여 …" (요 13:15), "너희가 이것을 알고 행하면 복이 있으리라"(요 13:17)와 같은 예수님의 말씀에 근거하여 재세례파 전통 안의 매우 많은 교단들이 세족식을 **세 가지** 정례예식 중 하나의 수준으로까지 끌어올렸다(성찬식, 세례식, 그리고 세족식).[28]

재세례파 사이에서 세족식이 중요한 예배 행동이긴 했지만, 고도로 발전되고 표준화된 예전은 나타나지 않았다. 아마 로마교회의 예식들에 대한 반발심과 더불어 재세례파 특유의 자유로운 예배 실천을 보다 더 가치 있게 여겼기 때문일 것이다.[29] 그럼에도 불구하고, 재세례파 집단 사이에 공유되었던 일반적인 몇몇 특징들이 있다. 아마도 세족식의 가장 동일한 특징은 요한복음 13장의 주의 만찬과의 연관성이다. 표준적인 실천은 포옹이나 거룩한 입맞춤, 그리고 평화와 화해, 또는 두 사람이 각각의 발을 씻어준 후 나누는 사랑의 말들이다. 일반적으로 예배가 끝날 때쯤 가난한 이들을 위한 헌금(자선)을 모았다.

재세례파의 세족식은 겸손, 제자도, 화해, 우정, 그리고 예배 등의 윤리적 주제와 연관된다. "메노파의 신앙고백"(The Mennonite Confession of Faith states)은 이것을 잘 나타내준다.

---

27 Ibid.
28 하나 정도는 확실히 있을 수도 있지만, 나는 세족식을 성례전으로서 언급하는 교단의 기록을 발견하지는 못했다.
29 제임스 화이트(James White)는 재세례파 운동을 최초의 자유교회 운동으로 간주한다. James White, *Protestant Worship* (Louisville: Westminster John Knox, 1989), 5장을 보라.

우리는 예수 그리스도께서 자신이 행하셨던 것처럼 우리도 서로 섬기도록 부르셨음을 믿는다. 우리는 다른 사람에게 이 짐을 지우려고 하기 보다 주님의 본을 따르도록 부르심을 받았다. 주님은 제자들의 발을 씻음으로써 종의 역할을 선택하셨던 분이시다. … 다른 사람의 발을 씻는 신자들은 자신들이 그리스도의 몸에 참여한다는 것을 보여준다. 그러므로 그들은 청결의 필요성을 잘 알고 있고, 교만과 세속적 힘을 버리고자 하는 의지를 새롭게 하면서, 겸손한 섬김과 희생적 사랑에 헌신한다.[30]

3) 신학적 토대

세족식과 관련된 많은 주제들은 믿는 이들의 영성을 깊게 하는 풍성한 잠재력을 지녔다. 즉 겸손, 정결, 용서, 제자도, 봉사, 화해, 성숙, 그리고 사랑 같은 주제들이다. 특히 이들 중 두 가지가 세족식의 중심 정신이다. 즉 겸손과 섬김이다. 세족식의 의미를 해석할 수 있는 많은 적절한 주제가 있지만, 이 두 가지 주제보다 더 예수님 자신의 해석과 가까운 것은 없다. 예수님은 자신의 겉옷을 다시 입고 자리로 돌아왔을 때 제자들이 방금 목격한 사건의 중요성을 설교와 교훈을 통해 해석해 주셨다. 다른 지혜로운 랍비들이 그러하듯이, 예수님은 자신의 제자들에게 숙고할 수 있는 날카로운 질문을 던지셨다.

---

[30] Article Thirteen of the Mennonite Confession of Faith, *Confession of Faith in a Mennonite Perspective*(Scottdale, PA: Herald, 1995), 53.

> 내가 너희에게 행한 것을 너희가 아느냐?(요 13:12)

예수님은 겸손과 섬김에 초점을 맞추면서 그 자신의 질문에 답하셨다.

> 너희가 나를 선생이라 또는 주라 하니 너희 말이 옳도다 내가 그러하다 내가 주와 또는 선생이 되어 너희 발을 씻었으니 너희도 서로 발을 씻어 주는 것이 옳으니라 내가 너희에게 행한 것 같이 너희도 행하게 하려 하여 본을 보였노라 내가 진실로 진실로 너희에게 이르노니 종이 주인보다 크지 못하고 보냄을 받은 자가 보낸 자보다 크지 못하나니 너희가 이것을 알고 행하면 복이 있으리라(요 13:13-17).

겸손과 섬김은 기능과 목적에서 항상 밀접하게 연결되어 있다. 겸손은 섬김이 가장 진실성 있게 행해질 수 있게 하는 미덕이다. 겸손은 **진정으로** 섬길 수 있도록 해 주는 것이고, 섬김이 겸손한 사람에 의해 표현될 때 하나님은 가장 영광을 받으신다. 우리가 누군가의 발을 씻기기 위해 무릎을 꿇는 것은 겸손한 행위이다. 무릎을 꿇는 것과 냄새나는 더러운 발을 씻기는 행동은 둘 다 겸손은 요구한다. 본질적으로 우리는 다른 사람 앞에서 (겸손의 태도로서) 머리를 숙인다. 그리고 누군가를 위한 사역(섬김의 행위)을 수행하기 위해서 우리의 손 안에 인간 몸의 '사랑스럽지 않은' 부분을 담는다. 이만한 겸손의 행위는 거의 없다.

그리고 높은 존경을 받는 사람들 중 죽기 전날 밤 예수님이 했던 대로 하기 위해서 자신을 낮추려고 노력하는 사람도 거의 없다. 우리는 사랑하는 사람들의 발을 씻기는 행위도 충분히 어렵다. 예수님이 했던 것처럼 그러한 행동을 적을 위해서 하는 것은 더 어렵다. 그러나 우리는 세족을 행함으로써 하나님 앞에서 모든 형제와 자매는 동등하다는 놀라운 진실을 나타낸다. 다른 사람보다 위에 있는 사람은 없다.

사도들은 그리스도인들에게 하나님의 선택을 받은 이들의 특징 중 하나로서 겸손을 추구하도록 격려했다. 바울은 골로새 교인들에게 다음과 같이 권고했다.

> 그러므로 너희는 하나님이 택하사 거룩하고 사랑 받는 자처럼 긍휼과 자비와 겸손과 온유와 오래 참음을 옷 입고(골 3:12).

베드로는 다음과 같이 바울의 교훈과 공명한다.

> 서로 겸손으로 허리를 동이라 하나님은 교만한 자를 대적하시되 겸손한 자들에게는 은혜를 주시느니라(벧전 5:5).

섬김은 예수님의 첫 번째 임무였다. 그는 자신이 이 땅에 온 목표가 바로 섬기는 것임을 명확히 하셨다(막 10:45). 그러므로 섬김은 예수님을 따르는 제자들라는 표시(mark)이다. 열두 제자 중 야고보와 요한이 예수님에게 예수님의 나라가 도래하면 권위 있는 자리를 달라고 요구하였을 때, 예수님은 다음과 같이 말씀하셨다.

> 너희 중에 누구든지 크고자 하는 자는 너희를 섬기는 자가 되고 너희 중에 누구든지 으뜸이 되고자 하는 자는 모든 사람의 종이 되어야 하리라 인자가 온 것은 섬김을 받으려 함이 아니라 도리

어 섬기려 하고(막 10:43-45).

'모든 사람의 종'은 예수님이 갈릴리에서 가르쳤던 주제이다. 또한 다락방에서 지상에서의 삶을 단지 몇 시간 남겨 놓은 채 절박하게 설명한 주제였다. 목회 지침서에 다음과 같이 진술되어 있다.

> 우리는 예수님이 격렬한 행동을 통해서 섬김을 암시하신 것을 안다. 섬김은 그가 이 땅에 오신 헌신과 관련이 있다. 이는 그의 오심과 죽으심의 이유가 섬김이라는 것을 영원히 나타낸다. 빵과 잔이 그의 생명의 희생과 생명의 수여를 상징하는 것처럼, 서로의 발을 씻기기 위해 무릎을 꿇는다는 것은 그의 생명의 목적과 삶의 상징이다.[31]

그러므로 세족은 겸손한 섬김을 표현한다. 겸손과 섬김이 연합했다. 겸손한 섬김은 이 세상에서 우리가 하나님의 영광을 위하여 매일을 살아갈 수 있는 방법이 된다. 이런 행위가 칭찬할 만한 태도와 행함이 될 수 있다. 한편 기본적인 미덕은 사랑이다. 동일한 식사 시간 동안 예수님은 열두 제자에게 마지막 지시를 전달하셨다.

> 새 계명을 너희에게 주노니 서로 사랑하라 내가 너희를 사랑한 것 같이 너희도 서로 사랑하라 너희가 서로 사랑하면 이로써 모

---

[31] "Feetwashing in the Church of the Brethren," www.anabaptistsnetwork.com/node/312(accessed March 28, 2012), adapted from *For All Who Minister: A Worship Manual for the Church of the Brethren*(Elgin, IL: Brethren, 1993), 183-226.

든 사람이 너희가 내 제자인 줄 알리라(요 13:34-35).

겸손한 섬김은 행위로 드러난다. 그러므로 사랑이 궁극적인 미덕이다. 어떤 신약학자들은 예수님의 세족식 제정을 세례식과 성찬식을 통일하는 중요한 의미로 본다. 성경역사가(Biblical historian)인 오스카 쿨만(Oscar Cullman)은 세족식에서 세례의 강한 암시를 본다.[32] 베드로의 몸이 얼마나 많이 씻겨야 하는가에 대한 베드로와 예수 사이의 대화는(요 13:6-9),

> 분명히 이런 의미를 갖는다. 즉 세례를 받은 사람은 새롭게 죄를 짓는다 해도 "두 번째 세례가 필요 없는데," 왜냐하면 사람은 두 번 세례를 받을 수 없기 때문이다. 세례식에서 '씻는다'는 말의 언급은 초기 기독교에서의 세례가 실제로 물속에 몸 전체를 담그는 것이었음을 더욱 확신시킨다.[33]

예수님이 성찬식을 제정한 유월절 만찬에서, 앞으로 계속될 교회의 예식으로서 세족식이 이루어졌다는 것은 주목할 만하다. 왜냐하면 이런 방식으로 요한복음이 묘사한 것은, "하나의 그리고 동일한 사건으로서 세례식과 성찬식이 … 형식적으로 나란히 함께 자리"[34]했기 때문이다. 그러므로 세족의 행동은 세 번째 예식으로 인지할 것이 아니라 세례

---

[32] Oscar Cullmann, *Early Christian Worship*, trans. A. Stewart Todd and James B. Torrance(London: SCM Press), 108.
[33] Ibid.
[34] Ibid.

식과 성찬식의 두 가지 성례전을 강조하는 통합적 행위로 보아야 할 것이다.[35]

연구와 해석을 위한 보다 기술적인 주제가 있다.

공동체는 세족식보다 먼저 성찬식을 행해야 하는가?

또는 그 반대인가?

역사적으로 세족식을 행해 온 교단들은 순서에 차이를 보인다. 어떤 집단은 요한복음 13:2의 초기 번역에 근거하여 성찬식이 먼저 와야 한다고 주장한다. 예를 들면, "식사가 끝난 후 … [예수]가 일어나서"(요 13:2, 4) 세족식을 행하셨다는 것이다. 보다 정교한 표현은 유월절 식사가 진행 중이었고 ("그리고 저녁 식사 중에 … [예수]가 식탁에서 일어나서" [요 13:2, 4]) 세족식이 새 언약을 제정하기 전에 발생했음을 지적한다.[36] 그러나 성찬식, 세족식, 그리고 애찬식의 삼중 예식을 행하는 그리스도인들은 문자적이고 역사적인 순서보다는 삼중 예식의 정신이 흐르게 하는 것이 보다 중요하다.

오늘날 세족식은 모든 그리스도인 공동체에서 행해지지는 않는다. 어떤 사람들은 세족식이 현대에는 행해지지 않기 때문에 비일상적인 구식 관습이라고 주장한다. 이런 주장에 대해서 어떤 목회 지침서는 다음과 같이 말한다.

---

35 이러한 관점은 세례식이 성찬식 또는 세족식에 참여하기 위해서 필요한가 아닌가에 대한 흥미로운 질문을 유발한다. 많은 전통들은 세례식을 성찬 참여의 선행 조건으로 요구한다(메노나이트 집단이 그러하듯이). 그러나 세족식에 참여하기 위해서 요구하지는 않는다.

36 John Winebrenner, "The Ordinance of Feet Washing, Part II: The Proper Time and Manner of Observing It," www.mun.ca/rels/restmov/texts/believers/wineord/ORD02B.HTM. 다른 번역들 중에서도 NRSV(New Revised Standard Version)와 NIV(New International Version)는 유월절 식사가 예수님이 제자들의 발을 씻기는 도중에 이루어졌음을 지적한다.

그것은 사실이다. 그러나 우리는 상식적인 교훈을 배우려는 것
은 아니다. 좀 더 깊은 것을 원한다.[37]

어떤 사람들은 발 대신에 손을 씻는 것처럼 다른 대안적인 실천을 발견함으로써 세족식을 수정하려고 시도한다. 이 행동은 두 가지 이유에서 바람직하지 않다.

① 발을 씻는 것과 같은 수준에서의 겸손한 섬김을 보여줄 수 없다.
② 손을 씻는 예식은 **다른** 정서를 표현할 가능성이 있다. 예를 들어 예수 재판에 대한 자신의 책임을 지워버리고자 손을 씻었던 빌라도처럼 어떤 생각이나 사람을 거절하는 것에 대한 정서이다.

아무래도 예수 그리스도에 의해 제정된 예식의 대용물을 찾는 것은 의문의 여지가 있다. 어떤 그리스도인 모임들에서는 세족식이 되살아나고 있다. 앞서 언급했듯이, 세족식을 믿음에 중요한 것으로 수용했던 많은 교단들이 수 세기 동안 세족식의 별난 역사를 이어 왔다. 그러나 이제 세족식을 '세 번째 예식'으로 무시했던 사람들 중에 세족식이 생생하게 표현하는 제자도 정신에 대한 새롭게 관심을 갖자고 주장하고 사람들이 있다.[38]

---

37 *For All Who Minister*, 191.
38 최근에 나는 세족식의 대안적 형태를 집단 내에서 갱신하는 것에 대해 흥미를 가지고 있는 다양한 재세례파 신자들과 어느 정도 대화를 해 왔다.

3. 구조 세우기

　지역 교회 공동체에서 세족식을 제공하는 몇 가지 방법들이 있다.
　첫째, 세족식을 적절한 예배 행동과 결합시키면서 단독으로 단순하게 제공하는 것이다. 이 방법은 예배자들에게 사려 깊은 공동체적 경험을 불러일으킨다. 아래 제공되는 순서가 이러한 예배의 예이다. 그러나 이 예식은 기존 예배 순서를 약간 수정하여 예배 속으로 쉽게 흡수될 수도 있다. 당신은 이 예식이 얼마나 미미한지 보게 될 것이다. 이 예식은 역사에 뿌리를 두고 그 형식에 있어서 자연스러운 단순성을 유지한다. 여기 제시된 사례는 일요일 아침뿐 아니라 어떤 적절한 다른 시기(특별 저녁 예배, 야영, 수련회, 세족 목요일 같은 특별한 예배 절기 등)에 제공되어도 괜찮다.
　둘째, 세족식은 성찬식 그리고/또는 애찬식(본 장의 후반부에 언급할 것이다) 같은 한두 가지의 연관성 있는 예배 행사와 결합될 수 있다. 적당한 상황이라면 주일날 4중 구조의 순서 안에서 말씀에 대한 응답으로 행해져도 된다. 각각의 예배는 상황에 적용하면서 약간의 차이들이 있을 수 있다.
　몇몇 적절한 예배 행동을 포함하는 한편, 세족식의 구조는 세 가지 기본적인 행동에 집중된다. 세족 행동, 포옹, 그리고 평화의 말을 하는 것이다. 이 기본적인 부분들 외에 예식을 더욱 빛나게 해 주는 다른 요소들이 있다. 페이지 왼쪽에 제목으로 된 예배 요소는 예배에 필수적인 것이다. 페이지 중앙에 있는 괄호〔 〕안의 요소는 선택 사항이다. 만약 세족식이 좀 더 긴 예배로 확장된다면, 인도자가 세족식으로 이끄는 다리 역할을 하는 회중 노래 그리고/또는 말씀을 선포할 수 있다.

4. 세족식의 순서

부록 2에 기본적인 윤곽이 제시되어 있다.

1) 예배 전 음악

주의 완전한 침묵을 유지하는 것이 이 예식의 시작을 표시하는 대안적 방법이 될 수 있다.

2) 인사/환영

이 때는 반드시 내용은 성경적이어야 하고 분위기는 목회적이어야 한다.

3) 준비 찬송

4) 기원

5) 성경 봉독

요한복음 13:1-17을 읽어라. 원한다면 다른 적당한 구절들을 읽어라 (아래의 '문들과 창문들을 세우기'를 보라).
주의 창조적인 대안들을 더한다.

- 이 이야기를 잘 묘사하고 있는 현대 번역의 성경을 읽으라.

- 요한복음 13장을 극으로 표현해 보라.
- 요한복음 13장을 독자의 극장 형식(reader's theater format)으로 제공하라.[39]

〔겸손에의 부름〕

진지하게 준비된 말씀이나 성경 구절을 사용하라. 말씀을 통해 예수님이 제자들의 발을 씻어준 것처럼 겸손한 삶을 추구하는 공동체가 되도록 초대하라.

주의 요한복음 13:13-16은 겸손에의 부름을 위한 완벽한 성경 구절이다.

"너희가 나를 선생이라 또는 주라 하니 너희 말이 옳도다 내가 그러하다 내가 주와 또는 선생이 되어 너희 발을 씻었으니 너희도 서로 발을 씻어 주는 것이 옳으니라 내가 너희에게 행한 것 같이 너희도 행하게 하려 하여 본을 보였노라 내가 진실로 진실로 너희에게 이르노니 종이 주인보다 크지 못하고 보냄을 받은 자가 보낸 자보다 크지 못하나니"(요 13:13-16).

〔침묵의 시간〕

침묵은 자기 점검의 시간을 제공한다.

주의 완전한 침묵을 제공하고 배경 음악을 사용하지 말라.

〔성찰을 위한 노래〕

---

39 *The dramatized New Testament*, ed. Michael Perry(Grand Rapids: Baker, 1994)는 이 이야기뿐 아니라 성경의 많은 이야기를 주인공들에 따라서 부분으로 나누어 독자들에게 간편하게 제공한다.

6) 성찰/권고

인도자는 세족식의 의미에 대한 짧은 말씀을 전하고 실천을 위해 공동체를 격려한다.[40]

주의 치유 예배의 경우처럼, 이 말씀들은 설교가 되지 않기를 추천한다. 이때 말씀은 짧아야 효과적이다.

〔우리의 이야기를 기억하기〕

인도자는 회중들을 위해서 이 실천에 대하여 역사적으로 언급하고 있는 교단의 공식적인 자료로부터 짧은 진술을 가져와서 읽는다. 이는 교단의 지침서, 승인받은 신조 형식의 진술 등으로부터 가져올 수 있다.[41]

7) 죄 고백

죄 고백으로 회중을 초대하라. 고백의 기도를 드리라. (부록 1를 보라.)

8) 확신 또는 화해의 노래

예배자가 하나님 및 다른 사람들과 연합되었음을 강조하는 찬송 또는 노래를 부르도록 초대하라.

---

40 세족식의 오랜 전통을 가지고 있는 교단의 목회 지침서나 예배 지침서들이 도움이 될 것이다.
41 만약 당신의 교단이 수 세기에 걸쳐 세족식을 행해 왔다면, 세례식이 어떻게 당신의 이야기와 연결되어 있는지에 대해 듣는 것에 내재된 힘을 간과하지 말라.

9) 준비 기도

'문들과 창문들을 세우기'를 보라.

10) 세족

다른 사람의 발을 씻기도록 공동체를 초대하라.
주의 당신의 성찰을 위하여 이 예식의 몇 가지 측면들이 아래 제시되었다.

- 참여자들에게 세족식의 원리를 가르쳐라.
    - 의자에 앉아있는 누군가의 앞에 무릎을 꿇어라.
    - 손으로 그 사람의 발을 감싸고, 그 위에 부드럽게 물을 끼얹어라.
    - 수건으로 말려라.
    - 다른 쪽 발을 씻기고 말려라(선택).
    - 자리를 바꾸고 그 행동을 반복하라.
    - 일어서서 포옹하라.
    - 평화의 말을 교환하라("그리스도의 평화가 당신과 함께하기를," "하나님이 당신을 축복하시기를," "하나님이 당신을 사랑하시고 나도 당신을 사랑합니다." 또는 용기와 우정의 어떤 즉흥적인 말들도 좋다).
- 탁자에 위치한 담당자들(봉사자들, 집사들)로 하여금 대야를 비우고 따뜻한 물이 든 커다란 주전자로 대야를 다시 채우게 한다. 각각의 조가 발을 씻으러 올 때, 새로 따라놓은 물과 수건이 있는 이곳으로 올 것이다.

- 세족식 후에 사용하도록 손을 씻을 수 있는 용품을 방에 마련해 두라.
- 이 겸손한 행동을 더욱 풍성하게 하기 위해 아래 있는 선택 사항 중 하나를 선택하라. 그리고 그것을 회중에게 설명하라.
  - **개방**. 준비가 될 때마다 개인은 다른 예배자에게 가서 그들의 발을 씻어 주어도 되는지 물어본다.
  - **순서**. 줄을 맞춰 앉았다가 첫 번째 사람이 오른편에 있는 사람의 발을 씻어 주면 그 사람은 차례로 그 오른쪽 사람의 발을 씻어 준다. 이렇게 계속 진행한다.[42]
  - **분리**. 여성과 남성이 분리된 방으로 간다. 정숙함의 목적이 있다. 세족식 순서에 따라 분리가 종료되면 이 두 집단은 연합된 예배를 계속하기 위해 다시 모인다. 분리되었을 때는 각각의 방에 적절한 물품들과 인도자가 준비되어 있어야 한다.
  - **인도자의 세족식**. 인도자들이 예배자들의 발을 씻어 주기 전에, 인도자들과 공급 탁자의 담당자들의 세족식을 어떻게 할 것인지 결정하라. 인도자들은 모범의 형태로서 먼저 받을 수도 있고 또는 종 됨의 상징으로 맨 마지막에 받을 수도 있다. 어떤 전통에서 말하기를, "목회자는 먼저 각각 다른 목회자의 발을 씻기고, 그 후 차례로 모든 형제들의 발을 씻긴다. 목회자의 아내들은 이와 똑같은 순서로 다른 자매들에게 행한다"라고 한다.[43]
- 공간 안에 발을 씻어줄 수 있는 장소를 몇 군데 마련해둔다. 이 장소를 앞으로 할지, 중앙으로 할지 당신의 공동체에 적절하게 적용할 수 있는 다양한 대안들을 생각하라.

---

42 '줄지어 씻기'는 역사적으로 언급되었다.
43 Bender, "Footwashing," 347.

- 발을 씻을 동안 회중은 찬송가나 노래를 부르도록 하라. 인도자는 회중의 옆에 떨어져 서서 노래하는 것을 돕는다. 회중의 찬송을 돕기 위해 오르간, 피아노 또는 다른 음악 도구들이 적절하게 사용될 수 있다. 그러나 인도자와 회중이 화음을 넣어서 찬송을 부를 수 있다면 음악 없이 노래하는 것도 아름답다.
- 오직 대야의 물소리와 참여자들의 평화를 기원하는 소리를 제외하고는 아무 소리 없는 완전한 고요 속에서 발을 씻기는 것도 괜찮다.

11) 감사와 탄원의 기도

인도자는 이 거룩한 행위 안에서 받은 축복과 그리스도가 하셨던 것처럼 서로 섬길 수 있는 특권에 대해 감사하는 기도를 드린다. 인도자는 회중들이 예수님의 이름으로 세상 안에서 섬김의 겸손한 삶을 계속할 수 있도록 기도한다.

〔간증 나눔〕
(자발적인 증언과 권고의 기회를 준다.)

12) 축복의 찬송

마치는 찬송은 이 예식을 마무리하는 탁월한 방법이다.

13) 축도

회중에게 축복이 선포된다.

주의 성경의 축복문을 참조하라.

〔가난한 이들을 위한 구제〕 44

(재정적으로 가난한 이들을 위한 모금)

세족식을 성찬식과 애찬식과의 연계성 속에서 행하는 것은 일상적이다(그리고 적절하다). 실제로, 앞서 언급하였듯이 그런 선례가 많이 있다. 예식의 순서(세족식, 성찬식, 애찬식)는 융통적이다. 만약 당신의 예배 전통이 표준화된 순서를 가지고 있다면 그것을 따르라. 그렇지 않다면 또는 다른 방식의 자유가 있다면, 당신의 예배에 최선의 순서로 정렬하라.

5. 문들과 창문들을 세우기

약간의 노래들, 성경 구절들, 기도들, 그리고 상징들이 세족식에 더해질 수 있다. 아쉽게도 예배의 맥락에서 세족식에 대하여 명시적으로 표현된 노래나 구절들은 상대적으로 매우 적다. 아래 약간의 내용 목록이 있다. 신학적으로 동일한 주제를 가지고 세족식에 관련되어 있는 다른 노래들을 찾아서 목록에 첨가하라(섬김, 겸손, 화해 등). 노래들, 기도들,

---

44 재세례파에서는 자선을 위한 금전을 모으는 것이 관습이었다.

그리고 상징들은 예배자들이 하나님 및 다른 사람들과 상호 작용할 수 있는 수단으로 제공되어야 함을 기억하라. 이 도구들은 모든 참여자들에게 세족식의 협력적 본성을 강화하는 수단이다.

1) 노래

여기 세족식과 관련된 찬송/노래들의 목록이 있다.[45] 세족식과 직접적으로 관련된 노래들이 처음에 나온다. 세족식과 관련된 좀 더 일반적인 주제들은 그 다음에 제시된다.

(1) 세족식과 직접 관련 있는 노래들

- 그 다락방에서 종의 자리로 내려오신 것처럼(As in That Upper Room You Left Your Seat, 티모시 더들리-스미스[Timothy Dudley-Smith])
- 그리스도의 사랑을 찬양하라(Extol the Love of Christ, 사무엘 프레더릭 코프먼[Samuel Frederick Coffman])[46]
- 땅과 하늘의 아버지(Father of Earth and Heaven, 찰스 웨슬리[Charles Wesley])
- 예수, 예수(Jesu, Jesu, 작사: 톰 콜빈[Tom Colvin], 작곡: 가나 민속곡)
- 예수, 만찬에서 가장 위대한 분(Jesus, Greatest at the Table, 스티븐 스타크[Stephen P. Starke])
- 가장 미천한 행위를 거룩하게 하는 사랑(Love Consecrates the Hum-

---

45 작사가, 작곡가의 성 또는 관련 참고 내용은 그 찬송이나 노래를 찾을 수 있도록 괄호 안에 제공된다. 도움이 되는 웹사이트는 다음과 같다. www.hymnary.org.
46 이 노래는 세족식과 관련된 역사적인 찬송이다. 초기 메노파 찬송가에서 발견된다.

blest Act, S. B. 맥매너스[S. B. McManus])[47]
- 용감하고 강하신 우리의 존귀한 주(Our Noble Master, Brave and Strong, 콘스탄스 체리[Constance Cherry])[48]

(2) 세족식과 관련된 일반적 주제들의 노래

- 그리스도, 당신은 우리를 예배로 부르십니다(Christ, You Call Us All to Service, 조이 패터슨[Joy Patterson])
- 너의 마음이 무너지게 하라(Let Your Heart Be Broken, 브라이언 리치[Bryan Leech])
- 나를 종으로 삼으소서(Make Me a Servant, 켈리 윌러드[Kelly Willard])
- 누가 나의 어머니요, 형제인가?(Who Is My Mother, Who Is My Brother?, 셜리 아레나 머레이[Shirley Erena Murray])

2) 성경 구절들

요한복음 13장의 명확한 구절 외에 세족식과 관련하여 적절한 몇몇 구절이 있다. 여기에 있는 구절들을 시작으로 당신 자신의 성경 구절 사용 목록을 만들어 가도록 하라.

- 마가복음 10:35-45
- 골로새서 3:12-16
- 요한일서 4:7-21
- 누가복음 22:24-27
- 골로새서 3:17-24

---

47 이 노래는 세족식과 관련된 역사적인 찬송으로 초기 메노파 찬송가에서 발견되는 또다른 곡이다.
48 이 곡의 사용 승인을 위해 단지 Hope Publishing Company(www.hopepublishingcompany.com)을 방문하면 된다.

- 요한복음 15:9-17   • 베드로전서 5:1-11

3) 기도

기도는 종종 세족식 중에 즉흥적으로 이루어진다. 이것은 자유교회 전통에서 전형적인 방법이다. 그럼에도 불구하고 세족식과 관련된 기도의 예는 아래의 목록들을 참고하라.

(1) 준비 기도
"영원한 창조자이시며 사랑이 많으신 하나님,
다른 사람의 발을 씻으려 무릎을 꿇으면서
우리의 마음 또한 무릎 꿇으며 우리의 삶을 우리 뜻이 아니라
주님의 뜻 안에 섬기며 드리게 하소서.
우리의 발을 씻기도록 하면서,
우리의 삶도 주님의 용서로 깨끗하게 하소서.
그리하여 우리 삶이 죄와 절망의 얽매임에서 해방되어
자유와 소망 가운데 살게 하소서.
오 주여,
우리의 발을 씻기면서
서로 간의 관계도 깨끗해지게 하소서.
서로 발을 씻기면서
우리 사이에 지나 온 어떤 상처나 잘못들이나 오해들도
서로 용서하고 용서받게 하소서.
그리하여 주님의 사랑 안에서 새롭고 강해진 우정으로 주의 식탁에

함께 앉게 하소서. 아멘."⁴⁹

(2) 감사와 탄원의 기도

"우리의 주와 선생이신 예수님,
우리를 주님의 제자로 부르시고 대야와 수건으로 서로 섬기게 하시니 감사합니다.
우리를 주님의 발자취를 따를 수 있는 제자로 인정해 주심을 감사드립니다.
주님이 우리를 사랑하신 것처럼 우리도 서로 사랑하라는 새 계명을 주셔서 감사합니다.
우리의 자아를 비워주소서.
주님이 오래 전 제자들을 사랑한 그 사랑으로, 그리고 지금도 주님을 따르는 자들을 사랑하는 바로 그 사랑으로 우리를 채우소서.
하나님 아버지의 영광을 위해서 주님의 이름으로 다른 사람들을 섬기고 사랑할 수 있도록 성령의 힘을 우리에게 주소서. 아멘."⁵⁰

"사랑의 우리 주 예수님,
자신의 자녀들을 사랑하셔서 스스로를 낮추사 십자가에 죽기까지 복종하시어 자신의 충만한 사랑을 보여주신 주님을 찬양합니다.
오늘 (밤/낮), 우리 서로 간의 섬김이 주님 앞에 기쁨이 되게 하소서.
주님의 제자들인 우리를 보소서.
그리고 주님의 제자들을 즐거워하소서.

---

49 *For All Who Minister*, 226.
50 Constance M. Cherry, 2012.

주님이 먼저 우리를 위해 하신 것을 우리가 다른 이들을 위해 하오니, 이것을 기억하소서.

주님의 첫 제자들처럼 우리가 주님의 못 자국 난 손을 볼 때까지,

못 박히기 전날 밤 약하고 믿음 없는 제자들의 발을 물에 담가 씻어 주며 주님의 무조건적인 사랑을 보이셨던 그 손을 볼 때까지,

항상 주님을 따를 수 있도록 우리에게 믿음을 주소서.

우리의 삶이 다른 사람들에게, 친구들에게, 그리고 적에게 이와 같은 사랑을 보이게 하소서.

그리하여 모든 사람들이 우리가 주님의 제자임을 알게 하소서.

성령으로 우리 안에 역사하시는 주님의 권세로 말미암아 기도드립니다. 아멘."[51]

(3) 세족식을 위한 묵상

"발!

오직 평범하고, 일상적이고, 피곤한 발.

예수님은 발을 돌보셨습니다.

예수님은 머리, 심정 그리고 영혼과 같이 주목받는 것들을 무시하지 않으셨습니다.

그러나 예수님이 발을 돌보셨다는 사실에 저는 특별히 기쁩니다.

많은 메시아들이 있었지만, 어떤 메시아가 과연 그렇게 했을까?

여러분은 사람들의 머리와 심정과 영혼에 대해 유려하게 말하고, 아름답게 표현할 수 있습니다.

---

51   Constance M. Cherry. 2012.

그러나 여러분이 다른 사람의 발을 씻기려고 바닥에 무릎을 꿇었을 때 여러분은 인간의 필요를 제거하기 어렵습니다.

지금은 더러운 길은 적고, 닳아빠진 샌들은 거의 없습니다.

그러나 가죽 안에 갇힌 발은 너무나 피곤하고 너무나 무시됩니다.

그러나 여전히 주변에는 발을 걱정하는 메시아가 많지 않습니다."[52]

4) 상징들

세족식을 나타내는 상징들과 태도들 중 다음과 같은 것들이 있다.

- 수건
- 대야
- 유월절 식사 그리고/또는 성만찬을 연상시키는 음식 종류가 놓인 닥자
- 물 주전자
- 무릎 꿇기
- 포옹
- 거룩한 입맞춤

5) 교회력

세족식은 교회 절기 중 어느 때라도 시행될 수 있다. 그러나 특히 세족 목요일이 예수님이 세족식을 제정한 사건을 기억하기에 적당하다. 로마가톨릭에서 메노파(Mennonite)에 이르기까지 몇 가지 전통들은 고난주간 동안에 이 예식을 준수할 것을 강력하게 추천했다.

---

52 *For All Who Minister*, 225.

6. 환대하는 주인으로서 섬기기

세족식은 여러 면에서 독특한 예식이다. 어떤 면에서, 주인의 역할은 꽤 주목할 만하다. 왜냐하면 당신은 1세기 팔레스타인에서 베풀어진 환대의 바로 그 행동을 (문자 그대로!) 수행해야 하기 때문이다.

당신의 상상력을 사용해 보라. 그 시대에 어떻게 주인이 방문한 손님을 맞이하는지 생각하라. 모인 예배자들을 '따뜻한 환영으로 맞이하고' 각 예배자를 당신 자신의 개인적인 손님으로 간주하라. 발을 내보인 채 어느 정도 취약한 상황에 처한 그들이 편안함을 느끼도록 도우라. 당신을 돕는 사람들이 완벽히 준비되어서 모든 것이 순조롭게 진행되도록 하라. 주인은 일반적으로 어떤 행사에서도 분위기를 유지한다.

당신은 이 예식에 어떤 정신이 스며들어 있기 원하는가?
처음부터 끝까지 당신의 지도력 안에서 그 정신이 명백히 나타나게 하라.

1) 의무들

세족식을 수행하는 것과 관련하여 몇 가지 의무가 있다.
첫째, 모든 사람들이 이 예식의 정신을 확실히 이해시키라. 이것을 미리 알리고 회보, 신문, 그리고 구두 광고를 통해서 세족식 가운데 무슨 일이 있을 것인지를 안내하라. 세족식을 지키는 **이유**를 열정적으로 소통하라.
둘째, 필요한 제반 사항들에 대해 생각하라. 다음과 같은 것들이다.

- 세족식을 할 때 성별로 나눌 것인가 말 것인가?

- 누구를 참여시킬 것인가?(나이, 세례 여부 등)
- 세족식 상대를 어떻게 결정할 것인가?
- 행사에 가장 적합한 장소 결정.
- 얼마나 많은 대야, 주전자, 더러운 물을 버릴 양동이, 수건이 필요할 것인가?
- 얼마나 많은 보조원이 필요할 것인가?(물 교환, 새 수건 준비 등)
- 뜨거운 물을 확실히 준비할 것(물이 금방 식어버림).
- 깨끗한 손을 유지할 것.
- 누가 행사 이후 어질러진 장소를 청소할 것인가?

세족식의 순서를 준비할 때, 예배의 요소들을 윤택하게 하기 위해서 어떤 예배 인도자들이 필요한지 고려하라.

2) 주재하기의 특성들

당신이 세족식을 인도할 준비를 할 때, 다음의 요소들이 필요하다는 것을 알게 될 것이다.

- 세족식에 처음 참석하는 사람들이 누구인지 알아 두어라.
처음 참석하는 사람은 어색하고 확신이 없다. "우리는 가족으로 여기 모였습니다" 같은 말로 이 예식이 친교 예식임을 단순히 알리면서 초보자들이 편안해지도록 하라. 어떻게 참여할지에 대해 걱정하지 않도록 도우라. 당신과 그들 주위의 사람들이 그들을 잘 지도해 줄 것이라고 말해 주라.

- 행동에 있어서 침착하고 확신 있게 하라.

  이 예식은 차분한 분위기에서 진행되는 것이다. 예배는 항상 열정을 불러일으키지만, 지나치게 고양된 행동이나 연설은 자제하라.

- 지나친 인도는 금물이다.

  인도자로서 성찬식을 주재하는 동안에도 항상 중앙이나 가운데에서 주재할 필요는 없다. 오히려 배경에 머무르라. 옆으로 옮겨서 진행 상황을 단순히 지켜보고 필요할 때 들어가라.

- 기도하는 마음으로 임하라.

  예배자들이 세족식에 참여하는 동안 그들을 위해서 계속해서 기도하라. 아마도 진정한 화해의 순간이 찾아오고 누군가는 깊은 확신, 성찰, 또는 기도로 들어갈 것이다. 세족식 내내 깨어 기도하면서 성령께서 하시는 일을 지켜보라. 방해하지 말라. 예식이 자연스럽게 펼쳐지도록 두라. 만약 필요하다면 세족식 후에 목회적 돌봄으로 확장하라.

3) 행정

세족식과 관련된 행정적인 측면은 거의 없지만, 다음과 같은 내용을 숙지하면 좋다.

- 충분한 물품이 양호한 상태로 준비되어 있도록 하라(깨끗한 수건, 대야, 주전자 등).
- 세족식을 유연하게 도울 수 있도록 집사들을 훈련시켜라.

- 돕는 이들의 기록을 남겨서 공동체 구성원들이 이 특권을 교대로 수행하도록 한다.
- 세족식을 수행한 날짜를 기록에 남겨서, 공동체의 우선순위에 따라서 이 세족식이 제공되도록 하라.

4) 예외적인 곤란한 상황들

도전이 될 만한 상황들이 있다. 당신의 최선의 역량을 위해서 이러한 상황들을 예견하라.

- 수줍음과 관련된 주제들이다.
  특히 여자들은 이성이 있는 공간에서 스타킹을 벗는 것에 민감할 수 있다. 어떤 사람들은 (대개 나이든 사람들인 경우) 반대 성별을 가진 사람의 발을 씻기는 것을 어색해할 수 있다. 여기에서 열쇠는 **당신의 공동체를 아는 것**이다. 만약 당신이 공동체의 연합을 강조하기 위해서 한 방에 모든 참여자를 두고자 한다면, 쉬운 방법이 있다. 같은 방에 머물라. 그러나 남자와 여자를 다른 구역에 앉도록 요청하라. 다시 말하자면, 중요한 것은 당신의 공동체에 어떤 방법이 최선인지를 아는 것이다.
- 발에 대한 당황스러움이다.
  어떤 사람들은 자신의 발에 대해서 매우 남의 시선을 의식한다. 이때의 적절한 지침은 예쁜 발은 하나도 없다는 것을 방에 있는 참여자들에게 되새겨주는 것이다! 만약 누군가가 자신의 발의 모양에 대해서 걱정하고 당황한다면, 다른 사람이 자신의 발을 씻겨줄 때 더욱 겸손해질 수 있는 이유가 되는 것이다.
- 건강 문제이다.

때로 사람들은 다양한 종류의 발의 질병으로 고통 받는다. 이런 상황은 한두 가지의 방법으로 진술될 수 있다.

① 상대방이 비전염적이고 가벼운 질병을 가지고 있을 때는 투명한 비닐 장갑을 제공하여 이 장갑을 끼고 발을 씻기도록 한다.
② 대야 앞으로 오도록 초대받을 때 원하지 않는다면 "통과"(pass)를 표시하는 것이 전적으로 가능하다는 것을 알린다. 세족식에 참여하지 않는 대신에 다른 예배 순서에 참여하면 된다고 이들을 격려하라.

5) 윤리적 고려점들

첫 번째 윤리적 고려점은 이 예식을 수행하는 동안 발생하는 수줍음과 관련이 있다. 나이가 든 세대에서는 남자들과 여자들이 서로의 발을 씻어 주는 것이 일반적인 관습이 아니다. 시대가 변하고, 남자와 여자들이 서로 발을 씻어 주는 것이 보다 일상적이 되었지만, 그럼에도 불구하고 양쪽의 성이 참여하는 것은 어떤 민감한 염려를 불러일으킨다. 예를 들어 사람들은 세족식에 바지를 입고 참여하도록 안내받는다면 좀 더 편안하게 여길 수 있다(반바지나 치마를 허용하지 말아야 한다).

두 번째는 힘(power)과 관련된 주제이다. 힘의 작용을 인식하라(고의적이든 비고의적이든). 어떤 사람들은 세족식의 상대로 특정 사람들을 선택하거나 혹은 선택하지 않음으로써 세족식의 목적을 오용할 가능성이 있다. 인도자는 어떤 사람이 누구의 발을 씻기는지를 통제하지 않는다. 그러나 이후에 의심쩍은 힘이 작용한 것을 알게 된다면 이것은 진정한 연합을 촉진시키는 성령에 위반하는 행동이므로 조정해야 할 수도 있다. 진정한 연합이 본래 세족식의 목적인 것이다.

6) 애찬식

'사랑의 식사'(the agape meal)라고도 불리는 애찬식(the love feast)은 세족식과 연결된 오래되고 독특한 역사를 갖고 있다. 그 역사적이고 신학적인 토대, 그리고 실천에 대한 상세한 내용을 제공하는 것은 가치 있지만 본 장의 범위를 벗어난다. 그러나 애찬식에 대한 간단한 소개를 함으로써 인도자가 이 특별한 예배의 기본 목적과 성격, 특히 세족식과의 연관성을 이해하도록 돕고자 한다.

당신은 음식과 친교가 기독교 공동체에서 함께한다는 것을 알아챘는가? 이것은 처음부터 그랬던 것처럼 보인다. 예수님이 제자들을 가르치는 이야기에는 종종 함께 먹는 장면이 수반되어 있다. 성경 안에는 식탁에 함께 앉는 것의 중요성을 보여주는 사례들이 많이 있다. 교회가 시작되던 초창기에 신자들은 서로의 집에 거의 매일 모여서 '빵을 떼었다.' 이것은 성찬식과 일반 식사가 혼합된 것처럼 보인다. 신자들이 나눈 빈번한 식사는 본질적으로 진리를 함께 따르는 사람들끼리 모여서 완전한 기쁨을 축하하는 친교의 식사였다.

어떤 시점에서(정확한 시기는 알려지지 않았다) 이런 정규 저녁 식사는 성찬식의 예식적 행동으로부터 분리되었다. 어떤 이들은 2세기의 혹독한 기독교 핍박 시기 동안에 어떤 집에 공적으로 모이는 것이 안전하지 않앉기 때문에 친교 식사가 중지되었다고 말한다.⁵³ 이런 분리가 정확히 언제 이루어졌는지를 알려는 것이 아니다. 단지 사랑의 식사가 처음부터 기독교의 한 부분이었음을 간단히 언급하고 넘어가자.

애찬식의 뿌리는 신자들이 함께 모여 먹는 것의 중요성에 있다. 그 후 애찬식은 간단한 식사를 포함한 특별한 예배의 형태로 발달했다. 애찬식과 성찬식의 공동 실행은 본 장의 초반에 언급한 것처럼 재세례파들에게는 오랜 전통이었다. 대략 1700년에서 1727년으로 넘어가면서 독일의 모라비안들(The Moravians: 18세기 보헤미아에서 등장한 복음주의자들-역주) 가운데서 애찬식에 대한 현대 역사가 시작되었다.⁵⁴ 진첸도르프(Zinzendorf)는 간단한 음식 나누기, 기도, 종교적인 대화 그리고 찬송이 포함된 친밀한 예배의 예식을 소개했다.⁵⁵

존 웨슬리(John Wesley)는 모라비안들과 연합한 후 애찬식에 대해 알게 되었다. 웨슬리는 그 예식을 18세기의 영국 복음주의 부흥 운동에 알맞게 적용했다. 애찬식은 사회 속에서, 회합들에서, 감리교 무리 속에서, 대영제국과 미국 양쪽 모두에서 매우 중요한 역할을 했다. 웨슬리는 극성스러운 감리교 창립 구성원들이 애찬식에 참여하는 것은 통제해야겠다고 느꼈다. 그렇게 해야 사적인(private) 예배에서 일어나는 순수한 예배와 부드러운 친교가 유지되리라고 여겼기 때문이었.

애찬식의 사적인 성격을 유지하려는 가장 큰 이유는 "안전한 분위기 속에서 참여자들이 자유롭게 간증했으면 하는 바람"이었다.⁵⁶ 특히 이것은

---

53 사랑의 식사는 사라졌지만, 성찬식은 자주 (심지어는 매주) 지켜졌다.
54 *United Methodist Book of Worship*(Nashville: United Methodist Publishing House, 1992), 581.
55 Ibid.
56 Lester Ruth, *A Little Heaven Below: Worship and Early Methodist Quarterly Meet-*

여자들이 말하도록 허용하기 위해 중요했는데, "왜냐하면 비감리교 신자들은 여자들이 교회에서 말하는 것을 반대하였기 때문이다."[57] 사적인 애찬식을 지지하는 또 다른 근거는 "하나님은 구별된 백성으로서 모인 사람들 가운데 고유하게 현존하신다"[58]라는 웨슬리파의 관점에 기인한다.

그러므로 하나님이 현존하시는 모임인 애찬식에 비신자들을 포함시키면 타협하게 되는 것이다. 그래서 참여를 통제하게 되고 문지기가 출입을 관리하게 된다. 문지기는 특별 허가문이 적혀 있는 공동체 정규 모임의 입장표를 검사하던지, 누군가 그 신원을 보증해 줄 때 입장을 허가했다.

> **감리교도들은 이런 통제적인 예식에서 천국에서의 삶의 질을 미리 맛보는 경험을 자주 한다고 믿었다.[59]**

미국인 개척자들은 전도 집회에서 예배를 마치는 순서로 애찬식을 늘 시행했다. 또한 삼리교도들은 연례 회의에 애찬식을 포함시켰다.

오늘날 애찬식은 각자의 전통에 따라서 성찬식과 함께 열리기도 하고 성찬식 없이 열리기도 한다. 중요한 것은 두 가지는 결코 혼합되지 않는다는 사실이다. 성찬식은 예수님이 자신의 제자들을 위하여 지속적인 성례전/정례예식으로서 제정한 빵과 잔을 포함한다. 애찬식은 성찬식의 경계를 넘어서 친교를 강화시킬 수 있는 확장된 음식이다.

애찬식은 한 무리의 신자들(교회 공동체)이 식탁에 앉아서 간단한 종류

---

    ings(Nashville: Kingswood Books, 2000), 63.
57 Ibid.
58 Ibid., 63-64.
59 Ibid., 60.

의 음식과 음료를 나누는 것으로 이루어진다. 대부분의 경우 빵, 과자, 또는 담백한 케이크가 바구니에 담겨져 있다. 말하자면 손으로 집어먹는 간단한 음식들이다. 전형적으로 물은 선택 사항이고 차나 다른 가벼운 음료수가 놓여있다. 친교 행동 중 하나는 다른 사람들이 음식을 먹는 동안 돕는 것이다. 애찬식을 위해서 인도자는 음식과 음료를 식탁 위에 진열할 때 작은 집단으로 나누어서 놓는다. 성찬식에서 사용된 것과 너무 비슷한 음식과 음료를 사용하지 **않아야 한다**는 점이 중요하다. 구별이 중요하다.

  예식의 내용, 즉 노래, 간증, 말씀 봉독, 기도는 음식을 먹는 **동안에** 시행된다. 식사와 예배는 구별될 수도 있지만, 두 가지가 겹치게 되면 영적인 것과 관련된 주제들이 직접적으로 다루어질 가능성이 훨씬 커진다. 식사/예배는 노래, 기도, 또는 음식에 대한 축복으로 시작할 수 있다. 간단한 지침을 주라.

  기독교 신앙의 노래, 간증과 권고의 말 등 다양한 일련의 내용들로 단순하게 시작하라. 노래와 간증에 무게를 두라. 이것들이 애찬식의 핵심이고 정신이다. 만약 당신의 교회 구성원들이 소소한 측면에 치중하는 경향이 있다면 미리 몇몇 인도자들에게 그들의 간증을 '자발적으로' 서로 다른 시점에서 나누라고 요청한다. 이것은 그들의 간증을 보고 다른 사람들도 같은 방식으로 참여할 수 있도록 격려하기 위한 것이다.

  설교를 정식으로 하지 않는다. 예배를 아름답게 진행시킬 수 있도록 각각의 탁자에는 찬송가나 최소한의 물건들이 필요하다. 영사기가 준비되어서 모든 사람들이 화면을 볼 수 있다면, 그 이점을 살려서 말뿐만 아니라 그림도 사용하라. 전형적으로 누구라도 애찬식을 주재할 수 있다. 애찬식은 성찬식에 뒤따르는 융통성 있는 예식이기 때문이다. 특히 안수받은 목회자가 적은 지역에서 좋다. 미국이나 세계 여러 지역의 경우에도 이런 상황이 일반적이다.

7) 교회력

이런 예식들은 교회 절기의 어느 때라도 적절하지만 특히 고난주간이나 존 웨슬리의 언약 갱신 예배(Covenant Service, 보통 새해의 시작 언저리에 시행되는)에 공동으로 드릴 수 있다. 애찬식은 하나의 주제를 가지고 진행할 수도 있다. 주제에 맞는 찬송이나 노래들을 선택하라(고난주간, 그리스도를 따르기 위한 언약을 갱신하기 등).

7. 결론

타일러는 저녁 달리기를 마치고 집으로 오기 위해서 동일한 경로를 선택했다. 우연히도 몇몇 사람들이 교회를 떠나고 있었다. 그래서 그는 속도를 늦추면서 그들과 눈을 마주치기를 바랐다. 그보다 그리 나이 들어 보이지 않는 두 남자가 손을 흔들며 그에게 인사했다. 타일러는 좀 더 가까이 가보기로 결심했다. 그는 그 남자들에게 창문으로 자신이 본 것이 무엇인지 물었다.

타일러는 이런 따뜻한 봄날 저녁에 교회 계단에 앉아서 완전히 낯선 이들과 매력적인 대화를 나누었다. 그러나 그들은 완전히 낯설어 보이지는 않았다. 그들은 타일러가 이제껏 만나본 가장 따뜻한 사람들 중에 한 사람 같았다. 그는 요즘 세상에 어느 누가 다른 사람 발을 씻기는 섬김의 자리에까지 자신들을 기꺼이 낮출 수 있을지 의아해했다. 그 섬김은 매우 반문화적인 행동이었다. 그러나 전체적인 사상에는 급진적으로 신선한 무엇인가가 있었다. 그는 집에 돌아가면 좀 더 정보를 얻기 위해 인터넷을 검색해 보려고 마음먹었다. 그리고 혹시, 정말 혹시 새로운 친구를 만나기 위해 저녁 달리기를 다시 하게 될 수도 있다.

핵심 용어들

- **사랑의 식사**(agape meal): 예수 그리스도 안에서 공동체를 양육하기 위해 기독교 1세대 사이에서 발달한 친교 식사. 원래는 식사의 부분으로서 성찬식을 포함했다.
- **대기실**(anteroom): 참여자들이 겸손의 목적으로 또는 커다란 회중 공동체를 양육하기 위하여 세족식을 수행하는 옆방 또는 다른 대안적인 공간.
- **거룩한 입맞춤**(holy kiss): 신약 시대 때 시행했던 친교의 표시. 가끔 사도들에 의해서 사용됨. (롬 16:16; 벧전 5:14를 보라)
- **성도들의 발을 씻김**(washing of the saint's feet): 세족식의 옛 용어.

앞으로의 공부를 위한 참고 자료

For All Who Minister: A Worship Manual for the Church of the Brethren. Elgin, IL: Brethren, 1993.

Stutzman, Paul Fike. *Recovering the Love Feast: Broadening Our Eucharistic Celebrations*. Eugene, OR: Wipf & Stock, 2011.

적극적인 참여

여기에 세족식의 의미와 실천을 위해 좀 더 탐색할 수 있는 실제적인 내용들이 있다.

1. 교회에 명시되어 있는 조항에 따라 정당하고 정규적인 토대에서 세족식에 참여해 본 사람을 찾아보라. 그 사람에게 이 예전적 행동에서 발견한 것에 대해서 질문해 보라.
2. 위에 언급한 예문들을 보기로 삼아 '감사와 간구의 기도'를 작성하라.

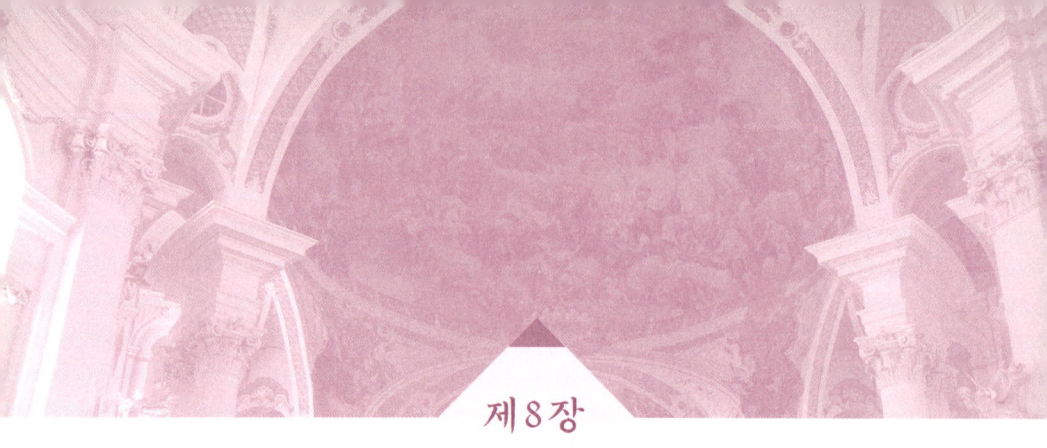

제8장

헌아례와 대안적인 의식들

탐구

제8장을 읽기 전에 헌아례(child dedication services)에 대해 회상해 보라.

- 당신의 교회는 헌아례를 시행하는가?
  왜 시행하는가? 또는 왜 시행하지 않는가?
- 만약 당신의 교회가 헌아례를 시행한다면, 돌이켜 보았을 때 누가 주된 참여자인가? 각각의 참여자들은 어떤 역할을 하는가?
- 헌아례는 매우 정교화된 예식인가?
  헌아례를 한 번도 보지 못한 사람에게 설명하듯이 당신이 기억할 수 있는 한도 내에서 자세하게 그것을 묘사해 보라.
- 당신의 교회가 헌아례를 시행하지 **않는**다면, 당신이 생각할 때 어떤 교회들은 어째서 이 예식을 행한다고 보는가?
- 헌아례는 유아 세례와 어떤 점에서 구별되는가?
  어떤 점에서 비슷한가?
- 당신의 교회에서는 주된 예배에서 아이들이 두드러진 역할을 하는가?
  왜 그런가? 또는 왜 그렇지 않은가?

1. 확장

　에린은 9살이다. 이 아이는 거의 매 주일마다 가족과 함께 교회에 참석한다. 이 아이는 정말 친구를 보고 싶어하고, 목사님은 이 아이가 교회를 떠날 때 손에 박하사탕을 쥐어 주면서 미소를 짓는다. 이 아이는 교회 건물에 들어갈 때 친교실에서 풍겨오는 신선한 커피의 향을 좋아한다. 이 아이는 문에서 불어오는 바람으로 옷장에 걸려있는 비어있는 금속 옷걸이가 서로 부딪혀서 쨍하는 소리를 내는 것도 듣는다. 이 아이는 언제쯤 자기도 커피를 마실 수 있고 스스로 옷걸이에 외투를 걸 수 있는지 궁금하다.

　교회의 대부분은 어른들을 위한 장소로 보인다. 그래도 에린은 그곳에 있는 것을 좋아한다. 노래들은 이 아이를 행복하게 만들고, 기도는 하나님 가까이 있는 것처럼 느끼도록 해 준다. 이 아이는 아빠가 준 동전을 헌금 접시에 넣는 것을 좋아한다. 어른들의 설교를 이해할 수 없으니 어린이 예배로 가라는 말을 듣는다 할지라도 이 아이는 어떤 주일에는 다른 사람들과 함께 예배당에 앉아 있는 것을 정말로 좋아한다.

　오늘 에린은 '커다란 교회'에 좀 더 오래 머무른다. 헌아례가 있을 예정이기 때문이다. 그리고 아동부 목회자는 말하기를, 하퍼 가족이 자기 집 아이들을 하나님께 봉헌하기 위해 나아가는 것을 모든 아이들이 지켜보는 것이 좋을 것이라고 했다.

　물론 에린은 기억하지 못하지만 에린의 부모는 에린이 태어나자마자 똑같은 예식을 했다고 말해 주었다. 에린은 주님에게 봉헌되었다. 때때로 에린은 자신의 봉헌(dedication)이 하나님을 섬기기 위해 곧 집을 떠나 어느 먼 곳으로 가는 것을 의미하는지 궁금하다. 아마도 오늘 이 아이는 어떤 답을 찾게 될 것이다. 에린은 하퍼 가족의 아이들이 어찌 되는지 주의 깊게 들을 계획이다.

에린과 그 가족은 여러 해 동안 헌아례를 시행해 온 큰 교회들 중 한 교회에 출석한다.[1] 이 예식은 지역 교회 공동체 안에서 새로 태어난 아기나 어린 아이가 출석했을 때 시행된다. 짧은 '예배 안의 예배'로서 주일 예배의 틀 안에서 이루어진다. 아기의 출생을 알리는 기능과 그 부모를 위한 종교적 예식의 기능을 한다. 많은 교단에서 헌아례를 시행하지만 그렇지 않은 교단도 많다. 그 차이는 유아 세례에 대한 교회의 관점에 달려있다. 유아 세례를 시행하는 교회들은 헌아례를 거의 시행하지 않는다. 반대로 헌아례를 시행하는 교회는 일반적으로 유아 세례를 하지 않는다(유아 세례는 제4장에서 다루었다).

2. 토대 놓기

본 장에서는 아이들이 교회 생활에 들어온 것을 인식하고 환영하는, 여러 세기에 걸쳐 이루어진 세 가지의 역사적인 관습(세례식 이외의)을 보려고 한다. 그렇게 함으로써 헌아례에 대한 역사적 관점을 제공할 것이다. 또한 이에 더하여 오늘날 적용하기 매우 좋은 또 다른 대안적 예식을 소개하고자 한다. '헌아례'의 이 네 가지 유형을 자유교회 전통에서 최근에 수행되고 있는 헌아례와 짧게 비교하고 대조할 것이다.[2] 그리고

---

[1] 이 예식은 유아 헌아례(infant dedication) 또는 헌아례(child dedication)로 일컬어진다. 왜냐하면 나이가 중요한 문제는 아니기 때문이다. 본 장에서는 좀 더 편리한 용어인 '헌아례'를 사용하게 될 것이다.
[2] 교회 역사가인 제임스 화이트(James White)는 자유교회 예배의 두 가지 독특한 특성을 인

이에 대한 우리의 성찰을 도울 수 있는 성경적, 신학적 토대를 탐구할 것이다.

1) 역사적 토대

기독교 공동체에서 아이의 출생과 관련된 의식들(rites)의 역사적인 실천들에 관하여 다소 복잡하지만 가치 있고 신빙성 있는 정보들이 있다. 앞서 말했듯이, 이 의식들은 유아 세례의 발달 과정과 별개로 생각할 수 없다. 역사적으로 말해서 이 의식들은 깊게 그리고 의도적으로 세례의 전조가 되기도 했고 세례와는 전적으로 거리를 두기도 했다는 점을 염두에 두도록 하라. 언제 정확히 유아 세례 관습이 확장되었는지에 대해 역사가들의 의견이 다르다.[3]

그러나 우리가 증거로부터 확실히 다음과 같이 결론 내릴 수 있다. 즉 4세기 동안, 콘스탄틴의 기독교 공인으로 인하여 많은 수의 어른 세례가 있었지만, 유아 세례가 규범적이라는 어떤 표시가 거의 없었다는 점

용한다. 즉 성경에 대한 지역적 해석을 기반으로 배타적으로 예배를 개혁할 수 있는 자유와 예배 순서를 계획할 때 자발적으로 실행할 수 있는 자유이다. James F. White, *Protestant Worship: Traditions in Transition*(Louisville: Westminster John Knox, 1989), 172, 『개신교 예배』(CLC 刊)를 보라. 재세례파, 조합교회주의자(congregationalist), 침례교 같은 많은 자유교회 집단들이 신자의 세례를 시행한다. 유아 세례를 시행하지 않는 교단들은 시간이 지나면서 헌아례를 발전시켜오는 경향이 있었다. 그러므로 오늘날 헌아례는 우선은 자유교회 공동체에서 행해지는 경향이 있다.

3 제임스 화이트는 "유아는 대략 3세기 초부터는 확실히 세례 받아왔다"라고 강조한다. James White, *A Brief History of Chirstian Worship*(Nashville: Abingdon, 1993), 51을 보라. 그러나 데이비드 라이트(David F. Wright)는 "임종 때가 아니라 일반적으로 세례 받은 그리스도인 부모의 새로 태어난 아기로서 첫 번째로 알려진 아이"를 정확히 지적하는 것은 거의 불가능하다고 주장한다. David F. Wright, "Infant Dedication in the Early Church," in *Infant Baptism in Historical Perspective: Collected Studies*(London: Paternoster, 2007), 118-119를 보라. 라이트는 "현대의 연구자들이 기대하는 맥락에서 세례식에 대한 언급이 없는 것이 초기 기독교 저술에 반복되는 특징"이라고 계속해서 말한다(121).

이다.[4] 교회 역사가인 데이비드 F. 라이트(David F. Wright)는 다음과 같이 말한다.

> 초기 기독교 세례의 발달에 대하여 모든 역사가들은 4세기의 몇 십 년 동안 기독교 부모들의 아이들은 유아 세례를 받지 않았다는 것에 대부분 동의한다.[5]

라이트는 결론 내리기를, 비록 역사가들이 "이 시기 이전의 세례 관습이나 그것이 얼마나 오래되었는지에 대해서 의견이 일치하지 않고, 그 세례 관습을 실제로 어떻게 설명할지도 확실하지 않기에, 그것에 대해서 무엇이라고 말할 수 있을지에 대해서도 의견이 일치하지 않지만," 그럼에도 불구하고 증거가 지지하는 사실은 "최소한 반세기 동안 … 기독교 부모들의 자식들은 … 세례를 받지 않았다"는 것이다.[6]

우리의 목적을 위해서 이 결론이 중요한 이유는 여기에서 한 질문이 생기기 때문이다.

이 시기에 기독교 부모에게서 태어난 유아들에게 무슨 일이 일어났는가?

최소한 세 가지의 의식이 알려져 있었다. 그리고 (역사적 문서들을 볼 때) 다양한 수준으로 시행되고 있었다.

첫째, 어떤 증거들을 보면 아마도 아기가 태어난 것을 감사하는 정규화된 예전적 실천이 있었다. 2세기 아리스티데스(Aristides)의 『변증론』

---

4 데이비드 라이트는 그리스도인 부모의 자녀들이 세례를 받지 않은 반세기에 관련된 기록은 매우 제한적이라고 주장한다. "기껏해야 가끔 발견하는 각주나 문장뿐이다"(ibid., 116).

5 Ibid.

6 Ibid.

(*Apology*)을 보면 다음과 같은 구절이 있다.

> 아이가 그리스도인 가정에 태어나게 되면, 그들은 하나님께 감사를 드린다.[7]

라이트는 『변증론』의 이 구절에 대한 분석에서 다음과 같이 결론을 내린다.

> '하나님께 감사'라는 말 안에는 맥락의 다양성이 있다. … 비-세례(non-baptismal)를 강하게 암시하지만 예전의 가능성이 담겨 있다. 그래서 우리는 여기서 유아의 출생을 위한 감사가 있었음을 알 수 있다.[8]

라이트가 맞다고 가정할 때, 이것은 헌아례의 현대적 실천에 있어서 대안적인 의식 형태이다. 바로 유아의 출생을 위한 감사의 예배이다.

둘째, 4세기 동안 출현한 두 번째 역사적인 모범은 세례 지원을 위한 유아 등록이다. 이 제도는 어른이 되면 개인적으로 믿음을 선언하고 세례를 받겠다는 약속이다.

여기에서 좀 더 실제적인 기록을 살펴보자. 가이사랴의 바질(Basil of Caesarea), 나지안스의 그레고리(Gregory of Nanzianzus), 니사의 그레고리

---

[7] "The Apology of Aristides the Philosopher," Early Christian Writings, www.earlychristian writings.com/text/aristides-kay.html(accessed May 16, 2012).

[8] Wright, "Infant Dedication," 125. 라이트는 어떤 사람들이 이 구절을 유아 세례에 적용하도록 해석한다는 것을 인정한다. 그러나 그러한 관점은 라이트가 자신의 그 장(chapter)에서 인용한 역사적 논쟁의 결과로서 거부된다.

(Gregory of Nyssa), 존 크리소스톰(John Chrysostom), 어거스틴(Augustine), 제롬(Jerome), 암브로스(Ambrose), 그 외 4세기 후반과 5세기 초반의 많은 교부들이 이 범주에 들어간다.[9]

실제로, 이 시기의 헌아례와 관련하여 중요한 점은, 세례 지원을 위한 유아 등록 덕분에 성인이 되어 하나님께 헌신하게 된 많은 사람들 중에 걸출한 교회 지도자들이 나왔다는 사실이다. 어거스틴(Augustine)이 최고의 사례이다.[10] 십자가 표식과 소금 맛보기[11]는 세례 지원자 등록 예식이었지, 세례가 아니었다.[12] 그리고 그 예식은 "그리스도와 교회에 대한 아기 어거스틴의 일종의 봉헌 예식이었을 것이다."[13]

라이트는 다음과 같이 결론을 내렸다.

> 그의 세례 지원자 등록은 교회의 유아 헌아례와 동등했다. 그리고 암묵적으로는 그 부모의 열심에 대한 서약이었다. ⋯ 어거스틴을 그리스도인으로 양육하겠다는 서약이다.[14]

라이트는 말하기를, 이 예식이 "절대적으로 일상적이었음에 틀림없고," "아기가 태어났을 때 세례 지원자의 상태로 진입하게 되는 것을 헌

---

9 Ibid., 124.
10 David F. Wright, "Augustine and the Transformation of Baptism," in *The Origins of Christendom in the West*, ed. Alan Kreider(Edinbugh: T&T Clark, 2001)을 보라.
11 세례 지원자로 들어가기 위한 두 가지 입문 예식은 십자가의 표식과 소금 맛보기였다. 십자가의 표식은 세례 지원자가 이제는 그리스도에게 속했음을 표시하기 위하여 이마에 십자가를 그리는 것이다. 어거스틴의 소금의 맛을 보는 상징은 지원자가 믿음 안에 보존되고 맛을 내는 것을 시사했다. J. Wm. Harmless, *Augustine & the Catechumenate*(Liturgical Press, 1995), 150을 보라
12 Ibid.
13 Wright, "Infant Dedication," 117.
14 Ibid., 118.

아례의 한 형태로 간주하는 것이 합리적인 것처럼 보인다"고 한다.[15] 세례 지원자 등록 예식이 유아 세례와 혼합되지 않은 채 독자적인 예식으로 구별되어 있었다는 것은 확실하다.

셋째, 세 번째 대안도 이 시기에 발달했다. 소명을 갖고 교회를 섬기기 위한 목적으로 독신으로 살도록 유아를 봉헌(심지어는 출산 전에도)하는 것이다.[16] 이러한 것은 금욕주의에 기울어진 유식한 부유층 사이에서 일어나는 경향이 있었다. 암브로스는 특히 이런 방식의 헌아례를 지지했다. 그는 심지어 부모들을 격려하여 그 딸들이 이러한 길을 가도록 훈련하라고 했다. 제롬도 이런 관습에 익숙했다.[17]

덧붙여서 "후기 고대 교회에서 이루어진 헌아례의 또 다른 형태로 보이는 예식들이 있다. 부모들이 자신의 어린 아들을 성직 봉사에 헌신하겠다고 맹세하는 충분한 사례"들이 있다.[18] 톨레도의 제2차 공회의(A.D. 527)에서 유아기부터 부모의 열성으로 성직 사회로 입성한 이들의 관리를 규정함으로써 이 관습을 증명했다.[19]

> 새로 태어난 아기에 대한 독신 봉헌은, A.D. 354에 타가스테(Tagaste)에서 행해진 어거스틴의 세례 지원자 등록에 어느 정도 기여했다. 즉 그것은 아기를 그리스도의 종이 되게 하겠다는 부모의 헌신을 아기의 삶의 시작점에서 표시하는 것이다.[20]

---

15 Ibid., 123.
16 비록 고대 동방 교회에서도 비슷한 실천을 했다 할지라도, 우리의 논의는 서방 교회에 한정되어 있다.
17 Wright, "Infant Dedication," 128, 131.
18 Ibid., 135.
19 Ibid.
20 Ibid., 128

결국 유아 세례 예식은 생애 초기에 독신 봉헌을 하거나 성직 사역에 헌신한 이들에게는 표준적인 예식은 아니었을 것이다.[21]

역사적인 개관을 짧게 살펴본 바는 헌아례에 대한 유익한 결론을 내리게 한다. 라이트는 다음과 같이 말한다.

> 모든 학파들이 이 시기에 유아 세례가 표준적인 것은 아니었다는 데 동의한다. 그런데 그 시기 동안에 하나님께 대한 유아 서약의 다양한 형태들이 있었다는 것이 중요하다.[22]

우리는 여기에 헌아례의 다양한 유형에 대한 역사적 근거들을 살펴보았다.

그러나 21세기 자유교회의 실천에 있어서 이런 유형들이 과연 어떨까?

오늘날 행해지는 헌아례는 매우 최근 발달한 것이다. 종교개혁 시기에는 유아 세례가 보편적이었는데 몇 가지 주목할 만한 예외들이 있었다. 제4장에서 살펴본 바와 같이 재세례파가 그 예외에 속한다. 이들은 믿음에 대하여 개인적인 고백이 있을 때까지 세례를 미룬다. 재세례파에서는 유아들을 위한 세례 전 예식이 없었다.[23] 반면, 신자를 위한 세례를 실천하는 다른 집단들은 유아들을 위해서, 세례를 향한 전 단계로 보여질 수 있는 의식을 제공했다.[24] 아이를 위한 의식과 미래의 세례 사

21　Ibid., 136.
22　Ibid., 137.
23　초기 재세례파들이 공동체에 아이를 환영하는 예식이 없었다는 말이 아니다. 그런 환영 예식이 세례에 참여하는 단계로 간주되지 않았을 것이라는 뜻이다.
24　이탈리아의 발도파 교회(Waldensian Church)와 9세기 아르메니아의 양자론적 바울파(Adoptionist Paulicians)가 그런 사례이다. Geoffrey Wainwright, "The Need for a Methodist Service for the Admission of Infants to the Catechumenate," *London Quar-*

이는 예전을 통해서 공고하게 연결되었다. 이런 예식들은 오늘날 볼 수 있는 헌아례와는 내용과 목적에서 크게 달랐다. 초기 공동체에서는 유아를 위한 예식들을 세례로 향하는 과정 중 첫 번째 '할부금 지급'(installment)으로 이해했다.

그러므로 그 내용은 헌아례와 현저하게 달랐다. 헌아례는 일반적으로 미래의 세례에 대한 언급이 없고 예비 세례식으로서의 두드러지는 특징도 없다. 대신 부모가 자녀들을 그리스도인으로 양육하겠다고 스스로 서약할 때 아이들이 '하나님께 바쳐진다.' 사실상, 헌아례에는 봉헌의 의미가 있다. 그래서 헌아례를 위한 예배의 한 가지 제안을 하자면, 헌금 시간에 헌아례의 순서를 배치하는 것이다. 유아를 하나님께 봉헌한다는 의미를 강조하는 것이다. 선물들이 전달되는 것처럼, 회중의 대표는 부모와 아이를 성찬대 앞의 한 장소까지 호위한다.[25]

현대 헌아례의 시작에 대한 정보는 정확하지 않다. 그래서 헌아례가 언제 그리고 어떻게 시작되었는지 모두가 불분명하다. 오히려 유아세례에 반하여 헌아례를 시행한 교단들의 자료를 규명하는 것이 훨씬 쉽다. 헌아례는 자유교회 전통에서 널리 수행되는 경향이 있다. 자유교회 전통은 성인 신자들에게만 배타적으로 세례를 주면서, 헌아례와 유아 세례 둘 다 성례전으로 인정하지 않는 입장이다.

다양한 침례교단들, 크리스천교회(Christian Churches)/그리스도의 교회(Churches of Christ), 하나님의 성회(Assemblies of God), 하나님의 교회(Church of God[Anderson]), 대부분의 오순절 공동체들, 그리고 그 외 여러

---

terly and Holborn Review(January 1968), 53-54를 보라.
25 John E. Skoglund and Nancy E. Hall, *A Manual of Worship*, new ed.(Valley Forge, PA: Judson Press, 1993), 202.

교단들이 현재 헌아례를 시행하는 대표적인 교단들이다. 심지어 유아 세례를 선호했던 존 웨슬리의 영향 하에 있는 어떤 교단들도 유아 세례보다 헌아례를 선택해 왔다. 이러한 교단으로는 나사렛 교회, 웨슬리안 교회, 자유 감리교회 등이 있다.[26]

2) 성경적 토대

오늘날 헌아례를 긍정하는 회중들이 이 관습의 토대로서 제시하는 유사한 성경 구절들이 있다.[27] 즉 하나님께 어린 사무엘을 드리는 한나(삼상 1:24-28), 예수 탄생 후 팔 일이 되었을 때 예수님을 성전에 드리는 요셉과 마리아(눅 2:22-24), 예수님의 지상 사역 중에 있었던 아이들에 대한 축복(막 10:13-16)이다.

처음 두 사례는 부모에 의해서 시작되었다는 것이 명백하다. 그러나 아이가 **봉헌된**(dedicated) 것이 아니라 오히려 그 부모가 그들의 영적인 의무(말하자면 부모 자신을 봉헌함)를 완수하기 위하여 아이가 **드려진**(presented)것이다. 한나는 자신의 불임이 회복되어 아들을 낳는다면 이 기적에 감사하는 의미로 아들의 평생을 하나님의 종으로 드리기로 맹세했다. 한나가 제사장 엘리에게 사무엘을 드린 것은 **자신의** 맹세를 지키는 방법이었다. 이것은 구약 시대의 모든 부모와 모든 아이들에게 요구되는 표준적인 행동은 아니다. 사무엘이 봉헌된 것이 아님을 주목하라.

---

26 이런 교단들은 유아 세례보다 헌아례를 좋아하지만, 그들은 유아 세례를 금지하지는 않는다.
27 헌아례를 연구하면서, 나는 이 영역에서 인용한 세 가지의 성경 구절과 유사한 구절들이 압도적으로 많이 사용되고 있음을 발견했다. 이 세 구절만큼은 아니지만 본 장의 뒷부분에서 논의할 신명기 6:4-9 역시 현저하게 사용되고 있었다.

사무엘은 **어머니의** 헌신(dedication)의 결과로서 어머니의 맹세를 완수하기 위해 드려졌다.

요셉과 마리아의 경우에, 그들이 성전에서 예수님을 제사장에게 보인 것 또한 부모 믿음의 결과였다. 이 경우 그들은 모세 율법의 세 가지 요구 사항을 완수하고 있다.

첫째, 모든 남자 아이는 생후 팔 일에 할례를 받는다(창 17:12).

둘째, 비둘기 한 쌍의 헌물은 마리아의 정결을 위해 요구되는 희생물이었다(출산 한 여성은 '부정'하다고 간주되었다. 레 12:8을 보라).

셋째, 한 가정의 장남(레위 지파는 예외임)으로서, 구속의 값을 지불할 것이 요구되었다(민 3:44-48).[28]

이런 경우에 한나처럼 **부모들**은 하나님의 뜻에 자녀를 바치면서 **자신들의 헌신**을 증명한다. 우리가 이 장면에서 본 사례는 아이의 봉헌이 아니다(오늘날 우리가 생각하는 봉헌의 개념과 다르다). 오히려 우리는 하나님과 하나님의 법 앞에서 완전하게 살기를 바라는 부모들의 소망을 본다. 그러므로 이와 같은 관점에서 볼 때 이 구절은 '헌아례'라기보다는 '부모들의 헌신'으로 보는 것이 낫다. 사무엘과 예수님은 모두 예식적 희생을 수단으로 해서 드려졌다(삼상 1:24-25; 눅 2:22-24). 즉 부모가 자녀들의 복을 위해 자신을 주님께 바치는 목적으로 담당한 희생이었다.

위에 인용된 두 사례는 유아 세례에서 일상적인 어떤 특징을 공유하고 있다. 부모의 깊은 믿음과 자녀를 위해 부모 자신을 드리는 것이다. 이는 유아를 위한 세례 예식의 기도에서 명백하게 드러난다(제4장을 보

---

28 이스라엘에서 처음 태어난 남자 아이는 하나님께 속한다는 사실(말하자면 하나님께 봉헌[dedication])에 헌아례의 근거를 세우려고 노력한다 해도, ① 오직 남자 아이에게만 해당되는 구절이고, ② 오직 처음 태어난 아들에게만 적용되는 구절이며, ③ 이 예식은 그리스도의 속죄로 인해서 신약성경에서 부정되었다는 점에서 이 논거는 무너진다.

라). 이런 유사점이 있지만 차이점도 존재한다. 헌아례는 인간의 행위에 초점이 맞춰져 있다. 자녀를 믿음 안에서 양육하기를 원하시는 하나님의 기대에 부응하려는 행위이다. 한편 헌아례는 기술적으로 볼 때 제1장에서 설명한 바와 같이 하나의 정례예식으로 보는 것이 가장 적절하다. 그러나 유아 세례는 우선 하나님의 은혜와 부모의 역할이 통합하여 이루어진다는 관점을 갖는다(성례전적 관점에 적합하다).

마가복음의 구절에서 부모들은 자녀를 위해 예수님께 은혜를 구한다. 부모들은 자녀들을 봉헌의 목적으로 데려오지 않는다. 그 대신 그들은 단지 예수님이 자녀들에게 손을 얹어 축복해 주시기를 원한다. 여기에서 다시 부모의 믿음이 열쇠임을 알 수 있다. 그들은 특별한 은혜를 나누어 줄 위대한 교사와 기적의 사역자를 원한다. 결국, 대부분의 부모들처럼 그들은 자녀들을 위해 가장 좋은 것을 원하는 것이다. 봉헌은 이 구절의 어느 곳에서도 암시되고 있지 않다.

확실한 것은 예수님이 아이들을 사랑했고 소중하게 여기셨다는 점이다. 결과적으로 예수님은 아이들이 자신에게 다가오는 것이 방해받지 않기를 원했다. 예수님은 자신의 품에 아이들을 안고 손을 얹었으며 축복하셨다. 예수님은 작은 아이들을 사랑했다.

이 구절들은 보여주는 것은, 헌아례에서 중요한 것이 그 부모의 믿음이라는 것과 부모들이 믿음 안에서 자녀를 양육할 것이라는 약속이 중요하다는 것이다. 헌아례 예배의 현대적 사례를 검토해 보면 이런 사실들을 알 수 있다.

3) 신학적 토대

나는 아래 단락에서 헌아례가 상식적으로 보이는 상황들을 제안한다. 목회적으로 그리고 신학적으로 헌아례를 적절하게 적용하는 세 가지 접근법을 묘사할 것이다.

어떤 상황에서 헌아례가 상식적으로 보일 것인가?

헌아례는 만약 어떤 가족이 신자의 세례를 주장하는 교회에 속했을 때 적절할 것이다(유아 세례를 허용하지 않는 교회이다). 이런 경우에 새로 아기가 태어나면 이론적으로 출생과 세례에 의한 개인적인 구원의 경험 사이에는 오랜 기간이 필요하다. 이때 헌아례를 시행하는 것이 유익하다. 이런 상황에서 헌아례는 몇 가지 목적을 이루는 데 기여할 수 있다.

① 아이와 가족이 하나님으로부터 복을 받을 수 있다.
② 생명이 선물임을 인식하게 된다.
③ 지역 교회 공동체 안으로 들어온 아이를 환영한다.
④ 공동체의 유대 관계에서 아이의 중요성을 강조한다.
⑤ 그 교회는 항상 기뻐하는 자와 함께 기뻐하면서 그 부모들을 축하한다(롬 12:15).

만약 그 부모가 이 헌아례를 통해 하나님에 의해 제정된 영적 부모로서의 의무(신 6:6-9; 잠 22:6; 엡 6:4)를 수용하고, 믿음의 서약을 공적으로 새롭게 하고, 스스로 재헌신을 한다면, 이 또한 헌아례의 깊은 중요한 측면이다. 헌아례의 이러한 목적들은 아래에서 제시되는 다양한 예배 모형에 잘 스며들어 있다. 만약 헌아례에 이러한 목적들이 있다면, 목회자들은 아이보다는 부모에게 책임의 무게가 옮겨 가는 헌아례로 예배를 구성해야 한다. 아래에 나와 있는 예배 모범들에 소개된 대안적인 용어들을 참고하기 바란다.

어떤 상황에서도 헌아례와 유아 세례가 똑같은 아이에게 시행될 수 없다. 왜냐하면 **헌아례에서 완수된 목적은 유아 세례에서도 같기 때문이다**(그러나 반대의 경우에는 다르다). 유아 세례식은 다른 요소들 외에도 아이에 대한 축복의 선포, 교회 공동체로 들어온 것을 환영, 그리고 교회 공동체 일원으로서 아이의 중요성을 확증함의 의미가 있다. 한 아이에게 두 가지 예식이 다 행해진다면 너무 장황하고 혼란스러워진다.

그러나 장황하다고 해서 두 예식이 **같은 것**이라고 오해해서는 안 된다. 세례의 **성례전**은 은혜를 받는 이에게 은혜를 베푼다. 세례의 **정례예식**은 그리스도의 명령에 대한 순종에서 이루어진다. 그러나 헌아례는 은혜를 베푸는 것도 아니고 그리스도의 명령을 완수하는 것도 아니다. 오히려 이 예식은 핵가족을 지역 교회의 몸, 즉 영적 가족에로 연결시키는 목회적 유익을 갖고 있다. 선택적이고 필요성에 의한 예식이다.

그렇다면 헌아례의 신학적인 기초는 무엇인가?

첫째, 헌아례는 세례가 아니다. 세례는 몇 가지 중요한 진리들을 표명한다(제4장을 보라). 그중 하나가 그리스도의 거룩한 교회로 들어오는 중요한 예식이라는 점이다. (이것은 유아 세례와 신자의 세례 양쪽 모두에 있어서 사실이다.) 우주적 교회에서의 회원권은 언약의 기초에서 획득된다. 우리는 세례를 통해서 이 언약의 상속자가 된다. 헌아례는 성례전도 아니고 정례예식도 아니다. 그러므로 그것은 하나님과 그 백성 사이에 세워진 언약적 관계의 징표로서 수행될 수 없다.

헌아례를 언약의 아이가 되는 것과 혼동하는 것은 두 구별된 예식의 의미를 거칠게 섞는 것이다. 하나는 그리스도의 거룩한 교회로 들어오는 예식이고(세례), 또 다른 하나는 자녀들이 기독교 신앙을 향해 살도록 하기 위해 그 부모가 먼저 그리스도인다움을 추구하는 탄원과 기도를 의미한다.

세례의 행동과 다른 대안적 예식들 사이의 차별성을 명확히 하여야 한다. 이런 이유로 세례식의 특징들은 헌아례의 시행에서는 피해야 한다. 세례식에서는 물을 반드시 필요하다고 여기지만 헌아례에서는 어떠한 방식에서도 물을 상징적으로 사용하지 않는다. 또한 삼위일체 공식은 세례식의 부분으로 필요하지만(마 28:19) 헌아례에서 이를 적용하면 더 혼란스러워질 뿐이다.

둘째, 오늘날의 헌아례(자유교회 전통)는 하나의 경우나 4세기 말에서 5세기 초의 금욕주의자들의 경우에서 보았던 것과 같이 전임 사역자로 헌신하는 것이 아니다. 부모들은 자신들의 자녀가 사역자가 되거나 다른 분야의 소명을 갖게 되기를 열망하지만, 이는 그들의 결정 사항이 아니다. 그렇다. 부모들은 원한다면 기도할 수 있다. 자신들의 자녀들을 자녀들의 동의 없이 봉헌할 수도 있다. 그러나 그렇지 않다. 물론 성경은 태어나면서부터 소명 받은 사람들을 증언한다.[29] 그러나 이것은 특이한 상황이다.

대부분의 하나님의 종들은 하나님이 삶에 직접적으로 역사하는 성령으로 인하여 그들을 부르셨다는 **개인적인** 확신을 갖는다. 부모들의 기도는 자녀들의 소명에 영향을 줄 수는 있지만, 그 소명에 응답하는 데는 자녀들의 자발성과 순종이 필요하다. 단지 헌아례를 했다고 해서 사역

---

29 사무엘의 이야기에 더해서(삼상 1장을 보라), 또한 예레미야(렘 1:4-10)를 보라. 그리고 삼손(삿 13:2-5)의 이야기를 보라.

자로 소명을 받았다는 충분조건이 되지는 않는다.

3. 유아의 출생을 인정하는 예식들

유아 세례를 시행하지 않는 교회들을 위해, 헌아례에 관하여 고려할 수 있는 몇몇 토대들을 보자.

1) 헌아례 예식의 중요성에 대한 재성찰

만약 위에 언급한 상황으로 헌아례를 시행하고자 할 때, 과연 어떤 목적을 가지고 시행해야 할 것인가?
어떤 형태를 취해야 할 것인가?
헌아례는 신학적으로도 타당하고 형태와 이름에서 재정비를 한다면 실제적인 목회적 장점을 지니고 있다. 이에 대해 설명하겠다.
헌아례를 하는 것은 성경에 직접적으로 나타나 있지도 않고 명령이 있는 것도 아니기 때문에, 헌아례는 어떤 목적도 없으므로 폐기되어야 한다고 쉽게 결론을 내릴 수 있다. 그러나 유아 세례가 어려울 때 헌아례를 행하라는 암시 형태의 성경의 사례들은 충분히 많다. 그러나 그 목표와 참여자에 대하여 생각하며 재설정하는 것이 필요하다.
나는 온전한 상황에서 가치 있는 '헌아례'의 세 가지 다른 모형을 제시하겠다. 그리고 나는 각각의 모형에 그 본성을 보다 정확하게 규명하는 새로운 이름을 지었다. 아래에서 첫 번째와 세 번째로 언급할 모형들은 장래의 세례식과 현실적인 연관성이 없다. 두 번째 모형은 장래의 세례식과 강한 연관성을 지닌다.

2) 아이를 축복하는 예배

첫 번째 모형은 '아이(들)에 대한 축복'이다. 아이들에 대해 예식적인 축복을 보여주는 몇 가지 성경 사례들이 있다. 세례 요한이 태어났을 때 그의 아버지 제사장 사가랴는 아기에 대해서 '예언자적 축복'을 선언했다. 사실상 그의 축복은, 엘리사벳의 임신에 대한 불신으로 벙어리가 된 이후 마침내 말하게 되었을 때 처음 한 말들 중의 하나였다(눅 1:20). 사가랴의 말은 예언적인 본질이 있었다고 간주되는데, 이 말들 또한 아이에 대하여 직접적으로 선언하는 축복의 말씀이다.

> 이 아이여 네가 지극히 높으신 이의 선지자라 일컬음을 받고 주 앞에 앞서 가시 그 길을 준비하여 수의 백성에게 그 죄 사함으로 말미암는 구원을 알게 하리니 이는 우리 하나님의 긍휼로 인함이라 이로써 돋는 해가 위로부터 우리에게 임하여 어둠과 죽음의 그늘에 앉은 자에게 비치고 우리 발을 평강의 길로 인도하시리라(눅 1:76-79).

가장 높은 이의 선지자로 불리워지는 것보다 더 위대한 축복이 어디 있겠는가?

아이에 대한 이 축복의 증거는 누가의 언급에서 나타난다.

> 아이가 자라며 심령이 강하여지며(눅 1:80).

예수님은 이후 제자들에게 그에 대해 말할 때, 세례 요한의 지위를 최고의 예언자로 승인했다.

> 그러면 너희가 무엇을 보려고 나갔더냐 선지자냐 옳다 내가 너희에게 이르노니 선지자보다도 훌륭한 자니라 … 내가 너희에게 말하노니 여자가 낳은 자 중에 요한보다 큰 자가 없도다(눅 7:26, 28).

요한이 태어났을 때 받은 축복은 모든 이스라엘을 위해 실현된 약속을 포함하고 있었다.

예수님도 태어났을 때 축복을 받으셨다. 요셉과 마리아가 예수님의 할례를 위해서 성전에 갈 때, 그곳에는 의롭고 경건한 시므온이 있었다. 그는 품 안에 예수님을 안고 사가랴와 비슷한 '예언적 축복'의 형태로 하나님을 찬양했다.

> 주재여 이제는 말씀하신 대로 종을 평안히 놓아 주시는도다 내 눈이 주의 구원을 보았사오니 이는 만민 앞에 예비하신 것이요 이방을 비추는 빛이요 주의 백성 이스라엘의 영광이니이다 (눅 2:29-32).

누가가 다음과 같이 쓴 것처럼, 이 축복은 명확하고 확실했다.

> 시므온이 그들(가족)에게 축복하고(눅 2:34).

그리고 보다 예언자적인 말들이 이어진다(눅 2:34-35을 보라). 예수님은 아기로서 축복을 받으셨을 뿐 아니라 예수님 자신도 아이들을 축복하셨다. 마가복음에 기록된 한 가지 중요한 사건은 작은 아이들을 향한 예수님의 사랑과 관심이었다. 예수님은 "그 어린 아이들을 안고 그들 위에 안수하시고 축복"하셨다(막 10:16). 성경에는 아이들을 축복하는 풍성한 사례들이 있다.

축복에는 무엇이 포함되는가?

성경 안에 나타난 축복의 경우를 대충 살펴볼 때 축복의 몇 가지 핵심 요소들이 있다. 일반적으로 축복은,

- 선포된다(특정 개인에게 직접적으로 선포된다. 개인을 초월한 기도의 형식은 아니다).
- 복을 구하는 좋은 말들로 구성된다(샬롬[Shalom]).[30]
- 특정 태도를 수반한다(팔에 아기를 안기, 아기의 머리에 손을 얹기 등).
- 공농제 안에서 수행되고 대부분은 거룩한 공간에서 수행된다.

축복은 다른 이를 위한 소원이 이루어질 것을 확신하는 마술적인 주문이 아니다. 그러나 평화와 복이 하나님의 아이에게 실현되기를 비는 하나님에 의해 감동된(God-breathed) 표현이다.

이제까지 나는, 만약 아이의 **봉헌**으로부터 아이에 대한 **축복**으로 강조점이 옮겨진다면 "헌아례"가 이해할 만하다고 제안했다. 목적에 있어서 이런 변화를 갖는다면, 그 예식을 재명명하는 것도 또한 합당하다. '어린이 축복'(The Blessing of a Child, 또는 다른 비슷한 이름을 선택해도 된다)이

---

30 축복은 또한 축도이다. 영어 단어 '축도'(benediction)는 라틴어 '베네'(bene, 좋은)와 '딕션'(diction, 말)에서 왔다. 축복(축도)는 다른 사람의 삶에 좋은 것을 말해 주는 것이다.

'헌아례'보다 훨씬 그 행사에 어울린다. '어린이 축복'을 위한 예배 순서의 예는 이후에 '예배 1'에서 제시되어 있다. **이런 대안은 세례식의 전 단계 또는 예비 세례식이 아니라는 점을 기억하라.**

3) 어린 제자를 위한 환영 예배

두 번째 대안적 예식도 헌아례의 재성찰에서 나온 것이다. 아이에 대한 축복에 초점을 맞추는 대신, 이 예배는 아이를 미래의 제자 명부에 공적으로 등록하는 것이다. 이것은 세례식을 향한 일종의 첫 번째 단계로서 기능한다. 세례는 몇 년 후에 개인적인 믿음의 고백과 함께 이루어질 것이다. 이 예배는 '어린 제자를 위한 환영 예배'(A Service of Welcome for the Young Disciple)[31]로 일컬어 질 수 있다.

제프리 웨인라이트(Geoffrey Wainwright)는 세례 받은 자의 믿음의 고백 위에 세례가 시행되기를 선호하는 부모들, 목회자들, 그리고 그 밖의 지도자들을 위해서 이런 유형의 예배를 몇 세기 전에 제안했다.[32] 정규적으로 유아 세례를 수행하는 교단을 포함하여 모든 기독교 교단들은 예수 그리스도께 대한 믿음을 고백하기에 충분히 나이가 든 이들에게 세례식을 제공한다. 세례가 개인적 회심의 때까지 연기되는 것이 아이들에 대한 책임을 지고 있는 이들에 의해서 결정된다면, 이때 떠오르는 질문은, 교회와 유아의 공적인 관계성이 무엇인가라는 것이다.

웨인라이트는 세례식은 스스로 그리스도에 대한 믿음을 고백할 수 있

---

31   아마 당신은 당신 공동체에 맞는 예배를 위해 "제자도의 시작을 위한 예배" 등과 같은 다른 이름을 발견할 것이다.
32   Wainwright, "Need for a Methodist Service," 51-60을 보라.

는 이들을 위해 존재하는 한편, "부모가 자녀들과 교회 공동체 둘 다를 위해서 세례식을 연기하긴 했지만 자녀들이 적절한 방식으로 아기 때부터 교회에 진입하기를 바랄 때 이런 경우를 위한 예배는 없다"[33]고 말했다.

아이가 교회의 공적인 일원으로 받아들여지고, 인생 초기 단계에 미래의 세례 지원자로서 정체성을 갖도록 하는 예식이 이런 경우에 유리하다. 웨인라이트는 이것이 고대 교회의 세례 지원자 교육 과정과 같다고 지적했다(본 장의 초반에서 논의하였듯이).[34] 초기 기독교에서 잠재적 신자는 세례 지원자로 등록하고, 수년간 영적 준비와 계획적인 제자 훈련의 시기를 보낸다. 그 다음 이 과정의 최고 단계인 신실한 믿음의 고백 단계에서 세례식이 수행된다.

이런 접근의 몇 가지 사례가 현대의 관습에도 존재한다. 한 가지 사례가 20세기 중반 프랑스 개혁교회에서 발견된다. 이 교단은 유아 세례를 매우 진지하고 오래 공들여 다룬다. 그러나 이들은 유아가 교회 일원이 되는 것을 상징하는 의식으로서 유아 세례가 아닌 다른 의식을 고안했다. 이 의식에서 유아는 하나님께 드려지고 또 축복을 받는다. 또한 이 의식이 세례를 향한 첫 번째 단계임을 완벽하고 분명하게 선포한다. 이 의식은 세례 지원자가 행해야 하는 필수적인 과정이다.

이와 같이 유아는 그리스도의 교회에 환영을 받으며 들어와서 교회의 지도와 양육 그리고 훈련을 받으며 공적인 돌봄 아래 있게 된다. 이 예배를 통해서 "부모와 교회는 예수 그리스도의 복음 안에서 아이를 교육해야 하는 책임을 똑같이 나누어 갖는다."[35] 그리고 아이는 축복을 받아

---

33 Ibid., 52.
34 Ibid., 53. 웨인라이트는 이를 위한 예로서 교회의 아버지 어거스틴을 들고 있다.
35 Ibid., 54.

야 한다는 사실을 인식하게 된다. 이 예배의 흥미로운 점은 아이를 향한 하나님의 무조건적인 은혜를 반영한다는 것이다. 집례자는 아이를 향해서 다음의 선포를 하게 된다.

> 작은 아이야, 네가 이해하거나 믿을 수 있기에는 어리지만, 우리는 너의 부모와 함께 너의 인생이 너의 주님의 손에 있다고 선포한다. 너를 위해서 예수 그리스도가 이 땅에 오셨고, 싸우셨고 고통을 당하셨다. 너를 위해서 그는 겟세마네의 고통을 담당하셨고 갈보리의 어둠을 지나셨다. 너를 위해 그는 "다 이루었다"라고 외치셨다. 너를 위해 그는 죽으셨고 너를 위해 그는 죽음을 이기셨다. 작은 아이야, 이 모든 것은 너를 위한 것이었지만, 너는 아직 아무것도 모른단다! 그래서 사도가 이렇게 말씀하셨다. "우리가 [하나님을] 사랑함은 그가 먼저 우리를 사랑하셨음이라."[36]

다른 전통들 안에도 비슷한 예배가 있다. 그리고 그 예배들은 유아가 생의 초기 단계에서 세례 지원자로서의 과정에 참여한다는 것을 보여준다. 그리고 세례의 과정 중에 있다는 것을 나타낸다. 이런 유형의 예배와 장래의 세례식 사이의 강한 연결은 오늘날 알고 있는 표준화된 헌아례와는 차이가 있다. 또한 '어린 제자를 위한 환영 예배'와 '어린이 축복' 사이에도 기본적인 차이가 있다.

---

36 "Présentation ou Bénédiction d'un enfant in Liturgie" *en liturgie*(Paris: Editions Berger-Levrault, 1963), 246-49, Wainwright, "Need for a Methodist Service," 55에서 재인용.

4) 부모의 세례 갱신을 위한 예배

이제까지 언급한 처음 두 가지 예배 모형은 널리 실천되는 모형은 아니다. 그러나 이것들은 역사적 선례들이 있다. 그리고 내가 주장하듯이 기독교 공동체에 적용할 수 있는 현실적으로 가능하고, 가치 있는 것들이다. 이 예배들은 신자의 세례에 대한 사상을 담지하고 있다. 가장 어린 공동체 일원과 교회 사이의 관계성에 주의를 기울이기를 소망하고 있다.

헌아례에 대해 생각해 볼 세 번째 모형은 새로운 대안이다. 아이에 대한 축복을 강조하거나 그 아이의 세례를 향한 과정을 강조하는 대신에, 이 세 번째 방식의 무게 중심은 부모의 영적인 양육의 역할에 있다. 즉 '헌아례'보다는 '부모들의 헌신'을 강조하는 것이다. 이 예배의 강조점은 부모들이 그리스도와 연합하고 거룩함을 추구하기로 다시 결의함으로써 새로운 헌신을 하도록 한다. 부모들의 이러한 헌신은 결국 그 자녀들에게 영향을 미쳐서 자녀들 또한 예수 그리스도의 진정한 제자가 되도록 한다.

이 예배는 "부모의 세례 갱신을 위한 예배"(A Service for Parental Renewal of Baptism)[37]로 표현할 수 있다. 이 예배가 어떤 것일지에 대해서 성찰하면서 제4장에서 다룬 세례의 맹세를 기억한다는 사상으로 돌아가 보자.

세례식을 기억하는 것은 신자들로 하여금 일상의 삶에서 세례의 중요성을 기억하도록 돕는다. 우리는 너무나 자주 우리의 세례를 단 한번의 행사로만 보기 때문에 그 중요성을 쉽게 잊는다. 사실상 유아 세례를 받은 사람은 자신의 세례를 문자 그대로 기억조차 **할 수 없다**. 세례식을 기념한다는 것은 신자들로 하여금 자신들의 세례를 매일 중요하게 되새

---

37 다시 말하지만, '아이 출생에 있어서 부모들의 헌신' 등, 이 예배를 위한 다른 이름을 자유롭게 찾으라.

기도록 한다. 사도 바울도 이에 대해 언급했다.

> 그러므로 우리가 그의 죽으심과 합하여 세례를 받음으로 그와 함께 장사되었나니 이는 아버지의 영광으로 말미암아 그리스도를 죽은 자 가운데서 살리심과 같이 우리로 또한 새 생명 가운데서 행하게 하려 함이라(롬 6:4).

"우리의 세례를 기억하는 것"은 매일 매 순간 "우리의 세례 안에서 사는 것"이다. 누군가의 세례 맹세를 갱신한다는 사상은 결혼 서약을 되새기는 것과 비슷하다. 한 쌍의 부부가 자신들의 결혼 서약을 되새기기로 결심할 때 그들은 다시 결혼하지는 않는다(우리는 다시 세례 받을 필요가 없다). 그들은 매일의 결혼 생활에서 결혼 서약을 진지하게 취하기로 했던 것을 단순히 기억한다. 결혼 당일에 그러하듯이 말이다.

기독교 부모에게서 아기가 태어나거나 양자를 들일 때, 그 부모는 그리스도인으로서의 여정을 재점검할 수 있는 완벽한 기회를 얻는다. 세례식을 기억하는 것은 하나님으로부터의 선물인 아이들을 자신들의 세례의 미덕으로 양육하겠다는 책임을 공적으로 수용하는 깊은 의미가 있다. 세례식이 책임감을 준다는 것은 진실이다. 세례식의 결과로서 우리는 믿음을 키우고 하나님과 타인들을 향한 사랑을 키운다. 그리고 하나님의 나라를 위한 더 위대한 섬김을 수행한다. 이런 미덕들은 새로운 믿음의 세대를 형성하는 것이 위기에 처했을 때 더 중요해진다.

아마도 부모가 자녀들을 양육하는 관점에서 자신들의 세례 맹세를 갱신한다는 것은 특히 가정 생활에 비추어 예수님의 성품을 따르기로 재헌신하는 것이다. 어린 자녀들은 어느 때보다도 더 영적 분위기에서 살게 될 것이다. 어린 자녀가 얻을 수 있는 가장 큰 유익은 하나님의 영광을 향해 살겠다는 자신의 세례 맹세를 지키며 하루하루를 사는 부모이다.

부모들을 위한 세례의 기억에 대해 이야기할 때 조심해야 할 점이 있다. 이 예배에서 부모 또는 보호자가 자신들의 자녀를 어떻게 양육할 것인지에 대해 개인적인 진술을 할 수 있다. 그러나 이 예배는 **통합 예배의 형식이 되어야 한다**. 모든 회중이 세례 갱신에 참여할 필요는 없다(적절할 수도 있고 또 격려될 수도 있지만). 그러나 전 회중이 그 예식 전반에 전적으로 참여하는 것은 요청된다. 회중은 부모들이 자신들의 세례를 회고하는 것을 수동적으로 지켜보기만 해서는 안 된다. 오히려 회중은 자신들의 세례도 회고하면서 그 행사에 적극적으로 참여한다.

제4장에서 언급한 것처럼 세례에 대한 기억 또는 세례 갱신은 세례를 다시 받는 것과는 다르다. 물이 그 예배를 더욱 풍성하게 하기 위한 상징으로 사용될 수도 있는데(매우 일반적이다), 세례를 다시 주는 것을 암시해서는 안 된다.

헌아례에 대하여 강조하는 이 세 번째 모형을 말하면서, 우리는 **아이**에 대한 봉헌에서부터 **부모**의 헌신까지 움직여왔다. '부모의 세례 갱신' 예배에 대한 예를 아래에 제시했다.

만약 당신 교회에 아이 또는 유아를 봉헌하는 오랜 전통이 있다면, 그 전통적인 예배를 지지해 주는 많은 자료들이 있을 것이다. 특히 헌아례에 선호하는 교단의 목회 지침서를 살펴보라. 많은 초교파적 목회 지침서들도 주요 출판사나 서점에 있다. 이런 자료들이 표준적인 헌아례 모형을 만드는 데 도움을 줄 수 있다.

만약 당신이 유아의 출생과 관련하여서 전통적인 헌아례 외에 최근 많이 등장하는 새롭고 대안적인 예식들에 관심이 있다면, 여기 제시한 세 가지의 예배들이 당신에게 도움이 될 것이다. 또한 각각의 예배들은 입양된 아이(또는 다른 가능성들)를 위해서도 매우 적절하다.

4. 구조 세우기

아래에서는 세 가지의 구별된 예배들을 제시할 것이다. 중복되는 부분이 있을 수도 있지만 괜찮다. 중요한 것은 그 예배가 강조하는 점이 무엇인가 하는 것이다.

5. 예배 1: '어린이 축복' 예식의 순서

부록 2에 기본적인 윤곽이 제시되어 있다.

유아 세례를 시행하지 않는 교회들은 공동체에 아이가 새로 들어올 때 목회적으로 도움이 될 만한 다른 예식이 필요하다.[38] '어린이 축복'을 위한 예배는 헌아례가 아니다. 오히려 기독교 부모에게 새로운 아기가 생물학적으로 또는 입양을 통해서 속하게 된 것을 감사하고 축복하는 예배이다.

일반적인 예배처럼 이 예배도 사적으로 시행되는 것이 아니다. 언제나 공동체 안에서 이루어지므로 평범한 주일 예배의 한 부분이 된다. 이런 '예배 안의 예배'는 예배의 구성 요소인 모임, 말씀 그리고 응답 중에

---

[38] 반복하자면, 만약 유아나 매우 어린 아이가 곧 세례 받을 것이라면 이 예배는 불필요하다.

제8장 헌아례와 대안적인 의식들 … 491

서 응답 순서에 온다. 아이에 대한 축복이 말씀에 대한 응답으로 예배 진행 중에 이루어지는 것이다. 당신의 목적에 맞게 예배의 형태를 융통성 있게 적용하면 된다. 이 예배는 안수받은 목회자를 필요로 하는 정례 예식이나 성례전이 아니지만, 안수받은 목회자가 이 예배를 인도하는 것이 가장 좋을 것이다.

페이지 왼쪽에 제목으로 된 예배 요소는 예배에 필수적인 것이다. 페이지 중앙에 있는 괄호〔 〕안의 요소는 선택 사항이다.

1) 노래(설교에서 예식으로 이동하기)

회중들이 함께 부르는 것이 좋다. ("문들과 창문들을 세우기"에서 제안하는 노래들의 목록을 참고하라.)

주의 부모들과 다른 가족들은 노래를 부르는 동안에 앞으로 나온다.

2) 목적 진술

목회자는 이 예식의 특별한 의미에 대해 간단하게 선언한다.

예문

- "형제, 자매 여러분! 우리는 축복할 새로운 지체인 [○○○]를 맞이하게 되었습니다. 우리는 [○○○]가 이 가족의 선물일 뿐 아니라 우리 모두의 선물임을 압니다. 그래서 우리는 [○○○]와 그 가족과 함께 기뻐하고 하나님께 은혜를 구하기 위해 모였습니다. 오늘은 특별한 날입니다! 믿음의 가정에 온 우리의 새로운 지체에

대하여 하나님의 사랑을 표현하고 [○○○]를 위해 하나님의 복을 간구할 때, 하나님의 임재가 우리 가운데 가득하시기를 원합니다."[39]

- "믿음의 가족 여러분! 우리는 하나님의 임재 가운데 새로운 생명의 선물을 즐거워하고 감사하기 위해 모였습니다. [○○○]은 [부모의 이름]의 자녀로서 [출생일]에 태어났습니다. 그날은 [부모의 이름]의 가족에게 뿐 아니라 하나님의 가족인 우리 모두에게도 매우 행복한 날입니다. 모든 생명은 하나님의 선물입니다. 새로 태어난 이 아이는 하나님 보시기에 그리고 [교회 이름]의 영적인 가족에게 얼마나 소중한지요. 기뻐하는 자와 함께 기뻐하기 위해 오늘 우리는 이 아이를 축복합니다. 우리는 우리 자신을 예수 그리스도의 진정한 제자로의 삶에 새롭게 헌신합니다. 그리하여 [○○○]도 역시 우리의 주님을 알게 되고 그분을 따르게 될 것입니다."[40]

3) 기원

인생의 가장 아름다운 선물로 인하여 하나님을 예배할 때, 성령의 임재를 초청하는 짧은 기도를 드려라.

예문
- "아이들을 사랑하시는 예수님! 주님은 작은 아이들을 품에 안으시고 축복하셨습니다. 아이를 축복하는 지금 이 순간에도 주님께서

---

[39] Constance M. Cherry, 2012.
[40] Ibid.

우리와 함께 계심을 우리로 깨닫게 하옵소서. 주님, 오셔서 특별한 방법으로 주님의 임재를 알리소서. 그리하여 주님께서 오래전 갈릴리에서 "어린 아이들이 내게 오는 것을 용납하라"라고 말씀하셨던 환영의 선포를 우리로 다시금 듣게 하소서. 우리는 주님이 오래선 보이셨던 그 동일한 열정을 가지고 이 아이를 환영하면서 주님을 예배합니다. 예수님의 이름으로 기도드립니다. 아멘."[41]

- "하나님! 하나님은 어머니가 자녀를 위로하듯이 우리를 붙드시며 공급하십니다. 하나님은 아버지가 자녀를 돌보듯이 자비와 선함으로 우리를 끊임없이 지켜보십니다. 우리는 하나님의 선물인 이 아리로 인해서 감사함으로 하나님 앞에 나아옵니다. 이 가정에 찾아온 기쁨, 그들과 우리 모두를 감싸는 사랑으로 인하여 감사함으로 하나님 앞에 나아옵니다. 하나님의 성령을 부으소서. 하나님의 종들이 사랑으로 가득하게 하소서. 우리의 가정을 거룩함으로 세우소서. 예수님의 이름으로 기도드립니다. 아멘."[42]

4) 여는 성경 구절들

적당한 성경 구절을 읽는다. ("문들과 창문들을 세우기"에서 제시된 성경 구절들을 보라.)

주의 잘 준비된 젊은이가 성경 구절을 낭독하는 것이 좋다.

---

41 Ibid.
42 *The United Methodist Book of Worship*(Nashville:United Methodist Publishing House, 1992),586.

〔감사를 위한 호칭(呼稱) 기도〕

예문

목회자: 오늘은 주님이 만드신 날입니다. 기뻐하고 즐거워합시다!
사람들: 우리는 하나님의 선하심을 기뻐합니다.
목회자: 오늘은 아이들의 순수함과 아름다움을 축하하는 날입니다.
사람들: 우리는 하나님의 선하심을 기뻐합니다.
목회자: 오늘은 우리의 팔을 넓게 펴고 이 소중한 아이들을 품에 안는 날입니다.
사람들: 우리는 하나님의 선하심을 기뻐합니다.
목회자: 오늘은 우리 공동체가 [○○○]를 위해 축복하는 날입니다. 하나님의 평안이 [○○○]의 삶에 항상 넘칠 줄 믿습니다.
사람들: 우리는 하나님의 선하심을 기뻐합니다.
목회자: 오늘은 주님이 만드신 날입니다.
다함께: 기뻐하고 즐거워합시다![43]

〔부모의 소망(intent)〕[44]

목회자는 부모들에게 자녀를 향한 소망과 기도가 무엇이냐고 공적으로 묻는다. 부모들은 자녀를 위해서 기도하고 있는 영적인 은혜를 말함으로써 응답한다. 또는 자녀들의 인생에 지침이 될 성경 구절을 선포하기 원할 수도 있다. 이 성경 구절은 '인생 구절'(The life verse)로 부모들이 장래에 자녀들을 위해 기도할 때마다 지침이 되어 줄 말씀이다.

---

43 Constance M. Cherry, 2012(시 118:24 참조).
44 "부모 또는 보호자"는 전적으로 준비되어 있어야 한다.

주의 모든 예배의 과정은, 특히 이 부분은 예배 시작 전에 논의가 되어야 한다. 목회자는 부모들을 지도해서, 그들이 이 순서에 있어서 깊이 생각하며 기도하게 하고, 어떤 부적절한 선택도 피하게 해야 한다.

예문

목회자: 이 아이를 향한 당신의 소망은 무엇입니까?

부　모: **우리는 하나님이 [○ ○ ○]에게 하나님을 향한 사랑과 다른 사람들을 향한 사랑으로 채워주시기를 기도합니다.**

여기에서 사랑은 하나의 보기로 제시되었다. 용기, 자비, 평화, 정열, 기도 등 다른 미덕들을 선택해도 된다. 하나의 미덕만 제시하여야 한다. 부모가 '인생 구절'을 선택하면, 그 미덕과 연결하라.

주의 아이를 위한 소망을 말하는 것과 성경의 구절을 선택하는 것은 한 가지 또는 둘 다 할 수 있다.

목회자: [○ ○ ○]의 장래를 위해서 기도하며 선택한 성경의 구절이 있습니까?

부　모: **우리는 [○ ○ ○]가 특히 이 말씀처럼 살기를 원합니다.**
"**네 마음을 다하며 목숨을 다하며 힘을 다하며 뜻을 다하여 주 너의 하나님을 사랑하고 또한 네 이웃을 네 자신같이 사랑하라**"(눅 10:27).[45]

---

[45] "부모의 소망" 부분은 콘스탄스 체리(Constance M. Cherry), 2012에서 발전되었다.

5) 축복

목회자는 아이를 자신의 팔에 안고 축복을 선포한다.

- 가족들뿐 아니라 회중들도 당신의 행동을 볼 수 있도록 위치를 잡아라.
- 이 순간에 아이를 향해서 예배자들이 손을 뻗어 축복의 태도를 취하는 것도 의미 있다.
- 만약에 부모가 자녀에게 어떤 특정한 미덕이 가득하기를 구하였다면 이 축복의 말에 그 미덕을 포함시켜라.
- 만약 부모가 '인생 구절'을 선택하였다면 그 일반적인 지침 안에서 축복의 말이 구성되도록 하라.
- 성경의 축복의 말들을 기억하고 사용하라.
- 축복을 **선포**하라. 축복의 **기도**를 하는 것이 아니다(아이에게 직접적으로 선언하라).
- 아이의 얼굴을 쳐다보라. 당신의 손을 그 아이의 머리에 놓으라.
- 세례식과 혼동하지 않기 위해서 삼위일체 공식을 피하라.
- 회중이 함께 "아멘"을 하도록 요청하라.[46]

6) 부모를 위한 기도

목회자나 다른 평신도 인도자는 그 부모가 자녀를 예수 그리스도의

---

[46] 가능하면 "그리고 모든 하나님의 백성들이 대답했다"라고 말하는 도입부를 피하라. 그보다 미리 사람들에게 "아멘"하며 참여하도록 하라. 완전히 똑같이 행되는지 아닌지가 중요한 것이 아니다. 사람들이 당신의 기도에 "아멘"으로 동의하는 것을 허용하라.

길로 이끌고 잘 보살필 수 있는 힘을 갖을 수 있기를 기도한다.

- 이 기도는 한 사람 또는 몇 사람에 의해서 자발적으로 드려질 수 있다.
- 이 기도를 드리는 동안 부모에게 손을 얹는 것이 적절하다.

7) 어린이 소개

아이를 계속해서 안은 채, 목회자는 아이를 소개하면서 회중에게 더 가까이 다가간다(심지어 중앙 통로를 따라 내려갈 수도 있다). 이 때는 자연스러운 소개의 말들을 하는 비공식적인 순간이다. 이런 행동의 목적은 회중들이 이 아이가 생물학적 가족뿐 아니라 하나님의 교회와도 연결되어 있음을 되새겨 주는 것이다.

〔자발적인 찬양〕

회중은 아이와 그 가족을 위해 하나님께 대한 매우 짧고 자발적인 찬양의 말들을 하도록 초대된다.

8) 마치는 기도

목회자는 간단한 기도와 함께 예배의 이 부분을 마친다. 이 기도는 축복과는 다른 것이다. "축복"이라는 말을 피하라. 그리고 아이의 머리에 손을 얹는 것도 피하라.

예문

"사랑하는 예수님! 주님은 어린 아이에게 위대한 사랑과 관심을 보여주셨습니다. 우리가 [○ ○ ○]를 우리의 팔에 안을 때, 안고 있는 것은 진실로 주님임을 알게 하소서. 우리가 [○ ○ ○]를 환영할 때 주님의 부드러운 손, 주님의 유쾌한 목소리, 주님의 친절한 얼굴이 되게 하소서. 이 작은 이의 놀라운 선물로 인해서 아버지 하나님께 감사를 드립니다. 선한 목자이신 예수님! 오늘 우리 모두를 주님의 돌보심으로 안아주소서. 우리가 목자의 음성을 듣고 이전보다 더 신실하게 주님을 따르게 하소서. 예수 그리스도의 이름으로 기도드립니다. 아멘.[47]

〔주님의 기도〕

9) 노래(서로 간의 관계를 기뻐하기)

공동체, 영적 연합, 하나님의 가족 등과 관련된 노래가 적절하다. 예배는 파송으로 이어진다.

6. 예배 2: '어린 제자를 위한 환영 예배'의 순서[48]

기본적인 윤곽은 부록 2에 나와 있다.

---

[47] Constance M. Cherry, 2012.
[48] 이 예배의 4가지 주된 요소는 제프리 웨인라이트의 덕택이다. 즉 아이의 출생을 감사, 세례 지원자로 등록, 아이에게 성령이 임하시기를 기도, 그리고 행해지는 행동을 표현하는 물리적 몸짓이다. Wainwright, "Need for a Methodist Service"를 보라.

제8장 헌아례와 대안적인 의식들 ... 499

페이지 왼쪽에 제목으로 된 예배 요소는 예배에 필수적인 것이다. 페이지 중앙에 있는 괄호 〔 〕 안의 요소는 선택 사항이다.

1) 노래(설교에서 예식으로 이동하기)

회중이 노래를 부르는 것이 적절하다. ("문들과 창문들을 세우기"에서 제안된 노래를 보라.)

주의 부모와 다른 가족 구성원들은 노래 부르는 동안 앞으로 나와도 된다.

2) 목적 진술

목회자는 이 예식의 특별한 의미에 대해 간단하게 선언한다.

예문
- "형제, 자매 여러분! 기독교의 초창기부터, 아직 그리스도를 고백하지 않은 사람들에게 복음을 선포하는 일은 기독교의 엄숙한 의무였습니다. 그리고 관심을 표현하는 이들을 교육하여 그들이 스스로 예수님께 헌신하고 세례를 받기로 결심하도록 하며, 그 결심을 공적으로 보일 때까지 제자의 일들을 가르치는 것도 기독교의 의무였습니다. 오늘 우리는 [교회의 이름]의 믿음의 가족으로서 [○○○]가 그리스도의 믿음을 향한 자신의 여행을 시작하도록 출발시킵니다. 이것은 세례식에서 정점에 달하게 됩니다. 얼마나 오래 걸릴지 우리는 알지 못합니다. 그러나 하나님은 아십니다. 그러므로 [○○○]가 그리스도 안에서 개인적인 믿음을 고백하고 세례 받

을 때까지, 우리는 교회의 역사 속의 수많은 제자들처럼 우리 자신을 새롭게 헌신하여 예수 그리스도의 진정한 제자로서 살 것입니다. 그러면 [○○○]도 우리 주님과 대면하게 되고 주님을 따르게 될 것입니다."[49]

- "사랑하는 여러분! 예수님을 따르라는 부르심은 시몬과 안드레, 야고보와 요한에게 처음 전해졌습니다. 예수께서 어부들을 자신의 제자로 부르셨을 때, 그들에게 사람을 낚는 어부가 되라고 사명을 주셨습니다. 그때부터 예수 그리스도의 교회도 모든 사람을 믿음과 회개와 세례와 다른 사람들을 제자 삼는 일에 초대해 왔습니다. 오늘 우리는 하나님 앞에 예수님이 오래전 세우신 이 사명을 계속 이어가겠다는 우리의 의지를 선언하고자 모였습니다. 우리는 [○○○]를 위해 영적인 여행을 시작합니다. 이 아이가 이 순간의 중요성을 알지 못하더라도 말입니다. 우리는 이 아이를 공식적으로 교회의 양육과 돌봄 아래 두기 위해 모였습니다. 그리하여 성령께서 역사하셔서 [○○○]가 예수 그리스도께 대한 믿음을 공언할 때, 이 아이는 세례를 받게 될 것이고, 교회는 [○○○]의 구원뿐 아니라 이 아이와 함께 동행하기에 합당하게 여겨졌다는 사실로 인하여 기뻐하게 될 것입니다."[50]

3) 기원/감사 기도

인생의 가장 아름다운 선물로 인하여 하나님을 예배할 때, 성령의 임

---

49 Constance M. Cherry, 2012.
50 Ibid.

재를 초청하는 짧은 기도를 드려라.

예문

- "생명의 수여자이신, 거룩한 하나님! 우리가 새로운 생명의 선물이며 주님의 소중한 아이인 [○○○]의 출생으로 즐거워하는 이 순간, 주님의 임재를 구합니다. 주님의 형상으로 우리를 만드시고 영광과 존귀로 관 씌우시고, 주님의 피조물을 돌보라고 우리에게 맡겨주심으로 인하여 주님을 찬양합니다. 이 거룩한 순간에, 주님의 영을 통해 우리를 만나주셔서, 주님께서 우리에게 [○○○]를 하나님의 가족으로서 돌보도록 맡기셨다는 것을 우리가 인정하게 하옵소서. 우리가 주님의 교회로서, 이 아이가 그리스도께 대한 믿음을 통해서 새로운 피조물일 때까지 그리고 이전 것은 지나가고 새 것이 되었다는 것을 우리가 기뻐할 때까지, 이 아이와 오늘부터 동행하도록 인도해 주소서. 이 모든 것이, 그리스도로 말미암아 자신을 우리와 화목케 하시고 우리에게 화목케 하는 사역을 주신 하나님으로부터 왔기에 하나님을 찬양합니다. 예수 그리스도 이름으로 기도드립니다. 아멘."[51]

- "어린 아이를 사랑하시는 예수님! 주님께서 아이들을 환영하셨듯이 우리도 아이들을 환영하는 마음으로, 기뻐하고 감사하며 주님 앞에 나아갑니다. 생명의 선물로 인하여 주님을 찬양합니다! 하나님의 형상으로 만들어진 이 아이, 이 생명의 선물로 인해 주님을 찬양합니다. 우리는 [○○○]가 육체적인 출생에서부터 영적인 거듭남에 이를 때까지, 세상에 태어날 때부터 물과 성령으로 거듭날 때

---

51 Ibid. (고후 5:17-18 참조).

까지 함께 동행할 것을 약속합니다. 이것은 주님의 일입니다. 이것이 우리가 보기에 신비합니다. 이 날은 주님께서 만드신 날입니다. 기뻐하고 즐거워하게 하소서. 예수 그리스도의 이름으로 기도드립니다. 아멘.[52]

4) 여는 성경 구절들

적당한 성경의 구절을 읽는다. ("문들과 창문들을 세우기"에서 제시된 성경 구절들을 보라.)

주의 회중의 공식적인 평신도 대표자가 이 성경 구절을 읽는 것이 좋다.

5) 부모의 소망[53]

목회자는 부모들이 자신의 자녀가 교회를 통해 표현된 기독교 신앙 가운데 자라서 때가 되어 개인적인 믿음을 고백하고 세례를 받고 싶어 하기를 소망하는 선언을 하도록 이끈다.

주의 '어린 제자를 위한 환영 예배'는 예배 전에 부모나 보호자와 함께 논의되어야 한다. 그래서 부모들이 신실함과 기도하는 마음으로 응답하도록 준비되어야 한다.

예문

목회자: [○○○]이 예수 그리스도의 제자가 되기를 원하십니까?

---

52 Ibid., (요 3:3–5 그리고 시 118:23–24 참조).
53 "부모 또는 보호자"는 전적으로 준비되어 있어야 한다.

부　모: **그것은 우리가 간절히 원하는 것입니다.**

목회자: 당신의 가정에서 영적인 양육을 지속적으로 제공할 의지가 있습니까?

　　　　종종 기도하고 성경을 읽으며, 이 공동체 예배에 정기적으로 참석하고, [○○○]가 기독교 신앙에 익숙하도록, 할 수 있는 모든 것을 하겠습니까?

부　모: **그것은 우리가 바라는 것입니다. 하나님이 우리를 도우십니다.**

목회자: 당신의 자녀가 예수님을 구원자와 주님으로 개인적으로 영접할 수 있도록 모든 교회가 함께 힘쓰기를 원하십니까?

부　모: **우리는 이 믿음의 공동체의 형제들과 자매들의 도움이 필요함을 알고 있습니다.**

목회자: 당신은 [○○○]가 거룩한 세례를 받을 수 있도록 지도하실 것입니까?

부　모: **우리는 그렇게 지도할 것입니다.**[54]

6) 회중의 서약

지역 교회 공동체의 구성원들이 기독교 믿음 안에서 공동 양육자로서의 자신들의 역할을 받아들이도록 요청된다.

회중 서약 예문[55]

목회자: 여러분은 [○○○]를 위한 영적인 양육을 제공하는 것의 중

54　Constance M. Cherry, 2012.
55　Ibid., 마지막 단락은 예외임.

요성을 이해하십니까?

사람들: **우리는 이해합니다.**

목회자: 여러분은 이 아이를 무조건적으로 사랑하고 수용할 것입니까?

사람들: **그렇게 할 것입니다.**

목회자: 여러분은 이 아이가 교회 예배와 성경과 기도의 복과 다른 사람을 섬기는 일을 사랑하도록 인도하는 영적인 의무를 다하시겠습니까?

사람들: **우리는 그렇게 할 것입니다. 하나님이 우리를 도우십니다.**

목회자: 여러분은 [○○○]가 스스로 예수님을 구세주와 주로 영접하고 세례 받아 예수님을 따를 때까지, [○○○]를 영적으로 양육하고 돌볼 의무를 기쁘게 받아들입니까?

사람들: **하나님의 도움으로 우리는 복음을 선포하고 그리스도의 본을 따라 살 것입니다. 우리는 사랑과 용서의 공동체로서 [○○○]를 감쌀 것입니다. 그래서 이 아이가 하나님에 대한 믿음 안에서 자라고 신실하게 다른 사람을 섬길 것입니다. 우리는 이 아이가 생명으로 인도하는 길을 걷는 진정한 제자가 되도록 기도할 것입니다.**[56]

7) 회중에게 권면

목회자는 회중에게 권면한다.

---

56   *The United Methodist Book of Worship*, 89.

전면 예문

- "사랑하는 자들아 너희는 너희의 지극히 거룩한 믿음 위에 자신을 세우며 성령으로 기도하며 하나님의 사랑 안에서 자신을 지키며 영생에 이르도록 우리 주 예수 그리스도의 긍휼을 기다리라 어떤 의심하는 자들을 긍휼히 여기라 또 어떤 자를 불에서 끌어내어 구원하라 또 어떤 자를 그 육체로 더럽힌 옷까지도 미워하되 두려움으로 긍휼히 여기라"(유 1:20-23).
- "예수께서 나아와 말씀하여 이르시되 하늘과 땅의 모든 권세를 내게 주셨으니 그러므로 너희는 가서 모든 민족을 제자로 삼아 아버지와 아들과 성령의 이름으로 세례를 베풀고 내가 너희에게 분부한 모든 것을 가르쳐 지키게 하라 볼지어다 내가 세상 끝날까지 너희와 항상 함께 있으리라"(마 28:18-20).

8) 제자도 언약(Covenant Discipleship)에 등록[57]

이 순서는 짧지만 아이와 부모/보호자, 그리고 교회 간의 공식적인 언약을 나타내는 의미 있는 순서이다. 이 순서는 두 부분으로 구성된다.

① 아이의 이름을 부른다. 그리고
② 아이의 이름을 제자도 언약 증서에 적는다.

이것의 목적은 추구자(그 아이)와 회중(그 언약 공동체) 사이에 공식적인 언약을 맺어서, 아이가 나이가 들면 믿음의 고백을 하고 세례를 받게 하

---

[57] 또는 "세례 지원자 등록."

는 것이다. 증서는 그 언약을 기념하는 효과를 갖는다. 이처럼 유아기부터 교회의 계속적인 돌봄 아래 있는 세례 지원자들에 대하여 공적인 기록을 남기는 것을 추천한다.[58]

주의 아이의 이름을 적을 때 일반적인 세례식과 일치되게, 성과 중간 이름만 적는다(제4장을 보라).

목회자: 이 아이의 세례명이 무엇입니까?
부　모: [성과 중간 이름을 말한다.]

주의 목회자 또는 평신도 대표는 부모에게 제자도 언약 증서를 준다. 이 증서에는 그들의 자녀가 교회의 돌봄과 양육 과정에 정식으로 등록하였음이 명시되어 있다.

9) 어린이를 위한 성령 임재 간구

목회자는 아이를 자신의 팔에 안고 성령이 그 아이에게 임재하기를 기도를 드린다.

- 가족뿐 아니라 회중들도 당신의 행동을 볼 수 있도록 위치를 잡으라.
- 이 순간에 예배자들이 아이를 향해서 축복하듯 손을 뻗도록 권유하라.
- 당신의 손을 아이의 머리에 놓으라.

58　이 절차는 유아들을 교회의 "요람 명부"(Cradle Roll)에 등록시키는 이전의 전통적인 실천과 다르지 않다. 이 실천은 특히 자유교회 전통에서 널리 유행했다. 아기들을 주일학교 프로그램에 영아부부터 시작해서 공식적으로 등록시키는 것이다. 또한 보다 정례예식적인 다른 교회들은 세례를 위해 등록하는 것을 수반하는 요람 명부 전통을 갖고 있었다.

- 세례식과 혼동하지 않기 위해서 삼위일체 공식을 피하라.
- 회중이 함께 "아멘"을 하도록 초대하라.[59]

기원의 기도 예문

- "성령 하나님! 당신의 능력으로 [○ ○ ○]을 두르소서. 오늘부터 모든 진리 가운데로 이 아이를 인도하시며 이 아이의 인생에 역사하소서. 오직 당신의 능력으로 말미암아 이 아이가 입술로 '예수님은 구주이십니다!'라고 외치게 하소서. [○ ○ ○]의 이름이 어린 양의 생명책에 쓰여, 사람이 만들지 않은 하늘 나라에 영원히 거할 때까지 [○ ○ ○]의 몸과 마음과 정신과 영혼을 보호하시고 지켜 주소서. 아멘."[60]

- "자비로우신 하나님! 주님으로부터 하늘과 땅의 모든 족속이 이름을 얻었나이다. 주님의 영광의 보화들로부터 성령으로 말미암아 우리를 강하게 하소서. 우리를 도우사 주님의 교회 안에서 [○ ○ ○]을 기쁨으로 양육하게 하소서. 이 아이가 주님의 은혜 가운데 [세례로/성숙한 그리스도인이 되도록] 이끄소서. 그리하여 믿음으로 말미암아 이 아이의 마음 가운데 그리스도께서 거하소서. [○ ○ ○]와 우리에게 힘을 주셔서, 주님의 모든 백성과 함께 그리스도의 사랑의 넓이와 길이와 높이와 깊이를 깨닫게 하소서. 우리가 이 사랑을 알게 하시고, 당신의 충만함으로 우리를 채워주소서. 예수님의 이름으로 기도드립니다. 아멘."[61]

---

59 가능하면 "그리고 모든 하나님의 백성들이 대답했다"라고 말하는 도입부를 피하라. 그보다 미리 사람들에게 "아멘"하며 참여하도록 말하라. 완전히 똑같이 수행되는지 아닌지가 중요한 것이 아니다. 사람들이 당신의 기도에 "아멘"으로 동의하도록 허용하라.
60 Constance M. Cherry(요 16:13 그리고 고전 12:3 참조).
61 *The United Methodist Book of Worship*, 586-87.

10) 성령의 인치심

목회자는 아이의 이마에 십자 표시를 긋는다.[62]

11) 축도

목회자는 아이를 안고 아이에게 축복을 선언한다.
주의 이것은 기도가 아니라 아이에게 축복을 선언하는 것이다. 그러므로 축복의 말을 하는 동안 어린 제자의 얼굴을 직접 쳐다보라.

축도 예문
- "능히 너희를 보호하사 거침이 없게 하시고 너희로 그 영광 앞에 흠이 없이 기쁨으로 서게 하실 이 곧 우리 구주 홀로 하나이신 하나님께 우리 주 예수 그리스도로 말미암아 영광과 위엄과 권력과 권세가 영원 전부터 이제와 영원토록 있을지어다 아멘"(유 1:24-25).
- "여호와는 네게 복을 주시고 너를 지키시기를 원하며 여호와는 그의 얼굴을 네게 비추사 은혜 베푸시기를 원하며 여호와는 그 얼굴을 네게로 향하여 드사 평강 주시기를 원하노라 할지니라" 아멘 (민 6:24-26).

〔어린이의 소개〕

목회자는 여전히 아이를 품에 안고 사람들에게 아이를 소개시키며,

---

62 이것은 반드시 "마른" 표식이어야 한다. 물이나 오일은 세례를 위해서 아껴두라.

제8장 헌아례와 대안적인 의식들 **509**

회중에게로 가까이 걸어간다(중앙 복도를 통해 걸어갈 수도 있다). 임의적인 소개의 말을 하는 비공식적인 순서이다. 이런 행동의 목적은 회중들이 이 아이가 생물학적 부모의 아이일 뿐 아니라 하나님의 가족이기도 하다는 것을 되새겨주는 것이다.

12) 노래(제자 됨을 축하함)

제자도, 공동체, 영적 연합, 하나님의 가족에 관련된 노래들이거나 이와 비슷한 노래들이 적당하다.
예배는 파송(Sending)으로 이어진다.

7. 예배 3: '부모의 세례 갱신' 예식의 순서

기본 윤곽은 부록 2에 나와 있다.
아이의 출생에 대한 세 번째 예식은 '부모의 세례 갱신'이다. 여기에서 강조점은 부모들이 자신들의 세례 서약을 기억함으로써 재헌신하는 것이다. 부모의 세례 갱신 예배는 헌신적인 부모들이 이전에 드린 거룩한 맹세를 성취시키는 성경의 몇몇 사건들에 뿌리를 두고 있다. (삼상 1:1-28; 눅 2:21-24를 보라) 위에 묘사한 예배들처럼 이 예배는 정규적이고 기본적인 교회 예배에 통합되는 형태의 예배이다. 이 예전은 말씀에 대한 응답의 순서에 위치한다. 안수받은 목회자에 의해서 인도된다. 이 예배는 아이가 아니라 부모에게 집중되는 예배이다. 그러나 부모, 가족 또는 교회 지도자가 아이를 안고 있는 것이 좋다.

페이지 왼쪽에 제목으로 된 예배 요소는 예배에 필수적인 것이다. 페이지 중앙에 있는 괄호 〔 〕 안의 요소는 선택 사항이다.

1) 노래(설교에서 예식으로 이동하기)

회중이 노래를 부르는 것이 적절하다. ("문들과 창문들을 세우기"에서 제안된 노래를 보라.)

주의 부모와 다른 가족 구성원들은 노래 부르는 동안 앞으로 나와도 된다.

2) 목적 진술

목회자는 이 예식의 특별한 의미에 대해 간단하게 선언한다.

예문
- "믿음의 가족 여러분! 우리는 [아버지 이름]과 [어머니 이름]의 세례식의 맹세를 다시금 확신하고자 하는 것을 지지하며 참여하기 위해 모였습니다. 특히 이들은 자신들의 믿음과 의지를 공적으로 천명하기를 원하고 있습니다. 왜냐하면 이들의 아기인 [○ ○ ○]가 태어났기 때문입니다. 이들의 기도는, 세례식의 약속을 갱신하고 성경 말씀을 따라 거룩한 삶에 재헌신함으로써, 평생 동안 하나님의 사랑과 자비를 [○ ○ ○]에게 증거하는 능력을 받는 것입니다."[63]
- "형제, 자매 여러분! 성령이 우리의 삶으로 들어오셔서 새롭게 하시고 우리를 이끄시며 그리스도께 대한 우리의 헌신을 깊게 만드실 때, 종종 우리는 믿음의 여행에서 새로운 출발을 경험합니다. 오늘

---

63 Constance M. Cherry, 2012.

우리는 [아버지 이름]과 [어머니 이름]의 삶에 이루어진 일들로 인하여 하나님을 찬양합니다.[64] 우리는 이 부모들을 하나님의 목적에 새롭게 헌신하도록 이끈 하나님의 선물인 [○○○]로 인해 기뻐합니다. 하나님의 사람들인 우리는, 이 아이가 [아버지 이름]과 [어머니 이름]를 새롭게 하는 성령의 은혜를 구하는 계기임을 확신합니다. 이 갱신으로 말미암아 동료 신자인 우리는 이들과 함께 복음에 합당한 삶에 헌신합니다."[65]

3) 기원

갱신 예식을 드리며 하나님을 예배할 때 하나님의 성령의 임재를 초대하는 짧은 기도를 드리라.

예문

"성부, 성자, 성령 삼위일체 하나님! 우리는 지금 여기에 주님의 임재를 기쁨으로 환영합니다. 우리의 형제, 자매인 [아버지 이름]과 [어머니 이름]이 진정한 제자로서 주님을 따르려는 의지를 재확인하려고 합니다. 우리는 주님의 백성으로서 주님과 함께 이 일의 증인입니다. 이 기억과 헌신의 행동으로 주님께 예배하오니 영광을 받으소서. 우리 주 예수 그리스도의 이름으로 기도드립니다. 아멘."[66]

---

64 *The Worship Sourcebook* (Grand Rapids: Calvin Institute of Christian Worship, Faith Alive Christian Resources, and Baker Books, 2004), 289(수정).
65 기도의 두 번째 부분은 Constance M. Cherry, 2012에서 첨가된 것이다.
66 Constance M. Cherry, 2012.

4) 여는 성경 구절들

적당한 성경 구절을 읽는다. ("문들과 창문들을 세우기"에서 제시된 성경 구절들을 보라.)

5) 세례의 맹세를 재확신하기

목회자는 세례 맹세의 재확신을 인도한다.

- 이 순서는 부모에게만 적용될 수도 있고 또는 전체 회중에게 적용될 수도 있다. 만약 맹세에 회중들도 참여한다면 회중들은 일어서야 한다.
- 맹세를 재확신하는 사람들은 아래 굵은 글씨 부분의 내용으로 응답한다.

목회자: 저는, 당신을 악한 모든 것에서 돌이키시겠다는 하나님의 약속을 기억하도록 초대합니다. 그리고 예수 그리스도께 대한 당신의 믿음과 그리스도의 교회에 대한 당신의 헌신을 재확신하도록 초대합니다.
당신은 하나님께 반하는 사탄과 모든 영적인 악을 포기합니까?
사람들: 그것들을 포기합니다.
목회자: 당신은 하나님의 사랑으로부터 당신을 끌어내리는 모든 악한 욕망들을 포기합니까?
사람들: 그것들을 포기합니다.

목회자: 당신은 예수 그리스도께로 돌이키셨습니까?

사람들: 네! 나는 그분을 나의 주요 구원자로서 믿습니다.

목회자: 당신은 사는 날 동안 그리스도의 약속을 믿고 그의 말씀에 순종하고 그의 교회를 존귀하게 여기고, 그의 사랑을 나타내면서 그리스도의 신실한 제자가 되겠습니까?

사람들: 네! 하나님이 나를 도와주십니다.[67]

6) 믿음의 고백(모든 예배자들)

목회자: 예수 그리스도의 교회로서의 우리의 믿음을 고백합시다.

사람들: (사도신경을 암송하거나 한 마음으로 다른 적절한 믿음의 고백을 한다.)

"전능하사 천지를 만드신 하나님 아버지를 내가 믿사오며,
그 외아들 우리 주 예수 그리스도를 믿사오니,
이는 성령으로 잉태하사 동정녀 마리아에게 나시고,
본디오 빌라도에게 고난을 받으사 십자가에 못박혀 죽으시고,
장사한지 사흘 만에 죽은 자 가운데서 다시 살아나시며,
하늘에 오르사 전능하신 하나님 우편에 앉아 계시다가,
저리로서 산 자와 죽은 자를 심판하러 오시리라.
성령을 믿사오며 거룩한 공회와 성도가 서로 교통하는 것과,
죄를 사하여 주시는 것과 몸이 다시 사는 것과,
영원히 사는 것을 믿사옵나이다. 아멘."[68]

67　*Worship Sourcebook*, 286.
68　Ibid., 295.

7) 물로써 기억하기

목회자는 주전자에 있는 물을 세례반이나 큰 잔에 따른다. 그리고 그릇에 손을 넣고 약간의 물을 뜬 후 다시 흘려 떨어뜨리면서 다음의 말을 한다.

"당신의 세례를 기억하십시오. 그리고 감사하십시오."

목회자는 부모를 앞으로 나아오게 해서 물속에 그들의 손을 넣게 하고 약간의 물을 떴다가 다시 떨어뜨리게 하면서 그들의 세례식 맹세를 갱신하도록 한다. 손이 마르기 전에 그들의 이마에 십자 성호를 긋는 것 또한 선택 사항이 될 것이다. 자신들의 세례식을 갱신하기 원하는 이들이 있다면 앞으로 나오게 하고 똑같이 반복한다. 예식을 주재하는 사람은 자신의 위치에 서서 앞으로 나오는 사람들에게 다음의 말을 반복한다.

"당신의 세례를 기억하십시오. 그리고 감사하십시오."

주의 이 예식을 거행하는 동안 회중들은 찬양을 부르고 있는 것이 좋다.

8) 부모를 위한 기도

목회자나 평신도 지도자는 그 부모가 예수 그리스도의 신실한 제자가 되어, 매일 그들의 세례식의 맹세 속에서 앞으로 걸어 나가기를 기도한다. 그들이 언제나 그리스도인다운 삶을 살아 그들의 자녀에게 하나님의 사랑과 은혜의 증인이 되기를 기도한다.

- 이 기도는 몇몇 사람들에 의해 자발적으로 드려질 수 있다.

- 기도하는 동안 다른 사람들이 부모에게 손을 얹을 수 있도록(아이에게 손을 얹는 것이 아니다) 부모는 무릎을 꿇는 것이 적절하다.

예문

"주여! 주님의 성령으로 [○○○]를 지키소서.
주님의 은혜의 선물을 [○○○] 안에 매일 넘치게 하소서.
지혜와 지식의 영,
위로와 능력의 영,
하나님에 대한 지식과 경외의 영,
주님의 임재 안에 기쁨의 영이
지금부터 영원히 있게 하소서. 아멘."[69]

9) 부모의 기도

부모들은 자신들의 어린 자녀 앞에서 소명에 합당하게 살 수 있는 힘과 은혜를 달라고 하나님께 기도한다. 자녀들을 위한 기도를 포함할 수도 있다. 이 기도는 미리 준비할 수도 있고 또는 즉흥적일 수도 있다.

〔주님의 기도〕

---

[69] John D. Witvliet, "A Liturgy for the Renewal of the Baptismal Covenant," in *The Complete Library of Christian Worship*, ed. Robert E. Webber(Nashville: Star Song, 1993), 6:201.

10) 공동체의 서약

목회자는 부모를 위해 소리 내어 서약하도록 요청한다.

예문

목회자: 하나님의 백성이여, 여러분은 이 부모가 매일의 삶에서 세례의 맹세를 지키며 살도록 이들을 위해 기도하겠습니까? 기도와 격려로서 이들을 감싸겠습니까? 여러분은 기독교 공동체라는 의미를 모든 면에서 이 아이에게 보여 주시겠습니까?[70]

회중: 그러겠습니다. 하나님이 우리를 도우십니다.

〔격려의 말〕

회중은 자신들의 도움과 사랑과 지지를 담은 매우 짧고 자발적인 격려의 말을 부모에게 하도록 요청된다.

11) 마치는 기도

예배의 이 부분을 마치는 기도를 드린다.

예문

"생명과 선함의 하나님!
우리의 세례를 통해 우리를 이끄시고, 주님의 은혜로 우리를 지키시

---

[70] Constance M. Cherry, 2012.

는 주님을 찬양합니다.
우리는 세례식에서 우리에게 주신 주님의 약속을 기억합니다.
성령으로 우리를 강하게 하소서.
그래서 우리가 주님의 뜻에 순종하고 기쁨으로 주님을 섬기게 하소서.
예수님의 이름으로 기도드립니다. 아멘."[71]

예배는 파송으로 이어진다.

6. 문들과 창문들을 세우기

다른 공동 예배들의 경우와 같이, 노래, 성경 구절, 기도 그리고 상징들이 하나님과 타인들과의 연결감을 느끼게 하는 수단이 되면서 예배를 풍성하게 한다. 치유 예배에서처럼, 위에 기술된 세 가지 유형의 예배들에 대한 직접적인 언급을 하고 있는 자료들은 매우 적다. 몇 가지의 관련 있는 찬양/노래들이 여기에 제시되었다.[72]

1) '어린이 축복' 예배를 위한 노래들

- 살아계신 주(Because He Lives, 글로리아 & 윌리엄 게이더[Gloria and William Gaither], 2절)

---

71 Witvliet, "Liturgy for the Renewal of the Baptismal Covenant,"201.
72 작가, 작곡가의 성이나 다른 참조는 당신이 그 찬양이나 노래를 찾기 쉽도록 괄호 안에 제공되었다. 이 노래들이 수록되어 있는 당신에게 가장 도움이 될 웹사이트는 www.hymnary.org이다(한국 교회에 익히 잘 알려진 곡은 알려진 한글 곡명으로, 새찬송가에 수록된 곡은 새찬송가 곡명과 장수를 기재했나―역주).

- 하늘 아버지의 자녀들(Children of the Heavenly Father, 캐롤라이나 샌델 버그[Carolina Sandell Berg])
- 아름다운 하늘과(For the Beauty of the Earth, 폴리오트 피어포인트[Folliott S. Pierpoint], 1, 4, 6절, 새찬송가 593장)
- 축복하노니 가라, 자녀들아(Go, My Children, with My Blessing, 야로슬라프 베이더[Jaroslav J. Vajda])
- 약속의 찬송(Hymn of Promise, 나탈리 슬리스[Natalie Sleeth])
- 빛의 자녀로 걸으리(I Want to Walk as a Child of the Light, 캐슬린 토머슨[Kathleen Thomerson])
- 예수 사랑하심을(Jesus Loves Me! This I Know, 안나 워너[Anna B. Warner], 새찬송가 563장)
- 자녀의 선물(Lord, for the Gift of Children, 두에인 블라클리[Duane Blakley])
- 자녀들을 주께로(Lord, We Bring to You Our Children, 프랑크 폰 크리스티어손[Frank von Christierson])
- 독수리 날개 위(On Eagle's Wing, 마이클 존카스[Michael Joncas])
- 선한 목자 되신 우리 주(Savior, Like a Shepherd Lead Us, 도로시 트럽[Dorothy A. Thrupp], 새찬송가 569장)
- 내 모습 이대로 받으소서(Take, O Take Me as I Am, 존 벨[John Bell])
- 내게 예수 이야기를 들려주오(Tell Me the Stories of Jesus, 윌리엄 파커[William H. Parker])

2) '어린 제자를 위한 환영 예배' 노래들

- 오라, 은혜를 받자(Come, Let Us Use the Grace Divine, 찰스 웨슬리

[Charles Wesley], 1, 2절)
- 빛의 자녀로 걸으리(I Want to Walk as a Child of the Light, 캐슬린 토머슨 [Kathleen Thomerson])
- 십자가를 높이 들라(Lift High the Cross, 조지 키친[George W. Kitchin])
- 신자 되기 원합니다(Lord, I Want to Be a Christian, 전통 영가, 새찬송가 463장)
- 내 모습 이대로 받으소서(Take, O Take Me as I Am, 존 벨[John Bell])
- 내게 예수 이야기를 들려주오(Tell Me the Stories of Jesus, 윌리엄 파커 [William H. Parker])
- 우리를 주께 드립니다(We Are an Offering, 드와이트 라일스[Dwight Liles])

3) '부모의 세례 갱신' 예배를 위한 노래들[73]

- 나 맡은 본분은(A Charge to Keep I Have, 찰스 웨슬리[Charles Wesley], 새찬송가 595장)
- 오라, 은혜를 받자(Come, Let Us Use the Grace Divine, 찰스 웨슬리 [Charles Wesley], 1, 2절)
- 복의 근원 강림하사(Come, Thou Fount of Every Blessing, 로버트 로빈슨 [Robert Robinson], 새찬송가 28장)
- 구주 예수 의지함이(Jesus Calls Us o'er the Tumult, 세실 알렉산더[Cesil F. Alexander], 새찬송가 542장)
- 십자가를 높이 들라(Lift High the Cross, 조지 키친[George W. Kitchin])
- 신자 되기 원합니다(Lord, I Want to Be a Christian, 전통 영가, 새찬송가 463장)

---

73 개인의 세례 갱신에 직접 연관된 노래는 부족하긴 하지만, 이 제안들이 일반적으로는 적합할 것이다.

- 오 주여, 약속합니다(O Jesus, I Have Promised, 존 보데[John E, Bode])
- 살아계신 주의 성령(Spirit of the Living God, 다니엘 아이버슨[Daniel Iverson])
- 우리를 주께 드립니다(We Are an Offering, 드와이트 라일스[Dwight Liles])

4) 성경 구절들

이 예배들과 관련 있는 몇몇의 성경 구절이 아래에 제시되었다. 어떤 구절은 다양한 예배들에 보편적으로 적용할 수 있고 어떤 구절은 특정 예배에만 더 적절할 수 있다.

성경 구절의 예 (어린이 축복)

- 시편 8편
- 마태복음 18:1-14
- 마가복음 10:13-16

성경 구절의 예 (어린 제자를 위한 헌영 예배)

- 신명기 6:4-9
- 신명기 31:12-13
- 갈라디아서 4:1-7

성경 구절의 예 (부모의 세례 갱신)

- 신명기 6:4-9
- 신명기 31:12-13
- 사무엘상 1:9-11, 20-28
- 미가서 6:8
- 누가복음 2:21-40
- 로마서 6:3-4
- 에베소서 2:19-22
- 에베소서 5:8-20
- 에베소서 6:4

5) 기도

이 유형의 예배에 도움이 되는 기도는 세상 속에서 하나님과 함께하는 삶이 되게 해달라는 간청이 포함된 기도와 축복[74]의 기도이다.

몇가지 기도의 예가 여기 제시되었다.

부모(들)를 위한 기도
"주여!
주님의 성령으로 [○○○]를 지키소서.
주님의 은혜의 선물을 [○○○] 안에 매일 넘치게 하소서.
지혜와 지식의 영,
위로와 능력의 영,
하나님에 대한 지식과 경외의 영,
주님의 임재 안에 기쁨의 영이
지금부터 영원히 있게 하소서. 아멘."[75]

"신실하신 하나님!
세례로 말미암아 우리는 주님의 것입니다.
주님은 주님의 영으로 말미암아 우리의 삶 가운데 역사하십니다.
주님의 부르심에 합당한 삶을 살도록 우리를 강하게 하십니다.
[○○○]의 세례식에서 맺은 주님과의 언약을 갱신하는 이 시간, 이 장소로 [○○○]를 인도하시니 감사합니다.

---

74 축도는 엄밀하게 말하면, 기도가 아니지만 여기에서는 구성적인 목적으로 인해 포함되었다.
75 *Holy Baptism and Services for the Renewal of Baptism*, Supplemental Liturgical Resource 2(Louisville: Westminster John Knox, 1985), 413.

[○○○]를 주님의 이름 안에서 세우시고 성령으로 인도하소서. 주님의 모든 백성과 [○○○]이 믿음과 소망과 사랑 안에서 자라나서 예수 그리스도의 신실한 제자(들)이 되게 하소서. 주님께 존귀와 영광이 지금부터 영원까지. 아멘."[76]

"잃은 양을 찾으시는 선한 목자이신 하나님,
잃은 동전을 찾는 여인 같으신 하나님,
아들을 구속하시는 아버지이신 하나님,
주님의 사랑은 우리의 생각을 뛰어넘습니다.
우리가 아무리 멀리 주님으로부터 떨어진다 해도 주님은 결코 우리를 포기하지 않으십니다.
우리는 주님이 [○○○]를 위해 하신 모든 것으로 인해 감사합니다.
성령으로 [○○○]를 강하게 하소서.
믿음 안에서 자라나고 주님을 향한 사랑에 충만하게 하소서.
[○○○]의 예배와 증언으로 인해 존귀와 영광을 받으소서.
예수님의 이름으로 기도드립니다. 아멘."[77]

6) 상징들

공동체의 예배를 보다 촉진하는 데 도움이 되는 몇 가지의 상징들이 있다. 이 짧은 목록에 당신의 상상력을 더하라.

76　Worship Sourcebook, 299.
77　Ibid.

(1) 어린이 축복
- 장미 한 송이(흰색)
- 펼쳐진 성경책

(2) 어린 제자를 위한 환영 예배
- 무지개
- 펼쳐진 성경책
- 십자가

(3) 부모의 세례 갱신
- 그릇, 대야, 세례반에 담긴 물
- 십자가
- 펼쳐진 성경책

7) 교회력

교회력에는 헌아례에 대한 대안적인 의식과 관련 있는 예배들을 드릴 수 있는 흥미로운 절기들이 있다. 이 특별한 예배들은 교회 절기 전반에 걸쳐 드릴 수 있지만, 역사적으로 볼 때 세례식은 특별히 부활 주일과 오순절과 연합되어 있다. 그러므로 '부모의 세례 갱신'도 이 시기에 행하는 것이 적절할 것이다. 또한 첫 번째 주현절과 예수님의 세례 기념 주일에 행하는 것도 적합하다.

7. 환대하는 주인으로서의 섬기기

아이들을 축복하고 세례를 갱신하는 것은 목회자로서는 즐거운 일이다. 이런 것들은 축하할 만한 일들이다. 이러한 예식에서 주재자로서 섬길 때 요구되는 몇 가지의 의무 사항이 있다.

1) 의무들

당신의 회중 안에서 아이가 출생하자마자 사역을 시작하라. 새로 태어난 아기와 그 부모 모두에게 관심과 애정을 표현하라. 그들을 지지해 주고, 방문하고, 그들과 함께 기도하라. 그 아기를 당신 교회 가족 안의 중요한 새 일원으로 간주하라.

만약 당신이 유아 세례 전통에 익숙하지 않다면, 일정 시간이 지난 후 아기의 부모와 함께 대안적인 예배 유형에 대해서 논의하라. 필요시에는 헌아례와 어린이 축복 사이의 차이점을 설명하고, 세례식과 세례 갱신의 차이점도 설명하라. 이런 유형의 예식들이 가족과 교회 공동체 모두에게 유익함을 제시하라.

일단 예배에 참여하기로 동의하면, 부모와 모두를 위해 의미 있는 예배 행동이 되도록 주의 깊게 계획하라.

2) 주재하기의 특성들

인도자로서 당신의 기본적인 의무는 목회적인 역할에서 중심이 될 것이다. 이 예식들을 주재할 때 사랑과 돌봄을 표현하라. 인내심을 갖어라. 밀어붙이지 말라. 예배 행동들을 '정리'해서 이 예배 행동들이 중요한 부분들이 되게 하라. 공식적인 역할에 회중의 대표를 참여시킴으로써 기쁨을 공유하라. 이것은 이 예식의 공동성을 강조하는 것이다.

3) 행정

목회자에게 있어서 중요한 행정적 임무 중의 하나는 기록을 남기는 것이다. 모든 아기들의 출생일에 대한 정확한 기록과 어린이 축복 예식의 날짜 또는 다른 헌신 관련 예배들에 대한 기록을 남겨 놓는다. 아이들이 글자를 알게 되면, 개개인에게 교회 요람(yearly note)을 보내서 그들이 공동체의 소중한 부분이며 하나님과 당신의 사랑을 받고 있음을 되새겨 주는 것도 좋다.

4) 예외적으로 어려운 상황들

새로 태어난 아기를 축하하는 예식들은 불임이나 아이를 잃은 부부, 그리고 양육권 문제로 힘겨워하거나 지루한 입양 문제를 가지고 있는 부부들에게는 불편한 느낌을 줄 수가 있다. 이런 경우들이 우리의 즐거움을 방해해서는 안 된다. 동시에 목회적으로 특별한 관심을 주어야 하는 사람들이 있다는 것도 알고 있어야 한다. 이런 상황에서 기도, 포옹 또는 방문 등의 관심이 필요한 사람들이 있는 것이다.

목회자로서 섬기는 동안 경험한 일이 있다. 어버이 주일 예배 마지막 순서 때 몇 명의 신사들이 지나다니며 모든 어머니들에게 꽃을 전달해 주면서 어머니들을 축하해 주었다. 나는 안타깝게도 어떤 부주의한 남성이 아직 어머니가 아니라는 이유로 어떤 젊은 여자에게 주었던 꽃을 다시 회수했다는 소리를 듣게 되었다. 그녀의 남편과 그녀는 아기가 없었기 때문에 몇 년 동안이나 아기를 얻기 위해 기도하고 있는 사람들이었다. 어버이의 날은 어떤 사람들에게는 이처럼 힘들다. 꽃을 다시 회수한다는 것은 그들의 마음에 있는 깊은 상실감을 더 자극하는 것이다. 목회자들은 이런 일들에 민감해야 한다.

5) 윤리적 고려점들

아이를 목회적으로 돌볼 때, 조심할 부분들이 있다.

첫째, 모든 아이들에게 공평한 관심을 주라. 편애한다는 인상을 주어서는 안 된다. 모든 아이들을 존중하고 사랑하라.

둘째, 아이들을 위해 안전을 고려하라. 교회의 시설물들과 운동장의 안전성을 평가하라.

그들의 안전을 위해 어떤 보완이 필요한가?

많은 기관들은 성도들이 자신들의 자녀들을 보호하는 데 특별히 주의하도록 지도해 줄 수 있는 참고 자료나 전문가들을 제공한다. 아마 당신의 교단도 그럴 것이다.

셋째, 목회자인 당신을 포함하여 모든 어린이 사역자들이 아동 성적 학대에 대한 복잡하고 중요한 교육을 반드시 이수해야 한다. 아동과 함께 일하는 모든 사람들은 혹시라도 전력이 있는지 검증받아야 하고 교육받아야 함을 확실히 하라. 아동 보호 정책을 만들고 매번 검증하라. 아동과 관련된 교육을 계속 개발하기 위해 다른 교회들과 연합하라. 아이들은 하나님 가족의 소중한 일원이다. 할 수 있는 한 힘껏 그들의 안전 감각을 향상시켜 주고 하나님의 집에 온 것을 환영하라.

목회자로서, 아이들이 하나님의 가족의 가치 있는 존재라는 확신을 표현할 수 있는 가장 좋은 방법이 있다. 바로 아이들을 환영하는 내용이 포함된 주일 예배를 고안하는 것이다. 오늘날 아이들은 연합 예배에서 소외된다. 그 대신 나이에 초점을 맞춘 대안적인 예배들을 마련해 준다. 이렇게 하는 이유에 대하여 어떤 사람들은 주장하기를, 아이들은 아이들을 위해서 고안된 모임에서 더 잘 배우기 때문이라고 한다.

그러나 사실 아이들이 '어른' 예배에 참여하여 얼마나 많이 배우는가에 대해 깜짝 놀란 적이 있지 않은가?

나는 예배 중 세대 간의(intergenerational) 예배가 가장 좋다고 믿는다. 나는 예배의 많은 부분들이 **가르쳐지는 것**(be taught)이 아니라 **포착되는 것**(be caught)이라고 믿는다. 아이들은 예배에서 어른들을 경험할 필요가 있다. 그렇게 함으로써 그들 스스로도 예배하는 어른이 되기가 쉬워진다. 나는 많은 교회들이 가까운 장래에 어린 제자들을 공동 예배의 중요 부분에서 분리하려고 큰 비용을 치를까 봐 두렵다. 아이들이 어른과 함께 예배드리는 것은 아이들의 유익일 뿐 아니라 어른들에게도 유익이 된다.

나는 기꺼이 기쁨으로 작은 아이들의 존재가 예배에 필요함을 인정한다. 그들의 단순한 믿음은 예배하는 공동체에 영향을 미친다. 나는 그들이 자신들의 창조자를 순수하게 찬양하고 단순하게 기도하면서 자신들의 사랑을 보이는 것을 볼 때 놀란다. 더 나아가서 모든 연령대가 함께 모여서 예배하는 것은 그리스도의 몸의 보편성에 대한 물리적 증거이다. 즉 신학적 진리가 육신이 된 것을 보는 것이다.

물론 이런 개념에 대한 연구가 더 필요하다. 지도자들은 모든 세대의 사람들과 다양한 믿음의 상태에 있는 사람들이 들어올 수 있는 예배에 대해서 무엇이 말해지고 행해지는지에 대해서 좀 더 관심을 기울일 필요가 있다. 이것이 예배의 수준을 낮추는 것을 요구하는 것은 아니다. 모든 아이들이 예배의 모든 면들을 이해해야 한다고 제안하는 것은 아니다. 그러나 예식 건축가는 각각의 예배 안에서 어린 예배자들이 진정한 연합 행사에 참여하는 기회를 만들고, 거만과 무시하는 태도 없이 이런 순간을 제공하려는 의지를 가져야 한다.

    내가 있는 지역의 한 교회는 매 주일 어린이 설교에 대한 대안으로서 '어린이 축복'을 포함하고 있다. 목회자의 기도와 주님의 기도를 따라하면서 걸음마 아기부터 십대에 이르기까지 모든 아이들은 중앙 복도를 따라 길게 줄지어서 목회자에게 개인적인 축복을 받는다. 목회자는 자신의 손을 각 아이들의 머리에 올리고 아이들의 눈을 쳐다보면서 그들의 인생에 대한 매우 짧고 즉흥적인 축복의 말을 한다. 이 행사는 지원자가 있는 한 일상적으로 반복된다. 그러나 아이들과 모든 예배자들은 이것을 일상적인 반복으로 보지 않는다. 이 예배하는 공동체에서 아이들은 높이 존중받는다.

10. 결론

    에린은 자녀들을 위해 앞으로 나오는 하퍼 가족을 보며 진심으로 즐거워했다. 그들은 절대로 멀리 있는 사람들이 아니었다. 그 아기들의 이름은 특별 증서에 쓰였고, '커다란 교회' 안에 있는 사람들은 그 아기들이 자라면서 예수님이 누군지 이해할 수 있도록 돕겠다고 약속했다. 하퍼 부부는 많이 웃었다. 오늘 그 자리에 있는 모든 사람들이 하나의 크고 행복한 가족에 속한 것처럼 느껴졌다. 에린은 자기가 언제 헌신했는지는 기억할 수 없었지만, 그때 자신의 부모도 많이 웃었을 거라고 확신했다.

핵심 용어들

- **세례 입문 교육**(catechumenate): 탐구자/추구자의 단계에서부터 예수 그리스도의 잘 훈련된 제자 단계에 이르기까지 단계에 따라 그리스도인으로 형성되어 가는 역사적인 과정.
- **봉헌**(dedication): 하나님이 사용하시도록 어떤 것 또는 어떤 사람을 따로 구별하여 놓는 행위.
- **재확인**(reaffirmation), **갱신**(renewal), **기억**(remembering): 어떤 사람이 이전 세례식을 회상하는 것을 나타내는 용어들.

앞으로의 공부를 위한 참고 자료

Wright, David F. *Infant Baptism in Historiical Perspective: Collected Studies.* London: Paternoster, 2007.

적극적인 참여

아이의 출생에 대해서 당신의 교회는 역사적으로 어떤 종류의 예배를 드려 왔는가?
한 가지 이상의 예배 유형을 사용하는가?
당신은 부모에게 선택권을 주는가?
이런 예배가 무엇을 의미하는지 모든 사람이 알고 있는가?
목회적 인도자로서, 다음의 상황에 대해서 전략을 세워 보라.

상황 1
당신의 교회는 정기적으로 헌아례를 실시한다. 제레드와 알리샤는 다른 전통을 가지고 있는 교회에서 왔고 자신들의 아들에게 헌아례를 할 것인지 아니면 세례를 할 것인지 의견이 나뉘어져 있다.
당신은 이 문제에 대해서 어떻게 그들을 지도할 것인가?

상황 2
페드로와 메르세데스는 그들의 첫 딸 아이를 기다리고 있다. 그들은 언제나 교회에서 자신들의 아기가 세례 받는 것을 꿈꿔왔다. 그러나 최근에 페드로는 자신의 골프 친구가 간증하는 것을 듣도록 초청을 받아서 다른 지역의 교회를 방문했다. 거기에서 그들은 헌아례를 지켜보았고 그것이 의미가 있다고 느꼈다. 그들은 헌아례의 선택에 대해서 의논하기 위해 목회자인 당신과 만나기로 했다.
당신은 어떻게 할 것인가?

제 9 장

예식 건축가로서의 사역
- 공동 예배를 위한 의미 있는 예식들을 창조하는 방법 -

1. 소개

본서를 통해 우리는 기독교 예배를 위한 일곱 개의 중요한 예식들을 상세히 검토해 왔다. 각각의 예전은 특정한 내용과 형식을 가지고 있다. 즉 역사적 측면과 현대적인 측면 모두에서 예배하는 공동체는 위대한 인식을 가지고 하나님을 만난다. 그리고 예배의 행동 안에서 성령에 의해 공동체가 형성된다.

그러나 이러한 일곱 개의 예식들은 평범한 주일 예배와 엄청나게 다른 예배 형식은 아니다.[1] 단지 지역 교회에서 사람들이 삶을 함께 나눌 때 자연적으로 일어날 수 있는 많은 대안적인 예식들을 표현하고 있을

---

1 나는 성찬식을 매 주일마다 실천하는 것을 평범한 것으로 고려하지만, 대부분의 개신교 회중들은 성찬식을 매주 거행하지는 않는다.

뿐이다. 이 외에도 다양한 유형의 헌신들이 필요할 것이다. 예를 들어 선교 팀이 시간을 내어 교회 밖으로 나가 봉사하는 것, 헌신된 지역 교회 직원과 사무원들, 교회 건물과 설교단 같은 중요한 교회 가구를 비치해 놓는 헌신 등이다. 거기에 인종의 화해를 위한 예배, 공개적인 죄 고백, 결혼 맹세의 갱신 등의 가치 있는 관련된 예식들도 더 할 수 있다. 또한 대학에 입학하거나 또는 보호 시설로 이사 가는 것을 포함하여 인생의 발달 주기와 관련된 예배들도 가능하다.

교회 공동체가 예배 행동으로 창조하기를 바라는 모든 행동 계획안들을 다룰 수 있는 책은 없다. 내가 본 장에서 제공하고 싶은 것은 예식 건축가가 본서에서 묘사하는 원리에 충실할 수 있는 방법과 지역 공동체의 상황에서도 적절하고 의미 있는 예배의 장면을 창조하는 방법이다. 또한 나는 어떤 실천적인 고려점들을 제공하고 싶다. 이 실천적인 측면들은 목회자나 예배 인도자들이 특정한 본질을 가진 예배에 꼭 맞는 경험을 설계할 수 있도록 도와줄 것이다.

어떤 수준에서는 예식을 창조한다는 것이 어려운 과제로 보일 수 있다. 당연한 질문들이 많이 있다.

예배 인도자는 어떻게 형식과 자유, 연합과 개인적 표현, 수직과 수평의 방향, 정통적인 교회 전통과 지역 교단들의 표현, 말씀과 상징 간의 균형을 이룰까?

기도하는 마음으로 하는 연구와 경험이 언제나 이런 질문에 대한 답을 준다. 나는 아래에 제시하는 고려점들이 예배자로서 소명 받은 예식 건축가들이 자신들의 답을 찾아 다양한 예식들을 계획하고 주재할 때 도움이 되기를 기도한다.

2. 공동 예배를 위한 거룩한 예식의 다섯 차원

당신의 교회 공동체를 위한 예배를 계획할 때 다음의 다섯 차원을 모든 예배를 위해 고려하라.[1] 추천이 덧붙여진 각각의 주장들을 간단하게 제시할 것이다.

1) 공동의 차원

예식들은 공동성(corporate in nature)을 지녔다. 왜냐하면 하나님의 영광을 위한 공적 예배이기 때문이다. 예식들은 공동체가 하나님을 예배하는 목적을 위해서 함께 모일 때 가장 효과적으로 수행된다. 개인의 목적을 위한 개인적인 예식들은 적절하지 않다. 어떤 예식들은 소수의 사람들로도 이루어질 수 있지만, 작은 모임도 공동체를 대표하는 구성원들로 이루어져야 한다. 예를 들어, 병원에서 작은 인원으로 치유 예배를 드릴 수 있지만 여기에서 치유를 위해 기름을 바르고 기도하는 사람들은 교회를 위해서 그렇게 하는 것이기 때문에 교회와 공동 예배를 드리는 것이라고 할 수 있다.

추천
- 예식을 진행하는 동안 공동의 대명사를 사용하라.
- 한 명 이상의 지도자를 참여시키는 것이 적절하다.
- 기도와 탄원, 노래, 성경 읽기, 상징의 사용 등 가능한 많은 부분에

---

[1] 거룩한 예식의 이 5가지 영역을 좀 더 알기 위해서 제1장을 보라.

공동의 참여를 계획하라.
- 그 예식을 기독교 실천의 보다 넓은 맥락에서 보라. 보편적 교회의 역사적 예배의 내용들을 사용하라(예를 들어, 주님의 기도, 사도신경 등을 사용하라).

2) 형성의 차원

예식은 본질적으로 형성적(formational)이다. 우리가, 하나님을 만날 것이라는 신실한 기대감으로 우리 자신을 거룩한 글들과 행동들의 영향력 아래에 두었을 때, 우리는 공동체 가운데서의 하나님과의 만남에 의해서 변화될 것이다. 어떤 방식으로 이런 변형이 일어나는지 알기는 어렵다. 또 우리가 변화되었다는 것을 알게 되는 것도 시간이 걸린다. 그럼에도 불구하고 믿음으로 우리는 하나님이 보편적으로 예배 안에서 역사하고 계시고, 특히 거룩한 행위들 속에서 역사하시면서 우리를 예수 그리스도의 형상으로 형성하고 있음을 믿는다.

공동 예배에서의 거룩한 행위들은 영적 훈련이다. 예식 건축가들은 특정 경우를 위한 예배를 창조할 때, 자신들이 하고 있는 일의 의미를 알아야 한다. 예식 건축가들은 사람들이 변화할 수 있는 수단을 만들고 있는 것이다. 즉 사람들이 하나님의 뜻에 자신들을 자유롭게 헌신하여 변화할 수 있게 하는 수단들을 만들고 있는 것이다. 이러한 방식으로 사람들은 훈련과 은혜의 길에 스스로를 놓게 된다. 그러면 하나님의 성령이 그리스도의 교회를 위해서 개인들을 변화시키기 위해 일할 것이다.

추천

- 예배를 고안하기 전에 깊이 기도하는 시간을 보내라. 당신의 생각과 통찰에 성령의 지도를 구하라.
- 어떻게 특정 예식이 영적 훈련이 될 수 있을지를 생각하고 반영하라(하나님의 뜻을 위해 우리가 하나님께 바치는 어떤 것).
- '항복의 순간'(surrender moment)을 강조하라. 당신이 어떤 행사를 준비하고 있다면, 어떻게 참여자들을 설득하여 하나님의 목적을 위해 자신들을 바치도록 초대할 것인지를 주의 깊게 기도하면서 생각하라. 모든 예식에는 신자들이 자신을 온전히 헌신하는 시간이 있어야 한다. 즉 완전히 항복한 자로서 자신들을 개인적으로 그리고 공동체적으로 새롭게 하나님께 헌신하는 것이다. 하나님께 항복하는 것은 모든 진정한 기독교 예식의 특징이다.

3) 상징적 차원

예식은 본질상 상징적(symbolic)이다. 왜냐하면 영적 진실은 언어로만 표현되기에는 너무나 심오하기 때문이다. 성경 전체를 통해서 상징은 심오한 진리의 위대한 차원을 전달하기 위해 사용되었다. 언어 대화는 매우 중요하지만 범위에서 한계가 있다. 사람들이 흔히 말하듯이 하나의 그림은 천 마디 말의 가치가 있다. 어떤 거룩한 행위와 연관된 많은 상징들이 성경에 열거되어 있다. 시대를 지나면서 다른 상징들이 나타났다. 이 상징들은 아마 본성상 권위 있는 것은 아니지만 매우 유용하다.

예를 들어, 십자가의 상징은 성경 안에서 그리스도인의 상징으로 직접적으로 나타나는 것은 아니다. 그러나 이후 세대에서 구원과 믿음의 표시로서 나타났다. 상징들이 그림, 사진, 또는 물체만을 가리키는 것은 아니라는 것을 기억하라. 또한 상징은 태도, 색깔, 소리 그리고 시간 등의 요소로도 이루어져 있다.

추천
- 특정 예식과 직접적으로 연관된 것으로서 성경에 나와 있는 상징들이 무엇인지 확인하라.
- 각각의 상징들이 예식에서 두드러지게 사용될 수 있는 몇 가지 방법들을 고안하라.
- 상징들을 주요한 위치에 설치하는 것을 고려하라. 그것들을 주변에 놓지 말고 완전하게 시각적 효과를 낼 수 있는 곳에 배치하라.
- 상징들은 단지 놓여 있을 뿐 아니라 활동성도 있다. 예를 들어 세례반은 세례식을 위해서 물이 담겨져서 예배 공간 가운데 놓여 있다. 그러나 물소리도 들리고 물을 느낄 수도 있다.
- 간단한 항목으로 심오한 진리를 전할 수 있는 상징물을 추가하여 예식에 반영하라. 만약 당신이 어떤 특정한 예식을 계획하는 과정에서 상징을 사용하려면 참여자들이 보편적으로 이해할 수 있는 것인지를 확실히 확인하라. 그 상징물의 의미가 순수하고(다른 의미로 혼란스럽지 않도록 하라) 명료한지(모든 사람이 이해할만한지)를 확인하라. 동시에 상징의 의미를 말로 과도하게 설명하지 말라. 만약 상징의 가치를 명확히 하기 위해서 매우 열심히 노력해야 한다면 그 상징은 아마도 좋은 선택이 아닐 것이다.

4) 그리스도 중심적 차원

예식들은 본질상 그리스도 중심적(Christo-centric)이다. 왜냐하면 예수 그리스도가 항상 예배의 중심에 있기 때문이다.[2] 예식의 행위는 그리스도 안에서 그리고 그리스도를 통해서 나오고, 성령에 의해서 격려 받으며, 하나님 아버지에게 영광을 돌리는 것이다(히 7-9장을 보라). 우리의 제사장으로서 예수님은 우리의 예배(우리의 다양한 예식들)를 중보하시고 예배에 대한 우리의 인간적인 노력들을 아버지가 받으실 만한 제사로 변화시키신다. 우리의 영적 여정의 표시인 거룩한 행위들에 참여할 때, 우리는 완전한 대제사장이신 예수 안에서 그리고 예수님을 통해서 참여한다. 예수님은 예식들을 **기독교** 예식으로 만드신다.

또한 그리스도의 사역은 과거, 현재, 그리고 미래를 동시에 아우른다는 것을 기억하라. 잘 형성된 예식들은 과거에 일어난 일만을 그리는 것이 아니다. 거룩한 행위들 안에서 현재 일어나는 일들 그리고 이것이 어떻게 그리스도를 통하여 하나님의 목적이 완성되는 그 날을 보여주는지를 그려준다. 즉 예식은 과거와 현재뿐 아니라 하나님 나라가 완전하게 마침내 임하는 그날을 묘사한다.

추천

- 모든 예식에서 '하나님의 언어'에 주의를 기울이라. 성경적인 예배에서 삼위일체의 정신을 신실하게 따른다 해도 예수 그리스도에 대

---

[2] 예배의 이 중심 원리에 대해 논의를 확장하기 위해 Constance M. Cherry, *The Worship Architect: A Blueprint for Designing Culturally Relevant and Biblically Faithful Services* (Grand Rapids: Baker Academic, 2010); 『예배 건축가』(CLC 刊), 제2장을 보라.

한 적절한 언급들을 해야 한다.
- 비슷한 사건들 안에 나타난 그리스도의 성경적인 역할을 회고하라. 당신의 예식에 성경 안에서 그리스도가 완성한 사역의 모습이 비추어지도록 하라.
- 적절할 때 그리스도에게 기도하라.
- 적절할 때 그리스도를 찬양하라.
- 예수 그리스도의 이름으로 권세 있는 기도를 하라(예식의 중요한 행위들과 관련 있는 기도).
- 예수님이 주이신 하나님 나라의 과거/현재/미래의 환상 안에서 예식을 이끌어라.

5) 선포의 차원

본질적으로 예식들은 다른 이들을 위한 것이다. 왜냐하면 어떤 예식이라도 요점은 우리가 예수 그리스도를 닮아가게 하여 예수님이 하나님으로부터 보냄 받은 자임을 온 세상이 알게 하는 것이기 때문이다(요 17:23). 잘 고안된 예식들은 선포의 힘을 가지고 있다. 그 예식들은 하나님의 자비와 사랑을 증언한다. 그리스도인들이 모여서 하나님의 은혜와 사랑을 보여주는 거룩한 행동들을 행할 때 우리는 궁극적으로 우리를 위해서가 아니라 "우리를 어두운 데서 불러내어 그의 기이한 빛에 들어가게 하신 이의 아름다운 덕을 선포하게 하려"(벧전 2:9)는 것이다.

우리는 하나님의 이야기를 말하기 위해서 거룩한 행위들을 제정한다.³ 포스트모던적 세계관은 많은 거대담론들(metanarratives)이 각각 동일한 가치를 지니고 있다고 믿지만 그리스도인들은 진리를 선포하는 하나의 거대담론을 믿는다. 기독교 예배의 예식들에서 우리는 하나님의 이야기를 당당하게 선포한다. 이 예식은 우리의 온전하고 거룩한 역사를 간직하는 수단이다. 또 행동, 말씀, 태도 그리고 상징들을 통하여 이 예식들이 가리키고 있는 우리 하나님과 진리(하나님의 이야기)의 위대함을 알리는 역할을 한다.

추천
- 확실히 예식은 선포의 기능을 갖고 있다. 이것을 확신하고 하나님의 은혜의 행동들을 알리는 본문을 연구하라.
- 이 예식들은 지역의 간단한 예배를 하나님의 목적에 대한 거대한 이야기에 연결하고 있다.
- 그 다른 사람들을 직접적으로 도고하는 기도를 포함하라. 우리가 이 특별한 예식에 신실하게 참여하는 결과로 그들이 유익을 얻게 될 것이다.

3. 다른 고려점들

거룩한 예식의 다섯 가지 차원은 모든 기독교 예배의 거룩한 행위를

---

3 Robert E. Webber의 굉장한 저서인 *Who Gets to Narrate the World? Contending for the Christian Story in an Age of Rivals*(Downers Grove, IL: InterVarsity, 2008)을 보라.

위해 필요하다.[4] 여기 다른 고려점들이 있다.

1) 교회력

당신이 고안한 특정 예식이 교회력의 어떤 날 또는 어느 절기에 적절할지에 대해서 가능한 많이 생각하라. 어떤 주제나 상황이 주어지지 않아도 어떤 절기와 강한 관계성이 있다면, 교회력의 맥락에서 그 예식을 자연스러운 한 부분으로 만들어라. 결국, 교회력의 목적은 하나님의 이야기를 말하는 것이다. 특히 하나님의 이야기의 한 부분으로서 그 예식을 연결시키는 것은 강력하다.

2) 성경적 언어

기독교 예배의 어떤 예식에서 쓰이는 문장들은 성경에 토대를 둘 때, 특히 강력해진다. 예식의 실제적인 언어들(예식의 목적, 기도, 설명들 등)은 가능한 어느 정도는 성경 구절에서 많이 가져오라. 성경에서 적절한 구절들을 의역하고 통합하라(그러나 문자주의를 주의하라). 성경의 틀 안에서 예식의 형태를 구성하라. 이것은 예식에 '유기적'(organic) 차원을 가져오는 것이다.[5]

3) 형식

---

4   나는 이것을 거룩한 예식들 범위의 철저한 목록으로 간주하지 않는다. 자유롭게 이 목록을 더 다듬기 바란다.
5   '유기적 예전'을 위한 뛰어난 지침을 얻기 위해서, F. Russell Mitman, *Worship in the Shape of Scripture* (Cleveland: Pilgrim, 2001)을 보라.

어떤 거룩한 행위를 발달시킬 때, 항상 먼저 내용에서부터 시작한다.

무엇이 선포될 필요가 있는가?

무엇을 축하해야 하는가 또는 성취되어야 하는가?

어떤 말들을 해야 하는가?

어떤 행위가 취해져야 하는가?

먼저, 당신의 예배의 내용과 형식은 진실하고 성경적이며 목회적인 고결함을 표현한다는 것을 확실히 하라. 예식의 이러한 면들을 통해 기도하며 숙고한 후에는 당신에게 주어진 상황에 적절한 형식으로 내용을 해석하라. 형식부터 먼저 시작하는 것은 위험하다. 그렇게 하면 때로 의도치 않게 내용이 예배의 형식에 맞추기 위해 수정되는 일이 생길 수 있다. 내용은 많은 방식으로 표현될 수 있다. 표현 방식을 생각할 때는 청중들의 목소리와 공명하는 것을 도와줄 방식을 찾아라. 형식을 언어로 생각하라. 그것이 말하는 내용은 무수한 언어로 말해질 수 있다. 언어의 목적은 소통이다. 예배 형식의 목적은 내용을 언어 안에 담아서 회중과 소통하는 것이다.

4. 거룩한 행위들의 일반적인 순서

당신은 예식 건축가로서 예배 요소들의 순서를 어떻게 합리적으로 배치할 것인가?

순서는 단순하고 합리적이어야 한다. 순서는 그 예식의 목적에 기여할 수 있는 논리적인 자리에 위치해야 한다. 무엇이 예식을 밀고 나가느냐를 결정하는 것은 절대 옳고 그름의 문제는 아니다. 보통의 주일 예배 순서를 받치고 있는 4중 예배 순서가 '예배 안의 예배'[6]를 위한 많은 의미를 만든다. 예배를 위한 특별한 예식을 창조할 때 모임(gathering), 말씀(word), 응답(response), 그리고 파송(sending)의 4중 순서를 생각하라.

첫 번째, 예식을 시작할 때는 모임에 대해서 생각하라. 즉 하나님과의 언약으로 사람들을 부름, 예식의 목적을 설명함, 예배의 순간에 하나님의 임재를 구함 등이다.

두 번째, 말씀에 대해서 생각하라. 즉 성경의 구절을 읽고 성경에 기초해서 헌신의 본질이 있는 간단한 말씀을 제공하라.[7]

세 번째, 말씀에 대한 응답에 초점을 맞추라. 참여자들(원래의 참여자와 회중 둘 다)이 예식과 직접 관련이 있는 하나님의 목적 앞에 스스로를 새롭게 하는 기도를 드릴 것이다.

네 번째, 파송에 초점을 맞추라. 선교적 분위기를 가진 예식의 마지막 부분에서 참여자들이 이 예배의 목적을 다른 사람을 위한 선교로 보는 관점을 갖도록 해야 한다. 즉 하나님의 뜻을 마음에 품은 사람들이 다른 사람을 위해 나아가기 위한 예식이 되도록 전체 예배 요소들의 흐름을 선택하라.

솔직히, 나는 이 4중 순서가 훌륭하게 작동하지 않는 거룩한 예식을 본 적이 없다. 당신이 유기적인 예식을 만들 때 나는 당신에게 이 4중 순서를 진정으로 추천한다. 물론 예식 건축가들은 어떤 시점에 다른 더 좋은 예배 순서를 알게 될 수 있는데, 그럴 때 위의 순서만 구차하게 붙들고 있을 필요는 없다. 그러나 일단은 여기에서부터 시작하는 것이 좋다.

---

6 제1장을 보라.
7 설교는 대부분의 경우에 과도할 수 있다. 나는 성경 구절에 대한 몇 분간의 짧은 성찰을 하도록 제안한다.

5. 헌신

교회 생활에서는 때로 한두 가지 유형의 헌신이 일어난다. 사람, 물건, 재산, 헌금, 봉사 등을 헌신할 수 있다. 일반적으로 헌신은 다음 4단계로 일어난다. 즉 바침, 감사, 간구, 성별[8]이다. 이러한 예배의 순서를 완수하기 위해서 다양한 요소들을 선택할 수 있다.

첫째, 봉헌되고 있는 것이 그 무엇일지라도 그것은 하나님께 쓰여지기 위해 하나님께 공식적으로 바쳐진다. 조건 없는 자유로운 분위기에서 사람이나 소유물을 봉헌하여 하나님의 나라의 진보를 위해 사용되게 하는 것이다.

둘째, 봉헌되고 있는 것의 선물로 인하여 감사를 드린다(감사는 하나님을 섬기기 위해 드려진 사람이나 물건들로 인한 것이다).

셋째, 하나님의 힘과 지지와 신실함 등을 구하는 기도를 한다.

넷째, 헌신된 사람들이나 소유물들이 하나님의 거룩한 사용을 위해 성별되도록 기도드린다. 이때 우리는 우리 자신과 소유물들을 하나님의 더 큰 목적을 위해서 포기한다.

봉헌 순서의 일반적인 방식은 솔로몬의 성전 봉헌 이야기에서 찾아볼 수 있다(왕상 8장을 보라).

첫째, 솔로몬과 이스라엘 장로들이 성전으로 들어갈 때 언약궤와 거룩한 기구들을 바친다(왕상 8:1-13).

둘째, 솔로몬은 이스라엘의 회중을 축복하고 하나님의 신실하심에 감사한다(왕상 8:14-26). 그리고 왕은 하나님의 은혜가 백성에게 임하기

---

[8] 이런 것들은 방금 언급한 4중 순서와 함께 작용할 것이다. 그렇지 않다면 이것을 대체하라.

를 요청한다. 그리고 성전이 이스라엘 예배의 중심이 되기를 기도한다(왕상 8:27-61).

셋째, 그는 번제와 소제와 감사제물로서 성별의 예식을 드린다(왕상 8:62-64). 아마도 헌신의 이러한 측면들이 당신이 헌신 예배에 대해 고안할 때 도움이 될 것이다.

6. 공동 예배를 위한 거룩한 행위들을 계획하는 기본 10단계

결론적으로, 여기에서는 거룩한 예식을 고안할 때 도움이 될 10단계를 제시하겠다.[9]

① 당신의 계획과 생각에 성령의 인도하심이 있도록 기도하라.
② 예식의 진정한 목적과 중심 요점을 되새겨 보라.
③ 교회력과의 모든 가능한 연관성을 성찰하라.
④ 당신의 '필수 요소들'의 목록을 작성하라(이 요소들은 예식에 반드시 있어야 하는 요소들이다).
⑤ 적절한 예배 요소들에 대한 여러 생각들을 창조적으로 집단 사고(brainstorming)하라.
⑥ 목록에서 가장 좋은 생각들을 선택하라(적게 선택하는 것이 좋다).
⑦ 4중 순서를 생각하면서 당신이 선택한 요소들을 논리적인 순서로 배열하라.

---

9 이 목록은 Cherry, *Worship Architect*, 『예배 건축가』(CLC 刊)의 부록 A에서 발췌했다.

⑧ 전환에 대해서 생각하라.
당신의 예식을 둘러싼 큰 예배의 맥락에서 당신의 예식은 무엇을 앞서고 있으며 무엇을 따르고 있는가?
⑨ 당신의 예배 요소들을 형식의 관점에서 해석하라.
⑩ 참여의 수준을 검토하라.
모든 예배자가 참여하는 수준은 어느 정도인가?
그리고 어떤 단계에서 참여하는가?

7. 결론

당신이 당신의 사람들의 영적 여정, 즉 인생의 중요한 고비들, 성례전들/정규예식들, 그리고 하나님의 역사하심을 확인할 수 있는 다른 경우들을 따라 가며 중요한 순간들마다 신실하게 인도할 때, 당신의 공동체가 신선하고 강력한 방식으로 하나님을 대면하게 되기를 바란다. 그리고 이 모든 일이 하나님의 영광을 위해서 또한 그리스도께서 구원하러 오신 이 세상을 향한 성령의 능력 안에서 이루어지기를 바란다.

부록 1

기도 형식

기도의 표준화된 형식은 기독교 예배의 거룩한 행위들을 창조하거나 인도할 때 반복적으로 사용될 수 있을 것이다. 일반적으로 사용할 수 있는 간단한 설명과 보기가 아래 제시되었다.[1]

1. 기원

목적 기원(invocation)의 목적은 거룩한 예식의 초반에 하나님의 임재를 요청하거나 환영하는 것이다.

보기

① 하나님의 이름을 부른다. 성경에서 이름들/제목들의 수많은 가능

---

[1] Constance M. Cherry, *The Worship Architect: A Blueprint for Designing Culturally Relevant and Biblically Faithful Services*(Grand Rapids: Baker Academic, 2010), 『예배 건축가』(CLC 刊), 제9장에서 발췌함.

성들을 끌어내라.
② 신적인 속성을 하나님께 돌리라. 한두 가지의 하나님의 속성이나 약속들을 언급함으로써 신적인 특징을 높이고, 하나님의 본성을 선포하라.
③ 예배 가운데 하나님이 임재하시는 것과 관련된 기도를 하라. 하나님께 예배의 순간 공동체를 위해 무엇인가를 하시도록 요청하라.
④ 의도하는 결과를 진술을 하라. 간구의 목적을 표명하라. 단지 하나님의 임재만을 요청하는 것이 아니라 왜 하나님의 임재를 원하는지를 말하라.
⑤ 예수님의 이름으로 기도하면서 짧은 송영으로 마무리하라. 또는 삼위일체 공식으로 끝낸다.

2. 고백의 기도와 용서의 확신

목적 하나님의 거룩하심의 빛과 인간의 죄성의 관점에서, 고백의 기도는 우리를 하나님과 올바른 관계를 갖게 하고, 우리의 예배가 죄에 방해받지 않고 계속될 수 있게 해 준다.

주의 고백은 3단계로 이루어진다.
① 죄 고백으로의 성경적 초대
② 고백
③ 용서의 확신.

보기

① 하나님을 부른다.
② 우리가 죄인임을 인정한다.
③ 하나님은 거룩하신 분임을 인식한다.
④ 죄의 슬픔을 표현한다. (개인의 죄를 고백하는 침묵의 시간을 갖는 것은 선택 사항이다.)
⑤ 하나님의 인내와 자비를 감사한다.
⑥ 죄에 맞설 수 있도록 도와주시기를 기도한다.
⑦ 마무리한다.

고백의 기도 다음에는 반드시 용서의 확신이 뒤따라야 한다. 예배자들이 하나님의 완전한 용서와 화해의 자비와 은혜를 신뢰할 수 있도록 약속의 말씀을 되새긴다.

용서의 확신과 관련하여 참고할 수 있는 몇 가지 사항이 있다.

- 그것은 사람들에게 선포되는 것이다. 기도가 아니다.
- 인도자는 회중의 얼굴을 직접적으로 바라본다. 그리고 그들에게 하나님의 약속에 기반한 용서를 선언한다.
- (암기한) 성경 구절은 용서의 확신을 위한 최고의 원천이다.

3. 목회적 기도

목적 목회적 기도는 중요한 도고 기도의 하나로서 기능한다.

보기

① 하나님께 일반적인 찬양/숭배/감사/칭송을 드리라.

② 죄를 고백하라(고백의 기도를 미리 드리지 않았을 경우).

③ 사람들을 위해, 사역을 위해, 그리고 거룩한 예식과 관련한 필요들을 위해서 기도하라.

④ 거룩한 예식과 관련하여 세상을 위해서 도고 기도하라.

⑤ 하나님의 뜻에 순종하라. 그리고 하나님을 섬기는데 우리 자신을 다시 드리라.

⑥ 마무리한다(삼위일체의 이름으로 마치는 것이 적절하다).

4. 조명을 위한 기도

목적 조명을 위한 기도는 공동체가 하나님의 말씀에 참여하여 지식을 얻을 수 있도록 하나님의 능력을 구하는 것이다.

보기

① 거룩한 성령 하나님을 부른다.

② 말씀을 잘 들을 수 있도록 요청한다.

③ 요청의 목적을 말한다.

④ 마무리한다.

5. 성별을 위한 기도

목적 성별을 위한 기도는 하나님께 거룩히 쓰임받기 위해 따로 구별된 사람이나 물건을 위하여 드리는 기도이다.

보기
① 사람이나 물건을 하나님께 바친다.
② 바쳐진 사람이나 물건으로 인하여 감사한다.
③ 이 사람들이나 물건들에 복을 내리시고 하나님의 목적을 위해 봉사할 수 있는 힘을 주시도록, 하나님의 성령을 초대한다.

6. 축도

주의 예배에서 일반적인 기도로서 축도를 제시하였지만, 사실 축도는 기도가 아니다. 왜냐하면 축도는 하나님이 아닌 예배자들에게 직접 향하는 것이기 때문이다.

목적 축도는 회중들에게 하나님이 그들과 함께 계시며 모든 것이 잘 될 것이라는 지식을 갖고 떠나게 하는 것이다.

보기
① 주님께서 그 백성에게 복 내시리기를.
② 주님께서 평화를 내리시기를.

부록 2

예배 순서

　본서의 여러 부분에서 다룬 예배 순서들을 설명 없이 여기에서 제시한다. 독자들은 각각의 거룩한 예식을 위한 가장 기본적인 예배 순서들을 쉽게 볼 수 있을 것이다. 페이지 왼쪽에 제목으로 된 예배 요소는 예배에 필수적인 것이다. 페이지 중앙에 있는 괄호〔〕안의 요소는 선택 사항이다.

1. 기독교 결혼식의 순서

1) 모임

① 예배 전 음악(서곡)
② 행진
③ 인사
④ 예배로의 부름
⑤ 기원
⑥ 결혼의 의미에 대한 진술
⑦ 의지의 선언
⑧ 가족들의 확인
⑨ 회중의 확인
〔회중 찬송 또는 노래〕
〔죄 고백의 공동 기도와 용서의 확신〕

2) 말씀

① 성경 봉독
② 설교

3) 말씀에 대한 응답

① 서약의 교환

〔반지 또는 증표의 교환〕

〔회중의 노래 또는 독창〕

〔성찬식〕

② 성별의 기도

〔 주님의 기도 〕

4) 파송

① 커플에게 권면

② 성혼 선언

〔회중의 끝맺음 찬송〕

③ 축도

④ 퇴장

2. 기독교 장례 예배 또는 추도식의 순서

1) 모임

① 예배 전 음악(서곡)
② 인사
③ 여는 성경 구절들
④ 목적 진술
⑤ 기원
⑥ 여는 찬송/노래
⑦ 고인 소개

〔찬미사〕

2) 말씀

① 성경의 교훈
② 이해를 위한 기도
③ 설교

3) 말씀에의 응답

① 도고 기도
② 응답 중심의 또 다른 예배 행동들

4) 파송

① 마치는 찬송/노래
② 마치는 기도

3. 기독교 하관식의 순서

① 성경 말씀
② 하관
③ 고인의 영혼을 하나님께 의탁
④ 헌신의 기도(마무리 기도)
⑤ 주님의 기도
〔찬송/노래〕
⑥ 축도
⑦ 권면
⑧ 가족에게 인사

4. 기독교 유아 세례식의 순서

〔노래〕

① 여는 성경 구절들
② 목적 진술
③ 세례 지원자(들) 소개
④ 기원
⑤ 부모들의 서약
⑥ 공동체의 서약
⑦ 믿음의 공동 확언
⑧ 세례 지원자(들)를 위한 기도
⑨ 세례

〔기름을 바름〕

⑩ 세례 지원자(들)를 축복함

〔증표의 수여〕

⑪ 공동체에 소개함
⑫ 믿음의 노래

5. 신자들을 위한 기독교 세례식의 순서

〔노래〕

① 여는 성경 구절
② 목적 진술
③ 세례 지원자(들) 소개
④ 기원
⑤ 세례 지원자(들)의 간증
⑥ 세례 지원자(들)의 서약
⑦ 공동체의 서약
⑧ 믿음의 공동 확언
⑨ 세례 지원자(들)를 위한 기도
⑩ 세례

〔기름을 바름〕

⑪ 새로 세례 받은 자를 축복함

〔증표의 수여〕

⑫ 공동체로 맞이함
⑬ 믿음의 노래

6. 성찬식의 순서

〔사도신경/믿음의 확언〕

〔노래〕

① 성찬식으로 초대

② 죄 고백

③ 용서의 확신

〔평화의 전달〕

〔봉헌〕

④ 감사 기도

⑤ 제정의 말씀

⑥ 성찬의 요소를 성별하기

〔주님의 기도〕

〔빵을 떼기〕

⑦ 분배와 참여

⑧ 마무리하는 기도 또는 축도

〔찬양의 노래〕

7. 치유 예배의 순서

〔예배 전 음악〕
또는
〔침묵으로 들어가기〕

〔인사/환영〕
① 성경 봉독/예배로의 부름
② 기원
〔회중의 노래〕
③ 죄 고백
④ 용서의 확신
〔평화의 전달〕
〔치유에 대한 성경 구절을 읽기〕
〔설교〕
⑤ 치유와 지침을 위한 간단한 성경적 토대
⑥ 기름에 대한 감사
〔회중의 노래〕
⑦ 장로들(또는 지도자들)을 부르라
⑧ 치유를 위한 기도를 받도록 초청
⑨ 기름을 바름
⑩ 치유를 위한 기도
⑪ 감사의 기도
〔간증/비공식적인 나눔〕
⑫ 소망의 노래
⑬ 축도

8. 세족식의 순서

① 예배 전 음악
② 인사/환영
③ 준비 찬송
④ 기원
⑤ 성경 봉독
　　　　　　　〔겸손에의 요청〕
　　　　　　　〔침묵의 시간〕
　　　　　　　〔성찰을 위한 노래〕
⑥ 성찰/권고
　　　　　　〔우리의 이야기를 기억하기〕
⑦ 죄 고백
⑧ 확신 또는 화해의 노래
⑨ 준비 기도
⑩ 세족식
⑪ 감사와 탄원의 기도
　　　　　　　〔간증 나눔〕
⑫ 축복의 찬송
⑬ 축도
　　　　　〔가난한 이를 위한 구제〕

9. 예배 1: '어린이 축복' 예식의 순서

① 노래
② 목적 진술
③ 기원
④ 여는 성경 구절들
　　　　　〔감사를 위한 호칭 기도〕
　　　　　　〔부모의 소망〕
⑤ 축복
⑥ 부모를 위한 기도
⑦ 어린이 소개
　　　　　〔자발적인 찬양〕
⑧ 마치는 기도
　　　　　〔주님의 기도〕
⑨ 노래(관계들을 축하함)

10. 예배 2: '어린 제자를 위한 환영 예배'의 순서

① 노래
② 목적 진술
③ 기원/감사 기도
④ 여는 성경 구절들
⑤ 부모의 소망

⑥ 회중의 서약
⑦ 회중에게 권면
⑧ 제자도 언약에 등록
⑨ 어린이를 위한 성령 임재 간구
⑩ 성령의 인치심
⑪ 축도

〔**어린이 소개**〕

⑫ 노래(제자 됨을 축하함)

11. 예배 3: '부모의 세례 갱신' 예식의 순서

① 노래
② 목적 진술
③ 기원
④ 여는 성경 구절들
⑤ 세례 맹세를 재확신하기
⑥ 믿음의 고백(모든 예배자들)
⑦ 물로써 기억하기
⑧ 부모를 위한 기도
⑨ 부모의 기도

〔**주님의 기도**〕

⑩ 공동체의 서약

〔**격려의 말**〕

⑪ 마치는 기도

색인

숫자

4중 순서 88, 89, 146, 319, 542, 543, 544

ㄱ

감리교 218, 226, 304, 458, 459
거룩한 예식 13, 15, 16, 18, 19, 20, 22, 24, 29, 30, 31, 32, 35, 37, 38, 40, 42, 43, 44, 50, 54, 56, 58, 62, 68, 69, 71, 72, 73, 74, 77, 359, 533, 539, 542, 544, 546, 549, 551
견신, 견진성사(confirmation) 45, 275, 377
『공동기도서』(The Book of Common Prayer) 221
공동 예배(coperate worship) 11, 15, 16, 24, 30, 31, 33, 39, 40, 55, 57, 58, 61, 69, 71, 74, 76, 188, 517, 527, 531, 533, 534, 544
교리문답서(catechism) 247, 275
교회력 16, 21, 22, 109, 165, 170, 171, 256, 263, 305, 328, 337, 338, 339, 405, 451, 461, 523, 540, 544
구약성경 34, 55, 193, 208, 237, 250, 297, 366, 372, 376, 386, 411, 425
그리스도 승천일(Ascension Day) 339
그리스도와의 연합 195, 215
그리스도 왕 주일(Christ the King Sunday) 339
그리스도 중심적(Christo-centric) 18, 23, 84, 215, 537
기름 바름 45, 212, 242, 243, 253,

254, 355, 356, 357, 365, 368, 369, 372, 375, 376, 378, 393, 394, 379, 380, 388, 395, 403, 404, 408, 410, 415, 416
기름 부음 260, 376, 377, 413, 424

ㄴ

나단 미첼(Nathan D. Mitchell) 40, 57, 427

ㄷ

닫힌 관 141, 143
대 감사 기도(Great Thanksgiving) 260, 293, 320, 324, 331, 332, 336, 353, 360, 361
대림절 339
대화 13, 22, 23, 55, 64, 84, 102, 103, 106, 289, 290, 315, 331, 333, 359, 360, 398
더크 필립스(Dirk Philips) 429
데이비드 F. 라이트(David F. Wright) 467, 468, 469, 470, 472
데이비드 스캐어(David P. Scaer) 354
『디다케』(Didache) 220

ㄹ

렉스 오란디 렉스 크레덴디(lex orandi lex credendi) 56, 58
로버트 웨버(Robert E. Webber) 8, 23, 145, 202, 299
루터 46, 201, 228
루터교 46, 211, 226
루터파 191, 289

ㅁ

마틴 루터 428
매장 126, 138, 143, 144, 146, 155, 157, 165, 177, 186
메노 시몬스(Menno Simons) 206, 429
메노파(Mennonite) 420, 421, 446, 451
메노파의 신앙고백(The Mennonite Confession of Faith states) 430
모든 성자들의 날 171
미국복음주의루터파교회(Evangelical Lutheran Church of America) 367
밀란의 암브로스(Ambrose of Milan) 427

ㅂ

바울 288, 293, 298, 301, 302, 303, 308, 310, 311, 312, 320, 324, 371, 372, 383, 385, 414, 425, 433

베라카(berakhah) 293, 294, 348
벤 위더링턴(Ben Witherington) 312
『변증론』 468, 469
부활 주일(Easter Sunday) 147, 196, 263, 264, 313, 338, 339, 427, 523

ㅅ

『사도적 전통』 332, 379
사도적 전통 308
『사도적 헌장』 378
사랑의 식사(agape meal) 457, 458, 462
사순절 264, 339
삼위일체 공식 37, 227, 228, 274, 479, 496, 507, 547
새 언약 209, 288, 302, 310, 324, 337, 361, 422, 436
성 금요일(Good Friday) 67, 264, 339
성령 강림 주일(Pentecost Sunday) 24, 339, 405
성례전적 관점 48, 51, 52, 214, 287, 288, 476
세계 성찬 주일(World Communion Sunday) 339
세례 갱신(renewal baptism) 188, 230, 487, 489, 509, 519, 520, 523, 524, 561
세례를 기억 378, 488, 514
세례 요한 192, 247, 260, 481, 482
세례 입문 교육(catechumenate) 313, 529
세례 지원자 196, 201, 202, 222, 223, 226, 228, 229, 234, 240, 243, 246, 247, 248, 249, 252, 253, 261, 263, 264, 267, 268, 271, 274, 275, 313, 470, 471, 485, 486, 498, 505, 506
세례 지원자 등록 470, 471, 505
세족 목요일(Maundy Thursday) 264, 339, 428, 438, 451
솔로몬 543
순교자 유스티누스(Justin Martyr) 332
승리자 그리스도(Christus Victor 297, 298, 301
시몬 찬(Simon Chan) 61
신약성경 34, 39, 48, 55, 81, 120, 192, 193, 194, 196, 203, 205, 206, 208, 213, 229, 237, 243, 250, 292, 294, 332, 358, 366, 372, 374, 377, 382, 411, 422, 424, 425, 462, 475
신유자(faith healer) 364
신자의 세례 10, 191, 206, 212, 213, 214, 215, 216, 217, 221, 232, 265, 267, 268, 467, 477, 478, 487

ㅇ

아남네시스(anamnesis) 70, 231, 292, 335
아를로 듀바(Arlo Duba) 226
아리스티데스(Aristides) 468
야고보서 366, 367, 368, 371, 373, 375, 377, 380, 382, 388, 402
어거스틴(Augustine) 470, 471, 485
언약 46, 48, 65, 80, 81, 86, 107, 122, 199, 201, 206, 207, 208, 209, 210, 216, 221, 256, 263, 292, 296, 297, 307, 309, 310, 331, 335, 350, 461, 478, 505, 506, 521, 542
연합감리교회(United Methodist Church) 367
열린 관 141
영적 형성(spiritual formation) 59, 60, 62, 72, 211, 213, 219, 269, 360
예루살렘의 키릴(Cyril of Jerusalem) 378
오순절 24, 66, 191, 205, 213, 255, 264, 374, 427, 473, 523
울리히 츠빙글리(Ulrich Zwingli) 51, 206, 287, 314, 362
유아 세례(infant baptism, pedobaptism) 191, 197, 206, 207, 209, 210, 211, 212, 213, 214, 215, 216, 221, 225, 232, 265, 267, 275, 313, 357, 429, 464, 466, 467, 468, 469, 471, 472, 473, 474, 475, 476, 477, 478, 480, 485, 487, 490, 524
유카리스테사스(eucharistesas) 293
유카리스트(Eucharist) 300, 301, 302, 361, 363
유카리스티아(eucharistia) 294, 348
은혜의 수단 44, 49, 50, 51, 52, 74, 83, 200, 201, 211, 219, 234, 284
이혼 79, 118, 120, 344
잉글랜드 국교회 46

ㅈ

자유 감리교회 474
재세례파 45, 206, 225, 265, 304, 340, 428, 429, 430, 437, 445, 458, 467, 472
재의 수요일(Ash Wednesday) 339
전례법규(rubric) 23, 42, 43, 44, 74, 367, 376
정례예식적 관점 51, 52, 288
제임스 화이트(James White) 14, 24, 45, 194, 195, 206, 225, 226, 466, 467
제프리 웨인라이트(Geoffrey Wainwright) 484, 485, 498

제프리 존(Jeffrey John) 382
존 웨슬리(John Wesley) 50, 198, 221, 284, 458, 461, 474
존 칼빈 46, 228, 311, 359
존 핼리버튼(John Halliburton) 375
종부성사(extreme unction) 379, 416
죄 고백 14, 95, 99, 106, 197, 217, 322, 373, 388, 391, 408, 441, 532, 547, 552, 557, 558, 559
주현절(Epiphany) 339
진첸도르프(Zinzendorf) 458

ㅊ

찰스 웨슬리(Charles Wesley) 104, 256, 284, 285, 329, 401, 446, 518, 519
축귀(exorcism) 264, 411, 412, 416

ㅋ

카이로스(kairos) 337, 338
쿠바 218
크로노스(chronos) 337, 338

ㅌ

토마스 롱(Thomas Long) 128, 130, 139, 140, 184, 378
톨레도의 제2차 공회의(A.D. 527) 471

ㅍ

프랑스 개혁교회 485
프레드릭 가이서(Frederick Gaiser) 411, 412
필그램 마펙(Pilgram Marpeck) 429

ㅎ

할례 34, 206, 207, 208, 209, 475, 482
화장(cremation) 135, 138, 139, 140, 186
히폴리투스(Hippolytus) 332, 379

교회예식 건축가
The Special Service Worship Architect

2017년 8월 14일 초판 발행

| 지은이 | 콘스탄스 M. 체리 |
| 옮긴이 | 안명숙 |

편　　집	변길용, 곽진수
디자인	신봉규, 서민정
펴낸곳	사)기독교문서선교회
등　　록	제16-25호(1980. 1. 18)
주　　소	서울시 서초구 방배로 68
전　　화	02) 586-8761~3(본사)　031) 942-8761(영업부)
팩　　스	02) 523-0131(본사)　031) 942-8763(영업부)
홈페이지	www.clcbook.com
이메일	clckor@gmail.com
온라인	기업은행 073-000308-04-020, 국민은행 043-01-0379-646
	예금주: 사)기독교문서선교회

ISBN 978-89-341-1691-2 (93230)

* 낙장·파본은 교환해 드립니다.

이 도서의 국립중앙도서관 출판시 도서목록(CIP)은 서지정보유통지원시스템 홈페이지(http://seoji.nl.go.kr)와 국가자료공동목록시스템(http://www.nl.go.kr/kolisnet)에서 이용하실 수 있습니다.
(CIP제어번호: CIP2017017479)